# 일주일
## 그림책 수업

원고 한 편이 완성되는 금요일의 기적

# 일주일 그림책 수업

— 채인선 —

위즈덤하우스

**작가의 말**

## 그림책을 아이들에게 돌려주자!

    나는 큰애 해빈이가 여섯 살, 작은애 해수가 네 살 때부터 원고를 썼다. 연도로는 1992년이다. 방이 둘인 빌라에서 시어머님을 모시고 살았는데 《전봇대 아저씨》에 수록된 여러 편의 이야기가 그때 나왔다. 그림책을 알게 된 것은 그 이후이다. 함께 근무했던 지인이 그림책 전집 팸플릿을 들고 와 사라고 하기에 사게 되었는데 회사로 배달을 받아 날마다 서너 권씩 가방에 넣고 집으로 날랐다. 뭐든 돈 주고 사는 것을 못마땅하게 여기는 시어머님의 눈을 피하기 위해서였는데 덕분에 아이들에게 읽어주기 전, 집으로 가는 버스 안에서 가방에서 그림책을 꺼내 보며 혼자 웃음 짓고 혼자 그림을 감상할 수 있었다. 이때부터 그림책에 관한 생각들이 조금씩 내 안에 자랐던 것 같다.

    날마다 그림책을 읽어주고 이야기를 지어내 들려주던 때는 아파트로 이사해서 좀 더 쾌적한 공간을 갖게 된 1994년 무렵이다. 복도식 아파트였는데 옆집에 해수 또래의 여미란 아이와 여동생 선미가 있어서 네 명의 딸들이 왁자지껄 우당탕 벌이는 소동들이 많았다.(이때의 일들이 《빨리 놀자 삼총사》에 담겨 있다.)

생각해 보면 이때가 두 집 아이들의 이야기 황금기였다. 네 명의 아이들은 정말 그림책과 이야기책에 푹 빠져 지냈는데(물론 실컷 몸으로 놀고 나서) 이때 읽은 책이 《엄마의 의자》, 《내 사랑 뿌뿌》, 《지각대장 존》(을 비롯한 버닝햄의 거의 모든 책), 《치과 의사 드소토 선생님》(을 비롯해 윌리엄 스타이그의 거의 모든 책), 《순이와 어린 동생》(을 비롯한 하야시 아키코의 거의 모든 책), 《구리와 구라의 손님》(을 비롯해 같은 시리즈 거의 모든 책), 《개구리와 두꺼비는 친구》(를 비롯해 같은 시리즈 거의 모든 책) 등이다. 거실과 주방을 구분하는 키 작은 책장에 책들을 주르르 꽂아두고(지금 내 서재에 다 꽂혀 있다.) 하나하나 빼내어 책을 읽어주었는데 이야기가 끝나면 아이들은 책장 앞 좌탁에 앉아 방금 들은 이야기에 숨어 있는 장면들을 그리며 늦은 저녁 시간을 보냈다.

네 명 아이들의 일상은 날마다 되풀이되는 패러다임 속에 갇혀 있었지만 이야기들이 울려 퍼지고 주인공이 수시로 들락거려 지루할 틈이 없었다. 생활 습관이나 관계 맺기에 실제적인 도움도 되었다. 《엄마의 의자》와 함께 해수와 여미는 동전을 모으기 시작했고(유리병에 동전이 찰랑하고 떨어지는 소리가 여전히 들리는 듯하다.), 《내 사랑 뿌뿌》는 선미에게 때가 꼬질꼬질한 애착 이불과 이별하게 해주었다. 《지각대장 존》은 큰애를 아침에 일어나자마자 학교로 달려가게 했고, 《치과 의사 드소토 선생님》은 치과에 대한 두려움을 떨치게 해주었다. 《순이와 어린 동생》은 언니들에게 동생을 잘 보살펴야겠다는 다짐을 묵언으로 이끌어냈다.

아이들의 거의 모든 일상과 그 일상에서 터져 나오는 감정들, 관계와 책임, 용기와 즐거움, 모르는 세계에 대한 동경, 앎의 욕구, 옳고 그름에 대한 가치관, 유머 등이 그때의 그림책과 동화책에 있었다.

위에 거론한 책들은 모두 외서들이다. 당시 한국 그림책은 전집 옛이야기 그림책들이나 논픽션 그림책들밖에 없었다. 1995년 이후에는 이렇게 외서 그림책들만 아이들에게 읽힐 수 없다는 '사회적 각성'이 일어나 이야기 그림책들이 나오기 시작했다. 지금은 해마다 한국 그림책들이 엄청나게 쏟아지는 양적 팽창을 맞게 되었고 최숙희, 이혜리, 서현, 백희나, 안녕달 등은 인물 자체가 브랜드가 되어 나오는 책마다 큰 인기를 끈다. 이들의 멋진 그림책을 보면 한국 그림책이 이만큼 성장했다고 어디 가서 자랑하고픈 마음이 들곤 한다.

하지만 여전히 허기진다. 내 마음을 알아주는 책, "나도 이런 적 있어." 하고 조용히 읊조리게 하는 책, 내가 갖고 있는 고민과 똑같은 고민으로 전전긍긍하는 아이, 지금 바로 옆집에 살고 있을 것 같은 주인공들, 나를 거침없이 울게 하고 웃게 하는 지금 여기의 이야기는 여전히 부족하기 때문이다. 창의적이고 화려하고 개성적이며 무척이나 귀엽고 지극히 아름다운 그림 속에 한국 아이들의 일상을 담고 있는 이야기는 상대적으로 비어 있다. 일명 도넛 현상이다(내가 이름 붙인 용어). 가운데가 뻥 뚫린 도넛 말이다. 아이들의 일상을 보여주는 책도 있지만 그 일상이 단편적이고 빤해서 딱 거기에서 멈춘다. 이보다 더 마음을 산란하게 하는 그림책들도 있다. 좋은 말로 풍자나 블랙 코미디라고 할 수 있지만 잘못하면 저자의 무신경이나 장난기, 무절제 등으로 읽힐 수 있다. 나는 이런 그림책들이 그림책의 주 독자층에 대한 이해 부족에서 양산된다고 보는데 곧이어 충분히 설명될 내용이라 여기서는 이 정도에서 그친다. 어찌 되었든 한국 그림책은 양적 성장을 이루었고 몇몇 주목받는 작가들을 배출한 것은 사실인데, 그럼에도 불구하고 전반적으로는 만족스럽지 못하다. 도넛이 커지면서 구멍도 더 커졌기 때문이다.

지금 우리의 아이 독자들은 내가 두 아이를 키우던 이삼십 년 전에 비해 더 삭막한 세상에 놓여 있다. 어른들에게 저녁 있는 삶이 필요한 것처럼 아이들에게는 놀 수 있는 오후가 필요하다. 저녁에라도 모여 분출되지 못한 욕구와 감정들을 자연스럽게 해소해 줄 만한 이야기책을 읽으며 하루를 돌이켜 보고 마음을 가라앉히고 생각을 키울 수 있다면! 이런 책들을 잘 구비해 주는 게 어린이책 출판계에 몸담고 있는(돈 벌고 있는) 우리들의 책임임을 통감하자.

아이들의 이야기도 부족하고 아이다움도 부족하고 한국적 현실도 부족하다. 특히 요즘 나오는 그림책들을 보면 그림책이 급기야 아이들에게서 떠나고 있음을 느낀다. 이러다 '아동기의 실종'이 어린이책 출판계에서도 가시화되는 것 아닌가 하는 우려가 파고든다. 자기 색깔이 분명한 그림책 곁에 아이들의 일상이 꼭꼭 다져진 이야기 그림책들이 함께 놓인다면 얼마나 좋을까.

독자들이 간절히 원하는 것은 책 구경이 아니라 그 이야기에 푹 젖어드는 것이다. 이야기 웅덩이에서 첨벙거리고 미끄러지고 뒹굴고 웃고 울고 그러다 깨닫는다. 어느새 동생에게 장난감을 쥐어주고 옆 친구에게 미안한 마음도 들고 엄마, 아빠가 쉴 안락의자를 사기 위해 동전을 모으고 싶어진다. 글을 쓰는 것은 작가 자신을 보여주는 것이 아니다. 작가가 펼쳐놓은 이야기 속에서 독자가 자신의 삶을 비춰보고 그 의미를 재발견하도록 장치를 해야 한다. 구경이 아닌 발견이 되도록. 지금 아이들은 그 어느 세대보다 더 자기 자신의 삶을 발견하고 싶어 한다. 그렇게 해주는 그림책, 그런 이야기책이 우리 아이들에게 더 필요하다. 이제는 구멍 뚫린 도넛 말고 한가운데를 단팥으로 가득 채운 단팥빵을 아이들에게 주자! 한 입 베어 물면 입 안에 단팥이 가득할 것이다.

나의 첫 그림책 《손 큰 할머니의 만두 만들기》는 1998년 1월에 나왔다. 그동안 내 이름으로 세상에 나온 책은 60여 권. 2015년 충주의 시골로 이사 와 집을 짓고 넓은 정원을 가꾸며 살고 있다. 할 일이 많아져 책상 일, 집안일, 밭일로 구분해 놓았고 밭일은 꽃밭 일, 텃밭 일, 과수밭 일로 세분했다.

이 모든 일 중에서 밭일만큼 나를 강렬히 원하는 건 없다. 목이 마르니 물 달라고, 잡초 뽑고 벌레 잡아달라고, 그저 좀 봐달라고 쉼 없이 조른다. 책상 일에 몰두해 있다가 창밖에 눈이 머물면 바람 소리처럼 내게 묻는다. '글 쓰는 일이 밭일보다 더 가치가 있어? 얻을 수 있는 게 더 많아?' 나는 대답을 계속 미루어왔다. '잠깐 기다려요. 좀 이따가요.' 이렇게 어물어물하고는 창가를 등지고 컴퓨터 화면을 본다. 커서가 깜박거리고 썼다 고쳤다… 하루가 간다. 질문들은 꼭 반말로 오고 나는 늘 존댓말로 핑계를 댄다. 일은 끝도 없이 생기고 되풀이되지만 책상 앞에 앉아 게으름을 부리지 못하는 건, 책상 일의 보상으로 오는 즐거운 밭일 때문이다. 진행 중인 원고를 마무리하는 것은 어느 세월에 될지 모르므로(짧은 원고든 긴 원고든) 나는 그날그날의 분량을 전날 잠자리에서 대강 정해놓는다. 그날의 분량을 마치고 나서 홀가분하게 밖으로 나갈 때 하늘은 얼마나 높고 바람은 얼마나 시원한지. 챙 넓은 모자를 쓰고 손에 흙을 묻힌 채 호미질할 생각에 마음이 들뜬다. 지금도 그렇다.

# 차례

| | | | |
|---|---|---|---|
| | | 작가의 말 | 4 |
| | | 프롤로그 | 12 |

| | | | |
|---|---|---|---|
| **첫째 날** | 오전 | 그림책의 요건과 정의 | 27 |
| | | 픽션 그림책의 내력과 종류 | 35 |
| | | 중심 내용 | 48 |
| | 오후 | 이야깃거리를 모으자! | 60 |
| | | 비평의 눈을 키우자 | 70 |

| | | | |
|---|---|---|---|
| **둘째 날** | 오전 | 주제 | 81 |
| | | 이야기의 효능 | 89 |
| | | 플롯 | 105 |
| | | 구조 | 120 |
| | 오후 | 플롯 실험 | 143 |
| | | 서두를 어떻게 시작할까? | 155 |

| | | | |
|---|---|---|---|
| **셋째 날** | 오전 | 문체 | 171 |
| | | 주인공의 요건 | 185 |
| | | 이야기의 유형 | 202 |
| | 오후 | 중반 고개를 어떻게 넘을까? | 216 |
| | | 중반의 지루함을 날리는 장치들 | 227 |
| **넷째 날** | 오전 | 시점 | 243 |
| | | 글과 그림의 상보성 | 261 |
| | 오후 | 문장과 단락 쓰기 | 284 |
| | | 결말을 어떻게 맺을까? | 311 |
| **다섯째 날** | 오전 | 그림책 쓰기의 최종 기술 | 325 |
| | | 원고 제출과 계약 | 342 |
| | | 그림책이 완성되는 과정 | 347 |
| | 오후 | 원고 제출 전, 점검 사항 | 360 |

| | |
|---|---|
| 에필로그 | 368 |
| 자주 받는 질문들 | 374 |
| 이 책에 나오는 책들 | 408 |

**프롤로그**

그림책은 우리에게 여러모로 새로운 책이다. 내 나이대 사람치고 어릴 때 그림책을 읽고 자란 사람은 거의 없다. 지금 성인이 된 젊은 세대들은 그림책을 읽고 자랐겠지만, 개별 그림책을 넘어서서 그림책 자체를 어떻게 가슴에 품어야 하는지에 대한 생각들은 그야말로 개별적이다. 아래는 나의 가이드라인이다. 그림책을 쓰든, 읽든, 연구하든, 사용하든 그림책을 마주하는 우리의 자세를 가다듬게 할 '각별한 시선'이다.

첫째, 그림책의 주 독자층에 대한 배려가 필요하다. 나는 그림책의 주 독자층을 4~7세에 두고 있다. 대부분의 그림책들이 이 연령대의 아이들을 위해 나와 있고, 그렇지 않을 경우 표지나 홍보물에 별도의 언급이 되어 있다.

주 독자층에 대한 배려가 필요한 까닭은 이 연령의 아이들에 대해 조금만 생각해 보면 알 수 있다. 이미 우리는 이 시기를 지나왔기 때문에 별도의 노력을 기울여야 할지 모른다. 당신이 그런 연령대의 아이를 키우고 있다면(얼마 전까지 키웠다면) 노력이 절반으로 줄 것이고 그림책 작가가 되기에 좋은 조건 하나는 갖고 있는 셈이다. 아이가 없다면 관찰하라. 만나서 얘기를 나누고 함께 놀고… 아이와 어느 정도 시간을 보내기를 권한다.

약간의 공부도 필요하다. 4~7세 아이가 무엇을 좋아하는지, 감정적으로나 인지적으로 어떤 발달 단계에 와 있는지, 그 나이 때 요즘 아이들은 또 어떤 성향을 갖고 있는지, 그 아이들을 키우는 부모들은 아이에 대해 어떤 마음인지… 아이와 그림책, 육아, 부모 교육, 아동 발달심리 등의 키워드를 갖고 책을 두루두루 읽어보기를. 꼭 그래야 할까?

이렇게 생각해 보자. 당신이 자동차 판매원이라면 대리점에 나가서 그저 오는 손님이나 기다리며 멍하니 앉아 있기만 할까? 만약 그렇게 한다면 그 일을 오래도록 할 수 없을 것이다. 주변에 아파트가 많은지, 사무실이 많은지에 따라 주 고객층은 다를 것이다. 내 딸이 살고 있는 수도권 아파트촌에서는 주 고객층이 두 번째 자동차로 소형차를 선호하는 삼사십 대 기혼 여성일 수 있다. 반면, 내가 살고 있는 지역에 그런 차는 별로 보이지 않는다. 보이는 차의 절반은 트럭이고 왜건이나 지프차가 그다음이다.

주 고객층이 어떤 부류의 사람들인지 살핀 다음, 그들이 선호하는 자동차를 파악해 홍보와 마케팅을 펼친다면 누가 문을 열고 들어오기를 기다리며 하품만 하는 것보다는 매출이 오를 것이다. 젊은 층 고객과 노년층 고객은 상품 설명부터 달리 해야 한다. 알아듣지도 못하거나 관심도 없는 내용을 매뉴얼대로 읊어대는 휴대폰 대리점 판매원들은 대개 다 초보자들이다. 그림책도 고객이 자기 돈을 내고 사야 하는 상품이다. 사고 싶어서 사고, 필요해서 사는 물건이다. 따라서 고객의 취향(사고 싶도록 만들어야 하기에)과 요구(필요하다고 느껴야 하기에)에 무관심하다면, 아르바이트는 할 수 있어도 대리점 주인이 되기는 곤란할 것이다.

그림책으로 돌아오자. 그림책의 주 독자층은 4~7세이다. 당신은 자동차 판매원보다 훨씬 더 어려운 고객을 앞에 두고 있다. 자동차 한 대의 가격은 책 한 권의 가격보다 몇백 배 더 비싸지만 현실은 그렇다. 자동차 판매원을 우습게 보는 건 아니지만 이들은 자신의 주 고객층에 대해 어느 정도만 알아도 되는 반면, 그림책 작가는 자신의 주 고객층을 마음 깊숙이 알아야 하고 은연중에 그가 잘되기를 바란다. 어느 고객이 자동차를 (판매원의 말만 듣고) 잘못 선택했다는 걸 알게 되면 그는 대리점에 발길을 끊는 것으로 끝이지만, 아이들은 상처를 입는다. 그 상처는 사탕을 입에 물리는 것으로 끝나지 않을 수 있다. 무슨 일이 일어났는지 알아차리지 못한 채 잠재해 있다가 어느 날 문득 심리적 지층이 얇아졌을 때 모습을 드러낼 수 있다.

아이들을 대상으로 하는 모든 것이 사려 깊게 만들어져야 하는 까닭이 이 때문이다. 먹는 것뿐 아니라 그 밖의 물건들도. 영화나 드라마에 19금, 때로는 15금이 있는 것도 다 같은 맥락이다. 더욱이 그림책의 주 독자층은 15세 미만이 아니라 4~7세이다. 글의 영향력을 강조하는 자리에서 나는 종종 "한 말씀만 하소서. 내 영혼이 곧 나으리이다."라는 한 문장을 예로 든다. 이는 성당에서 미사를 볼 때 신자들이 신부의 말에 응수하는 말인데(물론 성서에 나오는 문장이다.) 그만큼 한 마디의 말, 한 줄의 문장이 영혼을 구원할 수 있음을 내포한다. 영혼이 허기질 때 귀에 꽂히는 말은 다시 일어설 힘이 되고 방향지시등이 되고 구원이 된다. 또한 상처도 된다.

4~7세 아이를 포함해서 아이 전반을 보는 자기만의 관점도 필요하다. 자기만의 관점이 없으면 작품 속 주인공을 어떻게 키워야 할지 알 수 없다. 육아관은 아이들을 보는 자신의 가치관에서 나오는데 부모의 육아관에 얼마나 큰 영향을 받는지는 자기 자신의 지금 일상을 돌아보면 알게 된다. (나와 남편은 다른 육아관의 산물이다.) 예를 들면 이렇다. 아이를 단순히 훈육의 대상으로 생각할 수도 있다. 또는 아이는 몸이 작은 어른일 뿐, 같은 공동체 일원으로 생각할 수도 있고(너무 이상적이지만), 보살핌과 사랑이 최고라고 생각할 수도 있다. 좀 거창하게는 아이는 미래 사회의 주역으로서 잘 키워내 이 나라의 인재로 만들어야 한다고 생각할 수도 있다. 나의 아버지 방식은 방관자적 독립형(다소 방관적이었지만 긍정적인 면에서 독립심을 싹트게 한)이었다. 당신의 관점은 어떤가. 아이를 키우는 부모들이 날마다 번민과 혼란과 고통에 놓이는 것은 오락가락하는 자신의 육아관 때문이기도 하다.

우리는 과거로부터 우리의 부모와 연결되어 있고 미래로는 우리의 아이들과 연결되어 있으며, 우리 아이들의 아이를 통해 우리가 결코 볼 수 없지만 돌보아야 할 미래와 연결되어 있다.

이렇게 말한 사람은 카를 융이다. 칼릴 지브란은 다음과 같이 말했다.

당신의 자녀들은 당신의 아이가 아니다. (…) 그들이 비록 당신을 통해 태어났지만 당신으로부터 온 것은 아니다. (…) 왜냐하면 아이들은 그들

자신만의 사명을 가지고 태어났기 때문이다. 당신은 아이들이 거처할 집은 줄 수 있지만 영혼의 거처까지는 줄 수 없다. 아이들의 영혼은 당신이 꿈에서도 가볼 수 없는 내일의 집 속에 살고 있기 때문이다.

나는 위의 두 인용구에 큰 감동을 받았는데, 결혼을 하기 전이나 아이를 갖기 전부터 형성된 관념이다. 내가 그렇게 키워졌기를 희망하면서 굳어진 관념이라 크게 흔들리지 않고 내 아이를 키웠고, 좀 더 분명하게 나의 주인공들을 키울 수 있었다. 똑같은 주인공에 똑같이 시작한 이야기가 작가의 가치관에 따라 다른 방향으로 흐르고 다른 목적지에 도착하는 것은 흥미롭기도 하지만 당연하기도 하다.

부모가 어떤 입장을 갖고 있다 해도 4~7세 아이들은 길에 나서면 자기 집을 찾아오지 못한다. 누구나 알 만한 아이들의 현실이 누락된 원고들을 보면 가슴이 답답해지는데, 이는 실제 아이를 키워본 사람과 피상적으로 키운 사람의 경험 차이에서 온다. 관념적으로 아이에 대한 가치관을 세웠다가는 현실과 괴리되기 쉽고, 그 사실을 간과하지 못한다면 맹목화될 수 있으므로 주의가 필요하다. 길을 잃어버리는 것은 하나의 예에 불과하다. 낱말이 헷갈릴 때마다 사전을 찾듯이, 주인공의 행동과 태도가 헷갈리면 나가서 실제 아이를 만나도록. 주인공은 실제 아이의 대리인일 뿐이다.

결론을 말하면, 우리는 우리를 미래로 이끌 아이들에게 무엇을 먹이고 주어야 할지 고민해야 한다. 이런 맥락에서 나는 어른들이 아이들에게 주는 것은 모두 선물이 되어야 한다고 생각한다. 그림책은 더더욱! 선물은 주는 사람과 받는 사람을 연결해 준다. 선물은 주는 이에게서 받는 이로 향한다. 따라서 선물을 줄 때는 주는 이가 마음을 담아서(물론 선물값도 지불하고) 받는 이가 좋아할 것으로, 앞으로의 삶에 도움이 될 수 있는, 긍정적인 영향을 미칠 수 있는 것으로 고르게 된다. 이에 대해서는 이견이 없을 것이다. 나의 취향과 필요보다는 받는 이의 취향과 필요를 살피는 것은 기본이고, 어떤 미래가 오는 것이 좋을지 생각해서 그 방향으로 우리를 이끌 아이들에게 지금 무엇을 주어야 할지를 생각하자. 선물은 받을 때보다 줄 때 더 기분이 좋은데, 그런 마음으로 그림책을 만든다면 틀림없을 것이다.

둘째는 그림책이라는 책 형식에 관한 이해이다. 그림책은 글과 그림이 어우러져 있는 독특한 책인데 이에 관한 이해가 더 필요한 사람은 그림 작가보다는 글 작가, 글을 지속적으로 써왔던 작가들이다. 글 작가들은 한 공간에 그림이 압도적으로, 과하게, 마치 글을 덮칠 듯 놓이는 방식이 낯설다. 무대는 이미 올려졌고 관객도 들어와 있는데 이 낯선 파트너와 어떤 춤을 추어야 하나? 언제 손을 잡고 언제 손을 놓아야 할지, 파트너가 몸을 돌릴 때 함께 돌려야 하는지, 시선은 어디에 둘지….

늘 혼자 추던 춤을 함께 추려니 무대가 비좁게 느껴지고 관객들이 자기보다는 파트너에 더 눈길을 많이 주는 것 같아 마음도 불편하다. 이것이 그림책 원고를 처음 쓰는 글 작가들의 속마음이다. 두 번째, 세 번째 쓸 때는 한결 익숙해지지만 처음에는 그림 작가와 함께 서는 무대가 어색하기만 하다.

그림책 원고를 처음 쓰는 글 작가들이 가장 먼저 생각할 것은 그림의 존재를 인정하는 것이다. 그림의 존재를 기꺼이, 적극적으로, 환영하는 마음으로 받아들여야 그림책이라는 책 형식을 흥미롭게 즐길 수 있다. 현실에서는 그리 어려운 일은 아니다. 그림책을 쓰려는 작가들은 대부분 그림을 흠모하는 사람들이기 때문이다. 평소에 그림을 흠모하는 마음이 없다면 어쩌다 한두 번 그림책 원고를 쓸 수는 있지만 지속적으로 쓸 수 있을 만큼의 동력은 어디에도 없다. 특히 경제적인 면에서는.

물론 그림 작가들도 글의 존재를 인정해야 한다. 순수 회화를 하던 때와는 전혀 다른 마음가짐이 필요하다는 점에서 글 작가만큼의 낯섦이 존재할 것이다. 글과 그림을 함께 하는 경우를 제외하면, 글이 먼저 완성된 다음(출판사에 먼저 계약된 다음) 그림이 따라붙으며, 그림의 내용은 글에 따라 좌지우지되므로 다소 종속적인 기분이 들 것이다.

글 작가에게 그림책이 혼자 추던 무대에서 파트너와 함께 추는 춤이라면, 그림 작가에게 그림책은 글의 초청을 받아 오르는 무대이다. 물론 무대에는 시작부터 글, 그림이 함께 오른다. 글은 큰 움직임 없이 자신의 자리에서 흔들리지 않는 굳건한 메시지를 보여주고, 그림은 굳건함을 바탕으로 무대를 활보하면서 유동적인 아름다움을 보여준다면 이 둘의 왈츠가 관객들을 크게 매료시킬 것이다.

이런 맥락에서는 그림책을 무엇이라고 말할까? 일부에서는 그림책을 글과 그림의 결혼이라 하는데 결혼이란 낱말은 나와 같은 여성들에게는 복잡미묘한 무늬를 상기시킨다. 엄밀하게 말하면 결혼은 아니다. 이혼을 하면 글은 재혼을 할 수 있지만 그림은 누구와도 다시는 결혼하지 못한다. 이렇게 복잡한 생각을 할 필요 없이 글과 그림이 즐겁게 어울린다는 점만 떠올려서 왈츠라고 하면 어떨지. 왈츠는 파트너와 함께여야 완성되고 약간의 정서와 이야기도 있고 무대도 있고 무엇보다도 흥겨움을 갖고 있기에. 실제로 왈츠를 배우고 나면 다른 비유를 찾을지도 모르지만, 지금으로서는 그림책은 글과 그림이 함께 추는 왈츠라고 말하고 싶다.

마지막으로, 하나의 작품으로서의 문학성 혹은 완결성에 대한 이해가 필요하다. 그림책은 가장 짧은 분량의 원고가 하나의 책으로 완성된다. 시 한 편으로 책을 만들 수 없기에 시 여러 편이 모여 시집 한 권이 되고, 단편 동화도 한 편으로는 한 권의 책을 만들지 못해서 여러 편이 모여 단편집 한 권이 된다.

단편집으로 엮이면 여러 작품이 삶의 이곳저곳을 함께 비추고 있어서 삶의 전체적인 윤곽을 더듬어 살필 수 있다. 한 권의 책에 독자들이 거는 기대가 이 정도의 무게이므로 그림책 한 권의 이야기에도 이런 무게가 실려야 한다. 단편 동화 원고가 그림책으로 재구성되었을 때 왠지 메시지가 약한 느낌을 받곤 하는데 바로 이 지점에서 단편 동화 원고와 그림책 원고의 무게가 다르다는 것이 나타난다.

원고 분량으로 따지면 대략 A4 용지 두세 장에 불과한데 거기에 어떻게 삶을 관조하는 깊이를 담을 수 있을까? 이것이 당신의 고민이고 나의 두려움이다. 아니, 두려움이 아닌 과제이다. 두려움 속에서는 절대로 글을 쓰지 못한다. 두려움이 느껴질 때 글은 한 발짝도 앞으로 나아갈 수 없으니 두려움이란 말은 취소!

어찌 되었든 우리는 자장면을 만드는 요리사나 자동차 판매원이 아니므로 A4 용지 두세 장 분량에다 삶의 깊이를 담아야 한다. 다 담을 필요는 없고 삶의 바다에서 물 한 컵만 떠 오면 된다. 고향의 땅에서 흙 한 삽만 떠 오면 되는 것처럼. 바다에서 떠 온 물은 바다와 같고 고향 땅에서 떠 온 흙 한 삽은 고향의 땅과 다름이 없다. 다름이 없기에 한 잔의 물과 한 삽의 흙으로 우리는 바다와 고향 땅을 가슴에 들일 수 있다.

하지만 어떻게? 바다에 몸을 담근 사람, 그 기억을 생생하게 갖고 있으면 된다. 바다에서 지치도록 헤엄치며 놀았거나 빠져 죽을 뻔했다면 더욱 좋다. 갈 데까지 가본 사람들은 생의 순간순간이 경이와 찬탄의 순간임을 깨닫는다. 그들이 뿜어내는 묘사는 바닷가를 서성이며 바다를 바라보는 사람들이 할 수 있는 말과는 질적으로 다르다. 독자가 원하는 것은 대리 경험이다. 바다에 직접 몸을 담근 사람의 육성을 듣고 싶어 한다. 이를 위해 작가는 삶을 전적으로 살지 않으면 안 된다. 독자는 작가들에게 자신을 대신해서 파도에 휩쓸려 그 물에 몸을 흠뻑 적시고 살아 돌아와 "바다는요…."라고 말해주기를 바란다.

그림책 글에 삶 전체를 관조할 수 있는 바다 내음을 담기 위해 필요한 것이 문학성과 완결성이다. 문학성은 독자들에게 바다 내음을 풍기며 바다를 그리워하게 하고 완결성은 32페이지 짜리 그림책 한 권을 덮으며 파도에 함께 휩쓸린 듯한 착각을 불러일으킨다. 문학성이 없으면 그리움이 없고 완결성이 없으면 충족감, 포만감이 없다. 그림책 원고는 그리움과 충족감을 함께 갖고 있어야 아이와 어른을 동시에 만족시킬 수 있다. 아마도 어른에게는 문학성이(완결성을 자기 내부에 갖고 있으므로), 아이에게는 완결성이(아직 완결된 삶을 경험하지 못했으므로) 더 다가올 것이다.

이런 맥락에서 그림책 원고는 (단편이 아닌) 장편이어야 한다. 그래야 아이뿐 아니라 그것을 읽어주는 어른에게 한 권의 책을 다 읽었을 때의 충족감을 주고, 아이는 충족감 속에서 바다를 깊이 그리워한다. 그리움이 있어야 아이들은 바다로 나아갈 수 있고, 어른들은 바다에 몸을 내맡겼을 때의 의미를 되새길 수 있다. 어떤 것이라도 의미가 있다면 경험으로 자리할 수 있지만 의미가 없다면 공허한 시간 때우기이다. 자신의 과거에 의미를 부여하는 것 또한 문학의 일이다. 그림책은 장편이라는 것을 마음에 새기기를.

이 책은 그동안 진행해 왔던 그림책 글쓰기 워크숍의 외적 형식을 따르고 있다. 그림책 글쓰기 워크숍은 2004년부터 2009년까지 10여 차례 서울에서 진행했고 그 이후에도 간헐적으로 지방에서 인원이 꾸려지는 대로 몇 차례 더 있었다. 이 워크숍은 월요일부터 금요일까지 일주일 프로젝트였다. 아홉 시 반에 시작해서 점심시간을 지나 세 시 반까지 이루어졌는데, 오전에는 그림책에 관한 전반적인 내용들을 다루고 오후에는 실제 쓴 원고를 낭독하고 합평을 하는 식으로 진행했다. 즉, 월요일의 아이디어 발표를 시작으로 화요일, 수요일, 목요일을 거쳐 원고가 완성되고, 마지막 날인 금요일에는 참가자 모두 수정을 거친 한 편의 그림책 원고를 낭송하며 축하와 비평을 주고받았다. 마지막 날은 그동안의 여정이 한 편의 원고를 쓰는 것을 목적으로 했음을 재확인하는 시간이기도 했다.

참가자 본인들에게 금요일에 원고 한 편을 손에 쥔다는 것은 놀라운 기적이었다. 나는 이를 워크숍이 시작되는 월요일에 '금요일의 기적'이라는 말로 기정사실화하며 참가자들을 독려했는데, 기적이 하늘에서 떨어지는 게 아니라 각자의 손에서 만들어진다는 사실을 참가자 모두 알았으리

라. 사실, 원고 쓰기는 누가 시켜서 하는 일이 아니고 사회가 필요로 하는 일도 아니다. 이런 일을 굳이 한다는 것은 돈키호테 같은 천진한 무모함이 있지 않고서는 힘들기 짝이 없다. 하지만 남을 부추기다 보면("지금 사회에서 꼭 필요한 이야기예요." 하며) 자신도 엉겁결에 책상 앞에 앉게 되니, 이게 바로 집단의 힘 아닐까.

막상 착수하고 보니 워크숍 방식으로 내용을 정리하는 것에 살짝 작위적인 느낌도 든다. 실제 워크숍을 진행하는 게 아닌 만큼, 보이지 않는 어떤 이에게 (그가 이 책을 왜 읽으려는지 알 수 없는 상태에서) '저를 전적으로 믿으셔야 합니다. 그러면 금요일의 기적을 만들어드릴 수 있습니다!' 하고 강권하는 것이 관객 없는 무대에서 혼자 연기를 하는 것처럼 어색하다. 하지만 머릿속에 익숙한 방식으로 정리된 내용을 다른 방식으로 재배치하는 것도 어색하긴 마찬가지. 결국 나는 익숙한 어색함을(나에게는 익숙한 방식이지만 독자에게는 어색한 방식) 택하기로 마음을 정하고 내친김에 이 책을 읽는 사람에게 금요일의 기적을 주문한다. 잘 따라온다면 이 책을 다 읽을 무렵, 언제 완성했는지 모를 그림책 원고 한 편이 당신 손에 있을 것이다. 나의 목소리는 다소 격앙되고 재촉하고 어떨 때는 꾸짖거나 자조적일 것이다. 강단에 서면 나처럼 소박한 사람도 슬쩍 완장 찬 기분이 드는데, 어찌 보면 이런 기분에 취하지 않고서는 창밖으로 보이는 밭일의 유혹을 뿌리칠 수 없을지도 모른다. 이제 본론으로 들어갈 때이다.

이 책에서 내가 주로 사용하는 용어들이다. 한 번 읽고 지나가기를.

**동화**: 근대 이후에 개별적인 작가들이 아이들을 위해 지어낸 이야기. 옛이야기나 전래동화와 구분해 쓰인다.

**그림책**: 별도의 언급이 없다면 4~7세 아이들이 즐겨 보는 픽션 그림책

**작가, 초보 작가, 예비 작가, 초보자**: 별도의 언급이 없다면 글 쓰는 사람을 말한다.

**그림 작가**: 글 작가와 구분해서 말할 때 그림 작가라고 했다. 그림책이나 동화책에 그림을 그리는 사람에 대한 통칭이다.

**글 작가**: 그림 작가와 구분해서 말할 때 글 작가라고 했다. 그림책이나 동화책에 글을 쓰는 사람에 대한 통칭이다.

# 첫째 날

일기를 쓰는 게 아니라면 쓰이는 글은 어떤 형태를 가져야 한다. 첫째 날에 살펴볼 그림책의 요건과 정의는 그림책이라는 책의 형태를 우리에게 좀 더 분명하게 보여줄 것이다. 우리는 픽션 그림책을 쓰게 될 터이므로 픽션 그림책의 갈래들도 살펴봐야 한다. 또한 픽션 그림책의 중심 내용도 한번 훑고 지나가는 게 좋다. 여기까지 따라오면 바로 원고를 시작하고 싶을 텐데, 이야기가 될 씨앗이 있는지. 생각해 둔 씨앗이 없다면 다음 장을 넘기기 전에 찾아놓도록. 준비가 되었다면 나의 씨앗을 키우기 전에 다른 이의 씨앗을 자세히 들여다보자. 어느 것이 진짜 씨앗인가? 씨앗처럼 보이는 모래 알갱이는 아닌가? 진짜 씨앗을 알아보는 눈을 갖게 되면 바짝 긴장이 된다. 내가 갖고 있는 씨앗이 진짜인지 아닌지 알게 될 것이므로.

오전

## 그림책의 요건과 정의

어린 독자들이나 부모들, 서점 직원이나 사서들은 어떤 기준으로 그림책과 그림책이 아닌 것을 구분할까? 그리고 작가, 편집자, 비평가는 또 어떻게 '이것은 그림책이다.'라고 규정할까? 위의 사람들(이른바 관계자들) 모두 "그림책? 나 알아요." 하고 자신 있게 말하겠지만 한자리에 모여서 여러 유형의 책을 놓고 그림책과 아닌 것을 구분하라고 하면 다들 서로 다른 기준을 갖고 있음을 알게 될 것이다. 어쩌면 그게 맞는지도 모른다. 다들 자신의 입장에서 어떤 대상을 바라보기 때문이다. 입장이 다르면 대상도 달라 보이는 게 당연하다.

그림책을 만들어내는 일차적인 사람은 작가와 편집자이다. 다음은 만들어내는 사람 입장에서 생각해 본 그림책의 요건이다. 어떤 책이 그림책이 되려면 무엇이 있어야 할까.

## 그림책의 요건

첫째, 그림책은 32페이지가 기본이다. 페이지는 작가 입장에서 원고를 얼마만큼의 분량으로 써야 할지를 알려준다. 32페이지는 어디에서 나온 것일까? 인쇄용지인 국전지 한 장을 이리저리 접으면 32페이지를 얻을 수 있는데 종이를 아껴서 쓰던 예전에는 버리는 종이 없이 큰 종이 한 장을 남김없이 다 쓰기 위해서 32페이지에 맞추어 책을 냈다. 32페이지, 64페이지, 96페이지… 이런 식이다. 지금은 보통 책이나 그림책이나 크기가 커졌고, 보통 책의 경우에도 32페이지나 16페이지(국전지 반 장)를 맞추는 데 그리 애를 쓰지 않는다.(예전의 편집자들은 원고를 자르거나 늘리더라도 대수를 꼭꼭 맞추어야 했다.) 특히 그림책은 그림이 펼쳐지는 공간을 배려해 크기를 정하기 때문에 그림책의 크기도 미세하게나마 저마다 다르다. 심지어 가로로 긴 책, 세로로 긴 책, 아예 페이지 구분이 없이 병풍처럼 3미터나 펼쳐지는 책도 있다. 예전의 편집장들이 살아 있다면 "이런 기본도 모르는 책이 있나!" 하며 화를 버럭 낼 것이다.

그렇다면 그림책이 32페이지로 굳어진 까닭은 뭘까? 이에 대해 아무도 분명한 대답을 내놓지는 않지만 국전지 한 장(1대수)으로 찍는 최소 단위가 32페이지이므로 편의상 이렇게 시작된 것 같다. 어쨌든 그림책이 처음 나온 1700년대부터 최근까지(그러니까 예전 편집장들이 살아 있을 시기) 그림책은 기본적으로 32페이지였다는 것을 상기하자. 그때부터 지금까지 부모들은 32페이지 그림책들을 아이들에게 읽어주었고, 그 결과 전 세계 부모들과 아이들은 그림책의 시간이 10분에서 15분(32페이지를 다 읽는 데 걸리는 시간)이라는 것에 암묵적으로 동의를 해오지 않았을까. 아이들의 뇌 역시 그림책 속의 이야기에 집중하는 시간을 10분에서 15분으로 생각하게 되었고 그보다 오래 이야기가 계속되면(말하자면 그림책 페이지가 더 많으면) "아, 이거 그림책 아닌가 보다. 그럼 내가 볼 책이 아니네…." 하면서 산만해졌을 것이다. 어찌 되었든 이런 사정으로 그림책에 귀 기울이는 아이들의 집중 시간과 그림책 한 권을 읽어주는 엄마들의 인내심은 32페이지에 맞춰지게 되었다는 게 나의 가정이다.

물론 32페이지를 꼭 맞추어야 하는 건 아니다. 28페이지에서 48페이지까지도 그림책에 허용된다. 4세 이전의 아이들에게는 28페이지 그림책이 적당하고, 7세 이후의 아이들이나 성인들에게는 48페이지 그림책도 종종 선보이고 있다. 그러나 분량이 28페이지보다 짧거나 48페이지보다 길다면 어쩌면 그림책이 아닌 다른 책으로 불러야 할지 모른다.

둘째, 그림책에는 그림이 있어야 한다. 당연한 말이지만 그림이 없는 책을 그림책이라고 할 수는 없다. 그것도 그림이 압도적으로 있어야 그림책이다. 펼침면에서 글과 그림의 점유 비율을 따지면 50%는 넘어야 한다. 보통은 그 비율이 70% 이상일 때 대부분의 사람들은 자신들이 보고 있는 책이 그림책임을 확신한다. 그렇다면 책 속의 그림이 50% 미만이라면 어떨까? 이 역시, 그림책이 아닌 다른 이름으로 부르는 게 적당하다.

그런데 책 속에 나오는 그림은 아무 그림이나 상관없을까? 전시회에 걸려 있는 그림들이나 이발소 달력 그림(아이들은 이런 그림을 알 턱이 없겠지만)이어도 괜찮을까? 물론 그렇지는 않다. 그림책 속의 그림은 그림책 속의 텍스트와 한 몸이 되어야 한다. 다시 말해, 그림책의 그림은 운동회에서 종종 하는 '발 묶고 함께 달리기'처럼 그림책 속 텍스트와 함께 걸어야 한다. 보조를 맞춰서 사이좋게, 앞으로 앞으로 결말을 향해 간다.

마지막으로, 그림책에는 디자인이 있다. 다른 책들도 다 디자인이 입혀져서 세상에 나오지만 그림책은 그 어떤 책보다도 디자이너들이 할 일이 많다. 출판사에서 원고가 받아들여지면 그때부터 디자이너가 개입된다. 디자이너나 아트디렉터는 원고를 읽자마자 이 원고가 책이 된다면 어떤 모양의 책이 될까를 떠올린다.

집 짓는 과정에 비유하면 건축주가 자기가 살고 싶은 집에 관해 이런저런 설명을 하면 설계사(보험 설계사가 아닌 주택 설계사)가 아무것도 없는 빈 들판에 그 집의 상을 떠올려 보는 식이다. 그들에게는 이미 집이 다 지어진 것 같은 느낌이 든다. 자기 머릿속에 다 지어진 집을 건축주와 목수에게 잘 설명해 실제로 구현하는 것이 그들의 일이다. 마찬가지로 디자이너의 머릿속에는 이미 그 원고로 만든 책이 들어찬다. 아직 본인들도 안 열어본 그림책이어서 구체적으로 설명할 수는 없지만, 그림이 진행되는 과정에서 머릿속의 책과 맞는지 맞지 않는지를 살핀다. 머릿속의 책과 맞지 않으면 그림 작가를 비롯해 편집자나 글 작가에게 "이건 좀 아닌데요."라고 고개를 갸웃거리며 다시 자신의 머릿속에 있는 책을 설명한다.

좀 더 적극적으로 개입하는 디자이너(아트디렉터)들도 있다. 그림 작가에게 그림의 구도와 방향을 제시하고 스케치를 검토하고 수정을 요구한다. 채색 방식을 제안하고 다 그려진 그림에 약간의 수정도 감행한다. 디자이너의 일은 본문의 그림 연출뿐이 아니다. 그보다 더 중요한 것이 펼침면에서의 글과 그림의 공간 배치이다. 그림책을 펼쳤을 때 글과 그림이 어떻게 배치되는지, 어떻게 서로가 서로에게 스며드는지를 보여주는 것이 디자인의 몫이다.

디자인이 미흡한 그림책은 글과 그림이 서로 잡아먹을 것처럼 으르렁거리기도 한다. 아니면 사이가 좋지 않은 형제들처럼 삐딱하게 앉아 있기도 한다. 그림책의 펼침면 디자인은 연극에서의 무대 연출과 같다. 사각 프레임에서 어디를 비우고 어디를 남겨둘지를 먼저 살피고 그에 따라 그림 작가에게 그림이 들어갈 자리를 정해준다. 무대 연출가가 연이은 배우들의 동선을 순간순간 다 연출해야 한다면 그림책 속의 펼침면 연출은 가장 인상적인 한 장면을 정지시킨 듯 연출하는 것과 같다. 앞서 그림책에서 글과 그림이 '발 묶고 함께 달리기'를 하고 있다고 했는데 보이지 않는 다른 발도 함께 묶여 있다. 바로 디자인의 발이다. 세 명의 발이 한 방향으로 움직여야 한다. 그림책 디자인은 책의 앞표지에서부터 시작해 뒤표지까지 일관된 기조와 흐름을 갖고 있어야 하며 여기에는 면지나 판권 페이지도 포함된다.

디자인의 축복이라는 평을 듣는 모리스 샌닥의 《괴물들이 사는 나라》를 꼼꼼히 살펴보면 디자인적인 장치가 사려 깊게 고안되어 있음을 알 수 있다. 본문의 그림 크기의 변화, 면지의 그림, 결정적인 장면을 어떻게 끌어내고 있는지 등 그림책 디자인에 관해 배울 게 많은 책이 《괴물들이 사는 나라》이다. 디자인이 성공적으로 잘된 그림책은 사실상 디자인적인 요소가 겉으로 드러나지 않는다. 다 익은 열매처럼 공중에서 툭 떨어진 것 같다. 다른 방식이나 다른 모양으로 만든 것을 전혀 상상할 수 없을 때 디자인은 성공한다.

> **그림책의 요건**
> 32페이지가 기본이다.
> 그림이 있어야 한다. 그림은 글과 함께 이야기를 해야 한다.
> 디자인이 있어야 한다.

## 그림책의 정의

그림책의 요건을 살펴보았으니 정의를 달기는 좀 수월할 것 같다. 먼저 자신의 입장에 따라 그림책이 다르게 정의될 수 있다는 점을 이해하자. 글 작가들은 "그림책은 문학이다!"라고 생각하지만 문학이 되기 훨씬 전부터 그림책은 어린이를 위한 책으로서 교육적인 측면에서 사용되었다. 지금도 이 시장이 가장 클 것이다. 반면 그림 작가들은 (시장의 규모가 아닌 중요도 면에서) 한 개인의 창작성과 예술성을 담을 수 있는 매체라고 본다. 또한 독서 치료의 일종으로 그림책을 활용하는 경향도 최근 눈에 띈다. 이야기 치료, 미술 치료, 예술 치료, 시 치료, 독서 치료 중 그림책 치료. 이들을 제외한 일반인들까지 포용할 수 있는 그림책 정의는 뭘까? 이를 탐구하기 위해 아래 인용구를 읽어보자.

> 한 권의 책에 문자와 그림이라는 두 가지 축이 있어야 하며 이 두 축은 서로 밀고 당기며 유기적인 관계를 맺으면서 조화를 이루어야 한다. 아니, 단순한 조화만이 아니라 문자와 그림은 각자가 지니지 못한 점들을

서로 보완해서, 둘이어서 더 좋은 이유가 반드시 있어야 한다. 《《창비어린이》
제3호, 김백균의 〈어린이책에서 시와 그림의 바람직한 관계를 위하여〉 중 일부)

앞에서 나는 그림책이 글과 그림이 함께 추는 왈츠라고 했다. 머릿속에 흥거운 음악을 흐르게 하고 글과 그림이 손을 맞잡고 왈츠를 추는 장면을 떠올리면서 위의 문장을 음미하면 더욱 이해가 잘될 것이다. 글은 리드를 하고 그림은 율동을 선보인다. 사람들은 그림을 먼저 보고 그림에 매혹되지만 리드를 하는 글이 없으면 그림은 그저 아름다움을 뽐내며 이리저리 돌아다닐 뿐이다. 물론 보는 맛은 있지만 사람들은 춤을 구경하기 위해 모여 있는 건 아니다. 이야기를 듣기 위해 모여 있다.

글과 그림의 역할은 넷째 날에 좀 더 구체적으로 살피기로 하고 여기서는 글과 그림이 둘이어서 더 좋은 이유가 반드시 있어야 한다는 것에 방점을 찍고자 한다. 글이나 그림이나 혼자서도 춤을 출 수 있지만 둘이 함께 어울려 추면 더 좋은 이유가 있을 때 진정한 그림책이 완성된다는 것을 기억하자.

다음은 칼데콧상 위원회에서 말하는 그림책의 정의이다. 칼데콧상은 미국도서관협회에서 그해에 나온 책 가운데 가장 뛰어난 그림책의 그림을 그린 작가에게 주는 상으로, 글보다는 그림으로 보여지는 그림책의 완성도에 큰 비중을 두고 뽑는다. 그때 당시, 글 작가에게 주는 상은 더러 있지만 일러스트레이터에게 주는 상은 거의 없어서 이 상을 만들게 되었다고 한다. 그림책에 있어서 일러스트레이터들의 노고를 격려하고 그 역할의 중요성을 새삼 알리고자 하는 의도였다. 이런 상황을 감안해 칼데콧상의 그림책 정의를 살펴보면 그림에 대한 사람들의 기대를 짐작할 수 있다.

> 그림으로 다른 책과 변별되는 어린이를 위한 그림책은 필연적으로 어린이에게 시각적 경험을 제공한다. 그림책은 책에 들어 있는 일련의 그림들을 통해 전개된 줄거리, 중심 주제, 혹은 관념들의 집합적 통일을 이루는 책이다.

위의 문구를 짧게 잘라 읽으며 의미를 곱씹으면 흥미로운 점이 보인다. 우선 '그림으로 다른 책과 변별되는'이란 문구는 그림책과 일반 책이 어떻게 다른지를 말한다. 다음 문구, '어린이를 위한 그림책'은 그림책의 주 대상이 어린이임을 간접적으로 보여준다. 그다음 문구, '필연적으로 어린이에게 시각적 경험을 제공한다.'에서는 그림책에는 어린이에게 시각적 경험을 제공할 수 있는 그림이 들어가야 함을 밝히고 있다. 영어권에서는 그림책 속의 그림을 픽처(picture)라고 하고 동화책에 삽입되는 그림을 일러스트레이션(illustration)이라고 구분해 말하는데 시각적 경험을 제공한다는 것을 감안하면 그림책 속 그림은 픽처임이 마땅하다.

이어지는 다음 문구, '그림책은 책에 들어 있는'에서 그림책의 특징을 도출하면 그림책은 일련의 그림을 통해 줄거리가 전개된다는 것, 다시 말하면 그림책의 그림은 일관된 줄거리를 전개하도록 고안되어야 함을 알 수 있다. 또한 '중심 주제, 혹은 관념들의 집합적 통일을 이루는 책이다.'란 문장에서 중심 주제는 픽션과 논픽션 그림책에 두루 적용될 수 있는 용어이지만 '관념들의 집합적 통일을 이루는 책'이라는 글귀는 논픽션 그림책을 언급한 것으로 보인다. 이런 추측이 타당하다면 논픽션 그림책의 위상을 높일 수 있는 발언이 아닐 수 없다.

위의 내용을 종합해서 어린 독자들도 이해할 수 있도록 그림책의 정의를 달면, '그림책이란 글과 그림이 어울려 한 편의 이야기 또는 하나의 중심 내용을 보여주는 책'이라고 말할 수 있다. 한 편의 이야기는 픽션 그림책에 해당하고 하나의 중심 내용은 논픽션 그림책을 뜻한다. 비교적 단순한 정의이지만 길을 헤맬 때마다 기본으로 돌아갈 수 있게 해줄 것이다. 기본은 간단명료해야 한다.

> **그림책의 정의**
> 그림책은 글과 그림이 어울려 한 편의 이야기 또는 하나의 중심 내용을 보여주는 책이다.

## 픽션 그림책의 내력과 종류

### 픽션 그림책의 내력

픽션이란 간단히 말해서 누군가 지어낸 이야기이다. 전적으로 지어낸 경우도 있고 일어난 어떤 일을 바탕으로 지어낸 경우도 있다. 처음부터 끝까지 실제로 일어났던 일은 아니다. 그런데 아이러니하게도 픽션 이야기는 듣는 이에게 어디선가 있었던 일로 여겨진다. 그래서 과거형으로 기술되는데, 그만큼 있을 수 있는 일, 있을 법한 일이라 생각하게 한다. 허구이지만 현실보다 더 현실적으로 느껴지는 이야기로서, 이를 통해 얻게 되는 것은 다름 아닌 삶의 진실이다. 사람들이 픽션에 감동받는 까닭은 진실을 담고 있기 때문이다.(가상의 주인공, 가상의 사건, 그러나 필연적인 결말!)

픽션은 크게 구전문학과 기록문학으로 나뉜다. 구전문학은 보통 설화라고 하는데 전해 내려오는 이야기이다. 처음 어떤 이가 이야기를 지어낸 이후로 입에서 입으로 이야기가 전해지는데, 구술하는 사람에 의해 이야기의 곁가지에 가감이 생긴다. 그러나 중심 줄기는 그대로 있다.

설화는 신화·전설·민담 등으로 세분되는데 신화란 그리스 신화와 같은 신들의 이야기이고, 전설은 지금도 남아 있는 지형지물에 관련된 설화이다. 민담은 우리가 흔히 옛이야기라고 하는 옛사람들의 일상을 담은 이야기이다. 이 밖에 인물 이야기, 유래담 등도 설화에 속한다.

반면, 기록문학은 말로 구술되는 이야기가 아니라 어느 특정 개인이 문자로 창작한 이야기이다. 설화는 창작자(이야기를 전하는 사람)를 특정할 수 없지만 기록문학은 엄연히 창작자 이름이 함께 기록된다.(창작자 이름이 알려지지 않았다면 작자 미상으로 기록된다.)

전래동화나 창작 그림책 등의 용어가 어린이책 출판계와 관계자들 사이에서 흔히 쓰이고 있는데 전래동화란 전해 내려오는 옛이야기(민담)를 아이들에게 맞게 재화(再話)하는 과정에서 정착된 용어이다. 사실, 동양에서든 서양에서든 아이라는 존재가 새롭게 주목받기 전까지 옛이야기는 그저 어른 아이 할 것 없이 함께 듣던 '오늘의' 이야기였다. 초기에 기록된 옛이야기들에는 잔혹한 사건이나 성적인 비유, 신분 차별적인 내용(어린아이들이 들으면 겁에 질리거나 이해가 안 가는 내용)들이 아무렇지도 않게 들어 있는데 이는 바로 이런 배경에서이다. 당시에는 아이라는 존재를 따로 주목할 만큼 일반 사람들의 삶이 여유롭지 않았고, 운이 좋은 아이들은 저녁 시간에 어른들 틈에 껴서 누군가 들려주는 이야기를 듣곤 했을 것이다. 무섭고 끔찍한 이야기도 여럿이서 몸을 붙이고 앉아 함께 들으면 부정적인 내용들의 무게가 나눠져서 한 아이에게는 그저 견딜만한 정도가 된다.

서사문학의 기원은 설화에 있다. 특히 소설은 설화의 이불을 덮고 숙성이 되어 저절로 부풀어 오른 밀가루 반죽과 같다. 설화 중 민담의 기록문학 버전이 소설과 동화라고 할 수 있다. 근대에 아이가 새롭게 발견되면서 (《아동의 탄생》이란 책에 자세히 나와 있다.) 그림 형제와 안데르센 등 초기 작가들은 민담에서 15금 내용을 걸러내어 문자로 기록했는데 이것이 동화, 세계 어린이 문학의 시원이다. 우리 역시 일제강점기에 방정환을 비롯한 어린이 문학 작가들이 옛이야기를 전래동화라는 용어로 아이들에게 선보였는데, 당시 작가들에게는 이런 작업이 일종의 정신적 독립운동이었다. 우리 고유의 것을 아이들에게 심어줌으로써 독립의 의지를 키우고자 했기 때문이다. 전래동화라는 용어를 접할 때마다 이들의 간절한 염원이 어른거린다.

창작 동화, 창작 그림책이란 용어도 엄밀하게 따지면 애매모호하다. 어린이 문학 태동기에는 아이들을 위해 재화된 옛이야기들이 양적으로 우세했다. 재화에 비해 창작은 세상에 나오기까지 절대 시간이 걸리기 때문이다. 그렇다고 새롭게 창작된 동화들이 전혀 없던 것은 아니어서, 이런 작품들을 옛이야기와 구분해서 창작 동화로 부르게 된 것이 창작 동화란 용어가 등장한 대체적인 배경이다.

창작 그림책 역시 창작 동화처럼 전래동화 그림책을 의식해서 나온 용어이다. 그러나 창작 동화나 창작 그림책은 비창작 동화나 비창작 그림책의 반대편에 서 있어야 할 용어이다. 또한, 픽션(여기서는 동화)은 다 누군가에 의해 창작된 것이므로 창작 동화란 용어를 사용하는 것은 전래동화와 구분 짓기 위해서라 해도 입에 잘 붙지 않는다. 용어를 정확히 사용해야 사태의 본질을 파악할 수 있으므로(태안 기름 유출 사건이 아닌 삼성 유조선 기름 유출 사건으로 불러야 한다.) 흐지부지할 일은 아니다.

창작 그림책이란 용어를 꼭 써야 하는 자리는 어딜까. 픽션의 반대편에 서 있는 것이 논픽션이다. 그렇다면 논픽션 그림책과 구분해서 말할 때 픽션 그림책을 창작 그림책으로 부르면 되지 않을까. 큰 틀에서 보면 타당하지만 논픽션 그림책을 쓰는 작가들에게 전적인 동의를 구하긴 힘들 것이다. 논픽션 원고를 쓰고 구성하는 데에도 창작의 고통이 뒤따르는데 마치 자신들이 비창작 작가로 전락한 기분이 들 것이다. 더욱이 논픽션은 정보와 지식을 어떻게 구성하느냐에 굉장한 창의력이 필요하다. 정보와 지식은 누구든 손쉽게 열람할 수 있는 재료여서 구성과 형식이 창의적이지 않으면 새롭게 보이지 않기 때문이다. 내용 면에서는 비창작이지만 형식 면에서는 대단히 창작적이다. 더욱이 인문 교양, 철학 그림책으로 범위를 넓히면 창작과 비창작을 무 자르듯 구분할 수 없다.

이런 상황에서는 창작 그림책이란 용어는 어디에도 갈 데가 없을 것 같은데 당신들의 생각은 어떤지. 나는 어느 자리에서든 창작이란 말을 들으면 심히 부담이 되기에 창작이란 말은 가급적 쓰지 않는다. 동화와 옛이야기, 픽션 그림책과 논픽션 그림책, 내용에 따라 옛이야기 그림책, 인물 그림책, 역사 그림책, 생태 그림책 등 그때그때 구분해서 쓰고 있다.

## 픽션 그림책의 네 가지 갈래

픽션 그림책에도 갈래가 있을까 생각되지만 그림책도 이야기이며 문학이므로 소설이나 동화처럼 갈래가 있다. 사실, 작가들은 본래적으로 이를 터득하고 있다. 다만 처음 그림책을 쓰는 사람들은 긴장한 나머지(또는 의욕에 가득 차서) 이미 알고 있는 갈래를 살필 겨를도 없이 써 내려간다. 원고를 본격적으로 쓰기 전에 갈래를 소개하는 까닭은 이 때문이다. 곱셈 문제를 풀기 전에 구구단을 한 번 소리 내어 말하듯.

### 사실 이야기(realism)
사실과 현실의 테두리 안에서 전개되는 이야기로서 상상과 환상적 요소는 조금도 개입되지 않는다. 내 작품으로는《원숭이 오누이》가 여기에 속하고, 널리 알려진 그림책으로는 쓰쓰이 요리코의《이슬이의 첫 심부름》,《순이와 어린 동생》, 에즈라 잭 키츠의《피터의 의자》등이 있다. 어떤 것을 예로 들어야 할지 고민스러울 정도로 성공적인 그림책들이 많은데, 사실 이야기의 최고 강점은 진실을 전하는 데 가장 효과적이라는 점이다. 다른 어떤 조미료를 넣지 않아도 그 자체만으로 맛이 느껴지는 요리처럼 사실 이야기는 책을 다 덮고 나면 마음에 무언가를 들어차게 한다.

언젠가 내가 사는 충주 지역 엄마들과 함께 일본 그림책《조금만》을 읽다가 눈시울을 붉힌 일이 있다. 만약 이를 의인화 이야기로 썼다든지, 상상적 요소를 조금만이라도 섞었다면 이 책이 주는 감동은 눈시울을 붉힐 정도에 이르지 않았을 것이다. 《조금만》은 아기 동생을 본 한 여자아이의 마음을 따라가며 진행되는데, 이 어린 누나는 아기를 돌보느라 바쁜 엄마 때문에 옷을 입거나 머리를 묶는 것에 조금만 성공할 수밖에 없다. 공원에서 엄마가 그네를 밀어주지 못해서 조금만 흔들리는 그네를 탄 어린 누나는 집에 돌아와 졸음이 쏟아져 엄마에게 조금만이라도 안아달라고 한다. 그러자 아이의 마음을 헤아린 엄마는 "조금만이 아니라 많이 안아주고 싶은데 그래도 될까?" 하고 말한다. 아이는 엄마 품에 안기고 그 대신 동생을 조금만 기다리게 한다. 엄마의 마음, 주인공인 첫째 아이의 마음, 그리고 그것을 나중에 이해하게 될 아기 동생의 마음을 '조금만'이라는 낱말로 살핀 따뜻하고 애틋한 그림책이다.

사실 이야기는 출판 관계자들이나 도서관 관계자들에게 생활 그림책(편의상 통용되는 생활 동화에서 동생처럼 딸려 나온 용어)으로 불리기도 하는데, 사실 이야기란 용어가 작가 입장에서 본 것이라면 생활 그림책은 독자 입장이나 영업자 입장에서 본 거라고 할 수 있다. 사실 이야기로 쓰면 편집자나 영업자들의 홍보물에는 생활 그림책으로 소개된다. 그런데 '지원이와 병관이' 시리즈는 사실 이야기일까, 아닐까. 답을 바로 말하면 사실 이야기로 쓰인 작품이다. 텍스트를 보면 비사실적인 내용은 하나도 없다. 하지만 이 시리즈의 그림은 사실에 기반한 그림이 아니다.(물론 이 그림이 주인공 아이들의 머릿속에 그려진 그림이라고 말할 수도 있지만.)

'지원이와 병관이' 시리즈의 매력 중 하나는 글과 그림의 장르적 차이에서 나온다. 글이 사실주의에 입각해 있는 반면, 그림은 곧이어 설명하게 될 마술적 사실주의를 따르고 있다. 사실주의 이야기의 엄격함과 평범함은 마술적 사실주의 그림이 풀어주고 있고 마술적 사실주의 그림의 과도함(지나친 과장)은 사실주의 텍스트가 붙잡아 지상에 매어놓고 있다. 글과 그림이 똑같이 사실주의로 표현되어 있거나 아니면 마술적 사실주의로 전개되었다면 이와 같은 어긋남에서 보이는 긴장감과 흥분감은 독자에게 돌아가지 못했을 것이다.

### 마술적 사실 이야기(magic realism)

현실이라는 테두리 안에서 벌어지는 마술과도 같은 일을 그리는 것이 마술적 사실주의이다. 책을 읽는 동안에는 실제로 일어난 것 같지만 책을 덮고 나서 이성적으로 생각하면 실제로 일어날 가능성이 거의 없다. 마치 누가 옆에서 마술을 부린 듯한 착각을 들게 한다.

어릴 적에 나는 마술이 세상에 없는 일인 줄 알았다. 하지만 나중에 알고 보니 마술은 그저 눈의 착시 현상을 이용한 속임수였다! 마술도 가능한 현실 안에 속하는 것이다. 이야기는 현실과 상상의 공간을 넘나들며 펼쳐진다. 가장 일반적인 패턴은 현실에서 출발해 상상 속으로 들어갔다가 나오는 방식이다. 모리스 샌닥이 《괴물들이 사는 나라》에서 보여준 기법이다. 《지각대장 존》은 현실과 상상을 문턱 하나 건너듯 들어갔다 나왔다 한다.

《손 큰 할머니의 만두 만들기》의 예전 책에는 만두소에 넣을 재료를 준비하는 장면에 냉장고에서 고기를 꺼내는 그림이 그려져 있는데(물론 텍스트에도 언급이 되어 있다.) 그 장면이 잘못되었다고 창원의 한 4학년 아이가 항의를 했다. 어떻게 동물에게 다른 동물을 먹일 수 있느냐고. 아이는 손 큰 할머니가 숲속 동물들과 함께 설날마다 만두를 해 먹는다는 이야기를 진실로 믿은 것이다. 나는 그 아이에게 내가 생각이 짧았다고 사과를 하곤 원고를 바꾸어 고기 대신 버섯으로 개정판을 냈다.

동화책 《산타 할아버지가 우리 집에 못 오신 일곱 가지 이유》도 재미난 일화를 갖고 있다. 크리스마스를 앞둔 어느 겨울날 전철을 탔더니 바로 앞에 앉은 한 여자아이가 이 책을 무릎에 올려놓고 나란히 앉은 엄마와 책에 관해 소곤소곤 얘기를 나누는 것이다. 얘기가 끊이지 않고 이어지길래 장난기가 발동한 나는 내가 그 책의 저자임을 밝혔는데, 깜짝 놀란 아이가 잠시 어쩔 줄 몰라 하더니 수줍으면서도 확신에 찬 얼굴로 "저는 이 책을 읽고 산타 할아버지가 진짜 있다는 것을 믿게 되었어요."라고 내게 말했다.

아이들은 진짜 믿는다. 그들에게는 어쩌면 사실 이야기와 마술적 사실 이야기의 경계가 너무도 얇아 구분하기 힘들지도 모른다. 아이들에게 "이건 상상 속의 이야기일 뿐이야! 다 지어낸 이야기라고."라고 소리친다면 그 아이들은 갑작스레 자기가 알고 있는 세계가 붕괴되는 것 같은 혼란에 빠질 것이다. "이거 다 거짓말이라고? 말도 안 돼!" 하고 울먹일지도 모른다.

마술적 사실주의는 원래 사진 쪽에서 생겨난 용어인데, 보도 사진이나 풍경 사진에서처럼 피사체를 있는 그대로 찍지 않고 드라마틱하게 연출해서 보여주고 싶은 것을 극대화하는 행위나 기법을 말한다. 보는 이에게 잊을 수 없는 인상적인 감상을 주는 동시에 이를 통해 작가의 메시지를 전달하기 위해 고안되었다. 의도가 있어야 연출을 한다. 의도가 없다면 연출은 일어나지 않는다.

마술적 사실주의 사진은 종래의 사진들에 익숙한 사람에게는 거부감이 들기도 하는데, 그림책에서는 거부감이 아니라 호감으로 다가온다. 그것도 완전 호감. 아이들의 머릿속에서 벌어지는 이야기나 이미지를 가장 흡사하게 보여주는 것이 마술적 사실주의 그림책이다. 어른들에게는 마술적으로 느껴지는 일들이 아이들에게는 대부분 사실적으로, 실제 일어난 일이나 곧 일어날 것처럼 보이기 때문이다. 범죄심리학자 표창원은 어느 자리에서 아이들은 어떤 사실을 세 번만 반복해 말해주면 그대로 믿는다고 했는데, 마술적 사실주의 이야기에는 아이들의 이러한 심리가 가장 잘 작동되고 있다. 아이들에게는 사실이 반드시 현실인 것은 아니다. 사실이라고 믿는 것이 오히려 현실이다.

**의인화 이야기**

의인화 이야기는 동물 혹은 사물이 사람처럼 말을 하고 옷을 입고 걸어 다니며 사건을 벌인다. 동물이나 사물이 의인화된 것 자체가 마술적이고 환상적인 요소를 갖고 있으므로 별도의 환상적인 요소는 없어도 된다. 배경은 상상의 공간이나 현실의 공간이나 모두 가능하다. 사람도 함께 등장할 수 있지만 있어도 그만, 없어도 그만일 정도로(지나가는 행인 정도) 나온다면 의인화 이야기에 속한다. 하지만 주인공의 가족과 친구, 조력자들 모두가 의인화되어 있어야 한다. 내 작품으로는 《악어 우리나의 버스놀이》,《김밥은 왜 김밥이 되었을까?》가 이에 속하고 아이들이 좋아하는 그림책《구름빵》도 의인화 이야기이다. 외국 그림책으로는 그림책의 천재 윌리엄 스타이그의《치과 의사 드소토 선생님》을 비롯한 일련의 작품들이 이에 속한다. 앤서니 브라운의 많은 작품 중《겁쟁이 윌리》,《공원에서》도 의인화 이야기이다.

의인화 이야기는 흔히 '우화'와 혼용되곤 한다. 우화 하면《이솝 우화》가 대표적인데, 우화는 의인화된 주인공을 통해서 현재를 살아가는 사람들에게 현실을 풍자해서 무언가 교훈을 주고자 만들어진 이야기이다. 예전의 아이들 책은 부분적으로 이런 성격을 갖고 있는데, 우화는 아이들만을 대상으로 한 것은 아니었지만(옛이야기의 경우처럼) 아이들이 '발견'되고부터 아이를 위한 책으로 소개된 게 사실이다. 우화 형식을 띤 옛이야기들이 많아서 옛이야기가 아이용으로 각색이 될 시기에 우화 역시 옛이야기와 비슷한 방식으로 이해되었다.

워크숍을 할 때 그림에서 출발한 예비 작가에게서 의인화의 정도를 묻는 질문을 종종 받는다. 개구리라면 어디에서 자게 할까? 옷은 어느 정도로 입힐까? 저녁 식탁에는 스테이크를 놓아야 하나, 아니면 접시에 벌레를 놓아야 하나? 학교에 가게 하면 쇼핑몰에도 갈 수 있지 않을까? 악어를 친구로 두어도 될까? 서서 걷게 해야 하나, 팔짝팔짝 뛰게 해야 하나? 결정해야 할 것이 한두 가지가 아니다.

예를 들어, 공룡은 의인화되어 있는데 공룡이 사는 곳은 의인화되어 있지 않다면? 먹는 것은 아이스크림, 피자, 샌드위치, 고기파이, 초콜릿볼 등인데 물고기는 그냥 물에 들어가 우악스럽게 손으로 잡아먹고 코코넛 열매도 나무에서 그냥 따 먹는다면? 의인화에 있어서 가장 중요한 문제가 일관성과 자연스러움이다. 그럴듯해 보여야 한다는 것.

그러나 무엇보다도, 의인화의 정도가 요소마다 다르면 이야기를 따라가는 마음도 오락가락한다. 의인화를 하려면 꼭 해야 할 이유가 있거나 적어도 의인화를 해서 더 좋은 이유가 있어야 한다. 동물 의인화의 경우, 왜 꼭 악어여야 하는지, 왜 공룡이어야 하는지, 만약 공룡이라면 공룡의 습성을 어떻게 반영할지(그림에서도 마찬가지) 고민해야 한다. 사람을 대체한 주인공이 다른 어느 것으로도 대체되지 않을 만큼 당위성이 있어야 아이들은 이야기에 의심 없이 훅 빠진다. "이거 진짜구나." 하고.

## 환상 이야기

환상 이야기는 환상 동화와 마찬가지로 인물과 배경이 미지의 것으로 설정되어 있다. 한마디로, 우리가 알지 못하는 존재들이 우리가 전혀 알지 못하는 곳에서 벌이는 이야기이다. 인물, 사건, 배경 모두 낯설다. 이런 그림책들이 많이 나와 있는 것은 아니다. 나온 그림책 중에서 성공적인 경우는 더욱 드물다. 옛이야기 중에 허풍담이 있긴 하지만 허풍도 현실에 기반을 두고 있는데 환상 이야기는 이야기의 뿌리가 우리 손이 닿지 않는 허공에 있다. 한국 그림책으로는 오래전에 나온 《뽀끼뽀끼 숲의 도깨비》와 《마니 마니 마니》가 이에 속한다.

환상 이야기는 작가 자신이 이야기에 필요한 모든 것을 만들어낸다는 면에서 작가들에게는 꽤 매력적이지만 독자들, 특히 아직 이 세상에도 낯선 것투성이인 어린 독자들에게는 그저 '어리둥절한' 이야기이기 쉽다. 그렇다고 해서 이런 부류의 그림책이 전혀 무의미하거나 무가치한 것은 아니다. 우리를 어느 '낯선 곳'으로 데려다주기 때문이다. 우리 자신도 알아차리지 못하지만, 우리는 항상 그런 기대를 품고서 책을 펼치고, 사람을 만나고, 새로운 곳을 넘본다.

환상 이야기가 너무 낯설게 느껴지는 것은 사실 다른 데 문제가 있다. 낯선 공간에서 벌어지는 일들이 좀처럼 맥락을 찾기 힘들 때이다. 사건이 전개되는 방식 또는 감정이 일어나는 방식이 도무지 비현실적이면 이는 환상 이야기가 아닌 엉터리 이야기일 뿐이다. 환상 이야기라고 해서 뒤죽박죽 사건을 일으켜도 괜찮다고 생각한다면 오산이다. 공감이 일어나지 않기 때문이다. 책을 계속 읽어나가려면 공감이 필수적이다. 독서에서의 공감이란 독자가 주인공의 마음을 미루어 짐작하는 것인데, 미루어 짐작할 수 없다면 마치 알 수 없는 사람의 꿈속에 잘못 발을 들여놓아 이리저리 끌려다니는 기분일 것이다.

환상 이야기든 어떤 이야기든 이야기는 자기가 물길을 만들며 흐르는 개울물과 같다. 낮은 곳으로 흐르는 물의 성질을 거스를 수 없는 것처럼 환상 이야기도 종래의 이야기가 흐르는 방식대로 흘러야 하며 다른 이야기에 비해 더욱 그럴듯해야 한다. 그래야 인물과 배경의 생소함을 어느 정도 상쇄할 수 있다.

모르는 공간에서 모르는 존재들이 벌이는 사건들이 우리가 이해할 수 있는 질서와 맥락을 갖고 있다면 현실 이야기가 보여줄 수 없는 환상 이야기만의 장점(전혀 낯선 곳으로 우리를 초대한다는 면에서)을 얻게 된다. 전 세계적으로 수억 부가 팔린 '해리 포터' 시리즈가 그 예이다.

최근에는 논픽션 그림책들도 많이 나오고 있지만, 당신의 마음은 일차적으로 픽션 원고에 가 있을 것이다. 이 책에서 주력하게 될 원고도 픽션 원고임을 밝힌다. 논픽션 그림책 원고도 물론 글 쓰는 재미가 있으나 독자에게 마술을 거는 것은 논픽션 그림책보다는 픽션 그림책일 것이다.

원고 쓰기에 앞서 자신의 책장에 있는 그림책들을 다 꺼내서 위의 갈래 중 어디에 속하는지 살펴보자. 또한 함께 공부하는 사람들이 있다면 잘 알려진 그림책들을 가져와 갈래를 살피는 것도 좋다. 의견을 나누다 보면 각각의 특성들을 좀 더 분명히 인지할 수 있고 그 특성들은 내 이야기가 막다른 벽에 부딪쳤을 때 어디를 어떻게 뚫어야 할지 말해줄 것이다. 그림과 왈츠를 추다가 다리가 꼬였을 때도 힌트를 얻을 수 있다.

의외로 독자들은 위의 네 가지 갈래를 작가들보다 더 잘 이해하고 있다. 작가들은 자신이 풀어내려는 이야기에 눈이 멀어서(귀도 막히고) 전체적으로 그 이야기가 어떤 모습으로 비칠지에 대해서는 한심할 정도로 무심하다. 살필 겨를이 없거나 그런 건 뭐 중요하지 않다고 생각한다. "나는 나의 이야기를 할 뿐이고!" 하면서 으스대며 직진을 한다. 하지만 독자들은(작가들만큼 많은 책을 본 독자들도 있다.) 이미 각각의 갈래의 이야기 전개 방식에 익숙하다. 이야기가 어디로 향할지는 잘 몰라도 엉뚱한 데로 가고 있다면 바로 눈치를 챈다. 길을 잃는 것은 작가들이다. 작가가 길이 아닌 데로 마구 가면 독자는 이야기 초입에서 품었던 기대와 설렘 대신 불쾌감을 느낀다.

위의 네 가지 이야기 갈래는 동서양의 선배들이 줄기차게 다녀서 포장도로처럼 만든 길이다. 다른 샛길을 찾아본다고? 초보자라면 어디가 샛길이고 어디가 포장도로인지를 알기 위해서라도 먼저 포장도로를 걸어보는 게 좋다.

---

**픽션 그림책의 네 가지 갈래**
사실 이야기         마술적 사실 이야기
의인화 이야기        환상 이야기

---

## 중심 내용

다음은 사사키 히로코의 《그림책의 심리학》에서 뽑은 중심 내용들이다. 그는 아동심리학을 전공했지만 특별히 유아와 그림책의 관계에 관심을 갖게 되어 급기야는 그림책에서 주제어를 뽑아 데이터베이스를 만들기에 이른다. 예전에 활동했던 한국 그림책 연구회의 주력 활동은 출판된 한국 그림책의 연도별 목록 작업이었다. 출판된 그림책의 종수가 생각보다 많아기가 질렸는데 각각의 그림책에서 주제어를 뽑는 일은 그보다 훨씬 힘든 일이었으리라.

저자의 열정과 끈기에 존경의 마음을 보내면서, 한편으로는 그가 뽑아낸 대주제어(위의 책, p.42~53)를 여기 소개하는 것에 양해를 구한다. 《그림책의 심리학》에는 대주제와 주제로 소개되어 있는데 그림책의 이야기가 무엇에 관한 이야기인지, 무엇을 말하고자 하는지에 관한 것이라 여기서는 중심 내용으로 제목을 달았다.


## 생활·자립

아이들도 생활을 해나간다. 먹고 놀고 잠자는 것뿐 아니라 잠깐 집도 보고, 아픈 엄마를 위해 요리도 하고, 동생을 데리고 놀고, 혼자 집 밖을 나서거나, 멀리 심부름도 간다. 이런 경험들은 아이들에게 처음으로 몸을 일으켜 자기 발로 걸음마를 하는 것과 같은 두려움과 성취감을 동시에 안겨 준다. 내 생각인데, 사람은 누구나 자기 발로 걸을 수 있을 때부터 부모에게서 자립을 꿈꾼다.

"내가 할 거야!"

아이를 키우면서 얼마나 많이 들어야 했던 소리인가? 생명체에게 자립의 욕구는 생존과 직결되기에 본능과 같다. 처음부터 성공하는 경우는 거의 없다. 아주 사소한 일도 처음에는 어설프고 조바심이 나고 주저하는 마음이 든다. 그래도 아이들은 외친다.

"내가 할 거야!"

그림책은 아이들에게 좌절과 실패와 사소한 부주의를 경험하게 한다.

하지만 결말에 이르러서는 "마침내 내가 해냈어." 하고 자기 자신에게 조용히 속삭이게 한다. 이런 종류의 그림책으로 가장 먼저 생각나는 것이 《이슬이의 첫 심부름》이다. 아기 동생이 먹을 우유를 사러 가는 이슬이, 무릎도 까지고 길도 살짝 잃어버리고 가게 앞에서 용기를 못 내어 주춤대다가 주인아줌마에게 "우유 주세요!" 하고 외친다. 이 그림책으로 얼마나 많은 아이들이 첫 번째로 하는 그 모든 일에 용기를 냈을지는 이 책의 전 세계 누적 판매 부수가 증명할 것이다.

한국 그림책으로는 '지원이와 병관이' 시리즈의 첫째 권인 《지하철을 타고서》가 대표적이다. 지하철을 타고 누나와 동생 둘만이 할머니 댁에 간다. 똑같은 길을 부모와 함께 여러 번 다녔겠지만 자기들끼리 가는 건 처음이다. 모든 것이 새롭고 낯설고 신기하고 무서웠을 것이다. 긴장도 되고 설렘도 있고…. 그런데 말 안 듣는 개구쟁이 동생을 데리고 있는 누나에겐 한 가지 추가되는 것이 있다. 책임감이다.

이 이야기가 정말 조금의 포장도 없이 현실적이라는 것을 아는 사람은 다 알겠지만 그중에서도 "맞아. 그렇지!" 하고 무릎을 치게 만드는 것은 지하철에서 병관이가 잠이 든 일화이다. 동생들은 지하철이든 학원 버스든 어느 탈것에서나 잠이 든다. 아주 짧은 시간에도. 그러면 어린 보호자는 얼마나 마음을 졸일까. 심지어 깨워도 일어나지 않는다. 축 처진 동생의 몸이 자기에게 기울면 그야말로 대형 사건! 이런 경험은 첫째 아이들에게는 하나쯤은 다 있을 것이다. 그러니 엄마 품에 안겨 울음을 쏟지 않을 수 없지. 하지만, 엄마가 "다음에는 혼자 보내지 않을게. 엄마랑 같이 다니자!" 하고 말하면 아이는 단번에 고개를 가로저을 것이다. 혼자 하는 맛!

스스로 해낸 맛! 이것을 맛보았기 때문이다.

《원숭이 오누이》는 (온이의 입장에서 보면) 오빠를 따라 바닷가에 놀러 간 동생 온이가 오빠를 잃어버리는 이야기이다. 일찌감치 원숭이 동생이라는 별명이 붙은 동생 온이는 바닷가에서 벌어진 일을 기점으로 더 이상 오빠를 따라다니지 않는다. 심지어 이제는 오빠가 자신을 따라다니게 한다. 나중에 다시 이야기할 기회가 있겠지만 이 그림책은 원숭이 동생에서 시작해(서두) 원숭이 오빠로 넘어가(중반 또는 절정), 원숭이 오누이로 마무리된다(결말).

예로 든 두 이야기가 공교롭게도 '오누이' 이야기인데 큰아이는 부모로부터의 자립, 작은아이는 손위 형제로부터의 자립이 당면 과제이다. 윗사람의 존재는 대체로 우산이지만 동시에 그늘도 된다. 어쨌든 이런 이야기를 통해 윗사람과 아랫사람은 서로의 마음을 살필 수 있게 된다.

## 자아 형성

아이들이 자기 자신을 온전히 느끼게 되는 때는 언제일까? 자신의 요구가 부모에게 관철되지 않을 때, 친구와 멀어질 때, 자기만의 소망을 갖게 될 때, 가정을 떠나 낯선 장소인 유치원이나 학교에 들어갈 때, 방학 동안 친척 집이나 조부모 집에 혼자 남겨질 때…. 누구든 이런 때가 있었으리라. "안아 주세요!" 하며 엄마에게 내뻗은 두 팔이 허공에서 떨어지다가 자기 가슴을 껴안게 되는 상황이다.

이런 배신감을 적어도 일주일에 한 번은 안겨주는 사람들은 바로 가장 가까이 있는 가족들이다. 일주일에 한 번이 아니라 하루에 한 번, 아니 열 번 정도? 어릴 때 아이들은 태양인 엄마가 자신을 중심으로 돈다고 생각한다(천동설). 어른이 되어서도 천동설을 드러내놓고 주장한다면 비웃음을 받겠지만 마음은 여전히 지동설을 받아들이기 힘들다. 하지만 좀 더 정확히 말하면 각자는 각자의 태양을 따로 갖고 있다!

예순이 다 된 나이인데도 나는 종종 내가 천동설을 여전히 철석같이 믿고 있음을 깨닫는다. 내 자식이 나와 같은 마음이 아닐 때(깜짝 놀란다.), 친정어머니가 나와 같은 마음이 아닐 때(더욱 깜짝 놀란다.) 나는 '아, 사람은 다 각자의 태양을 중심으로 돌고 있구나.' 하고 탄식한다. 이럴 때 나는 그들에게서 자아를 분리시킨다. 나도 나의 태양을 가져야 하기에. 그래야 살 수 있으므로 어쩔 수 없다. 아마 내 아이들과 어머니도 자신이 살기 위해서 어쩔 수 없이 나를 밀쳐냈을 것이다.

자아는 전체에서 분리되지 않고는 형성되지 않는다. 물론 그 분리감은 그저 감일 뿐이다. 달라진 건 없다. 애초부터 분리되어 있어서 다시 분리되지도 않는다. 논픽션 그림책 《내 차를 운전하기 위해서는》의 주제이다. 깊은 통찰로 이 사실을 깨닫고 나면 우리는 우리가 전체의 자랑스러운 한 부분임을 느끼게 된다. 그러나 그 전에 분리감이 필요하다. 외따로 떨어져 나와 있는 기분, 외롭고 고립되고 소외된 기분에서 오롯이 자신의 모습이 떠오른다. 그런 분리감 없이는 더 큰 전체에 대한 소속감을 얻지 못한다. 소속감 대신 의존감이 있을 뿐이다. 의존감은 무기력을 낳고 무기력은 최악의 경우, 자학으로 번질 수 있다.

아이들에게 분리감을 안겨주자. 그림책이 도와줄 수 있다. 그림책 속의 주인공들은 독자들의 독립심을 고취하기 위해 익숙한 환경이나 가족의 안온감을 과감히 뿌리친다. 《난 커다란 털북숭이 곰이다》의 주인공은 엄마가 잔소리를 할 때마다 "난 커다란 털북숭이 곰이다."라고 되레 외치다가 급기야 곰이 되어 가출하고, 《뛰어라 메뚜기》의 주인공은 펄쩍 뛰어올라 힘차게 날갯짓을 한다.

분리는 그냥 이루어지지 않는다. 강한 욕구가 있어야 가능하다. 분리가 있어야 자신만의 삶의 무늬를 갖게 된다는 것, 그것은 자신의 껍데기를 깨고 나오는 성장통의 하나라는 것, 이후의 삶은 그 전과는 다르다는 것이 그림책들이 전하는 메시지들이다.

## 친구·놀이

심심한 것을 견디지 못하는 아이들에게 친구와 놀이는 부모의 존재만큼이나 절대적이다. 거창한 주제 없이 그저 신나게 노는 것만으로 훌륭한 그림책이 될 수 있는 것은 이 때문이다. 친구를 만나는 것, 노는 것, 싸우고 화해하는 것, 친구랑 동물원이나 공원에 가는 것, 혼자 상상의 공간에서 놀다 오는 것, 가족과 집 안에서 노는 것 등 아이들에게 친근한 소재들이 이 바구니에 담긴다.

《악어 우리나의 버스놀이》는 의자를 이어 붙여 버스놀이를 하는 악어들의 이야기이고, 《나는 괴물이다!》는 종이 상자를 머리에 뒤집어쓰고 괴물 흉내를 내며 노는 한 아이의 이야기이다. 어른들은 안 그래도 놀 생각만 하는 아이들에게 이런 그림책을 흔쾌히 권하고 싶지 않겠지만 여전히 더 놀고 싶은 아이들은 그림책으로 그 부족함을 채우고 싶을 것이다. 작가 입장에서는 놀고 싶은 아이들의 마음을 그림책으로 해소해 주는 것에는 나름의 의미가 있으니, 작가들은 만들고 아이들은 사달라고 조르면 엄마들은 결국 사주지 않을까. 놀이를 무시하면 안 된다.

그림책 형식으로 나온 어린이 논픽션 시리즈('동물에게 배워요')에 《신 나게 노는 것도 중요해요》란 책이 있다. 한번 읽어보기를. 놀이 행동 전문가가 쓴 《플레이, 즐거움의 발견》과 아시아 아이들이 노는 모습을 담은 《아이들은 놀기 위해 세상에 온다》도 추천한다. 전인교육이 가능한 과목이 놀이가 아닐까 싶다. 아이들에게도 마음이 울적한 날이 있고 혼자 집을 보는 날이 있다. 마음은 심심하고 슬슬 배도 고파지는데 엄마는, 누나는 왜 안 오지? 그럴 때 이런 '노는' 그림책이 있다면 허전한 마음을 달랠 수 있다. 누구든 자기 마음을 즐겁게 해주는 책이 몇 권은 필요한데 아이들에게는 '친구·놀이'의 그림책들이 그런 임무를 맡고 있다.

## 성격

어린 시절은 성격이나 취향이 형성되는 시기이다. 따라서 자신의 성격을 탐험하고 이해하는 과정은 아이들에게는 내키지 않겠지만 필요한 도전이다. 그 성격 안에 있는 것이 감정이다. 감정의 일반적인 표현 방식이 한 개인에게서 성격으로 굳어지지 않았을까. 감정과 성격의 이해는 공감과 소통으로 이어진다. 그러면 친구가 하나 더 생기겠지. 세상에 내 편이 한 사람 더 늘어난다.

《부루퉁한 스핑키》에서 가족들에게 화가 난 스핑키는 마당에 있는 해먹에 드러누운 채 집에 들어가지 않는다. 어느덧 화는 가라앉고, 생각해 보니 그렇게 화를 낼 일도 아니었다. 스핑키는 어떻게 다시 집 안으로 들어가 가족들에게 화해의 메시지를 건넬까.

툭하면 우는 아이들도 있다. 《울보 나무》는 이런 아이의 이야기이다. 자신의 이런 모습 때문에 더 자주 울게 되는 아이가 자신을 위해 대신 울어주는 나무를 만나게 된다. 나무 덕분에 아이는 자신의 성격을 극복하게 되고 나무와는 평생 친구가 된다. 대신 울어주지 않아도 서로의 마음을 이해하는 친구.

위의 두 그림책에서 엿볼 수 있듯이 성격은 감정의 바깥쪽 면이다. 자기가 자신의 감정을 관리할 수 있게 되면, 남들에게서 성격이 이렇다 저렇다 하는 평을 듣는 일도 잦아든다. 성격의 완성은 성격 없음이라고 에크하르트 톨레는 《삶으로 다시 떠오르기》에서 말했다. 하지만 아이들에게는 자신의 감정과 성격을 발견하고 표현하고 이해하는 과정이 필요하다. 타인의 감정과 성격을 이해하기 위해서라도. 이런 격랑의 과정을 거친 후에는 모든 것을 다 쓰다듬는 시선을 가진 무성격의 경지에 오를 텐데, 우리 평범한 사람들은 겪고 다치고 노력하다가 일생을 보낸다.

## 마음

그때그때 생겨나는 감정이 바다에 이는 파도라면 마음은 바다와 같다. 바다가 얼마나 깊고 넓은지 알려면 바닷속으로 팔다리를 뻗어보고 더 자세히 알려면 잠수를 해보아야 한다. 마음의 바다는 우리가 들어가 본 것만큼만 넓어지고 깊어진다. 1미터를 들어가면 1미터만큼, 100미터를 들어가면 100미터만큼만 그 공간이 가늠된다. 아무 일도 일어나지 않고 아무 일도 겪지 않으면 마음은 뚜껑이 덮인 바다처럼 그대로 있다. 하지만 이것을 바다라고 할 수 있을까? 마음도 그렇게 있다면 마음이라고 할 수 없을 것이다.

예전 우리 선조들에 비해 우리들, 그리고 우리 아이들은 비교적 안온한 세상에 살고 있다. 위험은 배제되었고 모험은 기회가 별로 없다. 먼바다에는 폭풍이 일고 있지만, 점차 우리가 살고 있는 곳으로도 불어오겠지만 바로 코앞에 닥치기 전까지는 폭풍 전야처럼 평화롭기만 하다. 마음을 들썩이게 하는 것은 고작 동전 한두 개를 잃어버린 것 정도. 요즘 아이들에게 더욱 이야기가 필요한 까닭도 여기에 있다. 세상이 너무 안온해서 좀처럼 거친 풍랑을 경험시켜 줄 수 없다. 폭풍에 대비하려면 작은 파도를 수면에 일게 해서 그 고통과 좌절, 기대감과 설렘 등을 먼저 맛보는 게 좋을 것이다. 예방주사를 맞거나 모의 연습을 하는 것처럼.

바다의 뚜껑을 열어 물에 몸을 담그는 것처럼 마음의 뚜껑을 열어주는 그림책들이 있다. 《고래들의 노래》, 《부엉이와 보름달》, 《수호의 하얀 말》, 《사슴아 내 형제야》, 《할아버지의 긴 여행》, 《춤추는 고양이 차짱》…. 이들

책은 다 이야기를 담고 있지만 이야기는 겉으로 흐르지 않는다. 별다른 사건이 있는 것도 아니고, 일상에서 종종 부딪치는 사건도 아니지만 안으로 파동을 치게 한다.

그림책은 우리의 마음을 낯선 곳으로 이끈다. 낯섦이 가시고 나면 그곳은 이미 내 마음이 된다. 내 마음의 영역이 그만큼 확장된 것이다. 이제 현상을 보는 시선이 그윽해지는데, 자기 안에 흔들리지 않는 마음이 있음을 느끼기 때문이다. 자기 마음이 어디까지인지 궁금할 때 이런 그림책을 읽자. 아니, 쓰자.

## 가족

가족은 모든 인간관계의 시원이다. 자신이 선택한 것이 아니어서 거부할 수도 없다. 부모들과 그들이 주는 환경은 아이들에게 무조건적으로 주어진다. 발달심리학에서는 유아기에 형성되는 부모와 아이의 애착 관계가 아이가 앞으로 겪을 대인 관계의 밑바탕이 된다고 한다. 부모와의 관계에는 사랑과 우호, 냉소, 회의, 경쟁, 의심, 신뢰, 방임과 무관심 등 여러 양상이 있고 이는 한 개인의 인간관계에 오래도록 그림자를 드리운다.

가정은 아이가 사회에서 겪게 될 상황들의 스프링 캠프라고 할 수 있다. 남의 가정 이야기를 읽는다는 것은 벗어날 수 없는 자기 가족의 내면을 유추하는 것이기도 하다. 흔히 독서가 간접 경험이라고 하는데 남의 가족 이야기만큼 아이들에게 흥미로운 간접 경험도 없을 것이다. 자기 가족은 벗을 수 없는 옷인데, 단지 그 사실 때문에라도 싫증이 나는 옷이다.

책을 읽는 동안 아이들은 남의 옷을 입어본다. 입어보면 그 옷도 좀…. 다 읽고 나면 자기 옷도 그렇게 나쁘지 않음을 알게 되겠지. 가족에 대한 아이들의 열망은 끈질기고 거세다. 동생이 없어졌으면 좋겠고 아빠는 옆집 아빠로 바꾸고 싶고, 내 방이 따로 있었으면 좋겠고, 엄마는 잔소리를 안 했으면 좋겠고.

가족 이야기에는 이사, 부모의 별거나 이혼, 부모나 형제간 갈등, 새로운 가족, 장애, 발병이나 사망, 입양, 동생의 탄생, 경제적인 문제, 부모의 실직, 이웃과의 문제 등이 나온다. 집이 크든 작든, 구성원이 많든 적든 집안에서는 늘 지지고 볶을 일이 생기기에 이야깃거리는 풍부하다. 《원숭이 오누이》,《순이와 어린 동생》,《난 형이니까》는 형제간의 일을,《엄마의 의자》,《아빠! 머리 묶어 주세요》는 부모와의 일을 다루고 있다. 《이모의 결혼식》은 외국인 이모부를 맞는 아이의 이야기인데 다양성에 눈을 뜨게 하는 효과도 덤으로 얻을 수 있다.

가족 이야기는 쉽고 편안하게 다가갈 수는 있지만 그만큼 내용이 시시하고 상투적 귀결로 흐르기 쉽다. 편안한 기분으로 읽기 시작한 독자들이 중간쯤 가서는 "뭐, 별다를 게 없네. 우리 집에 늘 있는 일이잖아." 하고 책을 내던질 수도 있다. 책을 끝까지 읽게 하려면 상투적인 흐름 안에 뭔가 각별함을 숨겨두어야 한다. 상투성과 보편성은 한 끗 차이이다. 다 그런 건 아니지만 상투적인 것에 각별함을 후추처럼 뿌리면 갑작스레 보편성의 후광이 드리워진다. 독자에게 책을 사게 하려면 몇 번이고 다시 읽고픈 마음을 들게 해야 하는데 그저 뻔한 이야기는 안 봐도 알 것 같으니까 끝까지 읽지도 않을 것이다.

위의 갈래 중에서 자립, 자아 형성, 마음 등은 핵심 가치를 말해주는 용어이고 생활, 친구·놀이, 성격, 가족은 이야기 소재를 말해주는 용어이다. 따라서 한 권의 그림책이 두어 개의 유형을 갖고 있다고 해도 이상할 게 없으며 어쩌면 그런 책들이 더 많을지 모른다. 예를 들어,《원숭이 오누이》는 오누이의 일화로 보면 가족 이야기(소재의 일종)이지만, 오빠를 더 이상 따라다니지 않게 된 온이의 입장으로 보면 생활·자립의 범주에도 포함된다.

작가로서 당신은 자신의 작품이 한 그림책 열정가와 독자들에게 이렇게 분석될 수 있음에 약간 긴장을 할 필요가 있다. 당신은 지금 문지방에 서 있다. 당신의 사적인 방에서 나와 다른 방으로 들어서는 문지방. 당신의 사적인 이야기는 이제 모두의 공적인 이야기로 불리게 될 것이다. 걸음을 되돌리기에는 좀 늦었다.

---

**중심 내용**

| 생활·자립 | 자아 형성 | 친구·놀이 |
| 성격 | 마음 | 가족 |

---

오후

# 이야깃거리를 모으자!

이제 실제 작업에 들어간다. 요리를 하기 전에 재료를 늘어놓는 것처럼 당신도 그동안 묵혀둔 이야깃거리들을 몽땅 책상에 올려놓는다. 어떤 것은 바로 쓰기만 하면 될 것처럼 보이기도 한다. 하지만 어떤 것은 이야깃거리라기보다는 아이디어 정도인 것들도 있다. 이야깃거리가 모종이라면 아이디어는 씨앗이다. 씨앗은 이미 우리 안에 있다. 다만 발견하고 그것을 끄집어내는 것일 뿐. 오늘은 끄집어낸 씨앗을 모종까지 키우는 작업을 할 것이다.

## 기억하기 또는 둘러보기

그림책 워크숍의 참가자들은 대부분 이야깃거리를 갖고 있다. 다만 꺼내놓는 것을 주저할 뿐. 반면 일반 글쓰기 강좌에서는 "자, 꺼내놓으세요!"라고 말해도 참가자들은 눈만 멀뚱거릴 뿐이다. 얼굴에서는 '글을 쓰고는 싶은데 쓸 게 없어요. 무슨 내용을 써야 할지 모르겠어요.' 하는 무언의 망설임이 읽힌다. 나는 "그래요? 그럼 그냥 집에 갈까요?" 하고 허탈한 표정을 지으며 겉옷 호주머니에 손을 찔러 넣다가 불현듯 "어, 이게 뭐야?" 하며 꼬깃꼬깃 접은 종이쪽지를 하나 꺼내 든다. 사람들의 눈길이 다 그 종이쪽지에 모이는 것을 의식하며 나는 조심스레 쪽지를 펼친다. 전날 밤 미리 준비해 넣어두고는 우연히 발견한 것처럼.

쪽지에는 낱말들이 하나씩 적혀 있다. 우산, 아버지의 장화, 여름 모자, 신발, 비 오는 여름밤 등등의 낱말이다. 그리고 작은 통을 내민다. 통에는 낱말이 적힌 종이쪽지가 여러 장 있다. 참가자들에게 하나씩 뽑아 펴보게 하고는 잠시 생각할 시간을 준다.

이런 무작위 뽑기는 분명 무작위적이지만 뽑고 나면 작위성이 느껴진다. 위의 경우, 참가자 대부분은 자기가 왜 그 쪽지를 뽑게 되었는지 너무 놀랍고 희한하다고 말한다. 나는 (느닷없이) 박수를 치고는 "이제 최면에 들어갈 시간"(어떨 때는 "잃어버린 시간을 찾아서")이라고 하며 빈 종이를 한 장씩 주고 그 낱말을 가지고 기억을 소환하자고 한다.

먼저 이야기를 하게 한다. 한 사람이 '아버지의 장화'에 얽힌 이야기를 하면 그 이야기를 듣고 다른 사람이 또 다른 이야기를 한다. 이야기들은 다 사연이 다르지만(낱말도 다르고) 다른 사연을 불러내는 보이지 않는 줄이 있나 하는 생각이 들 정도로 끊이지 않고 이어진다. 서로 먼저 말하고 싶은 표정들이다.

줌파 라히리의 한 단편에는 젊은 부부가 날마다 저녁 식탁에서 기억 속에 있는 어떤 이야기나 풍경, 이미지를 한 가지씩 털어놓는 장면이 있다. 소화되지 않은 것을 되새김질하듯, 맥락 없는 이야기를 꺼내놓으면 듣는 사람이나 말하는 사람이나 질문이 솟고 그 질문은 이야기의 구체적인 면을 다시 기억나게 해서 조금씩 이야기의 진실과 의미를 찾아가게 한다.

기억은 항상성을 갖고 있다. 먼 과거의 일이라고 해도 기억에서 소환하는 순간, 지금의 정서와 감정을 갖게 되어 현재에 살고 있다는 것. 따라서 우리의 과거는 죽은 것이 아니라 지금 빛을 보는 셈이다. 말하기를 마친 글쓰기 워크숍 참가자들이 얼굴을 빛내며 들뜬 표정을 지을 때 나는 준비한 공책을 한 권씩 내민다. "여기에 쓰세요. 맘껏! 못다 한 얘기까지 마저 쓰세요." (그러고 보니 나는 준비를 많이 하는 강사이다.)

'글쓰기는 기억하기'라고 미국의 소설가 조이스 캐럴 오츠가 말했다. 프랑스의 한 서점에서 본 어느 에세이 제목은 '문학은 어린 시절이다'였다. 글은 쓰고 싶은데 이렇다 할 소재가 없다면 어릴 적 기억에서 불러내기를 하자. 아이를 키우고 있다면 어제나 그제 있었던 에피소드를 떠올리자. 위에서처럼 단순한 낱말로 시작하거나 무작정 아무나 붙들고 줌파 라히리의 젊은 부부처럼 잊히지 않는 어떤 장면을 털어놓아도 된다. 고인 물을 끌어 올리는 마중물처럼 작의적인 의식으로 물꼬를 터주자.

"그래도 전 뭐가 없는데… 그냥 집에 가야 할까요?" 하고 누가 묻기도 한다. "아뇨! 집에 가지 말고 집 안에 뭐가 있는지 둘러보세요. 집에 막 들어섰다 생각하고." 실제 가서 보는 것보다 보고 있다고 상상하며 떠올리는 것이 더 생생하다. 연출이 되기 때문에. 알베르 카뮈의 《이방인》에서 주인공 뫼르소가 사형 집행일 전날, 자신의 집 안을 세세히 기억해 내는 장면을 다시 읽어보기를. 아니, 그저 편하게 떠올려 보자.

예를 들면, 거실 한쪽에 꿔다 놓은 빗자루처럼 놓여 있는 거실 등, 벽에 몇 년째 같은 자리에 걸려 있는 고장 난 벽시계, 그 아래 선반에 누가 갖다 놓았는지도 모를 헝겊 인형…. 눈에 익은 물건들은 많다. 그 물건을 가져와 아이들을 불러 모은 다음(아이의 친구까지 부른다), 우리 집에 함께 살게 된 이야기를 (즉흥적으로 지어내) 들려준다. 익숙한 물건은 돌연 처음 보는 물건이 되고, 이들의 사연은 아이들의 마음을 움직이고 그냥 물건이 아니라 식구나 친구가 된다.

다시 그 물건이 같은 자리에 놓인다 해도 아이들은 이야기를 기억하고 한동안은 새로운 눈으로 보게 될 것이다. 고장 난 벽시계는 도망간 시간을 기다리는 중이고, 헝겊 인형은 자신의 이름이 무엇이었는지를 기억해 내려고 애쓰고 있다. 이름을 기억해 내면 헝겊 인형은 생명을 얻게 된다나. 거실 등은 자신이 여전히 쓸모 있는 존재라는 걸 알리고 싶어서 집 안의 전기를 모두 나가게 하는 작전을 짜고 있다. 그렇게 되면 자신도 불을 켤 수 없다는 걸 모른 채. 어떻게 새롭게 보이도록 하느냐고요? 이야기를 만들면 된다. 이야기를 만드는 사람이 작가이다.

여담인데, 나는 내 아이들이 어릴 때 집에 있는 물건을 가지고 이야기를 얼렁뚱땅 지어내곤 했다. 처음 이야기를 지어낼 때는 아이들이 물건을 함부로 대하지 않도록 하기 위해서였던 것 같다. 필통을 집어 던지거나 맛있는 게 없다고 냉장고를 콩콩 치는 것 때문에. 일단 물건들에게 성을 붙여 주었는데 김냉장고, 김책상, 김필통, 김빗자루… 이런 식이다. 언젠가 잠시 외출을 할 일이 있어 혼자 있어도 괜찮겠냐고 두 아이에게 물어보니, "엄마, 우리는 혼자 있지 않아. 김냉장고, 김텔레비전, 김연필, 식구들이 너무 많아. 애네들, 아주 시끄러워." 하고 대답했다. 얼렁뚱땅 심심풀이 땅콩 이야기, 한번 시도해 보기를.

이야기가 완성되려면 머릿속에만 있어서는 안 된다. 가장 좋은 방법은 이야기를 말하기이다. 말로 발설되는 순간, 이야기는 생명을 얻는다. 우리 주위의 모든 존재와 사물, 현상들은 누군가가 자기 이야기를 해주기를 기다린다. "나는 왜 이렇죠?", "내가 왜 여기 있죠?", "나는 무엇을 바라고 있죠?" 쓸 것은 아주 많다.

나의 작품들은 다 일상에 시작점을 두고 있다. 공상이나 허상에서 발아한 이야기는 없다. 있었다고 해도 수명이 짧아 다 증발되었을 것이다. 그런 아이디어는 매생이처럼 흐물흐물해서 손에 질감이 잡히지 않는다. 당신도 당신의 일상을 뒤져보기를. 그러나 먼저 삶을 살아야 한다. 먼저 삶을 살고, 시간이 지난 후 남는 것으로 글을 쓰자. 시간이 지난 후에도 기억에 남는 것은 당신의 삶과 알지 못할 독자의 삶에 의미가 있는 것이다. 어떤 의미일까. 그 의미는 이야기를 쓰면서 밝혀지기도 한다. 그러니 일단 써야겠다.

## 끄적끄적 쓰기 연습

당신의 시작점을 찾아보자. 뇌리에 남아 있는 어떤 이미지, 짧은 문구, 한 줄의 문장, 질문, 대화체 등. 별 뾰족한 게 없다면 냉장실 문을 닫고 냉동실 문을 연다. 거기에 딱딱하게 얼어 있는, 그러나 자신을 녹여줄 따뜻한 손길을 기다리는 것들을 눈으로 죽 훑는다. 이해되지 않는 일, 사소한 경험이나 사건, 길에서 우연히 본 어떤 장면, 놀이터 아이들이 나누는 대화, 친구나 지인에게 슬쩍 들은 일화, 그러다 불쑥 솟아난 감정, 어떤 냄새, 생각들…. 가까이 있는 아이에게(아이가 없으면 아무나 붙들고 또는 자기 자신에게) 질문을 던진다 생각하고 빈 공책을 편다.

진짜 산타 할아버지가 가짜 산타를 만나면 어떻게 할까?
한밤중 도서관 열람실에 불이 켜졌다. 누가 책을 읽으러 온 걸까?
일곱 살 아이가 입을 바지는 늙어도 일곱 살일까?
"집 잘 보고 있어! 늑대가 올지도 몰라." / "늑대가 온다고? 늑대가 언제 오는데?"

_____

_____

_____

질문을 곱씹다 보면 마음속에서 웅얼대는 말들이 생겨난다. 그 말들을 공책에 받아 적는다. 전문 용어로 낙서 명상이고 일반 용어로는 *끄적끄적 시간 때우기*. 가장 쉬운 접근은 문답식이다.

진짜 산타 할아버지의 속마음은 뭐지? - 자신도 선물을 받는 것이다.

어떻게 해결할까? - 가짜 산타를 찾아가 본다.

웅얼대는 말이 들린다면 좋은 신호이다. 계속 귀 기울여 듣고 옮겨 적는다. 당신이 쓰려는 이야기는 형체가 없지만 숨결은 어쩌면 생겼을지도 모른다.

_____

_____

_____

내가 원고를 구상 중이라고 하면 기자 출신의 남편은 기사 마감 시간에 쫓기는 표정으로 "어떤 이야기인데?" 하고 묻는다. 그럼 나는 급하게 이렇게 말한다. "정글에서 잘 자라던 나무였는데 사람들이 베어서 흔들의자를 만들었거든. 다시 나무로 돌아가고 싶은 흔들의자 이야기야." 여기서 더 길게 말하면 남편은 바로 돌아설 것이다. 마감 시간이 지났거나 할당된 면에 이미 분량이 넘친다는 듯. 당신의 배우자나 아이, 또는 친구들이 얼마나 인내심이 많은지 모르겠지만 이런 상황이라고 생각하고 머릿속의 원고를 재빨리 말해보자.

"일곱 살 아이들이 빨간 줄무늬 바지를 물려 입으면서 어른이 되는데 빨간 줄무늬 바지는 여전히 일곱 살." 《빨간 줄무늬 바지》

"엄마가 시장에 가면서 늑대가 올지 모르니까 문을 잠그고 있으라고 했는데 늑대가 오지 않아서 늑대 집으로 따지러 가는 토끼 이야기." 《토끼와 늑대와 호랑이와 담이와》)

"오빠를 이기고 싶은 동생이 설날에 작은 나이 여러 살을 먹고 누나가 된 이야기" 《오빠한테 질 수 없어!》)

　우리 집 쪽마루에는 장식은 없지만 제법 근사한 흔들의자가 있다. 남편은 '혹시 저 의자 이야기인가?' 하면서 좀 더 말해보라고 한다. "나무는 엔진 톱에 쓰러지면서 '난 반드시 다시 나무가 될 거야.' 하고 외쳤어. 그리고 사람들이 자신을 흔들의자로 만들어 어느 시골 노부인 댁으로 보냈을 때도 '난 반드시 다시 나무가 될 거야.' 하고 다짐했지. 노부인은 흔들의자를 사랑했지만 흔들의자는 흙냄새가 그리웠어. 언제나 다시 나무로 돌아갈 기회만 엿보고 있지." 물론 이건 실제 있었던 일은 아니다. 하지만 여기까지 말하고 나면 충분히 있을 법한 일로 여겨진다. 이야기란 이런 것이다. 충분히 있을 법한 일. 남편에게 '그래?' 하는 표정이 스친다.

　이제는 당신 차례이다. 끄적끄적 적어놓은 것들을 가지고 아래의 예처럼 이야기의 방향을 잡는다.

　선물을 받고 싶은 진짜 산타 할아버지가 가짜 산타를 찾아가서 선물을 달라고 한다.

여기에 살을 붙인다. 명사에 형용사를 붙이고 동사에 부사를 붙이듯이.

365년(아무 숫자나 좋다.)이나 산타 일을 하던 진짜 산타는 은퇴를 하기 전에 바라는 일이 하나 있다. 누군가로부터 크리스마스 선물을 받고 싶은 것. 산타 할아버지는 고민고민하다가 가짜 산타를 찾아가서 우여곡절 끝에 선물을 받게 된다.

시동을 걸었으니 이제 속도를 좀 내야 하지 않을까. 좀 더 길게 써보자. 여기서는 대사가 나오기도 한다.

"365년이나 산타 일을 했는데, 아 이게 뭐람? 아무도 나에게 선물을 주지 않잖아. 산타도 사람이라고! 선물 없는 크리스마스는 하나도 신이 안 나." 산타 할아버지는 은퇴가 얼마 남지 않았거든요. "이렇게 사는 건 의미 없다고. 나도 진짜 크리스마스를 갖고 싶어!"

아직 준비가 되지 않았다면 당신이 읽은 기존의 그림책을 펼쳐서 그 내용을 간단히 소개한다 생각하고 적어보라.《손 큰 할머니의 만두 만들기》로 한다면, '손이 큰 할머니가 숲속 동물들과 설날에 큰 만두 하나를 해 먹는 이야기'. 이렇게 아이들에게 말하면 "큰 만두 하나?" 하고 관심을 보일 것이다. 당신의 원고도 그렇다면 일단 성공이다. 처음에는 어설퍼도 여러 번 되풀이하다 보면 공책에 줄 긋기처럼 잘된다. 인내심을 갖고 그림책 세 권을 꺼내 세 차례 해보자.

1. _____
2. _____
3. _____

    이런 연습이 필요한 것은 (해보면 알겠지만) 이야기의 골격을 본인 스스로 파악하기 위해서이다. 살에 둘러싸여 보이지 않는 갈비뼈를 손으로 하나하나 만져서 확인하는 것과 같다. 이렇게 해서 자신의 이야기 씨앗이 잘 발아했는지, 커서 무슨 꽃이 될 건지 감을 잡는다. 아직 때가 안 된 것 같으면 다시 마음 땅에 묻고 다른 씨앗들을 살핀다. 이럴 때의 작가들은 씨앗을 심는 사람과 같다.
    떡잎이 두어 장 나와서 잘 키우면 예쁜 꽃나무가 될 것 같다 생각되면 아무나 붙잡고 이야기를 해준다. 마치 이미 다 쓴 것처럼. 다 아는 이야기처럼. 듣는 사람들이 표정을 달리하면 '가능성 있음' 도장을 찍는다.

## 비평의 눈을 키우자

다음은 그동안 워크숍에 참여했던 사람들이 자기 스스로 '가능성 있음' 도장을 찍은 이야기들을 살짝 비튼 것이다. 제삼자가 당신을 붙잡고 이런 이야기를 해준다면 어떨지….

1. 바나나가 주인공이다. 바나나는 식구들 중 할아버지에게 먹히기를 바라며 이런저런 애를 쓴다. 할아버지가 이 집의 식구들 서열에서 가장 높기 때문에 자기도 할아버지에게 먹히면 과일 중에서 가장 서열이 높아질 거라 믿으며.

2. 엄마와 아이는 다른 지역에 있는 놀이동산에 가려고 집을 나섰다. 그런데 엄마가 시외버스 터미널에서 차표를 끊는 사이에 아이는 어느 할머니의 짐을 들어드리느라 터미널 밖으로 나오게 되고 그러다 길을 잃는다.

3. 깜깜한 밤에 고양이들은 무엇을 할까? 이 집 저 집 고양이들이 나와서 깜깜한 밤의 도시를 탐험한다.

4. 병상에 누워 있는 할머니가 죽음이 임박한 걸 알고는 낡은 자동차를 타고 평생 보고 싶었던 바다를 보러 간다. 바다에서 즐거운 시간을 보내고 돌아와 죽음을 맞는다.

5. 소심한 어느 벌레의 이야기. 소심한 벌레는 무섬증이 없는 벌레 친구의 제안으로 모험을 하게 된다. 모험 끝에 무사히 돌아와서 소심한 벌

레는 더 소심해진다. 세상이 무섭다는 것을 알게 되었기 때문.
6. 고구마 할아버지와 감자 할머니의 이야기. 고구마 할아버지가 감자 할머니에게 청혼을 받지만 고구마 할아버지는 감자 할머니가 이상하게 생겼다고 거절한다. 감자 할머니는 자신은 고구마처럼 안 생겼을 뿐, 감자로서 감자답게 생긴 거라고 받아쳤다. 티격태격 싸우다가 감자 할머니는 이미 마음이 상해 옆집에 사는 당근 할아버지와 결혼을 결심한다. 고구마 할아버지는 땅을 치며 후회를 한다.

위의 이야깃거리 중에서 당신은 어떤 것이 당장 착수해도 좋다고 생각하는가. 다른 원고들은 어떤 면에서 문제가 있다고 보는가. 하나하나 살펴보자.

1. 바나나 이야기

주인공인 바나나가 명예로운 죽음이든 희생적인 죽음이든 죽기를 원한다는 설정은 곤란하다. 죽기를 원하는 것도 그렇지만, 정말 죽어서도 안 되기 때문이다. 주인공이 죽고 끝나는 이야기는 없다. 영화에서도 죽기 직전에 탈출해서 "다시 올 거야." 하고 말한다. 주인공 바나나가 자신의 어리석음을 죽기 직전에 깨닫고 도망을 간다면 모를까. 그게 아니라면 이 이야기는 가치가 없다. 옛이야기처럼 어리석음을 풍자하거나 교훈을 남기는 우화로 꾸미는 것도 한 방법이다. 어쨌든 서열 높이기에 목숨을 거는 주인공은 주인공 자격이 없다. 또한 서열 높이기가 목적이 아니라도 남을 통해 자신의 존재감을 세우는 방식은 권할 것이 못 된다.

## 2. 아이가 길을 잃는 이야기

발단도 상투적이고 결말도 뻔하다. 이런 일이 정말 글쓴이에게 있었다고 해도 독자들은 "뭐 그런 경험은 누구나 한 번씩 있지." 하며 지나칠 것이다. 앞서 얘기한 가족 이야기처럼 누구에게나 흔한 일이 새롭게 보이려면 장치가 필요하다. 사실 모든 결말은 뻔하다. 문제는 뻔한 결말이 아니라 뻔한 길로 그 결말에 이른다는 것에 있다. 정해진 결말에 이른다는 것을 모르게 하려면 처음 가보는 길(처음 가보는 것처럼 보이는 길)로 독자들을 데리고 가야 한다. "어, 퍼레이드를 정신없이 따라가다 보니 바로 우리 집이네!" 하는 식으로. 상투적인 글도 신하균이나 이병헌이 내레이션을 하면 감정이 실리면서 새롭게 들리기도 한다.

내레이터의 목소리와 같은 역할을 문체가 할 수 있다. 문체의 힘을 믿어볼까? 섬세하고 구체적인 묘사에 돌발적인 주인공의 행동, 예기치 않은 위기 등을 버무리면 의외로 진실 어린 작품이 될 수도 있다. 길을 잃어버리는 상황은 누구에게나 일어나지만 무슨 일을 겪었는지는 저마다 다를 것이다.

그런데 한 가지! 이런 이야기는 그림이 없어도 이야기 전개에 무리가 없기 때문에, 능수능란한 그림 작가가 아니라면 개성적인 그림을 그려내기가 쉽지 않다. 글, 그림을 함께 하는 작가라면 문제가 덜하지만(어떻게 그릴지를 머릿속에 먼저 구상을 했을 테니까) 대부분의 그림 작가들은 머리가 지끈지끈할 정도로 고민을 하거나 그저 떠오르는 대로(상투적으로) 그릴 것이다.

요즘의 편집자들에게 《순이와 어린 동생》이나 《이슬이의 첫 심부름》과 같은 원고가 큰 매력이 있을 것 같지는 않다. 지금 이 원고들이 투고되었다면 아찔한 상상이지만 바로 쓰레기통에 들어갔을지도 모른다. 물론 두 그림책은 지금 보아도 여전히 마음을 흔드는 무언가가 있지만 이 책들이 만들어질 때와 지금은 정서와 심리가 많이 다르다. 잔잔한 이야기보다는 뭔가 특별한 것을 찾는다. 어쨌든 이 아이디어는 편집자의 쓰레기통에 들어가지 않으려면 운이 따라야 한다.

만일 어느 편집자가 (자기도 어릴 적에 시외버스 터미널에서 엄마를 잃어버린 경험이 있어서) 이 원고에 애착을 갖고는 그림책으로 내자고 적극 밀어서 진행하게 되었다면…. 그렇더라도 문제가 남는다. 어떻게 달라 보이게 할까? 이럴 때 궁리해 보는 방법 중 하나가 의인화이다. 사람 아이가 길을 잃어버린 이야기는 100권도 넘지만 까불기 좋아하는 토끼나 염소를 주인공으로 한다면 조금은 달라 보이지 않을까? 토끼는 당근을 좋아하고 염소는 호기심이 많아서 처음 보는 사람도 잘 따라간다. 이런 동물의 특성을 가미해 이야기를 꾸민다면 새로운 돌파구가 생길지 모른다. 이런저런 시도도 다 적당치 않으면 진정성 있는 그림으로 정면 돌파를 한다. 꾸밈없는 수수함이 잘못 꾸민 것보다는 낫다는 믿음으로 직진하는 거다. 상대방은 처음에는 좀 의아해하다가 '아, 이분은 한살림이나 《녹색평론》 같은 사람이구나.' 하고 생각할 것이다.

반대로 과도하고 과장된 그림으로 정신을 못 차리게 하는 방법도 있다. 어떤 사람을 만났을 때 그의 눈빛이나 했던 말은 모조리 잊어버려도 "그 사람? 패션모델 같아! 한번 봐봐!" 하고 누군가에게 떠들어댈지 모른다. 패션모델은 말을 하지 않는다. 이런 책은 구경하는 책이다. 예의를 갖추어 말하면 그림 감상용 책. 나는 이런 종류의 그림책을 이미지 그림책이라고 부른다. 이미지 그림책은 그림책의 모든 장르(픽션이건 논픽션이건)에 다 나타날 수 있다.

### 3. 밤의 도시를 탐험하는 고양이 이야기

이런 내용의 그림책을 어디서 본 듯하다. 고양이들이 특별한 사건을 만들어내지 않는다면 이야깃거리가 부족하다. 공허한 이야기는 그림마저 공허하게 한다.

글, 그림을 같이 하는 그림 쪽 작가라면 그림을 과감하게 배치해 공허함을 감추고 싶을 거다.(또 한 권의 이미지 그림책 탄생!) 과감하게 그린다는 말에 거부감이 들지도 모르겠다. 그냥 잘 그리면 되지 않을까? 정말 잘 그리면! 그러나 그런 그림은 대가에게나 기대할 수 있다. 아니, 대가의 경지에 이르면 그는 (물론 초보자의 명찰도 떼겠지만) 일반 작가가 아닌 그 자신이 된다. 전설이 되는 것이다.

어쨌든 그림은 글의 몫까지 할 수 없고, 그 반대의 경우도 마찬가지이다. 그림책은 양손잡이이다. 오른손과 왼손을 다 쓸 수 있어야 하는 건 물론이고 다 능숙하게 쓸 수 있어야 한다. 글과 그림을 함께 하는 대가도 초보자일 때는 글의 도움으로 자신의 그림을 세웠을 것 같다. 처음 그림을 세우자면 뭔가 기댈 것이 필요하니까. 사건을 만들어라. 어떤 사건을? 사건도 가지가지이다. 그 갖가지 사건 중에서 주인공 고양이는 어떤 사건을 일으킬까? 그것이 바로 캐릭터이다. 소심한 고양이, 모험을 좋아하는 고양이, 배고픈 고양이, 외로운 고양이 등등. 주인공 고양이의 성격이 아무 사건이 아닌 어떤 특정한 사건을 일으킨다. 그 사건을 끝까지 따라가면 결말에 이르게 되겠고 결말에는 어떤 소득이 있을 것이다.

### 4. 죽음을 준비하는 할머니 이야기

주인공은 할머니이다. 그림책에서도 아이가 아닌 할머니가 주인공이 될 수 있다. 그러나 그림책에는 아이들이 자신과 동일시할 수 있는 인물이 있어야 한다. 그래야 "아, 이거 내 책이구나!" 하고 품에 안게 된다. 그러지 않으면 할머니가 읽는 책인가 보다 하며 할머니에게 갖다드린다. 아이 주인공에게만 동일시가 이루어지는 건 아니다. 할머니, 할아버지가 주인공인 그림책들이 얼마나 많은가. 젊은 여인이 주인공인 그림책도 있고 연애 한 번 못 해본 것 같은 늙은 아저씨가 주인공인 그림책도 있다. 하지만 그런 경우에도 주변 인물로 아이를 등장시키는 게 좋다. 그것도 원치 않는다면 주인공이나 주변 인물의 마음, 성격, 하는 행동, 태도에서 아이들이 고개를 끄덕일 만한 아이다움이 있어야 한다. 하다못해 까불거리는 강아지라도 넣어서 시선을 붙잡도록.

임종을 앞둔 할머니에게 관심을 가질 아이들은 그리 많지 않다. 임종에 관한 이야기라도 아이들이 죽음을 어떻게 생각하는지, 그 부모나 조부모가 아이들에게 죽음에 대해 어떻게 설명할지 생각해 보라. 죽음은 가벼운 소재가 아니다. 그리고 이미 좋은 책들이 나와 있다.

《혼자 가야 해》,《할머니가 남긴 것》,《오소리의 이별 선물》은 죽음을 다룬 아주 훌륭한 책들이다.《혼자 가야 해》는 강아지를 떠나보내는 내용이라 사람이 죽은 것은 아니다. 다른 두 책은 의인화 이야기이다. 직접적으로 사람이 등장하지 않는 까닭을 짐작해 보면 그림책 연령의 아이들에게 죽음은 말하기 힘든 소재라는 것을 새삼 느낄 수 있다.

아이 대상이 아닌 전 연령 그림책으로 구상한다면 죽음에 대한, 아니 삶 전반에 대한 작가 자신의 가치관이 드러나야 한다. 그것이 독자의 마음을 파고들어 죽음에 관해 다시 생각해 보게 하지 않으면 어른 독자의 마음을 사기 어렵다. 어른 독자 중에는 편집자들도 있다.

5. 소심한 벌레 이야기

세상 모든 이야기는 주인공의 변화를 암시하고 있다. 독자들이 변화를 원하기 때문이다. 손 하나 까닥하지 않았지만 뭔가 나 자신이 변화된 느낌. 이 느낌을 얻기 위해 독자들은 책을 집어 든다. 따라서 소심한 벌레가 힘들게 모험을 완수했는데 더 소심해졌다는 건 말이 안 된다. 어떤 식으로든 티끌만큼이라도 주인공은 변해야 한다. 긍정적인 쪽으로. 소심하다는 것은 극복해야 할 무언가를 내포하고 있다. 보다 못한 친구가 주인공의 소심한 성격을 고쳐 주려고 나선 것을 보면. 친구의 노력도 헛되게 만드는 결말은 김빠진 맥주와 같다.

6. 고구마 할아버지와 감자 할머니 이야기

머릿속으로 그림이 잘 그려지고 웃음을 자아내는 부분도 있지만 그림책 원고로는 부적합하다. 캐릭터는 아이들이 동일시할 수 있는 친숙함을 갖고 있는데, 그들이 벌이는 청혼이나 결혼 사건은 아이들에게는 동떨어진 소재이기 때문이다. 주제를 '후회할 짓을 하지 말아라.'로 생각해 놓았다면 아이들에게도 공감이 되는 사건을 다시 찾아보도록. 글쓴이에게는 청혼이나 결혼이 당면 과제나 흥밋거리일 것이다. 그래서 이런 이야기를 생각했을 테니까. 감자나 고구마들도 그런 게 흥밋거리일까? 그렇다면 감자나 고구마는 무엇을 가장 흥미 있어 할까? 감자나 고구마를 의인화했을 때는 양파나 당근으로 대치할 수 없는 감자와 고구마의 당위성이 필요하다. 감자와 고구마에 빗대어 말하고 싶은 것이 무엇인지.

이런 가정은 있을 수 있다. 서양의 아리따운 공주님, 멋진 왕자님 이야기를 많이 들은 여자아이라면 결혼 이야기에 관심이 있을 것이다. 감자를 아무리 공주로 꾸민다고 해도 감자를 크게 벗어날 수 없고 고구마를 아무리 왕자님처럼 꾸민다고 해도 고구마는 못난이 고구마이다. 감자와 고구마를 빗대어 외모지상주의를 비판할 생각이라면 이야기를 아주 멋지게 만들어 흥미를 끈 다음, '피오나 공주' 이야기처럼 마무리 지어도 될 것 같다.(또 하나의 공주 이야기,《봉지공주와 봉투왕자》도 참고할 만하다.) 이렇게 방향을 틀면 '짚신도 자기 짝이 있다.', '사람은 끼리끼리 만난다.', '외모는 별 상관이 없다.' 등의 메시지를 전할 수 있다.

이상으로 가상의 원고들을 맘껏 비판해 보았다. 당신은 이제 아직 시작도 안 한 자신의 이야기가 어떤 비판이나 평을 들을지 알았을 것이다. 내용은 달라도 강도는 비슷할 것이다. 비평을 두려워하지 마라. 가장 두려운 것은 아무 비평도 없는 것이다. 아무 관심도 끌지 못하는 것이 가장 두려운 일이다. 또한 내가 좋아서 한 창작이라는 행위는 세인들의 비평으로 대가를 치러야 한다. 달게 받아야 한다는 말씀.

어쨌든 창작은 곧 비평이다. 그러나 창작이 먼저이고 비평이 나중이기에 창작부터 해야 한다. 다음 날로 넘어가기 전에 당신이 쓰려는 이야기를 위의 예시처럼 써보도록. 별도의 공책을 마련하는 것이 좋다. 공책은 당신이 쓴 모든 것을 기억하게 해준다. 심심풀이 낙서가 때로는 단서를 알려주는 무의식의 속삭임일 수도 있다. 또한 펜을 잡고 쓰는 행위는 당신이 쓰려는 이야기를 몸으로 기억하게 해준다. 한번 패턴을 습득하면(이걸 습관이라고 하겠지.) 몸은 무게가 있어서인지 쉽게 잊어버리지 않는다. 눈도 당신을 돕는다. 당신이 쓴 것을 머리는 잊어버릴 수 있지만 눈은 따로 저장해서 사진이나 그림처럼 이미지로 보여준다. 쓰자, 글이 술술 풀릴 때까지. 글이 술술 잘 풀리면 그만큼 이야기도 잘 풀린다.

# 둘째 날

이야깃거리를 결정했다면 바로 주제와 플롯, 구조의 고민이 시작된다. 주제는 '써야 할 이유'를 대신하고 플롯은 '어떻게 사건을 엮는지'를 보여준다. 구조는 주제와 플롯이 얼마나 잘 구현되었는지 알게 해준다. 그다음은 서두에 관한 사항들이다. 서두를 쓰기 전에 서두의 기능과 다양한 사례를 살핀다. 모든 공부를 마치면 공책을 꺼내거나 컴퓨터를 켜고 서두를 시작한다. 서두에서 시작해 결말까지 내리 쏜다면 그보다 좋은 건 없지만, 쉽게 바랄 일이 아니다. 서두까지는 거의 완벽하다 싶을 정도로 다 써놓고 그 이후부터 결말까지 밑그림 정도는 해두자. 이것도 힘들다 싶으면 서두도 밑그림을 잡는 정도는 써두기를. 이건 누구나 할 수 있겠지.

오전

# 주제

## 핵심 화제와 핵심 가치

주제는 문체, 구성과 함께 소설의 3대 요소이다. 우리는 이렇게 배웠고 이를 바탕으로 "이 작품의 주제는?"이라는 시험 문제를 중고등학교 때부터 풀어왔다. 학교를 졸업하고 한동안 주제를 떠올려 본 적은 없다. 너무나 뻔한 주제에 질리기도 했지만 주제를 묻는 방식에 대해 원초적인 반감도 있었으리라. 작가가 되어 학부모들 앞에서 질문을 받게 되면서 주제란 것이 나의 인생에 다시 등장한다. "이 작품의 주제가 뭔가요? 왜 이런 작품을 쓰신 거죠?" 워크숍을 진행할 때는 더욱 난감하게 주제와 마주친다. "제 이야기의 주제는….", "이런 주제는 그림책에서 좀 이상한가요?" 등등.

 더 이상 피해 갈 수 없는 주제란 용어를 나는 오늘 마지막으로 쓰고 싶은 기분이다. 나에게 주제는 실체 없는 그림자와 같다. 정체를 잘 보여주지 않으면서 붙잡히지도 않고 그렇다고 아예 가버리지도 않는다. 이런 용어를 왜 만들었는지…. 《문학비평용어사전》을 보고 나서야 주제의 정체를 헷갈린 것이 나의 아둔함 때문은 아니었음을 알게 되었다. 위 책에 따르면 영어의 theme과 subject를 다 같이 '주제'로 번역하는 바람에 혼동이 생겼다고 한다. theme은 이야기 전체를 떠받치고 있는 추상적·도덕적 관념이고, subject는 화제 또는 소재이다.

이를 바탕으로 나는 주제를 핵심 화제와 핵심 가치로 소개하려는데, 모호함의 오해를 풀고 나니 핵심 화제와 핵심 가치가 전혀 상관없는 사이는 아니라는 생각이 든다. 이야기의 핵심 화제는 이야기가 무엇에 관한 이야기인지를 알려준다. 가족이 핵심 화제라면 이 이야기는 가족 사이에서 또는 가정에서 벌어진다. 친구 사이나 학교 생활에서의 일들은 누락하거나 부수적으로 보여줘야 한다. 핵심 화제에 따라 작가들은 어떤 것을 선택해야 하고 어떤 것을 생략할지를 정한다. 더욱이 그림책은 여러 갈래의 길을 두고 어정거릴 시간이 없으므로 핵심 화제가 곧 그 그림책이 갖고 있는 유일한 화제이자 소재이다. 그림책의 이야기는 안에서 밖으로 번지는 이야기가 아니라 바깥 경계를 먼저 긋고 그 안에서 사건이 복닥거리는 형태로 진행된다.

소재의 구체성이 없으면 핵심 가치도 도출할 수 없다. 예를 들어 어떤 이가 나에게 "《구름빵》의 주제는 뭐예요?"라고 물으면 나는 주제 울렁증에 걸려들어 우물쭈물할 텐데, 이 질문 대신 "《구름빵》은 무엇에 관한 이야기인가요?"라고 묻는다면 이렇게 대답할 수 있다. "한 가족이 아침으로 구름빵을 먹는 이야기입니다." 다음 질문, "《구름빵》에서 전하고 싶은 건 뭐라고 생각하나요?" 나의 대답, "음… 가족은 서로 사랑하고 걱정해 주는 존재라는 것 아닐까요?" 이런 질문과 대답으로 우리는 《구름빵》에 대해 어느 정도 감을 잡을 수 있다. 둘 다 주제를 묻고 있는데 앞의 것은 핵심 화제, 뒤의 것은 핵심 가치를 묻는 질문이다. 당신도 주제에 대해 어느 정도 감을 잡았기를.

주제의 두 번째 모호함은 '뭐라고 생각하나요?'에 있다. 핵심 화제와는 달리, 핵심 가치로서의 주제는 특정해 말할 수 없기 때문이다. 핵심 가치로서의 주제는 《정의란 무엇인가》를 읽을 때처럼 머리를 혼란스럽게 만든다. 무엇이 중요한지 알 수 없고, 무엇이 가치 있는 것인지, 내 생각이 맞는지 알 수 없다. 옳고 그름, 양심과 몰염치, 진실과 거짓의 경계가 너무나 얇다. 정의는 절름발이처럼 절뚝거리고 양심은 어떤 비양심적인 일을 하기 전이 아닌, 하고 나서나 들먹이는 말이 되어버렸다.

그렇다면 가치관은? 가치관도 자주 바뀐다. 시대의 가치관이 자주 바뀌는 것도 주제에 대한 확신을 곤란하게 하는 요인이다. 요즘에는 한 시대의 보편적 가치가 십 년 정도밖에 유효하지 않은 것 같다. 자신이 신봉하던 가치들이 유통기한이 지났음을 통고받으면 더 이상 가치를 물을 용기가 나지 않는다. 가치는 웅덩이에 빠져 허우적대고, 우리는 삶을 살아가는 일이 그저 일상을 영위하는 일이라 자족하며 늙어간다. 사는 일이 그게 다가 아님을 깨닫게 할 한 권의 소설을 만나기 전까지.(나는 소설이 일종의 정신적 노화를 방지하는 각성제라고 생각한다.)

결론적으로 말하면 주제는 내가 어떻게 생각하는지, 어떤 지향점을 갖고 있는지에 따라 답이 다르다. 읽는 이가 그 당시 그렇게 생각했다면 그것이 그의 주제이다. 나중에 달리 더 느껴지는 바가 있다면 그것이 나중의 그의 주제이다. 주제가 모호함을 초월해 신비로운 것은 바로 이 때문이다. 읽을 때마다 다른 주제를 건질 수 있다는 것! 작가 역시 마찬가지이다. 작품을 완성할 때 느껴지는 주제의 희미한 그림자와 새로이 꺼내 읽을 때 느껴지는 주제가 다를 수 있다. 좋은 작품은 현실을 비추는 청동거울과 같다. 현실은 지금의 시대를 내가 어떻게 해석하느냐에 그 본질이 있는데, 그때의 현실과 지금의 현실은 당연히 다르다. 한순간도 똑같은 현실은 없으므로 우리는 같은 책이어도 읽을 때마다 다른 정서적 체험을 하게 된다. 이에 대해 매리언 울프는 《다시, 책으로》에서 이렇게 말했다.(p.159~160)

주름이 잡힌 직조물처럼, 텍스트는 (…) 매번 (…) 다른 부분을 드러낸다. 그러면서도 텍스트가 펼쳐질 때마다 (…) 독자는 새로운 주름을 더한다. 텍스트를 읽을 때마다 기억과 경험이 자신을 그것으로 눌러 넣어, 모든 만남이 그다음 것에 영향을 미친다.

우리가 다 읽은 책을 서가에 계속 꽂아두는 것은 매번 읽을 때마다 못 본 부분들이 나오고 새로운 주름이 더해지기 때문 아닌가. 그러므로 책을 읽는 사람들은 주제에 대한 집착을 버리고 그저 작품을 읽기를. 그러나 글을 쓰는 사람은 '지금 여기'의 주제를 붙들어야 한다. 소설의 3대 요소가 주제이므로. 주제가 보이지 않아도 그 존재를 믿지 않으면 첫 문장은 쓸 수 있지만 그다음 문장은 쓸 수 없다. 그다음 문장도 마찬가지.

## 주제는 이정표이자 목적지

이야기를 전개하다 보면 이야기가 어디로 향하는지, 지금 이 방향이 맞는지 혼란스러울 때가 종종 있다. 이때 위에서《구름빵》에 대해 물었던 질문, "이게 무엇에 관한 이야기이지?", "내가 이 이야기를 왜 쓰려고 했지?" 하는 질문을 자기 작품에 던져보자. 나는 글을 쓰기 전에 머리로 구상 중인 이야기를 낙서처럼 끄적이거나(낙서 명상-내가 만든 용어이다.), 누군가에게 말하거나 한다. 나의 뇌는 기억을 못 해도 나의 눈과 귀는 내가 무슨 생각을 했는지, 무엇에 관한 이야기를 구상했는지 알려준다. 아이디어는 나뭇가지에 걸린 구름과 같다. 얼른 내 손으로 잡아채야 뭐든 된다. 구경만 하고 있다가 가버리면 그걸로 끝이다.

무엇에 관한 이야기였는지는 눈과 귀가 어느 정도 안내를 하는데, 왜 이 이야기를 쓰려고 했는지는 여전히 어렴풋하다. 글을 쓰는 동안에는 핵심 가치로서의 주제가 잡히지 않기 때문이다. 주제는 오로지 냄새로만 우리를 이끈다. 그런데 냄새는 처음에만 감지되고 곧 무디어지는 게 문제이다. 게다가 글을 써 내려가면서 더 흥미로운 것, 더 새로운 것들을 마주쳤을 테고 그것에 이미 마음을 살짝 빼앗긴 상태일 것이다. "이렇게 하면 더 흥미롭지 않을까?", "아예 우주로 날아갔다 오게 할까?", "종이로 만든 자동차라고 해서 못 갈 것도 없지." 이런 식이다.

워크숍에서 이렇게 과감하다 못해 터무니없는 전개와 마주치면 나는 '그분이 오셨다.'고 혼자 읊조린다. 그분은 영감님이 아니라 신기루 유령이다. 이 유령은 주제를 놓친 작가를 꾀어 사막으로 유인해서는 멀리 있는 우물을 보여준다. 작가는 "내가 찾던 게 저기 있네." 하며 힘차게 우물로 달려가는데, 가보면 아무것도 없다. 주제가 아니라 신기루였으므로. 물론 작가는 자신의 주인공을 위해 뭐든 다 할 수 있다. 다 할 수 있다는 것은 권력이다. 더욱이 실제 있었던 일도 아니고 허구, 지어낸 이야기이므로 아무거나 다 해주어도 상관없지 않은가. 자기 권력에 한껏 도취된 초보 작가들은 마음속으로 항변한다. '왜 안 되죠? 왜요?'

우리는 여기까지 너무 빨리 걸어왔소. 그래서 마음이 아직 우리를 따라오지 못했소. 마음이 우리를 찾아 여기에 도착할 때까지 기다려야 하오.

《여행하는 나무》에 나오는 글귀인데(p.57), 안데스산맥을 넘는 어느 탐험대가 갑자기 멈춰 선 셰르파에게 이유를 묻자 위와 같이 대답했다고 한다. 우리도 멈춰 서야 할 때가 있다. 잠깐 글 쓰는 걸 멈추고 밖으로 나가자. 신선한 공기를 쐬고 들어오면 집 안의 냄새가 콧속으로 파고든다. 그럴 때 당신은 이렇게 외칠 것이다. "아, 뭐가 잘못되었는지 알겠어! 이 방향이 아니네."

주제는 이정표이다. 이정표를 따라 죽 걸으면 목적지에 다다른다. 그 목적지는 한 번도 안 가본 곳이라 사실 확인할 수 없다. 나의 거의 모든 작품이 이렇게 나왔다. 그중 하나인 《아기오리 열두 마리는 너무 많아!》는 학부모들에게 "곱셈, 나눗셈 원리를 알려주려고 이 이야기를 쓴 거죠?" 하는 질문을 많이 받곤 했다. 나는 "맞습니다." 하고는 작은애가 유난히 산수를 어려워했다고 털어놓는다. 이 이야기는 우리 집 작은애와 옆집 아이에게 즉흥적으로 들려준 것이 바탕이 되었다. "엄마 오리는 알을 낳았어요. 하나, 둘, 셋…." 하고 이야기를 시작했는데 한바탕 난리를 치며 노는 아이들을 차분히 불러 모으는 주문이 "하나, 둘, 셋…."이었다. 육아에는 타이밍이 중요한데 때를 놓치면 아이들은 서로 싸우고 부모들은 야단치는 국면으로 넘어간다. 그러기 전에 이야기 하나를 툭!

당시 나는 양쪽에 한 아이씩 손을 잡고 다녔는데, 만약 아이를 더 낳아 셋이나 넷이 되면 어떻게 다 데리고 다닐까 하는 생각이 잠깐 스쳤을 것이다. 또한 아이들을 자유롭게 내버려두며 키울까, 질서와 규칙을 세워 그에 맞춰 키울까 고민했을 것이다. 정신없이 뛰어다니는 아이들을 눈으로 좇으며 놀이터 벤치에 앉아서 이런 시름에 젖었겠지. 잠시라도 눈에 안 보이면 '어디 갔지?' 하며 벌떡 일어나 걱정스럽게 두리번거리던 때였다.

엄마 오리가 이미 태어난 아기들이 많다며 한탄하는 건 이미 태어나 이야기를 듣는 아이들에게는(그리고 그것을 알아차릴까 봐 염려하는 엄마들에게도) 심기 불편한 내용이다. 그런데 이야기는 마음의 불편함과 산수 놀이 사이를 아슬아슬하게 줄타기하다가 생각지도 않게 늑대를 물리치는 통쾌함을 선사한다. 이야기를 다 듣고 난 아이들의 얼굴에서는 조금의 그늘도 찾아볼 수 없었다.

이렇게 1차 임무(곱셈, 나눗셈 공부)를 완수하면 이야기는 좀 더 큰 야망을 갖게 된다. 그것이 결말에 나타나는 핵심 가치이다. 어린 독자들에게는 "엄마 말 잘 듣는 동시에 하고 싶은 것 하라."라는 메시지, 엄마들에게는 "아이의 자율성을 신뢰하라. 그것을 신뢰한다면 아이를 더 낳아도 된다."라는 메시지가 나도 모르게 담겼다.

워크숍에서 나는 글, 그림을 함께 하는 그림 쪽 작가들이 이야기를 전개하기도 전에 주제를 먼저 정하느라고 전전긍긍하는 걸 여러 번 보았다. 내가 그럴 필요 없다고 하면 그들은 하나같이 깜짝 놀란 표정을 짓는다. 전체 구상이 끝나기도 전에 주제를 쓸 수 있는 사람은 점쟁이밖에 없다는 말에는 안도의 미소가 번진다. "당신은 당신의 삶의 의미를 먼저 알고 태어났나요? 아니면 첫돌 때 당신 삶의 의미와 목적을 정하고 지금 그렇게 살고 있나요?" 이런 질문까지 받고 나면 모두 편안한 얼굴이 된다.

보이지 않는 주제를 잡으려 애쓰는 것보다는 핵심 화제, 핵심 내용에 충실하라는 게 나의 조언이다. 왜 이 이야기를 시작했는지, 무엇을 말하고 싶었는지에 집중하면 언제 그랬냐는 듯 눈이 녹고 그렇게 찾아도 없던 무언가가 저절로 드러난다. 아마도 대부분의 작가들은 마지막에 무엇을 발견할지 모르기 때문에 이런 스릴 넘치는 글쓰기 모험을 감행하는지도 모른다. 미지의 것은 언제나 사람의 마음을 들뜨게 한다. 이럴 때 작가들은 콜럼버스와 같은 탐험가이다. '없는 것'을 탐험하는 게 아니라 예전부터 있었지만 그동안 모르고 있던 곳을 찾아 나선다.

'없는 것' 아니냐고요? 아니다. 작가들의 마음속에 이미 그것은 '있다'. 있기 때문에 길을 나선다. 무형의 주제가 이야기 안에 깃들었음을 느낄 때의 뿌듯한 기쁨은 모험을 감행한 작가에게 돌아가는 특별한 보상이다. 주제의 숨결이 느껴지면 이야기는 완결되고, 작가의 손을 떠나 개별 독자에게 넘겨진다.

주제는 이정표이자 목적지이다. 이정표가 없으면 이야기는 길을 잃고, 목적지가 없다면 이야기는 끝을 맺지 못한다. 목적지는 정거장이 아닌 종점이 되어야 한다. 앞서서 그림책은 단편이 아니라 장편이라고 한 바 있는데 단편은 정거장에서 내릴 수 있지만 장편은 종점까지 가야 내릴 수 있다. 버스가 종점에 이르렀다는 것, 버스에서 기분 좋게 내리게 하는 이야기의 마침표는 작가와 주인공, 독자의 마음에 들어찬 '주제'가 찍어줄 것이다.

**주제란?**
핵심 화제와 핵심 가치
이야기의 이정표이자 목적지

# 이야기의 효능

주제의 얼굴을 정면이 아닌 측면에서 보면 '이야기는 우리에게 무엇을 주는가?', '이야기는 아이들을 어떻게 변화시키는가?'라는 물음이 떠오른다. 이야기의 힘 또는 이야기의 효능에 관한 것이다. 이야기가 좋다는 거야 다 알고 있지만 아래와 같이 좀 더 구체화하면 각인 효과가 있다. 작가들에게는 자신의 원고의 존재론적 가치를(나의 원고가 이 세계에 왜 필요한지…) 되새겨 보는 계기가 될 것이다. 완성된 원고는 한 개인의 것이 아니라 이 세계의 것이다.

## 즐거움

헤르만 헤세는 인간은 행복하기 위해 태어났다고 했는데 아이들을 보면 정말 이 말을 실감한다. 이야기의 일차적이고 본질적인 효능 역시 즐거움이다. 예술의 다른 영역도 마찬가지일 것이다. 아이들은 즐거움에 더욱 민감하다. 아이들에게 즐겁지 않은 문학, 즐겁지 않은 음악, 즐겁지 않은 어떤 것은 고문과 같다. 이런 면에서 어떤 이야기가 즐거움만이라도 제대로 준다면 그 작품은 존재 가치가 있다! 물론 그 즐거움은 건전한 것이어야 한다. 흥부의 즐거움이어야지, 놀부의 즐거움이면 안 된다.

아이들은 어디에서 즐거움을 얻을까? 그림책 연령의 아이들은 슬슬 엄마의 손을 놓고 친구를 찾는다.(아직 엄마는 곁에 있어야 한다.) 앞에서 소개한 그림책의 중심 내용 중 하나인 '친구·놀이'는 언제나 즐거움의 저장고이다. 그다음으로는 먹는 것 아닐까? 이 두 소재의 이야기는 점수를 반은 따고 들어간다. 가족의 사랑(재확인)이 그다음일 것 같다.

《토끼와 늑대와 호랑이와 담이와》는 숲에서 친구들을 만나 함께 노는 이야기이다. 《손 큰 할머니의 만두 만들기》는 먹는 이야기이고, 《더 놀고 싶은데》는 더 놀고 싶은 아이들의 마음을 건드리면서도 약간은 냉소적인 분위기를 갖고 있다. 《구름빵》은 구름빵을 먹는 것만으로도 재미난데 가족의 사랑이 가미되어 즐거움을 배가한다. 읽고 나면 웃음이 배어 나오고 나아가 몸이 움찔움찔하며 뛰놀고 싶은 마음이 들게 하면 성공! 거기에 엄마, 아빠의 지지가 얹혀 마음까지 따뜻해진다면 아이들은 세상 부러울 게 없을 것이다. 작가들도 이렇게 즐거움을 주는 이야기들을 좋아한다. 즐거움을 싫어하는 사람은 없으니까. 쓰는 동안 내내 신바람이 난다.

즐거웠던 기억은 떠올릴 때마다 즐거움을 곱절로 되살아나게 한다. 〈인사이드 아웃〉이라는 영화에 '핵심 기억'이라는 용어가 나오는데, 긍정적인 핵심 기억은 앞으로 맞닥뜨릴 거칠고 험한 세상을 건너는 다리가 되겠지. 이런 기억은 많으면 많을수록 든든하다.(한강에 다리를 놓고 또 놓는 것도 바로 이 때문 아닐까.) 내가 쓰는 이야기 한 편이 누군가의 몸과 마음에 핵심 기억으로 자리 잡는다면 작가로서 그보다 더 큰 영예는 없을 것 같다. 나중에 어른이 되어 마음이 냉기로 가득 차 있을 때 어릴 적 엄마 품에서 읽은 그림책 한 권이 우연히 눈에 들어오고 그 책을 여는 순간, 그때의 따뜻한 온기가 화롯불처럼 되살아난다면…. 강연 때 이런 말을 하게 되면 덧붙이는 게 있다. "부모들이여! 자녀들을 위해 보험 따로 들지 말고 그림책 한 권을 사주세요. 그 그림책은 '내가 가장 사랑받았을 때'를 환기시키는 긍정적인 핵심 기억입니다."

## 배움

이야기는 아이들에게 배움을 준다. 새로 알게 된 것이 있고 새로 느끼게 된 것이 있어야 아이들은 고개를 끄덕이며 눈빛을 반짝인다. 어른에 비해 아이들이 질문이 많고 탐구심이 높은 것은 지극히 당연하다. 이 세계에 살기 위해 파악할 것이 많기 때문이다. 픽션은 허구이지만 아이들은 이야기 속의 논픽션적인 내용을 사실로 받아들인다(사실이기도 하다). 다시 말하면 아이들은 픽션 이야기를 읽으며 생활에 필요한 정보나 기술, 지식 등을 습득한다. 감기는 왜 걸리는지, 학교는 어떤 곳인지, 이사는 왜 가는지, 경찰서는 무얼 하는 곳인지, 개울은 왜 더러워지는지 등등을 자연스럽게 알아간다. 직접 경험이 제한된 아이들에게 간접 경험은 옵션이 아니라 필수 과목이고 진정한 선행 학습이다.

한 학부모는《오늘은 우리 집 김장하는 날》을 읽은 아들이 김치 담글 때마다 옆에 지키고 서서 "엄마, 지금 소금 넣어야 해요. 엄마, 마늘은 넣었어요?" 하며 참견을 한다고. 그 아들은 나중에 김치를 스스로 담가 먹지 않을까.《김밥은 왜 김밥이 되었을까?》를 읽은 아이들은 음식을 골고루 먹는 것이 몸에 좋고 피부에도 좋다는(분홍색 피부로 만들어주기 때문) 것을 알게 된다.《원숭이 오누이》는 바닷가 같은 열린 공간에서 일행을 잃어버리면 정말 찾기 어렵다는 것을 알게 해주고《악어 우리나의 버스놀이》는 운전을 어떻게 해야 하는지, 운전하는 사람의 책임은 무엇인지를 일깨운다. 아이가 자라서 운전을 하게 되면 실제 생활에서도 도움이 될 것이다.

이뿐이 아니다. 이야기는 사람들의 감정이나 생각이 어떻게 일어나고 어떻게 표현되는지, 어떻게 마음을 나누는지 등도 알게 한다. 사소한 거짓말이 어떤 결과를 낳는지, 괜한 오해나 편견이 상대방에게 어떤 상처가 되는지 등 부모가 일일이 말로 설명하지 못하는 것을 아이들은 이야기 속에서 배운다. 아이들은 이제야 다른 사람이 눈에 들어오기 시작한다.

배움만큼 사람을 즐겁게 하는 것이 있을까?《배운다는 건 뭘까?》가 이에 관한 책이다. 즐거움의 책.) 물론 배움을 얻기 위해 이야기를 읽는 것은 아니지만 아무것도 배울 게 없는 이야기라면 아이들이 그 책을 다시 보려고 할지 의문이다. 배움은 아이들에게 관심사를 키우게 하고 자신감을 주어 자립을 준비시킨다. 배움이 있어야 아이들은 성장하고, 성장하는 사람은 늙지 않는다.

## 성장

이야기는 아이들의 성장에 기여한다. 책이 마음과 정신의 양식이란 말은 진부하고 상투적으로 들리는 게 사실이지만, 아이들에게는 맞는 말이다. 아이들은 성장하는 존재이기 때문이다. 몸의 성장뿐 아니라 마음과 정신의 성장이 왕성하게 이루어지는 시기가 유년기이다.

아이들은 마음속으로 "나는 어떤 사람이 되어야 하지? 나는 어떤 삶을 살아야 하지?" 등, 자신의 존재 이유와 삶의 가치를 쉼 없이 묻고 있다. 어른들이 이를 간과하는 것은 삶의 방향을 묻는 아이들의 질문이 겉으로 드러나지 않기 때문이다. 왠지 모르게 기분이 언짢거나 위축될 때 마음속은 위와 같은 질문이 가득하지만 아직 언어로 구체화할 수는 없다. 혼란스러운 마음에 어른들에게 간절하게 답을 구하지만 어른들은 대부분 모르고 지나친다.

사는 것은 경험들의 축적이라고 할 수 있다. 누구나 한 번쯤 길을 잃었거나 낯선 곳으로 이사한 경험도 있고, 어딘가에서 고립되어 두려움에 떨었던 일도 있으며 가까운 사람을 잃은 적도 있을 것이다. 그런 경험의 의미를 곱씹으며 사람들은 어른의 마음을 갖게 된다. 하지만 아이들에게 있어서 자기 앞의 생은 (과거로부터 이어져 있는 것이 아니라) 날마다 새로운 음식이 나오는 밥상과 같다. 엄마가 곁에서 먹여주긴 하지만, 내가 잠든 사이에 엄마가 잠깐 자리를 비운다면? 배가 고픈데 엄마는 옆방에서 문 닫고 있다면? 예기치 않은 상황이 생길 수 있다는 것을 아이들은 알고 있다.

이야기는 아이들에게 엄마가 곁에 없어도 울지 않을 수 있는 마음을 키워준다. 눈자위를 꾹꾹 누르고 혼자 밥을 먹게 하는 마음을. 아이는 엄마 대신 이야기의 주인공을 따라 두려움과 공포를 무릅쓰며 미지의 섬을 탐험한다. 엄마가 도와주러 올 수 없음을 알고 있다. 우여곡절 끝에 탐험에 성공하면, 아이는 더 큰 섬, 현실의 섬을 탐험할 자신감과 용기를 보상으로 얻는다. 마음이 커진 것이다.

성장이란 주인공이 어떤 경험을 통해 어떻게 긍정적으로 달라졌느냐의 문제이다. 결말에 이르러서도 주인공한테 조금이라도 성장한 것이 없으면 독자 또한 성장하지 못한다. 이런 이야기들은 아무리 흥미진진하게 전개되었다고 해도 끝에 기다리고 있는 것은 허망함뿐이다.(아이들은 심심함이라고 하겠지만.)

《원숭이 오누이》는 동생 온이의 입장에서 보면 성장 그림책이다. 결말의 "온이는 계속 달려요."란 문장은 온이의 성장을 확연히 보여준다. 문법상으로는 "온이는 계속 달렸어요."라고 과거형으로 써야 하지만 자신을 지켜주던(지켜주기를 바라던) 존재로부터의 독립은 지금 막 시작되었고, 아직 멈출 수 없기에 의도적으로 현재형인 "달려요."로 썼다.(고의적인 오류)

"빨간 줄무늬 바지는 그대로지만 바지를 입은 아이들은 일곱 살이었다가 여덟 살이었다가 아홉 살, 열 살, 열한 살…."이라는 문장으로 독자들의 시야를 멀리 끌고 가는《빨간 줄무늬 바지》, 픽션 그림책은 아니지만 어린 딸이 자라나 어른이 되는 과정을 "딸은 좋다"란 문구와 함께 보여주는《딸은 좋다》는 성장 코드가 담긴 그림책이다. 어린 나이일수록 아이들은 어른이 되는 것에 대해 막연한 상을 갖고 있다. 전혀 상상이 안 되는 아이들도 있을 것이다. 더러는 두려움이나 불안감이 있을 수도 있다. 성장 코드를 갖고 있는 그림책들은 이런 아이들의 마음을 다독인다. 부정적인 것은 가라앉히고 긍정적인 것은 강화하는 쪽으로.

## 변화

잘 만들어진 이야기는 주인공과 독자의 내적 성장을 북돋울 뿐 아니라 태도와 행동 면에서 실제적인 변화를 일으킨다. 어른들은 바늘이 멈춘 시계의 건전지를 갈아 끼우는 데 한 달이 걸린다면 아이들은 "시계가 배가 고파서 움직이지 못해." 하고 말하면 금방 일어나 새 건전지를 찾는다. 옳고 당연하다고 믿는 일을 즉시 실행에 옮기는 것을 보면 언제나 감탄스럽다. 어른들의 생각을 바꾸기란 얼마나 힘이 드는가. 생각이 바뀌었다고 해서 행동까지 바뀌는 것도 아니기에 혁명을 하자면 아이들에게 그 취지를 이해시켜 부모들을 나오게 하는 편이 빠를지도 모른다. 이를테면 환경 문제.

그렇다.《김밥은 왜 김밥이 되었을까?》를 읽은 아이들은 김밥을 먹자고 조르기도 하겠지만 적어도 하루 동안은 편식을 하지 않을 것이다.《내 동생 싸게 팔아요》를 읽은 아이들은 적어도 며칠은 형제들끼리 사이좋게 지내겠고, 《빨간 줄무늬 바지》를 읽은 아이들은 옷이나 물건을 물려주고 물려받는 것에 한결 너그러워진다. 북극의 얼음이 녹고 있어서 북극곰이 살 데가 없어진다는 그림책(이런 내용의 그림책은 수십 권 된다.)을 보면 아이들은 가여운 표정을 지으며 북극곰을 위해 무엇을 해야 할지 물을 것이다.

이야기는 그림책 속에 있든 밖에 있든 부모나 교사 등의 사람들에게는 큰소리 내지 않고 아이들의 태도와 행동을 교정할 수 있는 일등 공신이다. 놀라우리만치 아이들은 이야기가 시키는 대로 행동하는데, 아이를 키우지 않는 사람들에게 이런 얘기는 반감을 살지도 모른다. 이야기의 문학적 가치를 폄하해 책을 훈육의 도구로 떨어뜨리는 셈이라고.

그러나 이런 사람들도 《치유동화》나 《이야기해줄까요》를 읽어보면 마음이 바뀔 것이다. 《치유동화》는 원래 제목이 '마음에 힘을 주는 치유동화 만들기와 들려주기'인데 긴 제목에서 짐작할 수 있듯이 맞춤 이야기를 만들거나 개작해 들려줌으로써 한 아이의 마음뿐 아니라 행동과 태도를 바꾸게 한 다양한 사례들이 소개되어 있다. 교사와 상담사 이력을 갖고 있는 저자, 수잔 페로우의 현장 경험이 녹아 있는데 무엇보다도 아이의 변화를 돕고자 하는 간절한 마음이 읽힌다.

아르헨티나 정신과 의사도 비슷한 일을 한다. 《이야기해줄까요》는 그의 사례를 담은 책인데 자신을 찾아온 환자에게 알약 대신 이야기를 처방한다. 그는 이를 위해 세상의 여러 우화와 미담을 수집해서 환자에게 들려주며 상담을 진행한다.

최근에 읽은 또 하나의 책 《우리는 모두 이야기에서 태어났다》는 플레이백 시어터에 관한 책인데, 플레이백 시어터는 관객에게 자신의 삶의 어느 에피소드를 말해달라고 하고는 그것을 배우들이 즉흥 연극으로 보여준다. 이야기 자체의 의미와 가치뿐 아니라 관객들과 배우, 그리고 이야기 제공자 사이의 의미심장한 정서적 파장과 교감이 책을 읽는 내내 나를 긴장시켰다. 한 개인의 삶은 이야기로 말해질 때에만 이해받을 수 있다는 것, 누구나 자신의 삶을 이해하고 싶고 그 진실을 간절히 알고 싶어 한다는 것에 새삼 숙연해졌다.

책은 당연히 훈육의 도구는 아니지만, 책 속에 담긴 문학의 내적 가치는 사람을 변화시킨다. 좋은 책은 독자를 그 책을 읽기 전과 그 책을 읽은 후, 뭔가 달라지게 하는 책이다. 마음의 미세한 변화조차도 거저 얻어지는 게 아니다. 다만 어른들은 변화의 양상이나 속도가 느려 감지하지 못한 채 잊기 십상이고, 이런 사람이라면 아이들에게 나타난 변화도 대수롭지 않게 여길 수 있다. 어쩌면 변화라는 말 자체에 거부감이 들 수도 있다. 타인이나 외부의 영향으로 내가 무언가 달라지는 것으로 보여 수동적이고 주체적이지 않은 느낌이 들기 때문이다. 그렇다면 외적 동기가 아닌 내적 성숙에 의해 변화가 이루어지는 치유란 말은 어떤가.

## 치유

아이들은 자신이나 주변에서 벌어지는 일을 합리적으로 받아들이거나 용인하는 데 한계가 있다. 예전에 비해 환경이 개선되었지만 그렇다고 온기가 있는 보살핌을 더 잘 받고 있는 건 아니다. 마음속에는 감정이 쌓이는

데 그 감정은 말로 표현되지 못한 채 마음속을 배회한다.

아이들이 자기 감정을 말로 표현하지 못해 더 힘들다는 것은 학부모 대상 강연 때 내가 누누이 얘기하는 부분인데, 이유는 간단하다. 아이들은 낱말을 비롯해 문장 유형을 잘 알지 못하기 때문이다. 모국어라고 해도 낱말과 관용구, 문장 형식을 알아야 하고 문해력도 있어야 제대로 사용할 수 있다. 어릴 적 책을 많이 읽으라고 하는 것에는 모국어 사용 능력을 키우고자 하는 관습적 바람도 들어 있다. 언어는 이제 우리 인간들에게 몸의 일부가 되어, 언어 없이는 자기 자신과의 소통을 비롯한 모든 소통이 불가능하다.

대니얼 골먼의 《EQ 감성지능》에는 미국의 어느 소설가가 썼다는 "너의 감정을 언어로 표현할 수 없다면 그건 너의 감정이 아니다."라는 문장이 인용되어 있다. 나에게 '아름다운 감정 학교' 시리즈를 기획하게 한 문장이다. 아이들이 감정 표현을 잘 하지 않는 건 감정에 관련된 낱말을 알지 못해서일 수도 있겠다 싶었다. 감정 소통은 누구에게나 필요하므로, 자신의 감정을 인지하고 표현하고 다른 이와의 소통을 이룰 수 있도록 돕는 것이 이 시리즈의 주안점이다.

마음속의 혼란스러운 감정은 언어를 찾지 못해서(감정과 언어가 일치하는 건 아니지만)인 경우가 많다. 어른들은 이럴 때 영화나 여행, 음주 등으로 기분 전환을 할 수 있지만 아이들에게는 어떤 것이 허용될까. 학부모들에게 아이들도 삶의 애환이 있다고 하면 어처구니없다는 듯 웃음을 짓는다. 돈벌이를 안 하는데 무슨 애환이 있나 하는 얼굴들이다. 학교 폭력은 삼십 년 전만 해도 예외적인 일이었지만 요즘은 일상이 되고 있다. 무엇 때문일까? 응어리진 감정들, 이해받지 못한 감정들은 늘 출구를 찾고 있다.

이야기에 치유 효과가 있음을 전 세계에 가장 먼저 보여준 작품은 안데르센의 《미운 오리 새끼》일 것이다. 자신을 미운 오리라고 여기고 모든 것을 체념한 순간, 물에 비친 아름다운 백조의 모습! 드라마틱하면서도 아이러니한 반전이다. 그림책은 그림이 있기 때문에 치유 효과가 더 뛰어나다. 마음을 위로하는 그림책들은 마음을 위로받고 싶은 순간들만큼 많은데, 십여 년 함께했던 강아지 김깜돌을 갑작스럽게 잃고 펼쳐 든 책이 《춤추는 고양이 차짱》이었다.

나는 고양이 차짱.
나는 죽었습니다.
아니, 춤추고 있습니다.
(…)
'죽다'와 '살다'는 다르다고요?
모르겠어요.
죽어 있든 살아 있든
나는 나니까.

생과 사를 뛰어넘는 존재의 본질을 고양이의 춤으로 보여주는 아름다운 그림책을 한 장 한 장 넘기니 상실감이나 죄책감이 한순간 소심한 자의 눈물처럼 느껴졌다. 죽어 있든 살아 있든 너울너울 존재의 춤을 추고 있음을 선언하는 언어에 압도되지 않을 수 없었다. 언어는 이렇게 권위 있게 써야 한다. 꼭 써야 할 때를 가려서. 상투적이거나 피상적인 것에 둘러싸여 진실을 제대로 보지 못할 때 그 장막을 단칼에 걷어내는 날쌘 칼부림처럼. 부러운 솜씨이다.

젊을 적, 나의 애창곡은 조동진의 '작은 배'였다. 따라 부르기 좋을뿐더러 할 수 있는 게 별로 없었던 80년대 초 나의 처지가 '작은 배'를 종종 읊조리게 했다. 지금은 그 노래 대신 《작은 배》라는 그림책을 종종 꺼내 본다. 개인적으로는 이 그림책 때문에 '태평양에 떨어진 모자'(단편집 《그 도마뱀 친구가 뜨개질을 하게 된 사연》에 수록되어 있다.)가 그림책으로 나오지 못했는데 이유는 그 어느 누구도 《작은 배》만큼 바닷가와 바다를 잘 그릴 수 없을 거라고 생각했기 때문이다. '태평양에 떨어진 모자'는 바다에서 벌어지는 이야기인데, 눈이 한창 높아진 상태에서 그림 그릴 사람을 모색하던 중 《작은 배》를 보자 그만 "졌다." 하고 포기했다.

《작은 배》의 글과 그림은 지금 보아도 가슴을 설레게 한다. 글도 그림에 걸맞고 그림도 글에 걸맞다. "우리는 가라앉지 않아. 내 배랑 나는!"이란 문장은 얼마나 많은 사람들에게 기대어 울 어깨가 되었을까. 죽을 것 같은 위기나 고통 속에서, 한 치 앞을 내다보기 힘든 절망 속에 묵시록처럼 파고드는 "우리는 가라앉지 않아. 내 배랑 나는!"이라는 말.

만약 이 이야기가 작은 스티로폼 배를 주인공으로 한 모험 이야기라면 위의 문구는 "나, 작은 배는 가라앉지 않아."라고 쓰였을 것이다. 그러나 이 이야기는 관계 맺음, 즉 우정이 주제이다. 부주의함으로 배를 떠내려가게 했지만 남자아이의 주문은 효력을 잃지 않는다. 그 주문 덕분에 작은 배는 고난의 행군을 마치고 여자아이의 발에 닿고 그 아이는 똑같은 주문을 외며 작은 배를 주워 든다. 작은 배는 지금 여기의 나의 삶에 무엇을 비추고 있을까. 무엇을 상징할까. 나는 무엇이 가라앉지 않기를 바랄까. 무엇이 가라앉지 않고 다른 이의 손으로 전달되어야 하는 걸까.《작은 배》를 펼쳐 들 때마다 내 마음속 작은 배도 어딘지 모를 곳을 항해하고 있음을 느끼지만, 불안하지는 않다. 내 작은 배도 똑같은 주문에 걸려 있기 때문이다.

한국에서도 한때 많이 읽혔던 E. B. 화이트의 《샬롯의 거미줄》에는 거미 샬롯이 꼬마 돼지 윌버에게 자기의 죽음을 고하는 장면이 있다. 샬롯은 자신은 비록 죽지만 아름다운 추억을 많이 갖고 죽게 되어 행복하다고, 자기의 뒤를 이어 아기들이 태어날 테니 그 아기들과 다시 친구가 되라고 덧붙인다. 죽음을 앞둔 아이들이 가장 힘들어하는 건 뒤에 남은 엄마와 가족들이 얼마나 슬퍼할까 생각할 때라고 어느 책에서 읽은 적이 있다. 책 읽어주는 자원봉사자들에게 아이들은 이 대목을 계속 읽어달라고 간청한다고. 이야기의 치유적인 힘을 잘 보여주는 사례이다.

호주의 한 원주민에게는 아름다운 관습이 있다고 한다. 모든 조건이 다 좋은데 벼가 잘 자라지 않으면 한 여인이 논으로 가서 벼 사이에 웅크리고 앉아 쌀에게 쌀의 기원을 담고 있는 노래를 해준다. 그러면 쌀은 자신이 왜 태어났는지, 태어나서 무엇을 남기는지, 이 세계에 어떤 도움을 주는지를 깨닫고 기운을 내어 다시 자란다고 한다. 노랫말이 기록으로 남아 있지 않아 종종 궁금했는데 다른 책에서 중국의 한 소수민족인 와족이 부르던 '곡식의 영혼을 위해 부르는 노래'를 읽게 되었다. 와족은 수확할 때쯤이면 곡식의 영혼에게 제사를 지내면서 이런 노래를 부른다고 한다.

벼의 영혼, 좁쌀의 영혼,
옥수수와 메밀, 기장, 홍미(紅米)의 영혼들이여!
그대들이 우리를 배부르게 해주지요.
그대들이 우리를 길러준답니다.
우리는 그대들을 꼭 움켜쥐고, 그대들을 꽉 잡지요.
그대들의 아버지가 우리 집에 계시고,
그대들의 어머니가 우리 창고에 계세요.
우리가 그대들을 모시고 집으로 갑니다.
우리가 그대들을 모시고 창고로 가요.

호주의 벼에 관한 신화와 중국 와족의 이 노래는 아마도 상통하는 무언가가 있을 듯한데, 더 알아볼 길은 없다. 다만 우리는 이런 노래에 치유의 힘이 있음을, 시들시들한 벼도 다시 살릴 만큼 언어의 힘이 대단하다는 것을 되새기자.

## 완성

이야기의 마지막 효능으로 완성이란 낱말을 불러낸다. '완성'을 여기에 포함시켜야 할지는 망설여지지만 치유에서 멈추는 것은 뭔가 완성되지 않은 느낌이 있다. 여기서 완성이란 것은 자기 자신의 완성, 자아 형성으로 볼 수 있다. 니체는 우리가 평생에 걸쳐 애써야 할 것은 '본래의 자신이 되는 것'이라고 했는데 본래의 자신이 되는 것은 정말 어려운 일이다. 본래의 자신을 파악하기 위한 자아분열적(별별 시도를 다 하기 때문) 시도 중 하나로 철학자들과 심리학자들이 제안한 것이, 자아를 하나의 탐구 대상이 아닌 하나의 이야기로 보는 관점이다. 정확하게는 이야기의 주인공으로 보는 것인데 이에 관해서는 매캐덤스의 《이야기 심리학》이란 책이 더 설명을 해줄 것이다. 요컨대 자신의 완성은 자신이 만들어낸 신화를 '살아가는 것'과 다름 아닌데, 자신의 신화는 어떤 단계로 만들어지는지, 이때 영향을 주는 요소들은 어떤 것들인지에 대한 흥미로운 내용들이 많다.

예전에 외국 어느 유스호스텔에서 하루를 묵었던 적이 있다. 저녁 시간이 되자 세계 곳곳에서 온 사람들이 흩어졌다 모였다 하며 얘기를 나누는데 말을 트는 첫마디가 "Tell me your story."였다. 나에게도 와서 "Tell me your story!" 무엇 때문에 이런 (관광지가 아닌) 오지 여행을 하게 되었느냐는 뜻이 담겨 있다. 질문을 받고 내가 더듬거리자 그렇게 물었던 유럽 여행자는 3초도 못 기다리고 자기 이야기를 시작했다. 남의 이야기를 듣겠다는 건 자기 이야기를 꺼내고 싶다는 뜻이 아닐까. 어쨌든 삶은 이야기 될 때에라야 이해 불가능한 것의 정체가 드러나기 시작한다.

자아는 더 말할 것도 없다. 자아를 이해하기 위해서 자아 자체가 아닌 그 자아가 사는 삶을 들여다보자는 것이 매캐덤스의 제안이다. 이와 관련해 생각하면 '자신의 완성'은 자신의 삶과 자기 자신이 하나가 된 느낌, 자신을 전체(wholeness)로 느낄 수 있게 되는 것, 부족한 것도 넘치는 것도 없는 완결체로서의 자신의 삶을 받아들이는 것이다. 나를 받아들이는 게 아니라 나의 삶을 받아들이는 것. 그것이 완성!

치유는 자신이 더 이상 치유를 받지 않아도 된다고 느낄 때, 상처가 아물고 그 상처에 딱지도 앉아 딱지가 완전히 떨어져 나갔을 때, 상처를 입은 기억도 가물가물할 때 종결된다. 하지만 진정한 종결은 같은 상처로 고통받는 사람에게 먼저 다가가 함께 그 아픔을 나누고 위로를 건넬 수 있는 마음에 있다. 진정으로 그럴 수 있을 때 그의 삶은 한 차원 더 높은 곳으로 이동한다. 마치 애벌레가 탈피를 해서 나비가 되듯이.

이야기는 어떻게 사람을 완성시킬까? 어떻게 완성을 바라보게 할까? 모든 것을 이해하는 눈, 모든 것을 받아들이는 마음, 모든 것을 쓰다듬는 손길, 아무도 미워하지 않고 죽을 수 있는 마음, 먼 우주로 향하는 시선…. 누구에게나 '완성'의 느낌을 주는 그림책이 있다. 내게는 《할아버지의 긴 여행》, 《사슴아 내 형제야》가 그런 책이다. 하지만 완성으로 가는 미완성의 여정은 사람마다 다 다르기에 저마다 다른 '완성'에 대한 그림책이 있을 것이다.

이와 같이 이야기의 효능을 여섯 가지 열쇠말로 살펴보았다. 이 열쇠말이 주제가 될 수는 없겠지만 당신이 쓰려는 이야기의 주제가 모호하다고 느낄 때, 주제를 주제로 도출할 수 없을 때, 주제 대신 위에 열거한 이야기의 효능을 떠올려 보라. 당신의 원고는 위의 효능 중에서 어떤 것을 갖고 있는가? 적어도 한 가지는 확실하게 갖고 있어야 한다. 둘이라면 더 좋고 셋이라면 아주 훌륭하다. 그렇지 않다면 다시 책상에 앉아야 한다. 아니면 아이들을 보러 가라! 아이들은 언제나 답을 갖고 있다.

> 이야기의 효능
>
> 즐거움    배움    성장
> 변화     치유    완성

# 플롯

## 플롯은 이야기의 등뼈

그림책에 담기는 이야기는 보통 A4 용지에 두세 장의 분량밖에 안 되는데 그래도 플롯이 필요할까가 나도 사실 의문스럽다. 그냥 건너뛰면 안 될까 하고. 거저 얻는 것도 있어야 멋모르고 (그림책 원고 쓰는 일에) 덤볐다 싶은 마음을 달랠 수 있으련만.

플롯은 주제와 마찬가지로 보이지 않는 실체이다. 주제가 없으면 이야기를 할 필요도 없는데 플롯이 없으면 이야기 자체가 되지 않는다. 플롯이 보이지 않는 것은 그것이 작품 속에 내재되어 있기 때문인데 정말 소중한 것은 눈에 보이지 않는다고 하지 않았던가. 그런데 보이지 않는 것을 설명하기란 정말 힘들다. 워크숍에서 플롯이란 용어를 꺼내면 종종 사람들의 얼굴에 야릇한 의심과 실망이 깔린다. 그림에서 출발한 사람들이라면 플롯보다는 더 듣고 싶은 것들이 있다. '전 그보다는 그림으로 이야기를 어떻게 표현할까를 고민하고 있는데요.' 혹은 '그냥 그림만 열심히 그리면 되는 거 아니에요?', '꼭 그런 것까지 알아야 하나요?' 등의 표정이 읽힌다. 플롯은 보이지 않지만 그림은 보이기 때문에 더 그러지 않을까.

그냥 죽어라고 그림만 열심히 그리는 것은 엄청나게 비효율적이다. 일종의 헝그리 정신인데 만약 당신이 예순을 바라보는 나이이고 그렇게 하는 것이 습관이 되었다면 굳이 말릴 생각은 없다. 하지만 당신의 나이가 서른이나 마흔에 있다면 무턱대고 열심히 하는 것은 더 이상 장점이 아니다.

예술은 예와 술(기술)이 합쳐진 용어이다. 예가 앞서면 자기도취에 빠진 자기만의 결과물일 뿐이다. 기술이 덧붙여져야 그것은 공공성을 띠면서 다른 이들을 초대할 준비가 된다. 우리 대부분은 자기가 한 밥을 자기가 맛있게 먹지만, 다른 사람들까지 초대하는 식탁을 차릴 때는 열심히만 해서는 안 된다.

사실, 그림을 돋보이게 하고 싶다면 플롯을 무시해서는 절대 안 된다. 플롯은 이야기의 등뼈와 같다. 플롯이 부실하면 이야기가 제대로 흐를 수 없으니 그림 또한 영향을 받지 않을 수 없다. 반면, 플롯이 튼튼하면 디자이너는 이 원고가 어떤 그림책으로 완성될지 직감적으로 알고, 그림 작가는 어떤 그림을 그려야 할지 깨닫는다. 파란 하늘에 훤히 보이는 흰 구름처럼 두둥실 그림들이 떠오른다. 그림 작가에게는 이렇게 명확하게 잡히는 상이 도리어 구속이 될 수도 있지만(누구나 떠올릴 수 있는 어떤 장면, 즉 상투적인 장면을 피해서 자기만의 장면을 연출해야 하므로) 그림 그릴 게 도무지 떠오르지 않아 불면의 밤을 보내는 것보다는 낫다.

아주아주 오래전, 어떤 출판사 연말 모임에서 '그림 그릴 게 도무지 떠오르지 않아' 잠을 못 이룬다는 한 그림 작가와 마주 앉게 되었다. 그는 내가 글 쓰는 작가라고 하자 기다렸다는 듯이 말했다. "글 작가들은 원고를 잘 써야 해요. 원고를 받으면 도대체 그림 그릴 게 하나도 없어요. 그런 원고를 던져주면 어떻게 하라는 건지 화가 나요." 그의 목소리는 정말 높았다. 그림 그릴 게 하나도 없는 그림책 원고가 그림 작가에게 얼마나 저주스러울지 뼈저리게 알게 된 나는 "네, 잘 쓰도록 노력하겠습니다." 하고 정색을 하며 머리를 조아렸는데 어느새 옆에 와 앉은 담당 편집자가 당황한 얼굴로 그에게 "그런데 선생님, 이분이 바로 선생님이 그림을 그린 작품의 저자 ○○○입니다." 하고 나를 소개했다. 그러자 그는 얼굴을 바꿔 귀여운 미소를 짓고는 "아, 선생님 원고만 빼고요."라며 어색한 분위기를 수습하는가 했는데 이게 끝이 아니었다. 그는 곧 고개를 들고는 당당하게 물어보지도 않은 말을 쏟아냈다. "사실 그거 대강 그렸거든요. 저는 그 동물을 싫어해서…. 그런데 이상하게도 제가 그린 책 중에서 그게 제일 잘 나가요. 정말 제가 몇 번이나 다 그린 그림을 엎어가며 다시 그리고 다시 그린 책은 하나도 안 나가고…." 그는 사과를 할 때도 좌절을 말할 때도 활기가 넘치는 사람이었다. 우리는 화기애애한 대화를 나누었고 즐거운 마음으로 자리에서 일어났다.

그림 작가들에게 이런 소리를 듣지 않으려면 글 작가들은 플롯에 더욱 신경을 써야 한다. 글, 그림을 함께 하는 작가들도 여러 차례 그림을 다시 그리며 정성을 쏟았지만 뭔지 모르게 바퀴가 헛도는 느낌이 든다면 플롯을 점검할 때이다. 플롯은 뭘까?

## 플롯은 선택과 배열, 그리고 누락의 기술

플롯은 픽션 이야기뿐 아니라 에세이, 논평, 편지, 일기 등에도 필요하다. 무한히 쓸 수도 없고 무한히 읽을 수도 없기 때문이다. 물론 글쓰기에서만큼은 아니지만, 일반 사람들도 무언가를 무한히 말할 수 없고 무한히 들을 수는 없다. 두 번만 말해도 잔소리이고, 아무리 좋은 소리라도 맥락 없이 꺼내면 다르게 전달된다. 시공간 제약을 받는 모든 행위는 편집이 되어야 하는데 서사 창작에 있어서의 편집이 바로 플롯이다.

아리스토텔레스는 예술을 일차적으로 인간의 행동을 모방하는 것으로 보았다. 그런데 인간의 모든 행동을 모방할 수는 없고, 굳이 그럴 필요도 없다. 모방이 예술로 승격되려면 모방할 행동들을 얽어 짜는 데 있어서 빈틈이 없어야 한다. 이유와 당위를 알 수 없이 벌어지는 일로 우리의 삶은 구멍이 숭숭 나 있는 그물과 같다. 구멍이 숭숭 난 그물을 풀어서 그 실로 양탄자를 짜는 것이 창작의 과정이다. 다 짜고 나서 가만히 양탄자를 들여다보면 거기에 무엇이 그려져 있는가? 양탄자의 무늬에서 내 삶을 읽을 수 있다면 그것은 예술이 된다. 4~7세 아이들이 주로 하는 놀이가 무언가를 따라 하는 모방 놀이인데 잡히지 않는 어떤 진실을 몸으로 알고 싶어서가 아닐까.

이야기를 구성하는 화소(話素)는 더 이상 쪼갤 수 없는 최소 단위의 사건이다. 예를 들면 《더 놀고 싶은데》는 다음과 같은 화소들의 선택과 배열로 만들어졌다. 이보다 더 잘게 쪼갤 수도 있지만 플롯을 가늠하기에는 이 정도로 충분하다. 보기 편하도록 번호를 붙였는데, 번호는 펼침면 페이지

숫자와는 무관하다.

① 동물원에 호랑이가 있다.
② 호랑이, 우리 너머 퍼레이드를 본다.
③ 호랑이를 보고 있던 아이들이 퍼레이드를 쫓아간다.
④ 사육사도 들어오려다 말고 급히 가버린다.
⑤ 빗장문이 열려 있다.
⑥ 호랑이, 빗장문을 통해 우리 밖으로 나온다.
⑦ 퍼레이드를 따라다니던 꽁지머리 아이가 풍선을 놓친다.
⑧ 호랑이가 풍선을 잡아 꽁지머리 아이에게 준다.
⑨ 꽁지머리 아이와 다른 아이들이 호랑이를 알아본다.
⑩ 아이들이 호랑이를 에워싸고 몸을 만져본다.
⑪ 호랑이는 꽁지머리 아이와 함께 퍼레이드를 따라 동물원 곳곳을 다닌다.
⑫ 호랑이는 아이들과 어울려 노래도 부르고 춤도 추며 신나게 논다.
⑬ 날이 저물자 호랑이는 퍼레이드 단원들과 섞여 아이들을 배웅한다.
⑭ 퍼레이드 단원 중 동물 옷을 입은 사람들이 옷을 벗는다.
⑮ 그중 한 사람이 호랑이를 발견하고 말을 건넨다.
⑯ 동물원 관리소장이 와서 수고비를 나눠준다.
⑰ 돈을 받은 사람들이 먼저 돌아가고 뒤늦게 관리소장이 호랑이를 발견한다.
⑱ 관리소장은 호랑이에게도 수고비가 든 봉투를 준다.

⑲ 관리소장은 돌아간다.
⑳ 호랑이는 봉투를 벤치에 남겨두고 일어서
㉑ 자기 우리로 들어가 잠을 청한다.
㉒ 더 놀고 싶다고 잠꼬대한다.

이렇게 화소를 늘어놓으면 선택과 배열을 하는 작가의 손이 잘 보인다. 이때의 작가는 오케스트라를 지휘하는 지휘자이다. 각각의 화소를 다른 사건으로 교체할 수도 있고, 선택된 화소들 사이에 다른 사건을 삽입할 수도 있으며 배열을 뒤바꿀 수도 있다. 예를 들면 (①번 화소는 이야기의 대전제이므로 그대로 두고) ②번 화소 대신 호랑이가 물을 먹는다고 몸을 일으키게 하거나 사육사가 아침 식사를 가지고 등장할 수도 있다.(호랑이의 몸을 일으켜야 사건이 만들어진다.) 또는 ①번 화소와 ②번 화소 사이에 "호랑이는 따분해 죽을 지경이었어요. 그래서 벌떡 일어나 물그릇을 발로 차버렸어요."라는 문장을 넣어 새로운 사건을 등장시킬 수 있다.

③번 화소도 다른 사건을 선택할 수 있다. 아이들이 퍼레이드를 따라가지 않거나(퍼레이드보다는 호랑이가 더 흥미롭다는 설명을 덧붙여야겠지만), 퍼레이드를 눈으로 좇다가 다시 호랑이를 볼 수도 있다. 호랑이 또한 큰 소리로 포효를 해서 아이들을 주목시켰을 수도 있고 우리 밖으로 나가겠다고 버둥거릴 수도 있다. 아침 식사를 주려고 온 사육사는 무서워서 얼른 도망쳐 나가다가 빗장을 미처 걸지 못했을 테고.

이제 당신은 호랑이를 일으켜 세우고 사육사가 실수로 빗장문을 열어둔다는 큰 흐름을 유지하면서도 다른 선택이 가능함을 충분히 알았으리

라. 연습 삼아 이 화소들을 공책에 죽 쓰고는 다른 화소를 중간중간 끼워 넣거나 교체하면 흥미로운 일이 눈앞에서 펼쳐진다. 작가가 될 사람 또는 이미 작가인 사람은 다른 이의 책을 읽고 "나라면 이거 대신 이렇게 했을 텐데." 하며 혼자 중얼댄다. 모두가 감탄하는 명작 앞에서는 "나는 왜 이런 작품을 못 쓸까?" 하며 절망한다. 요즘의 나는 위선과 안타까움, 체념, 그리고 다행스러움을 섞어 최종적으로 이렇게 말한다. "아, 이런 얘기 내가 쓰려고 했는데. 한발 늦었군."

① 동물원에 호랑이가 있다.
①* 따분한 호랑이, 벌떡 일어나 물그릇을 발로 차버린다.
② 호랑이, 우리 너머 퍼레이드를 본다.
③* 호랑이는 벌떡 일어나 우리 담장을 뛰어넘어 퍼레이드를 쫓아간다.

이런 식으로 다른 화소를 끼워 넣거나 교체해 본다. 꼭 ①번에서 시작하지 않아도 된다. 어디든 다른 화소를 넣고 싶은 곳에서 시작하라.

플롯이 사건의 선택과 배열이라는 것은 어느 책에나 다 나와 있다. 나는 플롯이 선택과 배열보다는 누락의 기술이라고 하고 싶은데, 어떤 것을 서사적으로 이야기할 때는 선택보다는 누락이 더 힘들기 때문이다. 일어난 일을 그대로 말하는 것은 대개 아이들이다. 내 아이들이 어릴 때, 작은 애가 밖에서 있었던 일을 집에 돌아와 떠들어대면 큰애는 "도대체 네 얘기는 언제 끝나느냐고!"라고 소리쳤다. 그러면 작은애는 언니의 호통 때문에 찔끔하다가 어디까지 말했는지 잊어버렸다며 다시 처음부터 시작하곤 했다.

누락은 전체를 파악하기 전에는 잘 보이지 않는다. 전체 파악이란 사건이 일어난 시간적 순서뿐 아니라 그 사건이 나에게 어떤 의미를 가지는지, 왜 친구에게 전달하려고 하는지도 포함된다. 한마디로 주제이다. 그래서 주제 파악이라는 말이 있는 것 같은데… 이야기를 할 때도 주제 파악은 나중에나 이루어진다. 친구에게 정신없이 떠들고 나면 뭔가 또렷해지는 기분이 들지 않는가.

이야기를 쓰는 작가들은 일어난 일을 기술하는 게 아니므로 전체 줄거리를 설계하기도 전에 쓰기 시작한다. 설계를 다 했다 하더라도 쓰는 동안 이리저리 바뀐다. 그러니 주제 파악이 되었을 리가 없다. 그래도 써나갈 수는 있다. 나중에 고치면 되므로. 말은 엎질러진 물이지만 글은 출판이 되기 전까지는 원하는 대로 고칠 수 있다. 누락이 힘든 초보 작가들이라면 우선 떠오르는 내용을 속속들이 다 쓰는 것도 방법이다. 어느 정도 쓰면 손목과 어깨에 통증이 오고, 그러면 피곤한 뇌(이런 일을 한두 번 겪는 게 아닌 뇌)가 선별 작업을 한다. 중요하지 않은 것, 불필요한 것, 사소한 것은 내보내기 전에 누락한다.

처음부터 이렇게 미련하고 따분해 보이는 시도를 하는 사람은 없겠고, 하라고 해도 하지 않는다. 대부분은 갈피를 못 잡고 여러 갈래의 길을 서두에 가본다. 그러다 중반으로 넘어갈 즈음, 그 여러 길 중에서 가장 적합한 길을 찾아낸다. 하지만 이 방법은 떠오르는 내용을 다 쓰는 것보다 더 소모적이다. 시간은 절약될지 모르지만 심정적으로는 피로감이 가중된다.

길을 접어들 때마다 이 길이 맞을 거라는 확신이 드는데, 확신이 의심과 절망으로 끝나면 뇌가 아니라 마음이 상심을 한다. 100가지의 길이 있다면 그중 하나만 진짜이고 나머지는 다 가짜이다. 99가지의 길을 하나하나 가볼 때마다 미련과 자책이 달라붙어 잠자리를 편치 않게 한다.

이때 기댈 수 있는 것이 주인공이다. 나는 주인공을 한동안 만나지 못한 어릴 적, 또는 젊을 적(나처럼 나이가 많은 사람일 경우) 친구나, 얘기를 하도 많이 들어서 잘 아는 기분이 드는 지인처럼 생각한다. 그의 행동 방식은 잘 모르지만 그의 마음은 알 것 같을 때, 대면은 처음 하지만 음성은 익숙한 나의 주인공을 믿고 멍석을 깔아주면 그가 천천히 몸을 일으켜 사건을 벌인다. 그걸 보면서 "아, 맞아. 이 사람은 이런 때 이렇게 행동하지." 하고 고개를 끄덕이는데, 그러면 이제 그 주인공은 작가의 마음속에서 살아 움직인다. 갑자기 말문이 터진 사람처럼 마구 질문을 던지고 자기 얘기를 늘어놓는다. 장편을 쓴 작가들이라면 자기의 주인공이 얼마나 수다쟁이인지 너무 잘 알 것이다. 너무 많은 얘기를 해서 정말 많은 것을 누락할 수밖에 없다.

## 내적 연관성

외출하려고 옷장을 열어 입고 싶은 옷을 여기서 하나, 저기서 하나 주워 들고 거울 앞에 설 때가 있다. 거울은 이렇게 말한다. "안 어울려요. 셔츠와 바지의 채도가 안 맞아요. 재질도 안 맞고. 당신이 패션모델은 아니잖아요." 거울은 옳다. 항상 옳다. 패션모델이라면 심각한 부조화도 멋스럽게 소화할 수 있지만 일반인은 선을 넘으면 안 된다. 나는 입고 싶은 옷 하나만 먼저 고르고 그 옷에 어울리는 다른 옷을 찾아 입는다. 그다음에는 겉옷과 머플러를….

플롯이 작동하는 원리도 이와 같다. 개별 화소들 사이의 내적 연관성과 전체적으로는 목적의 통일성(옷 입는 것에 비유하자면 "지금 어느 자리에 가는 겁니까?"란 거울의 질문이 목적의 통일성이다.)이 선택과 배열, 누락의 기준이다. 화소들은 서로를 선택하고 선택된다. 내적 연관성을 갖게 된 화소들이 지속적으로 나오면서 하나의 전체로서 모양을 갖추면 플롯은 완성된다.

이런 맥락에서 플롯은 퍼즐을 연상시킨다. 단, 퍼즐은 완성된 전체 그림을 알고 출발하지만 플롯은 그렇지 않다. 또한 퍼즐은 딱 그만큼의 조각만 있지만 플롯에는 그것을 완성하기 위한 조각들이 넘치도록 많거나 아니면 모자란다. 넘치는 조각은 버려야 하고 모자라는 부분은 만들어서 채워야 한다. 퍼즐은 어떤 조각을 잘못 놓으면 바로 알아차릴 수 있는데 플롯은 잘못 놓아도 표시가 나지 않는다. 전체를 다 채우고 나서야 잘못 놓은 조각들이 보인다.

작가가 이 모든 퍼즐을 혼자 완성하는 것으로 보이지만 사실 퍼즐 조각을 찾는 사람은 작가보다는 주인공이다. 작가는 이야기의 전제와 주인공의 성격만 만든다. 이어지는 사건을 일으키는 것은 주인공이다. 그렇게 일어난 사건은 새로운 상황을 불러들이고 그 상황은 다시 주인공에게 어떤 선택을 하게 한다. 사건과 상황은 자동차 바퀴의 축이 되어 이야기를 굴러가게 한다.

플롯에 있어서 주인공이 중요한 까닭이 있다. 그의 선택에 따라서 이야기가 산으로도 가고 강으로도 가기 때문이다. 줄거리뿐 아니라 작품의 분위기, 핵심 가치도 달라진다. 주인공이 이야기를 주도적으로 이끌지 않는 경우도 있지만(나중에 얘기하게 될 배경 중심 이야기), 그림책에서는 주인공의 영향력이 비교적 크다. 주인공에게 너무 일찍 자율권을 주면 다소 위험한데, 작가도 아직 주인공이 어떤 존재인지 완벽히 모르기 때문이다. 서로 알아갈 시간, 내가 예전에 알던 사람이 맞나 하며 기억해 내는 시간은 필요한데, 그 시간은 서두가 내어준다.

나는 이런 방식이 좋을 것 같다. 주인공은 자기 성격대로 행동하는데 상황은 작가가 만드는 식. 《더 놀고 싶은데》로 예를 들면 퍼레이드 행진과 꽁지머리 아이가 풍선을 놓친 사건은 내가 만들어낸 상황이고, 퍼레이드를 따라간 것과 풍선을 잡아 꽁지머리 아이에게 건네준 것은 주인공이 한 행동이다. 중반 이후에는 아마도 작가가 만들어내는 상황은 아주 제한적이겠지만 서두와 중반 첫 부분까지는 주인공보다는 작가의 보이지 않는 의도가 더 강하게 작용할 것이다.

독자들에게 작가가 이 작품을 쓰는 데 얼마나 힘들었을까를 중얼거리게 하면 나의 기준에는 실패이다. 잘 쓰인 작품은 작품 안에서 작가가 아닌 주인공이 보인다. 그게 아니라면 어쩌면 독자가 순수 독자가 아니든지, 작품이 순수 작품이 아닐 것이다. 순수 독자와 순수 작품은 또 뭘까? 각자의 상상에 맡긴다.

## 플롯은 핵심 가치에 봉사한다

《더 놀고 싶은데》에서 호랑이에게 퍼레이드 대신 아침 식사를 던져준다면 어떨까? 퍼레이드나 아침 식사나 호랑이를 일으켜 세우는 동기인데 왜 퍼레이드를 선택했을까? 이유는 간단하다. 이 호랑이는 먹고 싶은 호랑이가 아니라 놀고 싶은 호랑이다. 옛날 호랑이라면 분명 먹는 것에 더 끌렸겠지만 이 이야기 속의 호랑이는 옛날 호랑이가 아니다. 독자들은 당연히 먹고 싶은 호랑이가 아닌, 놀고 싶은 호랑이에게 마음을 준다. 어린 독자들의 마음이 그렇기 때문이다. 그만큼 요즘 아이들은 창살 없는 감옥(이건 좀 심한 표현이다.)과 같은 우리에서 사육사와 같은 부모들(이건 더 심한데?) 밑에서 보육이 되고 있지 않는가. 먹여주고 재워주고 입혀주기는 하지만 놀 시간은 충분히 주지 않는다.

자, 이제 놀고 싶은 호랑이라는 주인공의 성격이 설정되었다. 주인공의 성격은 곧바로 사건을 일으킨다. 그런데 혼자 노는 건 재미없다. 비 오는 일요일도 아니고, 이렇게 퍼레이드가 쿵작거리는 야외 공원이라면 누구든 마음이 두둥실 떠오르기 마련이다. 혼자 있기 좋아하는 사람(우리에서 혼자 지내는 호랑이를 포함해)까지도 무리를 따라다니고 싶은 기분이 든다. ⑧번 화소부터는 놀고 싶은 내재적 본능이 무뚝뚝하고 뚱한 호랑이의 성격(별 반응 없이 자기를 보러 온 아이들을 보고 있는 장면에서 엿볼 수 있듯이)을 뚫고 튀어나왔음을 보여준다.

⑭번에서 ⑲번 화소까지는 별도의 예기치 않은 에피소드가 등장하는데 이 중 ⑯번에서 ⑲번 화소는 놀이에 대한 생각을 다시 하게끔 한다. 호

랑이는 자발적으로 아이들과 신나게 놀았고 그것으로 다인데, 어른들은 아이들과 노는 것을 '놀아주는 서비스 노동'으로 보고 이에 대해 돈을 지불한다는 것이 씁쓸하지 않은가.

우리에 다시 들어간 호랑이는 "더 놀고 싶은데."라고 잠꼬대를 한다. 동물원 여기저기서 다른 동물들도 잠꼬대를 한다. "나도 놀고 싶은데.", "나도!", "나도!" 이 책을 읽는 아이들도 마음속으로 "나도!" 하고 따라 외칠 것이다.

결말에 이르러 주제가 손에 잡힐 듯하면 작가는 자신감 있게 주인공을 밀어붙인다. 주인공이 마지막 문장을 토해내면 작가는 이야기를 종결짓는데 그와 함께 마음속에서 질문이 솟구친다. 아이들이 호랑이처럼 키워지는 건 아닐까. 호랑이처럼 아이들도 더 놀고 싶을 텐데. 어른들도 같이 놀고 싶으면서 왜 어른들은 아이들의 마음을 모른 척할까. 이것이 이 작품의 질문형 주제이다.

《더 놀고 싶은데》는 어린이와 어른, 놀이와 노동, 진짜와 가짜, 갇힘과 풀림 등 이중적 개념들이 다층적으로 혼재되어 어른들에게 여러 가지 생각거리를 준다. 처음 원고를 쓸 때는 생각지 못했던 것들이다.

앞서서 주제는 이정표이자 목적지라고 했는데 플롯은 이정표를 제대로 읽고 목적지를 향해 달리는 기차와 같다. 화소를 선택하고 누락할 때 그 기준이 되는 것이 안개에 싸인 핵심 가치로서의 주제이다. 진행되는 플롯이 핵심 가치에 다가간다는 느낌이 들 때 작가는 "이 길이 맞아."라며 안심한다.

## 그림책의 플롯은 지름길

워크숍이나 글쓰기 강좌에서 보게 되는 원고에는 두세 가지 테마가 중첩되어 얽히고설킨 이야기들이 종종 있다. 시골에 사는 나는 그런 원고를 보면 칡넝쿨이나 가시박넝쿨에 돌돌 감긴 나무가 연상된다. 산책길에 그런 나무를 만나면 내가 뭐 하러 나왔는지도 잊고 주저 없이 칼을 꺼내(미리 준비해 갖고 다닌다.) 손 닿는 데까지 넝쿨 줄기를 잘라놓는다. 아무도 알아주지 않지만 그렇게 해서 살려낸 나무가 꽤 되지 않을까.

얽히고설킨 이야기를 만들어낸 본인은 정작 그 사실을 알지 못하지만 이야기를 듣는 사람들은 고개를 갸웃거린다. 공통적으로는 뭔가 복잡하고 어수선한 느낌이 드는데, 하나의 이야기에 담고 싶은 내용이 너무 많은 초보 시절에 흔히 나타나는 현상이다. 막 말이 트여 자기 얘기를 늘어놓는 아이들처럼 초보 작가들은 할 이야기가 너무 많다. 아이들 이야기의 특징은 결말이 없다는 것인데(그래서 엄마들 또는 작가들이 결말을 맺어주어야 한다.) 사실, 이때 아이들이 원하는 것은 주목성이다. "나를 주목해 주세요. 내가 지금 엄마에게 이야기를 하고 있잖아요. 이야기를 끝맺지 않고 다른 이야기를 시작하는 건, 엄마를 좀 더 오래 붙들고 싶기 때문이랍니다. 이야기가 끝나면 엄마가 가버릴까 봐."

물론 이렇게 어린 마음 때문에 한 바구니에 여러 내용을 담는 초보 작가는 없다. 그저 할 이야기가 많기 때문, 욕구가 많기 때문이다. 욕구가 많은 것이 죄는 아니지만 그 욕구를 한 바구니에 담으면 바구니가 터져버린다. 바구니가 터지면 욕구는 욕심으로 변질된다. "아, 내가 욕심이 과했구나." 하는 한탄이 뒤따른다. 장편의 바구니는 이것저것 다 담을 수 있고 그렇게 해야 장편의 서사가 살아나지만 그림책의 바구니에는 하나의 욕구, 하나의 서사만 담아야 한다.

말하자면 지름길! 지름길에서 만나게 될 사건들만 보여주어도 약속 시간에 빠듯하게 도착하는데 여기도 기웃, 저기도 기웃 하며 빈둥거릴 시간이 없다. 늘 새로운 흥밋거리를 찾는 어린 독자들에게 기다림이란 쓸데없다. 딴 데 눈을 돌리지 않도록 지름길로 아이들을 데리고 가서 언제 다 왔는지 모르게 목적지에 닿도록. 장편 동화나 소설과는 달리, 그림책은 하부 플롯 없이 중심 플롯만으로도 승부를 내야 한다. 옛이야기처럼 줄거리를 쉽게 전달할 수 있고 쉽게 기억할 수 있게 만드는 것은 중심 플롯이 가진 힘이다.

그렇다고 사건을 일직선으로 늘어놓으라는 건 아니다. 작대기라면 모를까, 위로 뻗은 나무들도 저마다의 몸매를 갖고 있다. 그림책 이야기도 이와 같다. 앞에서 '누락'이 가장 힘들다고 했는데 가지치기를 잘해서 이야기의 몸매를 드러나게 하는 게 누락의 기술이다.(가지치기를 잘해서 멋지게 키운 나무는 한 그루에 수천만 원! 이야기의 가격도 그렇겠지.)

몸매가 좋으면 어떤 옷을 입어도 태가 나지만 길쭉한 나무막대 같거나 전체적으로 두루뭉술하면 거울 앞에서 고민하는 시간이 길어진다. 잘 입으면 되긴 하지만…. 그림 그릴 게 없다며 시간을 끄는 그림 작가들에게 편집자들은 '잘 그리면 되는데.'라고 말하고 싶을 텐데, 입을 다물고 있다. 아무나 할 수 있는 게 아니기 때문이다.

> 플롯이란?
>
> 플롯은 이야기의 등뼈
> 선택과 배열, 그리고 누락의 기술
> 내적 연관성을 가진 화소들의 짜임
> 플롯은 핵심 가치에 봉사한다.
> 그림책의 플롯은 지름길

# 구조

## 구조는 이야기의 기본 틀

이야기 구조에 눈을 뜬 것은 바인스톡의 《How to Write a Children's Picture Book》을 읽고서였다. 바인스톡이 말한 것처럼 그림책을 쓸 때 생각해야 할 것(소재와 주제, 플롯, 문체, 주인공, 배경 등) 중 간과하기 쉬운 요소가 구조이다. 구조에 관해 나와 있는 책은 거의 없는 것으로 알고 있는데 나 역시 이 책을 처음 읽은 2007년 전에는 구조를 하나도 모른 채 원고를 썼다. 그렇다고 그 전의 원고들이 비구조적이거나 구조적으로 큰 문제가 있는 것은 (다행히) 아니지만 이후로는 원고를 쓸 때 구조를 가장 먼저 생각하게 되었다. 이야기를 몰고 가는 사람이 이야기를 산길(대칭 구조)로 몰고 가는지, 물길(물결 구조)로 몰고 가는지를 모른다면 얼마나 어설픈 여정이 될 것인가. 산을 오를 때와 호수에서 물놀이를 할 때는 사뭇 다른 기분이 든다.

바인스톡은 구조를 옷걸이로 생각하자고 했다. 바지든 치마든 원피스든 옷걸이에 걸어야 형태와 모양이 잘 보이는 것처럼 이야기도 구조에 걸면 그 형태와 모양을 한눈에 파악할 수 있다고. 이 글을 쓰는 지금 옷걸이에 걸리지 못해 자기가 바지인지 치마인지도 모르고 흐물흐물하게 주저앉아 있는 벽장 속 옷들이 눈에 밟힌다. 저 옷들을 다 옷걸이에 걸고 들어와 다시 책상 앞에 앉을까? 통과! 옷을 옷걸이에 걸면 디자인도 잘 보이고 어디에 단추가 떨어졌는지, 얼룩이 묻었는지도 금방 알아볼 수 있다. 마찬가지로 이야기의 구조를 살피다 보면 생각지도 못했던 것들을 발견하게 된다. 보이지 않던 주제나 플롯이 손으로 만져진다고나 할까.

사실, 구조가 필요한 것은 이야기를 다 만든 다음이 아니라(이미 만들었다면 불가피하지만) 만들기 전이다. 바지든 치마든 기본적인 본이 있다. 일반인들도 바지와 치마가 어떻게 다른지는 분명 알지만, (그래서 본 없이도 척척 만들 수 있을 것 같지만) 옷을 잘 만드는 사람은 옷본에서 출발한다. 구조는 옷본과 같다. 즉, 이야기의 기본 틀이다. 이야기를 척척 잘 만드는 사람은 이 틀이 머릿속에 내재되어 있다. 아마 다독가의 머릿속에도 이 틀이 있을 것이다. 이 틀을 꺼내어 우리가 정말 제대로 알고 있는지 살필 생각이다.

구조를 파악하는 데 필요한 두어 가지 용어를 소개한다. 하나는 전환점이다. 서두와 중반을 가르고 중반과 결말을 가르는 것이 전환점이다. 버스를 갈아타는 것과 같다. 서두 버스를 타고 와서 중반 버스를 타는 것, 중반 버스를 타고 와서 결말 버스를 타는 식이다. 전환점은 새로운 사건, 예기치 않은 일, 선택, 변화 등으로 나타난다. 가끔 심경의 변화와 행동 변화(장소 이동을 포함해서)가 각기 다른 페이지(앞뒤 페이지이긴 하지만)에 나와 있어서 어떤 페이지를 전환점으로 해야 할지 헷갈리기도 한다. 심경의 변화가 중요할까, 행동의 변화가 중요할까. 나는 행동의 변화에 더 마음이 끌리는데 왜냐하면 심경의 변화를 겪고도 행동으로 옮기지 않는 경우도 있기 때문이다. 보통 그림책에서는 심경 변화와 행동 변화가 함께 오지만 간혹 달리 나타나기도 한다.

바인스톡은 전환점을 서두, 중반, 결말 어디에도 넣지 않은 채 독립적인 페이지로 두었는데, 그림책 이야기가 낱장으로 묶여 있지만 보이지 않는 연속성을 갖고 있다는 점과 전환점을 시작으로 앞에서 이어지던 이야기 흐름이 달라진다는 것을 고려해 나는 중반과 결말을 전환점과 함께 시작되는 것으로 보았다. 따라서 중반은 전환점①에서 시작되고 결말은 전환점②에서 시작된다.

다음은 중간점이라는 용어이다. 중간점은 중반의 한가운데에 위치한 페이지로, 분량으로도 대략 중간이고 이야기 흐름에 있어서도 중간에 있다. 전체 이야기로 보면 꼭짓점과 같다. 갈등이나 문제, 강한 욕구에서 출발한 이야기는 중간점이 이야기의 절정에 해당된다. 중간점은 위치에 있어서 전환점과 다르지만, 내용 면에서도 차이가 있다. 전환점이 이야기의 국면 전환 역할을 하는 반면, 중간점은 국면 전환을 포함해 돌발 상황, 잠깐 멈춤, 깨달음 등 여러 양상으로 나타난다.

이런 페이지가 두 페이지 이상 나타날 때도 있는데 이를 중간 지대라고 칭하자. 중간 지대는 정신없이 앞만 보고 오르다가 문득 마주하게 되는 산의 정상에 있는 평평한 쉼터와 같다. 산을 다 오른 사람들은 여기가 정상이구나 하면서 잠시 다리쉼을 한다. 정상에 오른 기쁨을 만끽하고는 올라온 길을 다시 걸어서 하산한다. 아니, 새로운 길로 내려갈 때도 있다. 하산하기에 앞서 새로운 길은 마음의 준비가 필요하다. 얼마나 걸릴까, 어디에 닿게 될까, 길이 험할까. 무릎이 좋지 않은 사람에게는 내려가는 길이 더 신경 쓰인다. 그러니 잠시 쉬어야겠다. 단, 중간점과 중간 지대는 이야기에서 반드시 있어야 할 요소는 아니므로 무리하게 설정할 필요는 없다. 또한 내용상의 필요 외에 단순히 시각적 즐거움을 위해 장치되기도 한다.(셋째 날 '그림의 마술쇼' 참조)

## 구조의 종류

### 대칭 구조

대칭 구조는 중간점을 기준으로 이야기의 앞과 뒤가 대칭이 된다. 소설이든 옛이야기든 시나리오든 서사 형식 중 가장 흔하게 볼 수 있는 구조로서, 전체적인 모양은 대칭형이다.

    대칭 구조는 줄거리의 길이뿐 아니라 이야기의 정서에서도 대칭을 이루는데 이런 선명한 방식은 구전 이야기를 떠올리면 조금 더 이해하기 쉽다. 이야기를 입으로 전하려면 어떤 이야기든 잘 기억할 수 있어야 하는데, 대칭적 구조는 이야기가 지나가는 길을 선명하게 보여주는 장점이 있다. 전체 이야기를 통째로 기억하는 것보다는 두 개의 전환점을 기준으로 작은 이야기 세 가지를 기억하는 것이 훨씬 쉽기 때문이다. 아리스토텔레스가 서두-중반-결말을 말하기 이전부터 구전 이야기 속에 그 틀이 잡혀 있었으리라 짐작된다. 표로 나타내 보면 아래와 같다.

표1을 보면 앞서 말한 대로 서두, 중반, 결말 사이에 전환점이 있고 중반의 한가운데에 중간점이 자리해 있다. 전체 페이지 중에서 서두와 결말이 각각 20%, 전환점과 중간점을 모두 포함한 중반이 60%를 차지한다. 중간점을 기점으로 중반을 둘로 나누어 중반①(전반부 중반)이 30%, 중반②(후반부 중반)가 30%를 차지한다. 맨 아래의 숫자는 대략적으로 각 부분이 차지하는 펼침면 페이지 수이다.

그림책에서는 한 번에 펼쳐지는 두 면을 한 페이지로 치는데, 이는 아이들이 펼침면을 하나의 무대나 하나의 스케치북으로 보는 경향이 있는 데다가, 보통 펼침면 양쪽 페이지에 하나의 내용이 담겨 있어서 굳이 나누

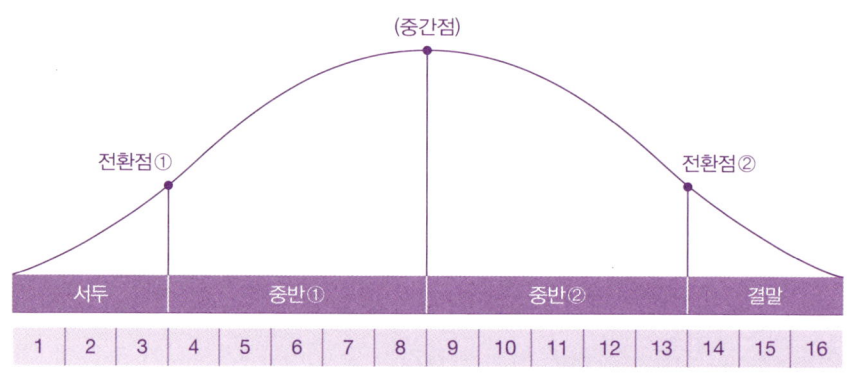

표1_대칭 구조

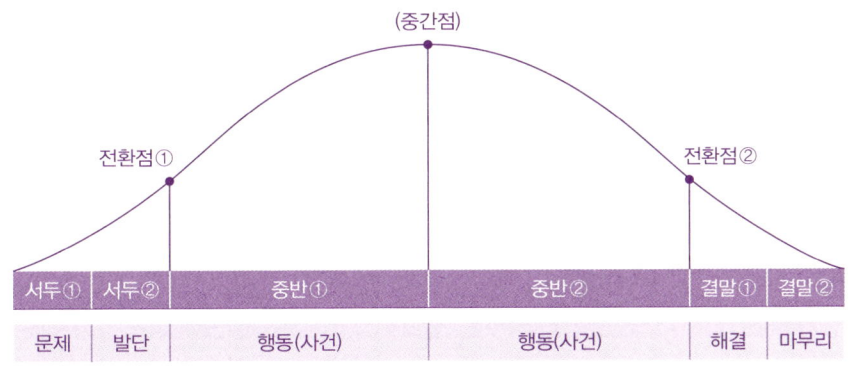

표2_대칭 구조 세분

어 말할 필요가 없기 때문이다. 아마도 하나의 펼침면에 하나의 내용을 담게 된 것도 아이들에게 불필요한 혼란을 주고 싶지 않아서일 것이다. 아이들은 확실히 왼쪽 페이지와 오른쪽 페이지에 다른 내용(예를 들면 다른 인물, 다른 시공간, 다른 사건)이 나오면 헷갈려 한다. 텍스트가 양쪽 페이지에 따로따로 나와 있더라도 내용은 같은 시공간이나 같은 시공간의 연장선상에 있는 것이 좋다. (이후로 이 책에 언급한 그림책 페이지 수는 펼침면 페이지 수임을 밝힌다.)

대칭 구조 이야기는 대개 갈등이나 욕구, 문제가 노출되면서 시작되어 그것이 표면화되고 마침내 해소되는(문제가 해결되는) 것으로 끝이 난다. 정리하면 문제(갈등) 제시 → 문제 해결 과정 → 해결과 마무리의 여정이다.(표2 참조) 표3을 보면 예로 든 두 그림책이 왜 대칭 구조인지 알 수 있다.

《원숭이 오누이》의 겨울 이야기인 《오빠한테 질 수 없어!》는 오빠한테 지기 싫은 동생 온이가 주인공이다. 오빠한테 지기 싫은 온이는 결국 누나

《오빠한테 질 수 없어!》

| 서두① | 서두② | 중반① | 중반② | 결말① | 결말② |
|---|---|---|---|---|---|
| 문제 | 발단 | 행동(사건) | 악화(좌절) | 해결 | 마무리 |
| 온이는 동생 | 지기 싫다! | 작전 준비 | 떡국 먹고 나이 먹음 | 누나가 됨 | 오빠를 이기다 |

《할머니는 과연 무얼 뜨고 계실까?》

| 서두① | 서두② | 중반① | 중반② | 결말① | 결말② |
|---|---|---|---|---|---|
| 문제 | 발단 | 행동(사건) | 악화(좌절) | 해결 | 마무리 |
| 춥다 | 바구니 발견 | 뜨개질하다 | 뜨개질 더 하다 | 뜨개질 완성 | 춥지 않다 |

표3_대칭 구조 예시

가 되어 오빠를 이긴다. 《할머니는 과연 무얼 뜨고 계실까?》도 뜨개질로 문제가 해결된 과정을 보여준다.

표4와 표5는 표3의 대칭 구조 예시를 페이지별로 구체화한 것이다.(표3에서 보이지 않던 중간점과 중간 지대를 유의해서 보기를.) 표4를 보면 중반①과 중반② 사이에 중간 지대(8페이지와 9페이지)가 보인다. 중간 지대를 중심으로 대칭이 되는 구조이다. 전환점①은 차례를 지내기 위해 할머니, 할아버지가 시골에서 올라오는 장면이다. 전환점①을 기점으로 앞 페이지에서는 온이가 오빠에게 지지 않으려는 여러 일화가 나오고 뒤 페이지에서는 오빠를 이길 방법을 강구하는 온이의 모습이 나온다.

보통, 중반과 결말을 가르는 전환점②는 전환점①만큼의 큰 전환을 이루지는 않는다. 결말은 이야기를 마무리하는 시간이기 때문이다. 그러나

## 표4_《오빠한테 질 수 없어!》의 구조

| | 서두 | | | | 중반① | | | 중간 지대 | | 중반② | | | | 결말 | | |
|---|---|---|---|---|---|---|---|---|---|---|---|---|---|---|---|---|
| | 오빠에게 지기 싫은 운이 | | | | 오빠를 이길 작전 준비 | | | 차례 지내기 | | 떡국 많이 먹는 작전 실행 | | | 누나 행세 | | | |
| 1 | 2 | 3 | 4 | 5 | 6 | 7 | 8 | 9 | 10 | 11 | 12 | 13 | 14 | 15 | 16 |
| 오빠 동생 소개 | 지기 싫은 운이 | | 동생은 동생 | 할머니 도착 | 할머니 귓속말 | 의젓한 운이 | 차례 지내기 | | 작은 그릇 떡국 | | 떡국 먹기 | 나이 먹기 | 누나가 되어 | 오빠를 이기다 | (사이 좋은 오누이 그림) |

전환점① (between 5 and 6)
전환점② (between 13 and 14)

## 표5_《할머니는 과연 무얼 뜨고 계실까?》의 구조

| | 서두 | | | | 중반① | | | 중간점 | | 중반② | | | | 결말 | | |
|---|---|---|---|---|---|---|---|---|---|---|---|---|---|---|---|---|
| | 바구니 발견 | | | | 뜨개질1 | | | | | 뜨개질2 | | | 스웨터 집 | | | |
| 1 | 2 | 3 | 4 | 5 | 6 | 7 | 8 | 9 | 10 | 11 | 12 | 13 | 14 | 15 | 16 |
| 담을 것 찾아 다락으로 | 바구니 발견 | 바구니 쏟아짐 | 실뭉치 생김 1-0 | 뜨개질 시작 1-1 | 뜨개질 1-2 | 뜨개질 1-3 | 뜨개질 완료, 동물들 깨어남 | 실 구하러 다님 | 실뭉치 생김 2-0 | 뜨개질 시작 2-1 | 뜨개질 2-2 | 뜨개질 2-3 | 뜨개질 완료, 동물들 깨어남 | 더워서 밖으로 | 스웨터 집 |

전환점① (between 4 and 5)
전환점② (between 14 and 15)

구조

이야기가 이제 확실히 어떤 문턱을 넘어선다는 느낌은 주어야 한다.《오빠한테 질 수 없어!》의 서두 마지막 페이지에서 온이는 "아무리 그래도 넌 동생이고 난 오빠야."란 말을 듣고 풀이 죽지만 전환점②에서는 "안 돼. 따라 하지 마. 그리고 동생은 누나를 못 이겨!"라고 말하며 오빠의 기를 죽인다. 정서적인 면에서도 전환점②의 기조는 확연히 다름을 알 수 있다.

차례를 지내는 장면인 중간 지대는 온이를 편들지도 않고 손이를 편들지도 않는 중립적인 내용이다. 차례 지내기는 이야기의 주제나 향방과는 별 상관 없지만 설날의 주요 행사이므로 빠트릴 수 없어 일종의 잠깐 쉼(휴전)의 역할로 삽입되었다. 그렇다고 해서 중간 지대가 '잠깐 쉼'의 역할만 하는 건 아니다. 오히려 앞에서 벌어진 사건의 극대화나 중간 결과인 경우도 있고 중반①과 ②를 나누는 전환점을 겸하기도 한다.

표5의《할머니는 과연 무얼 뜨고 계실까?》는 동물들이 춥다고 하자 할머니가 덮을 게 있나 보려고 다락으로 올라가는 것에서 이야기가 출발한다. 다락에서 발견한 커다란 바구니에는 예전에 뜨다 만 털실들이 가득 들어 있다. 이 털실로 할머니는 무언가를 뜨기 시작한다.

이 이야기의 전환점①은 4페이지에 있다. 4페이지에서 할머니는 바구니의 털실을 보고 뜨개질할 결심을 하고 이렇게 시작된 뜨개질은 8페이지에서 멈춘다. 그다음 페이지에는 글과 그림에 있어서 새로운 장면이 나와 있다. 할머니와 집 안 풍경이 보이지 않고 동물들과 동네 풍경이 보인다. 여기가 중간점이다. 중간점을 지나면 뜨개질은 다시 시작되어, 14페이지에서 멈춘다. 전환점②인 15페이지에 이르면 방에 있던 동물들이 너무 더워 밖으로 뛰쳐나오고 마지막 페이지에서 모두들(독자들까지) 할머니가 무엇을

## 표6_《괴물들이 사는 나라》의 구조

| 서두 | | | 중반① | | | | | 중간지대 | | | 중반② | | | | | 결말 | | |
|---|---|---|---|---|---|---|---|---|---|---|---|---|---|---|---|---|---|---|
| 장난치다: 방에 갇힌 맥스 | | | 숲으로 바뀐 방에서 항해 시작 | | | | | 도착해서 괴물 길들임 | | | 괴물 소동을 벌이다 | | | | | 항해 후 집에 도착 | | |
| 1 | 2 | 3 | 4 | 5 | 6 | 7 | 8 | 9 | 10 | 11 | 12 | 13 | 14 | 15 | 16 | 17 | 18 | 19 |
| 맥스 장난 | 또 장난 | 방에 갇힘 | 방이 숲으로 | 더 숲으로 | 완전히 숲으로 | 항해 떠나다 | 항해 | 도착 | 괴물 제압 | 왕이 되다 | 괴물 소동 | 소동 | 소동 | 소동 끝 | 집이 그리움 | 항해 | 집에 도착 | 저녁 식사 |

전환점: 4, 17

## 표7_《　　　　》

| 서두 | | | | 중반① | | | | (중간점) | 중반② | | | | | 결말 | |
|---|---|---|---|---|---|---|---|---|---|---|---|---|---|---|---|
| 1 | 2 | 3 | 4 | 5 | 6 | 7 | 8 | 9 | 10 | 11 | 12 | 13 | 14 | 15 | 16 |

전환점: 5, 15

떴는지 알게 된다.

《괴물들이 사는 나라》는 중반이 무려 13페이지나 되는데, 중간 지대를 둔 것으로 볼 수도 있고(표6에서처럼) 중간 지대 없이 중반①, 중반②, 중반③의 구조로도 볼 수 있다. 괴물 소동을 그림만으로 세 페이지에 걸쳐 보여 주다 보니(원 없이 놀게 하고 싶었을 것이다.) 이런 색다른 구조를 띠게 되었다.

다음은 여러분이 해볼 차례이다. 먼저, 그림책 한 권을 읽고 앞의 흐름표(강의 때는 빨랫줄이라고 함)의 펼침면 페이지에 해당하는 화소를 기록한다. 그런 다음 화소의 흐름을 살피면서 전환점을 찍는다. 전환점을 기준으로 서두와 중반, 결말을 표시하고 중간점 또는 중간 지대가 있는지 찾아본다. 분석에 적당한 책으로 《더 놀고 싶은데》, 《구름빵》, 《메리 크리스마스, 늑대 아저씨!》를 권한다.

---

**대칭 구조의 특징**

서두, 중반, 결말의 구분이 잘 보인다.
문제-문제 해결, 욕구-욕구 충족의 과정이다.
전환점과 중간점(또는 중간 지대)이 있다.
전환점①은 중반 시작에, 전환점②는 결말의 시작에 위치한다.

---

## 물결 구조

대칭 구조의 이야기를 산에 올라갔다 내려오는 등산에 비유한다면 물결 구조는 잔잔한 호수로 배를 타고 나갔다 돌아오는 여행이라고 할 수 있다.

대칭 구조가 5~7세 아이들이 읽는 본격적인 이야기 그림책에서 많이 찾아볼 수 있는 반면, 물결 구조는 4~5세 아이들이나 그보다 어린 아이들이 보는 그림책에서 더 많이 눈에 띈다. 갈등이나 문제를 갖고 험한 산을 오르는 것이 벅찬 아이들에게 물결 구조는 가벼운 욕구, 가벼운 문제를 호주머니에 넣고 안전한 호수에서 뱃놀이하는 기분을 느끼게 한다.(표8 참조)

대칭 구조에서 새로운 장면, 새로운 사건과 그림이 매 페이지에 나오는 것도 이가 안 좋은 사람에게 딱딱한 음식이 부담되는 것처럼 아이들을 긴장시킨다. 그림책의 낱장낱장의 사건은 맥락을 갖고 등장하지만 그 맥락을 이해할 만큼의 연륜이 충분치 않을 때는 그저 불쑥불쑥 아무렇게나 튀어나오는 듯 보일 수 있다. 그림책을 읽어주어야 하는 이유 중 하나가 불쑥 튀어나오는 듯 보이는 사건들이 사실은 어떤 보이지 않는 끈으로 연결되어 있음을 알려주는 것 아닐까. 어떤 질서, 의미, 일관성, 연결성 등. 물결 구조는 사건과 이해, 가치관의 충돌에서 살짝 비껴서 있다.

물결 구조의 가장 큰 특징은 단순성이다. 구조가 단순하다고 해서 이야기가 품고 있는 의미가 단순한 것은 아니다. 오히려 단순한 형식으로 응축된 의미를 더 깊이 전달할 수도 있다. 단순성이란 불필요한 것을 모두 생략하고 꼭 필요한 것만 남긴 형식미를 내포한다. 우선 다음의 흐름표(표9)로

**표8_물결 구조**

물결 구조의 특징을 살펴보자.

물결 구조에는 서두-중반-결말은 있지만 서두는 이야기를 시작하는 역할, 결말은 이야기를 맺는 역할만 할 뿐, 중반과 크게 구별되지 않는다. 첫 페이지부터 바로 사건이나 행위, 대화가 시작되고 그것이 마지막 페이지나 바로 전 페이지까지 반복되다가 끝이 난다. 다만, 이야기 흐름이 단조로우니 언어의 반복과 대구, 의성어, 의태어, 형식의 반복, 시각적 즐거움 등 지루함을 떨칠 흥미 요소를 생각해야 한다. 이 요소들이 효과적으로 잘 쓰이면 이야기의 주제나 가치도 강조할 수 있다.

표9는 물결 구조의 대표 격인 《아기토끼 버니》를 예시화했다. 《아기토끼 버니》는 글 작가 마거릿 와이즈 브라운과 그림 작가 클레먼트 허드가 함께 한 삼부작(《잘 자요, 달님》, 《내 세상》과 함께) 중 하나이다. 아기 토끼 버니는 첫 페이지부터 "엄마, 나 멀리 달아날래요." 하고 말하는데 엄마는 "네가 멀리 달아나면, 엄마가 쫓아갈 거야. 넌 엄마의 소중한 아기니까."(A) 라고 대응한다. 두 번째 페이지에는 흑백 그림에 "엄마가 쫓아오면, 난 물고기가 되어 헤엄쳐 달아날래요.", "네가 물고기가 되면, 엄마는 어부가 되어 너를 낚을 거야."(B)란 텍스트가 펼침면 왼쪽과 오른쪽에 나뉘어 있다. 그

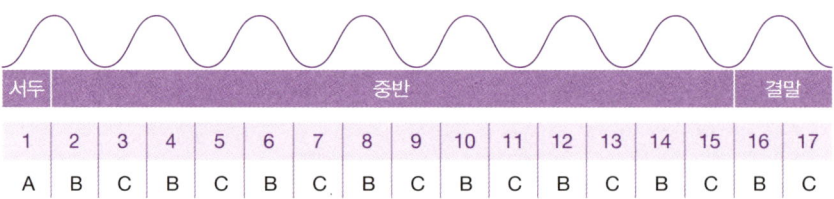

표9_《아기토끼 버니》의 구조

리고 다음 페이지(3페이지)는 글 없는 그림으로 어부가 된 엄마가 당근을 미끼로 해서 아기 토끼를 낚는 코믹하면서도 진지한 그림이 있다.(C) 이런 식으로 반복의 수레가 굴러간다. 표9의 알파벳은 같은 형식이 되풀이됨을 표시하고 있다.

물결 구조의 또 다른 특징은 내용과 형식에 배어 있는 리듬이다. 단순한 가사가 같은 음조로 반복되는 돌림노래처럼 한두 번만 들어도 아이들은 곧바로 그 리듬에 젖어든다.《아기토끼 버니》의 경우라면 책을 덮은 후 바로 진짜 놀이가 시작될 텐데, "엄마가 쫓아오면 난 ~가 되어 달아날래요.", "네가 ~가 되면 엄마는 ~이 되어 너를 쫓아갈 거야."라는 대구는 아이들이 질리도록 반복할 만큼 중독성이 강하다. 당근보다 더 근사한 간식을 재빨리 내놓아 입을 막을 필요가 있다.

《할머니, 천사들이 왔나요?》도 전형적인 물결 구조를 따른다. 펼침면 첫 페이지와 두 번째 페이지에는 "할머니, 할머니, 천사가 와서 할머니 머리카락을 하얗게 칠했나요? 그렇단다, 애야. 천사들이 찾아와서 내 머리를 희게 칠해 주었지. 할미가 구름하고 더 많이 닮아 보이게 말이야. / 할머니, 그럼 파란 하늘을 둥실둥실 흘러가면서 재미난 모양을 만들어 주세요. // 그러자꾸나. 할미는 폭신폭신한 목화솜처럼 하늘을 흘러가면서 네 머리 위로 비를 뿌릴 거란다."라고 쓰여 있는데 이런 식의 대화가 마지막 페이지까지 이어지고 있다. 전환점이나 중간점은 없고 "우리는 이 세상을 사랑의 불로 밝힐 거란다."란 문장과 함께 이야기가 끝난다. 할머니가 손녀에게 가장 중요한 말을 남김으로써, 그 이상 다른 말을 할 필요가 없기에 도착점에 이르렀다.

서두와 중반이 크게 구별되지 않는 것과는 달리, 물결 구조의 결말은 이렇게 주제를 암시하는 핵심 문장이 마지막 페이지에 들어가며 마무리된다. 만약 그러지 않는다면 이야기는 반복의 수레바퀴를 멈추지 못하고 계속 굴러가야 할 것이다. 물결 구조의 끝맺음은 대칭 구조보다 더 확실해야 한다.

표10을 보면 김장을 하는 과정만 단순히 보이는데《오늘은 우리 집 김장하는 날》을 펼쳐 들면 해마다 선미네 집에서 김치를 얻어먹던 생쥐네 가족이 이번 해에는 스스로 김장을 담근다는 내용이다. 따라서 '우리 집'은 막내 생쥐네 집이다. 김장을 담그고 싶은데 어떻게 하는지 몰라 난감해하는 엄마 생쥐에게 막내 생쥐는 선미네 하는 걸 보고 따라 하면 된다고, 걱정 말라고 하면서 무기력하고 의존적이기만 한 엄마 생쥐(와 그 가족)에게 새로운 삶을 선사한다.

막내 생쥐의 활약은 감탄할 만하다. 엄마와 아이의 일상은 대개 '엄마는 시키고 아이는 실행하고'의 지배 체계가 굳어져 있는데 이 그림책에서는 '아이가 시키고 엄마가 실행하고'의 체계를 보인다. 실생활에서는 엄마는 아이가 실행을 잘못하면 야단을 치는데《오늘은 우리 집 김장하는 날》에서는 엄마가 잘해서인지 아이가 엄마를 야단치지 않는다.

| 서두 | | | 중반 | | | | | | | | 결말 | |
|---|---|---|---|---|---|---|---|---|---|---|---|---|
| 1 | 2 | 3 | 4 | 5 | 6 | 7 | 8 | 9 | 10 | 11 | 12 | 13 |
| 김장 준비 | 배추 절이기 | 배추 재우기 | 배추 씻기 | 준비 알림 | 김칫소 준비 | 버무리기 | 간보기 | 이웃과 김장 | | 보쌈 먹기 | 이웃 배웅 | 김장 끝 |

표10_《오늘은 우리 집 김장하는 날》의 구조

《오늘은 우리 집 김장하는 날》은 내용으로 보면 서두와 중반, 결말이 있지만(김장 준비, 김장하기, 끝내고 보쌈 먹기), 구조로 보면 그런 구분이 없다. 전환점이나 절정이라고 할 중간점 없이 김장 담그기가 주 내용이다. 선미네에서 하는 행위가 마지막 페이지까지 막내 생쥐네 집에서 그대로 반복되면서 물결 구조의 전형을 보여준다.

물결 구조는 대칭 구조에 비해 분량이 적은 편이다. 그만큼 내용이 단순하고 같은 패턴이 반복되다 보니 자칫 지루해질 수 있어(어지럽기도 하다.) 그 전에 끝내기 때문이다. 또한 이런 이야기는 나이가 좀 더 어린 아이들에게 잘 흡수되기에 분량이 좀 적어도 된다.

> **물결 구조의 특징**
> 첫 페이지부터 마지막 페이지까지 내용이나 형식이 반복된다.
> 리듬감이 있다.
> 아이들이 반복할 만큼 중독성 강한 문장을 남긴다.
> 끝맺음은 확실하게!
> 페이지 수가 좀 적다.

## 혼합 구조

마지막으로 대칭 구조와 물결 구조의 혼합형이 있다. 이야기가 전체적으로는 대칭 구조를 이루지만 서두와 결말에서 물결 구조를 따르거나, 중반에서 물결 구조를 보이는 경우이다.(표11 참조) 놀랍게도 이렇게 혼합 구조로 된 그림책들이 꽤 많다.

무엇보다도 혼합 구조는 대칭 구조와 물결 구조의 장점을 함께 가질 수 있다는 점에서 호감을 준다. 즉, 갈등이나 문제가 부각되는 대칭 구조의 긴장이 완화되면서 별 사건이 없는 물결 구조의 지루함을 달랠 수 있다. 또한 내용과 형식이 패턴화되어 반복되는 물결 구조의 단순성이 매 페이지마다 새로운 이야기를 소화해야 하는 아이들에게는 편안한 느낌을 준다. 물결 구조에 주로 나오는 반복 문구도 (어른들에게는 사소할지 모르지만) 아이들에게는 재미난 소득이다. 또 하나의 장점은 혼합 구조의 이야기가

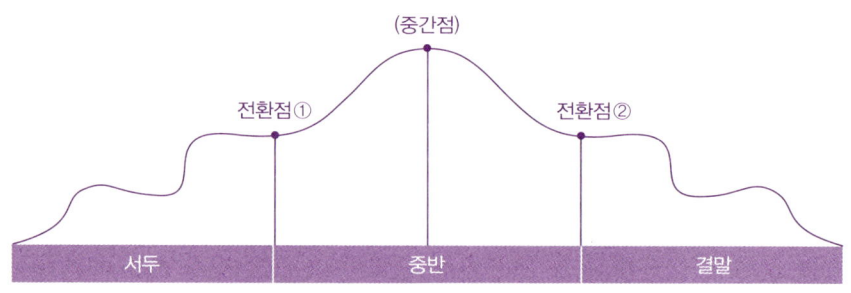

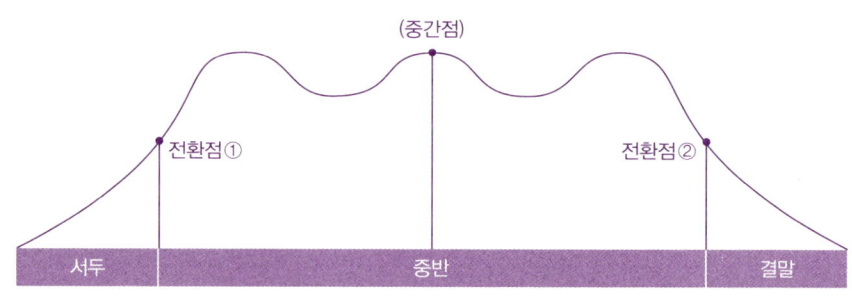

표11_혼합 구조

물결 구조의 단순한 이야기에서 대칭 구조의 본격 이야기로 넘어가는 아이들에게 중간 다리 역할도 한다는 점이다. 물론 단점도 있다. 이도 저도 아닌 느낌도 들고 자칫 산만해 보일 수도 있다.

《아기오리 열두 마리는 너무 많아!》는 표12에서 보듯 중반 부분이 물결 구조를 따르고 있다. 서두에서 엄마 오리는 제멋대로 돌아다니는 열두 마리 아기들을 보살피느라 정신이 없다. 급기야 4페이지에서 엄마 오리는 "열두 마리는 너무 많아. 여섯 마리만 낳을걸."이라고 하고는 여섯 마리로 보일 수 있게 줄을 세운다. 5페이지에서 엄마 오리는 '여섯 마리'만 데리고 다닌다. 다음 날은 "여섯 마리도 너무 많아. 네 마리만 낳을걸." 하고 네 마리로 보이도록 줄을 세운다. 4~5페이지, 6~7페이지, 8~9페이지, 10~11페이지까지가 한 쌍으로 패턴화되어 이야기가 진행된다. 그러다 늑대의 습격이라는 예기치 않은 사건이 일어나는데 위기와 극복, 깨달음 등 대칭 구조에서나 볼 수 있는 요소들이 결말에 차려져 있다.

레오 리오니의 그림책 《물고기는 물고기야!》는 볼거리가 많은 유쾌한 그림과 메시지가 분명한 글이 성공적으로 어울린 작품이다.(표13 참조) 먼저 서두(펼침면 1~5페이지)는 친구 사이인 올챙이와 물고기가 성장하는 과정을 보여준다. 이 이야기는 6페이지에서 개구리가 물고기가 있는 물로 돌아온 것으로 전환점을 맞는다.(전환점①) 개구리는 물고기에게 자기가 보고 온 것들(새, 젖소, 사람들)을 차례차례 말해주고 물고기는 바깥세상을 상상한다.(7~10페이지) 전환점②는 11페이지. 개구리는 떠나고, 물고기는 자기도 세상 구경을 하고 싶은 나머지, 연못에서 뭍으로 뛰어오르는 장면이다. 전환점②와 함께 앞에서와는 다른 이야기가 펼쳐진다.《물고기는 물고

**표12_《아기오리 열두 마리는 너무 많아!》의 구조**

| | 서두 | | | 중반① | | | | 중반② | | | | 결말 | | |
|---|---|---|---|---|---|---|---|---|---|---|---|---|---|---|
| 1 | 2 | 3 | 4 | 5 | 6 | 7 | 8 | 9 | 10 | 11 | 12 | 13 | 14 | 15 |
| 엄마, 알을 낳다 | 부화 | 열두 마리 아기오리 | 열둘에서 여섯으로 | 여섯 | 여섯에서 넷으로 | 넷 | 넷에서 셋으로 | 셋 | 셋에서 둘로 | 둘로 다니다 | 늑대 습격 | 오리 반격 | 다시 열두 마리로 | 엄마, 새로 알을 품다 |

전환점① (4와 5 사이)  전환점② (12와 13 사이)

**표13_《물고기는 물고기야》의 구조**

| | 서두 | | | | 중간 | | | | | 결말 | | | |
|---|---|---|---|---|---|---|---|---|---|---|---|---|---|
| 1 | 2 | 3 | 4 | 5 | 6 | 7 | 8 | 9 | 10 | 11 | 12 | 13 | 14 |
| 소개 | 입씨름 | 올챙이 자라다 | 개구리, 물으로 나가다 | 물고기 자라다 | 개구리 오다 | 바깥세상 이야기 듣다 | 바깥세상 이야기 듣다 | 바깥세상 이야기 듣다 | 물고기, 상상하다 | 물고기, 밖으로 | 헐떡거림 | 개구리 도와줌 | 물고기는 물고기! |

전환점① (5와 6 사이)  전환점② (10과 11 사이)

기야!》는 물결 구조의 단순성과 대칭 구조의 복합성(서두의 갈등을 비롯해 결말의 위기, 긴장, 극복)을 다 획득한 혼합 구조의 좋은 예이다.

구조를 생각하며 《물고기는 물고기야!》를 살피다 보니 좀 의아한 부분이 눈에 띈다. 올챙이가 개구리가 되고 물고기도 더 큰 물고기가 되는 과정을 보여주는 서두의 3, 4, 5페이지이다. 사실, 그림책은 뺄 것이 없어야 하는데(뺄 장면은 미리 빼야 하므로) 이 장면들은 생략되거나 성장의 내용을 앞의 페이지에 함께 전해도 이야기 흐름에는 무리가 없다. 단순히 이야기의 흥을 돋우기 위해(나는 이것이 구전 이야기의 전통이 아닐까 의심한다. 구전 이야기에서는 화자가 즉흥적으로 지어내는 자기만의 이야기가 있게 마련이다.) 또는 정형적인 구조의 틀을 살짝 이탈함으로써 느끼는 자유의 맛을 위해서일까. 올챙이가 다리가 없어지고 개구리가 되어 뭍으로 나갈 수 있음을 좀 더 차근차근 보여주려는 의도도 보인다. 그래야 아무리 친구 사이였다고 해도 개구리는 개구리이고 물고기는 물고기라는 사실을 결말에 받아들일 수 있으므로. 물고기가 "아, 그렇지! 걔는 다리가 새로 생겼지만 나는 다리가 없잖아. 그러니까 뭍으로 기어 올라갈 수도 없고 뭍에서 살 수도 없지. 당연히!" 이렇게 말하며. 어쨌거나 《물고기는 물고기야!》를 읽어줄 때 아이들의 표정을 살피면 그리 지루하다거나 이해를 못 하겠다는 표정을 짓지는 않는다. 지루해할 무렵(이야기가 느슨해질 무렵) 작가는 멋진 그림으로 아이들을 이야기에 집중시키기 때문이다.

《손 큰 할머니의 만두 만들기》에도 이런 부분이 있다. 만두소를 다 준비해 놓고는 "어서 가서 엄마 아빠 오시라고 해라." 하며 아기 동물들을 보내 겨울잠을 자던 어른 동물들을 데려오게 하는 내용이다. 그냥 아기 동물들

하고 만들어도 되는데 왜 굳이 겨울잠을 자는 엄마, 아빠 동물을 깨워서 데리고 와야 했을까? 원고를 쓸 때는 자연스럽게 잇따른 부분인데 구조의 틀을 들이대니 없어도 될 부분들이었다. 이것 때문에 페이지도 늘어나서 책을 읽어줄 때면 뒤로 갈수록 아이들의 표정을 살핀다. 나중에 이런 사실을 발견하고는 가슴이 뜨끔했다. 합리화를 위해 말한다면 이렇게 어른 동물들을 등장시킴으로써 오는 이점도 있다. 아이다움(힘든 일도 놀이로 만드는 천진함)과 어른스러움(늘 해오던 일인데도 투덜대는 불평꾼)을 대비시킬 수 있다는 것.

앞서 살펴본 《괴물들이 사는 나라》에서도 이런 부분을 발견할 수 있다. 맥스가 괴물들이 사는 나라에 도착해서 괴물들을 길들이는 장면이다. 괴물 소동이 무려 세 페이지에 걸쳐 있는 것도 그렇다. 구조적 완결미를 신봉하는 편집자라면 이런 장면을 빼야 한다고 주장했을지도 모르는데 이 장면을 살려둔 배경에 관해 종종 궁금함이 생긴다. 모리스 샌닥을 만나 물어보았다면 그는 아마도 단순히 "그냥 그리고 싶어서요."라고 답했을 거 같다. 그림 작가들에게는 이렇게 그리고 싶은 장면들이 있다.

사노 요코의 《100만 번 산 고양이》는 혼합 구조인데 혼합 방식이 비범하다. 전반부에는 누군가의 반려묘였던 고양이가 어떻게 살다가 죽었는지 사례를 탐구하듯 소개되고(물결 구조), 후반부에는 도둑고양이로서 누구에게도 속하지 않고 자신의 삶을 살다가 죽는 과정이 그려져 있다(대칭 구조). 이렇게 파격을 깬 독특한 구성은 아무나 성공시키는 게 아니다. 나는 아예 시도도 하지 않는데 아마 글과 그림을 능숙하게 자신만의 스타일로 소화하는 사노 요코 정도 되어야 가능할 것 같다.

이상으로 구조에 관해 탐구해 보았다. 위의 내용들은 참고용이다. 많은 명작 그림책들이 위의 구조에 정확하게 들어맞는 것도 아니고(《괴물들이 사는 나라》나 《물고기는 물고기야!》처럼) 그렇게 들어맞도록 구조를 짠다고 해서 명작이 나오는 것도 아니다. 구조적으로 빈틈이 없어 보이는 이야기도 한두 페이지 오차가 있을 수 있다. 또한 《100만 번 산 고양이》처럼 창의적인 구조라면 편집자들에게 기립 박수를 받을 것이다.

다시 말하지만 옷 짓는 이에게 옷본이 필요하듯 이야기 짓는 이에게도 이야기본이 필요하다. 창의성은 하늘에서 떨어지는 게 아니다. 본을 대고 이렇게 저렇게 (더 이상 못 할 때까지) 실험을 하고 난 후에야 얻을 수 있다. 구조는 그림 작가를 위해서도 필요한 공부이다. 그림 작가들에게 이야기 구조는 생소한 영역일 텐데, 플롯을 알아야 그림을 더 잘 그릴 수 있는 것처럼 이야기 구조도 그림 구성과 연출에 영향을 미친다. 글에서는 내용상 전환점이 분명히 있는데 그림에서는 전환점이 잘 안 보인다면 글, 그림을 함께 소화해야 하는 독자들을 혼란스럽게 할 것이다. 구조 역시 글과 그림이 발목을 묶고 함께 달려야 할 종목이다. 참고로 말하면, 예시로 든 그림책에서 전환점이나 중간점, 중간 지대를 위에서와는 다른 지점에 두어도 된다. 어떤 관점에서 보느냐에 따라 위의 요소들은 충분히 다른 지점에 서 있을 수 있다.

아직 관점이 없다면 왜 내가 그 지점에 위의 요소를 두었는지 생각해 보기를. 소매 선을 어디 두느냐에 따라 단순한 옷도 스타일이 달라지듯이, 사소하게 지나친 것들이 치명적인 결함과 매력을 품고 있을지도 모른다. 중요한 것은 옷 짓는 이로서 자기가 어디에 소매 선을 두었는지를 알고 있어야 한다는 것! 왜 거기에 있어야만 하는지도 알아야 한다. 시쳇말로 원고를 '엣지' 있게 만드는 것은 구조의 힘이다. 힘을 줄 곳은 주고 뺄 곳은 빼고! 이럴 때 작가는 옷 짓는 사람이 된다.

**혼합 구조의 특징**
물결 구조와 대칭 구조가 혼합된 형태이다.
물결 구조와 대칭 구조의 장점을 살릴 수 있다.
다소 산만한 느낌을 주기도 한다.
자기 나름의 창의적인 구조를 만들 수 있다.

오후

## 플롯 실험

워크숍을 할 때 나는 플롯은 잠시 제쳐두고 이야기를 서두, 중반, 결말로 나누어 생각하라고 한다. 플롯에 조급증을 내지 말고 서두와 중반, 결말로 이야기의 흐름을 구분하면 플롯의 꼬리라도 잡은 느낌이 든다. 이런 힌트를 준 것은 2000여 년 전의 인물 아리스토텔레스이다. 이분을 만나본 적은 없지만 누군가 "스님(아리스토텔레스 님을 줄인 말), 플롯은 무엇입니까?" 하고 물었을 때 즉시 이렇게 설을 풀었으리라.

"플롯, 나는 그건 모릅니다. 다만 세상 모든 이야기는 처음, 중간, 끝을 갖고 있습니다. 처음은 그 전의 어떤 사건과도 인과관계가 없지만 자연스럽게 다른 어떤 것이 그다음에 있거나 오는 것입니다. 중반은 앞의 뭔가를 뒤따르고 또 그 뒤에 뭔가가 잇달아 일어납니다. 끝은 그 전의 어떤 사건 다음에 필연적으로, 그리고 보편적 법칙에 따라 저절로 생기지만 다른 어떤 것도 뒤따르지 않는 것입니다."

위 글의 간명함과 정확성에 매료되어 나는 워크숍 참가자들에게 스님의 문장을 큰 소리로 읽게 했던 기억이 있다. 플롯이 화소들의 단순 배열이 아니라는 것을 이처럼 잘 보여주는 문구는 없을 것이다. 전체적인 균형을 위해서라도 서두와 중반, 결말을 스케치를 하듯 먼저 떠올리고 그다음에 각각의 화소를 잘 선택해 채워 넣는 게 효과적이다. 플롯의 완성과 점검도 이런 식으로.

우리는 다음의 실험에서 전체 이야기를 구성하는 각각의 화소 대신에 서두와 중반, 결말이라는 세 가지 큰 틀로 플롯의 유기적 관계를 짚어볼 예정이다. 나는 이를 플롯 실험이라고 명명했는데 우선 서두와 중반, 결말을 각각 한 문장으로 요약하고(이를 한데 모으면 전체 이야기 요약이 된다.) 이를 바탕으로 서두나 중반, 결말 중 하나를 생략해서 그것이 전체 이야기에 어떤 영향을 주는지 살핀다. 이런 작업은 서두의 역할, 중반의 임무, 결말의 필요성을 눈으로 확인하는 데 도움이 된다.

그러나 이야기를 살아 숨 쉬게 하는 것은 어디까지나 주인공의 욕구이다. 욕구가 일지 않는다면 아무리 구조가 잘 잡혔다고 해도 이야기는 그저 쇼윈도의 마네킹일 뿐이다. 지금까지 존재하는 거의 모든 이야기는 어떤 욕구를 갖고 있는 주인공이 좌충우돌하면서 욕구를 해소하거나 그에 걸맞은 충족을 얻고 끝난다. 속을 들여다보면 신기하게도 성공적인 작품일수록 이런 줄거리를 담고 있다.

요컨대 플롯이 이야기의 등뼈라면, 욕구는 몸을 살아 움직이게 하는 기(氣)이자 숨결이다. 욕구를 갖게 된 동기는 외부에서 오기도 하고 내부에서 발생하기도 한다. 공통된 점은 주인공의 욕구 충족 과정에 조력자나 방해꾼이 등장한다는 것. 이것이 이야기 제조의 숨은 비밀이다. 영화든 소설이든 어떤 시나리오든 간에. 이러한 점 역시 옛이야기에 그 뿌리가 있는데 이야기를 좀 더 선명하게 파악할 수 있도록 아래의 실험을 위한 요소 분석에 조력자 또는 방해꾼을 포함시켰다.

### 실험1.《빨간 끈으로 머리를 묶은 사자》

#### 줄거리 요약

사자는 땅에 박힌 빨간 끈으로 머리를 묶고 싶지만 끈은 땅에서 뽑히지 않는다.(서두) 코끼리와 사슴, 토끼, 딱따구리가 차례차례 나서서 끈을 잡아당겼지만 아무 소용이 없다.(중반) 맨 마지막으로 그 옆을 지나던 거미는 빨간 끈을 뽑지 않고 끌어 올려 사자의 머리를 묶어준다.(결말)

#### 분석

- 주인공의 욕구 또는 문제: 땅에 박힌 빨간 끈으로 머리를 묶고 싶은데 그럴 수 없는 사자
- 조력자 또는 방해꾼: 움직이지 않는 끈과 동물들
- 무엇을 하는가?(주된 행위): 동물들이 으스대며 끈을 뽑으려 한다.
- 한 줄 요약: 땅에 박힌 빨간 끈으로 머리를 묶고 싶은 사자가 거미의 도움으로 머리를 묶게 된다.

서두가 없을 경우

코끼리와 사슴, 토끼, 딱따구리가 차례차례 나서서 끈을 잡아당겼지만 소용이 없다. 맨 마지막으로 그 옆을 지나던 거미가 빨간 끈을 (뽑지 않고) 끌어 올려 사자의 머리를 묶어준다.

서두가 생략되면 이야기의 형태가 어떻게 일그러지는지를 살피는 게 우리의 과제이다. 이렇게 쉬운 과제는 아마 또 없을 텐데, 거기에 함정이 있다. 너무 쉬워서 안 하고 그냥 지나칠 수 있다는 것, 안 하고도 한 것 같은 느낌이 들기 때문에 함정이다. 함정에 걸리지 말고 유치하지만 한번 해보자.(너무 유치하다 싶으면 당신의 자녀에게 이 과제를 내보도록.)

서두가 없는 위의 예시문을 읽으면 당연히 주인공이 누구인지, 왜 끈을 잡아당기려고 하는지 알 수 없다. 그렇다면 서두의 역할은 주인공이 누구인지, 왜 어떤 행동이나 사건을 야기하는지를 말해준다고 정리할 수 있다. 서두는 이야기 전체에서 존재감이 가장 적어 보이지만 서두를 없애면 아예 이야기를 들어야 할 이유도 사라진다. 서두에는 주인공을 소개하고 그 주인공이 어떤 욕구나 문제점을 갖고 있는지에 대해 궁금증, 호기심, 강한 동일시를 유발해야 한다.

중반이 없을 경우

사자는 땅에 박힌 빨간 끈으로 머리를 묶고 싶지만 끈은 땅에서 뽑히지 않는다. (맨 마지막으로) 그 옆을 지나던 거미는 빨간 끈을 (뽑지 않고) 끌어 올려 사자의 머리를 묶어준다.

반면, 중반이 생략되면 이야기 자체가 되지 못한다. 이야기가 아닌, 일종의 선언이나 결과 보고이다. 이야기의 꽃은 중반이다. 나중에 독자의 기억에 남게 되는 것도 중반의 내용이고 아이들이 이야기를 들으려는 것도 중반 때문이다. 아무리 서두가 흥미롭고 결과가 위대해도 중반이 허술하거나 아예 없다면 이야기는 기억되지 않는다.

서두에서 땅에 박힌 빨간 끈으로 머리를 묶고 싶어 하는 사자를 보고 "아, 어떡하지? 내가 가서 뽑아주어야 하나?" 하며 중얼거리는 아이들에게 "거미가 묶어주었대. 끝!" 이렇게 말하고 책을 덮으면 아이들은 잔뜩 기대한 피자 한 조각을 눈앞에서 도둑맞은 기분일 것이다. 허기지게 만들어놓고 나 몰라라 하는 셈이다. "앗, 실수! 중반을 건너뛰었네. 자자, 읽어줄게." 하며 아이들을 다시 불러 모으기란 보통 힘든 게 아니다. 그러므로 웃다가 다시 숨이 넘어가는, 너무 놀라 펄쩍 뛰어오르는, 아니면 (최소한) 마음을 따뜻하게 데워주는 중반을 빠트리지 않도록.

이야기에 중반이 없으면 결말도 없다. 결말에 수긍하기도 어렵다. 결말에 고개를 끄덕이는 것은 중반에서부터 밀려온 사건들, 행동들 때문이다. 과정이 없으면 여행이라고 할 수 없고, 어딘가에 닿아 더 이상 가지 못한다고 해서 그곳이 결말이나 목적지는 되지 못한다. 그냥 멈춤이다.

### 결말이 없을 경우

사자는 땅에 박힌 빨간 끈으로 머리를 묶고 싶지만 끈은 땅에서 뽑히지 않는다. 코끼리와 사슴, 토끼, 딱따구리가 차례차례 나서서 끈을 잡아당겼지만 소용이 없다.

결말이 없다면, 여행이 아직 끝나지 않은 셈이다. 여행은 방황이 아니므로 언제, 어디까지 갔다가 돌아올지를 미리 계획한다. 결말이 생략되면 아이들에게 중반에서 얻은 흥미와 긴장감, 새로움, 즐거움 등을 담을 바구니를 주지 않는 격이다. 아무리 좋은 보물이라도 바구니가 없으면 집으로 가져갈 수 없지 않은가. 일부러 결말을 안 쓰는 사람은 없다. 하지만 어디가 결말인지 모르는 경우는 있다. 결말에 못 미쳐 멈추기도 하고 결말을 넘어서서 더 가는 경우도 있다. 혹은 결말이 아닌 삼천포로 빠지기도 한다.

어디가 결말인지는 어떻게 알까? 이야기를 들려준 다음 아이들의 얼굴에 스치는 표정을 유심히 살펴보라. 아이들이 "그래서 어떻게 되었어요?", "그다음에 무슨 일이 생겼어요?" 등의 질문을 하지 않으면 일단 안심해도 된다. 그러나 "끝!" 하고 외쳤는데 아이들이 자리를 뜨지 않고 있든지, 무언가를 더 기다리는 눈치라면 다시 원고를 들여다봐야 한다. 아리스토텔레스가 천명한 대로 결말은 다른 어떤 것도 뒤따르지 않는 '더 이상 갈 데가 없는 지점'이기 때문이다.

### 실험2. 《괴물들이 사는 나라》

**줄거리 요약**

장난을 치던 맥스, 엄마한테 야단을 맞고 방에 갇힌다. 자기 방에서 맥스는 배를 타고 괴물들이 사는 나라에 가서 괴물들과 신나게 논다. 그런 다음 맥스는 엄마의 저녁밥이 기다리고 있는 자기 방으로 돌아온다.

분석

- 주인공의 욕구 또는 문제: 장난을 좋아하는 맥스, 더 놀고 싶은 맥스
- 조력자 또는 방해꾼: 괴물들과 엄마
- 무엇을 하는가?: 괴물들이 사는 나라에 가서 괴물들과 실컷 논다.
- 한 줄 요약: 방에 갇힌 맥스는 괴물들이 사는 나라에 가서 괴물들과 신나게 놀다 온다.

서두가 없을 경우

자기 방에서 맥스는 배를 타고 괴물들이 사는 나라에 가서 괴물들과 신나게 논다. 그런 다음 맥스는 엄마의 저녁밥이 기다리고 있는 자기 방으로 돌아온다.

맥스가 왜 떠나는지, 그곳이 하필 왜 괴물 나라인지를 말해주지 않아서 아이들은 괴물 나라를 구경만 하는 꼴이다. 더욱이 그림을 보면 방 한쪽 벽이 서서히 어디론가 떠날 수 있는 바다가 되는데 늘 만져보는 벽이 바다로 변하는 환상적인 사건이 생기려면 강력한 에너지(강한 욕구, 강한 갈망, 강한 감정)가 필요하다. 그런데 그것이 감추어져 있으니 아이들에게 동일시("그래, 당장 떠나고 싶겠군.", "나라도 그렇게 하겠다." 등등)나 정서적 반응("그러고 싶을 때가 있지.", "그래서 그렇게 된 거구나.")이 일어나지 않는다. 이럴 때 아이들은 어리둥절해하며 '뭐지?' 하는 표정을 짓는다.

중반이 없을 경우

장난을 치던 맥스, 엄마한테 야단을 맞고 방에 갇힌다. 그런 다음 맥스는 엄마의 저녁밥이 기다리고 있는 자기 방으로 돌아온다.(엄마가 차려준 저녁밥을 발견한다.)

도대체 그사이에 무슨 일이 생겼는데 방에 갇힌 맥스가 자기 방으로 돌아온다는 걸까? 아이들은 그것을 알고 싶어 할 것이다. 다른 문장으로(위의 괄호 부분) 결말을 생각하더라도 엄마의 저녁밥이 의미하는 바가 뭔지 의아하다. 아이가 아무리 심한 장난을 쳐도 엄마들은 아이들을 굶기지는 않는다는 것을 강조하는 것이 주제라면 이건 엄마를 위한 책이 된다. 아이들 입장에서는 배가 고프긴 하겠지만 더 놀고 싶은 마음, 꾸중 들은 마음이 그대로인데 저녁밥(수프) 따위에 마음이 풀릴 리가 없다. 탕수육 한 접시라면 모를까.

결말이 생략되었을 경우

장난을 치던 맥스, 엄마한테 야단을 맞고 방에 갇힌다. 자기 방에서 맥스는 배를 타고 괴물들이 사는 나라에 가서 괴물들과 신나게 논다.

이렇게 되면 이야기는 방에서 시작해 괴물들이 사는 나라에서 끝나게 된다. 꼭 떠난 장소로 돌아오라는 법은 없지만 아이들은 길을 잃은 느낌을 받는다. 길을 잃어도 자기 집을 찾아올 수 있는 사람들이 읽는다면 상관없지만, 그렇지 않은 경우 아이들에게는 다소 위험한 시도이다. 이 책이 처음 나왔을 때는 맥스가 엄마에게 "이 괴물딱지야!" 하고 소리 지르는 부분 때문에 부모들로부터 항의가 빗발쳤다고 한다. 하지만 이런 식으로 이야기를 끝낸다면 아이들을 방에 가두어 괴물들이 사는 나라로 보냈다며 작가의 가치관 운운하면서 항의가 또 빗발쳤을 것이다. 어찌 되었든 괴물들이 사는 나라에 아이를 둘 수는 없다. 차라리 그 괴물을 내가 키우는 한이 있어도. 엄마들은 그렇게 생각하고 구조대를 꾸려 아이를 찾아 나설 것이다.

### 실험3. 《구름빵》

줄거리 요약

비 오는 날 아침, 엄마는 구름으로 빵을 만든다. 구름빵을 먹은 두 아이는 아침을 못 먹고 출근한 아빠에게 구름빵을 갖다드린다. 아빠는 구름빵을 먹고 회사에 제때 도착하고 두 아이는 집으로 돌아와 구름빵을 더 먹는다.

분석

- 주인공의 욕구 또는 문제: 아빠에게 구름빵을 갖다드리는 것
- 조력자 또는 방해꾼(방해 요인): 구름빵(공중을 날게 하는 능력으로 조력자)과 비(아빠를 잘 찾지 못하게 하는 요인)
- 무엇을 하는가?: 구름빵을 만들어 먹고 아빠에게도 갖다드린다.
- 한 줄 요약: 구름빵을 먹은 아이들이 아침을 안 먹고 출근한 아빠에게 구름빵을 갖다드리고 온다.

서두가 없을 경우

구름빵을 먹은 두 아이는 아침을 못 먹고 출근한 아빠에게 구름빵을 갖다드린다. 아빠는 구름빵을 먹고 회사에 제때 도착하고 두 아이는 집으로 돌아와 구름빵을 더 먹는다.

이렇게 되면 구름빵이 어떻게 만들어졌는지, 왜 만들게 되었는지를 알 수 없다. 어느 제과점에서 단팥빵이 아닌 구름빵을 사 왔나 보다 생각할 수도 있다. 구름빵이 구름으로 만들어져서 이걸 먹으면 구름처럼 몸이 공중으로 붕 떠오른다는 마법을 보여줄 수 없다.

중반이 없을 경우

비 오는 날 아침, 엄마는 구름으로 빵을 만든다. 아빠는 구름빵을 먹고 회사에 제때 도착하고 두 아이는 집으로 돌아와 구름빵을 더 먹는다.

앞의 사례들과 마찬가지로 중반이 생략되면 이야기답지 않다. 그저 어떤 일이 일어났음을 말하는 진술과 같다. 아니면 자기 엄마가 구름으로 빵을 만들 수 있음을 자랑하고 싶어서 이런 말을 하는 걸까… 무슨 의도로 이런 이야기를 꺼내는지 알 수 없게 된다.

결말이 없을 경우

비 오는 날 아침, 엄마는 구름으로 빵을 만든다. 구름빵을 먹은 두 아이는 아침을 못 먹고 출근한 아빠에게 구름빵을 갖다드린다.

결말이 생략되면 (본래의 이야기에서는 엄마가 심부름을 시키지는 않았지만) 이 이야기는 아빠에게 구름빵을 전해주었음을 말하는 데서 그친다. 아빠가 어떤 반응을 보였는지, 그게 도움이 되었는지, 아이들도 흡족해했는지 등을 알 수 없다. 이야기의 마음이 느껴지지 않아 박제된 이야기 같다.

실험4.《손 큰 할머니의 만두 만들기》(각자 한번 해보도록!)

줄거리 요약

무엇이든 많이 하는 손 큰 할머니가 설날에 만두 만들 준비를 한다. 만두를 만들다 지친 동물들은 남은 재료를 다 써서 큰 만두 하나를 만든다. 할머니와 동물들은 설날 아침에 큰 만두 하나를 먹으며 나이도 한 살 더 먹는다.

분석
- 주인공의 욕구 또는 문제: 만두를 많이 만들어 다 같이 먹고 싶은 것
- 조력자 또는 방해꾼(방해 요인): 동물들, 너무 많이 준비한 만두소
- 무엇을 하는가?: 동물들과 설날에 먹을 만두를 만든다.
- 한 줄 요약: 손 큰 할머니와 동물들은 설날에 큰 만두 하나를 만들어 먹는다.

서두가 없을 경우

만두를 만들다 지친 동물들은 남은 재료를 다 써서 큰 만두 하나를 만든

다. 할머니와 동물들은 설날 아침에 큰 만두 하나를 먹으며 나이도 한 살 더 먹는다.

---

### 중반이 없을 경우

무엇이든 많이 하는 손 큰 할머니가 설날에 만두 만들 준비를 한다. 할머니와 동물들은 설날 아침에 큰 만두 하나를 먹으며 나이도 한 살 더 먹는다.

---

### 결말이 없을 경우

무엇이든 많이 하는 손 큰 할머니가 설날에 만두 만들 준비를 한다. 만두를 만들다 지친 동물들은 남은 재료를 다 써서 큰 만두 하나를 만든다.

---

# 서두를 어떻게 시작할까?

## 서두는 앞으로 일어날 일의 출발점

당연한 말이다. 예를 들어보자. "예나의 새 그림책에는 동물들이 나와요. '숲에 가서 동물들에게 읽어 줘야지!'"로 시작하는 《숲에서 만난 이야기》는 숲에 가서 그림책을 읽다가 그림책에 나오는 동물들을 실제로 만나고 오는 내용이다. 지리산 주변이라면 모를까, 아이들을 키우고 있는 동네의 숲에서 곰과 같은 큰 동물들을 스스럼없이 만나기란 거의 불가능한데, 《숲에서 만난 이야기》는 동물들을 보고 싶은 예나의 간절함이 동물들을 불러내고 그 동물들과 이야기 속의 동물들이 서로 조응하는(흉내 내고 따라 하는) 묘한 이중성에 그 특징이 있다. 따라서 이야기의 가장 흥미로운 부분은 숲에서 아이가 그림책을 읽어주면서(동물들을 불러내면서) 동물들을 만나는 장면들이다.

그런데 만약 예나가 누군가에게서 그림책을 받는 장면부터 시작한다면, 선물을 받았으니 감사의 인사도 해야 하고 어떤 선물인지(생일 선물?)에 관해서도 슬쩍 알려야 하는데, 이는 시원한 맥주를 내놓고는 잔을 찾는다며 목이 마른 손님을 기다리게 하는 것과 같다. 《숲에서 만난 이야기》는 그런 페이지는 다 생략하고 예나가 그림책을 들고 숲으로 들어가는 장면부터 시작한다. 숲으로 뚜벅뚜벅, 이야기 속으로 뚜벅뚜벅 걸어간다.

사실 우리는 목적지에 도착해 봐야 출발을 어디서 하는 게 좋았을지 알게 된다. 시간이 예정되어 있기 때문이다. 처음 쓰는 사람이 아니라면 보통은 중반①까지 쓰고 나면 목적지가 눈에 보이고, 남은 거리도 가늠이 된다. 출발점에서 조금 미적거렸다 생각되면 다시 앞으로 가서 고치면 된다. 두 페이지를 한 페이지로 압축하거나 맨 앞의 페이지를 누락하는 방법도 있다. 어쨌든 이야기에서 시작해서 이야기로 끝내라.

## 인물(주인공), 사건, 배경을 소개하는 자리

인물, 사건, 배경은 소설 구성의 3대 요소이다. 인물, 사건, 배경이 없으면 소설이 구성될 수 없으니 그만큼 중요하다고 하겠다. 강의 때 나는 서두의 첫 페이지, 적어도 두 번째 페이지에 소설 구성의 3대 요소를 소개하라고 강조한다. 어른들은 픽션 이야기를 많이 읽어서 서두에 3대 요소가 잘 보이지 않아도 곧 나타나겠거니 하며 오히려 궁금증을 품고 책을 읽어나갈 수 있지만 아이들은 그렇지 않다. 서두에 주인공이 누구인지, 어느 시공간에 있는지, 또 앞으로 일어날 일에 대한 단서를 알 수 없으면 아이들의 눈은 벌써 다른 것을 찾는다. 초보 작가들이 범하기 쉬운 실수가 자신은 이 이야기가 누구에 관한 것인지, 어떤 일이 벌어지는지 너무 잘 알고 있는 나머지, 다른 사람들도 다 알고 있으리라 생각하는 것이다.

문득 재미난 일화가 떠오르는데, 어느 유치원에서 사인을 해주려고 아이 이름을 물었더니 그 아이가 내게 이상한 표정으로 이렇게 대꾸했다. "저는 선생님 이름을 알고 있는데 선생님은 왜 제 이름을 모르세요?" 또 다른 일화도 떠오른다. 예전에 우리 형제가 어릴 때 아버지는 우리를 중국집으로 데려가서 물어보지도 않고 자장면을 시켰다. 나는 몹시 기분이 상했다. 결국 나도 자장면을 시킬 거지만 내게 물어봐야 하는 거 아닌가. 물어보지도 않고 시키는 건 '권력 행사'라고 여겼다. 그런데 나이 들고 보니 그건 권력이 아니라 사랑이었다. 아버지는 나를 너무나 사랑해서 자신과 동일시를 한 것이다. 내가 먹고 싶으면 너도 먹고 싶을 테고 내가 알고 있으면 너도 알고 있고. 하지만 진짜 사랑은 동일시가 아니라 개체를 인정하는 것임을 자식을 키우며 알게 되었다.

사랑하는 마음은 이해하지만 초면의 독자들에게 이렇게 하면 독자들은 당황한다. 독자들은 아직 이 이야기를 사랑할 결심을 하지 않았기 때문이다. 사랑할 결심을 빨리 하게 하려면 앞으로 벌어질 이야기의 단서가 되는 낱말을 첫 페이지에 배치하는 것도 한 방법이다. 《숲에서 만난 이야기》의 첫 문장(예나의 새 그림책에는 동물들이 나와요. "숲에 가서 동물들에게 읽어 줘야지!")에서 단서가 되는 낱말은 '새 그림책', '동물', '숲'이다. 이 낱말들은 아이들이 이야기 숲에서 길을 잃지 않도록 도와주는 헨젤과 그레텔의 조약돌이 될 것이다.

내가 편집자에게 보낸 첫 원고에는 "예나는 새 그림책을 들고 숲으로 들어갔어요. 동물들이 나오는 그림책이어서 동물에게 읽어 주려고요."라고 씌어 있다. 나중에 그림을 앉히고 나서 위의 문장을 고쳤는데 누가 보더라도 (그림에) 예나가 숲으로 들어가고 있으므로 글은 '새 그림책'과 '동물'을 주목하게끔 하는 게 좋겠다 싶었다. 처음부터 이렇게 쓰지 않은 것은 이야기가 어디서 어떻게 끝날지 모르기 때문이다. 나 스스로 주인공이 무엇을 하는지를 분명하게 언어로 인지할 필요가 있었다. 이야기를 시작할 때는 자신이 왜 이곳에 왔는지를 분명하게 밝히는 여행자처럼 세련된 예의를 갖출 여유가 없다. 이야기를 다 쓰고 나면 그제야 서두의 조심스러움이 소심하게 보인다. 괜찮다, 고치면 되니까.

어떻게 고칠까? 스케치가 완성되면 그림과 함께 판면 작업을 하게 된다. 이때 여러 번 소리 내어 읽어보라! 여러 번 읽다 보면 읽기 싫은 문장이 생긴다. 글자를 읽으면서도 그림을 곁눈질하며 보게 되는데 그림으로 알 수 있는 사실을 글로 읽으면 (읽는 것도 에너지를 소비하는 일이므로) 한마디로 따분하다. 글 자체의 존재감은 퇴색하고 글이 그림 설명 같은 기분이 든다면 연필을 들어야 한다. 연필을 들고 다른 문장을 써보자. 그림이 전할 수 없는 내용의 문장으로. 잘 안되면 그저 삭제하도록.《숲에서 만난 이야기》도 그런 과정으로 고치게 되었다.

그림 작가에게 첫 페이지는 전체 그림을 열어주는 시작점인데, 처음 시작을 부담스럽지 않게 여는 것이 좋다.《숲에서 만난 이야기》의 원래 원고, "예나는 새 그림책을 들고 숲으로 들어갔어요. 동물들이 나오는 그림책이어서 동물에게 읽어 주려고요."는 그림 작가에게 첫 페이지의 그림을 바로 연상시킨다. 하지만 "예나의 새 그림책에는 동물들이 나와요. '숲에 가서 읽어야지. 동물들은 숲에 사니까.'"라고 썼다면 그림 작가는 (직접 확인하지는 않았지만) 아이가 그림책을 들고 숲으로 들어가는 장면 외에 다른 여러 장면을 함께 떠올릴 것이다. 물론 스케치 회의 때 의논할 내용이지만, 그림 작가가 원고를 처음 보고 냄새를 맡듯 훅 하고 떠올린 다른 장면(숲으로 걸어가는 장면이 아닐 경우)이 있었다면 대략 난감한 상황이 된다. 도입부의 글이 다소 추상적이면(이런 경우를 "너무 많은 가능성을 갖고 있다."라고 돌려서 말하는데) 그림에 혼선을 줄 수 있음에 유의하자.

## 첫 문장부터 독자를 매료시켜라

첫 페이지의 첫 단락은 앞으로 전개될 이야기의 모든 비밀을 감추고 있는 중요한 부분이다. 작가들이 가장 많이 고치는 부분이 첫 단락, 첫 문장이다. 똑같은 아이디어에서 출발했다 하더라도 첫 문장, 첫 단락에 따라 이야기의 방향과 분위기가 천 갈래 만 갈래로 갈라진다. 마찬가지로 독자들도 첫 단락, 첫 문장에서 앞으로 전개될 이야기의 냄새를 맡는다. 아이들에게는 그림책 하나하나가 처음 먹어보는 음식이다. 첫 숟가락에 맛이 느껴지지 않으면 다음 숟가락을 뜨려고 하지 않는다.

그림책 이야기뿐 아니라 동화나 소설, 시에서도 첫 문장과 첫 단락은 그 이후의 모든 문장을 합친 것만큼의 무게를 갖고 있다. 작가들이라면 종종 신춘문예나 여러 공모전에서 심사를 볼 때가 있는데 그 많은 원고를 어떻게 다 읽을까. 쓴 사람의 성의를 생각해서 다 읽긴 읽어야 하는데 그러자면 속에서 신물이 넘어올 정도로 멀미가 난다. 이때 쉬지 않고 계속 읽으면 나중에는 글자들이 다 떠다니면서 글자 감옥에 갇힌 것처럼 온통 글자밖에 보이지 않는다.

선배 작가한테 들은 요령이 있다. 우선 첫 단락(컨디션이 좋으면 첫 페이지)만 읽는다는 것이다. 첫 단락이 괜찮으면 A, 첫 페이지까지 괜찮으면 A+,

첫 단락은 좀 심심하지만 읽어볼 만하다 싶으면 B… 이렇게 분류를 해가며 원고를 읽는다고. 최인훈은 너무나 잘 쓴 《광장》의 첫 단락을, 개정판을 낼 때마다 조금씩 고쳐 썼다. 독자들은 뭐가 달라졌는지 대조를 하기 전에는 눈치채지 못하지만 첫 단락을 고치고 싶은 작가의 마음은 이해가 간다. 그만큼 첫 단락은 저자에게나 독자에게나 슬쩍 지나칠 수 없는 부분이다.

## 그냥 써라, 쓰지 않으면 고칠 수도 없다

당신이 만약 서두 울렁증에 걸렸다면 일단 '옛날옛날에'로 시작해 보라. 옛이야기의 첫 문장인 '옛날옛날에'는 그것이 진짜 옛이야기든 아니든 의심하는 마음(이 이야기가 재미있을까 없을까 하는 의심)을 가라앉히는 주문과 같다. 《악어 우리나의 버스놀이》는 악어들만 나오는 이야기인데, 예를 들어 이렇게 시작할 수 있다. "옛날옛날에 악어들만 사는 동네가 있었어요. 그 동네에서 가장 장난치기 좋아하는 악어들은 바로 우리나와 나나니입니다." 일단 주인공과 배경, 앞으로 일어날 일(장난치기)에 대한 정보를 주었으니 첫 페이지의 소임을 했다.

정말 이런 옛이야기 분위기로 시작한 원고가 《토끼와 늑대와 호랑이와 담이와》이다. "어느 숲 속에 토끼 가족이 살고 있었어요. 하루는 엄마 토끼가 시장에 가면서 아기 토끼에게 말했어요. '엄마가….'" 이 원고를 쓸 때의 나의 상태가 떠오르는데 나는 "밖에 나가면 절대로 안 돼. 저 고개 너머에 늑대 가족이 살고 있다고."를 빨리 말하고 싶어서 조바심이 났다. 외출하기 전에 엄마들은 얼마나 이 말을 많이 하는가.《일곱 마리 아기 염소와 늑대》나《해와 달이 된 오누이》에서 그렇듯 아빠들은 아예 없는 듯하고, 엄마들은 먹을 것을 구하러 밖에 나가고 아기들은 집에 혼자 있고 사건은 벌어진다.

《토끼와 늑대와 호랑이와 담이와》는 비교적 초기에 쓴 원고이다. 아마 이때 나도 어쩌면 '옛날옛날에….'로 먼저 써놓고 그다음 문장을 썼을지 모른다. 지금은 어떤 이야기도 이렇게 쓰지 않는다.《악어 우리나의 버스놀이》는 실제로 이렇게 썼다. "학교가 끝나고 집으로 돌아오는 길에 우리나가 나나니에게 귓속말을 합니다. '비밀인데….'" 이야기에서 바로 출발한 경우이다. 흥미로운 것은《토끼와 늑대와 호랑이와 담이와》의 프랑스어판《Surtout, ne sors pas, n'ouvre pas!》는 내 허락을 받았는지 안 받았는지 모르겠는데 이렇게 시작한다. "'아기 토끼야, 잘 들어!' 엄마가 말했어요. '아침에 시장에 갈 거야. 너는 지금 다 컸으니까 혼자 집에 있을 수 있어.'" '어느 숲 속에'로 시작되는 고루한 문장들이 사라지고 바로 대화체가 등장한다. 물론 다 이래야 하는 건 아니고 어느 것이 더 효과적인지는 문화적·정서적 차이도 고려해서 점수를 매겨야겠지만 서두 울렁증이 있는 초보 작가들에게는 일단 '옛날옛날에'로 시작해서 쓰고 싶은 문장을 다 쓴 후에 나중에 첫 문장으로 돌아와 '세련되게' 고치라고 말하고 싶다.

어디가 시작점인지 모르겠다면 쓰고 싶은 내용을 모조리 쓰고 나서 흥미로운 사건이 시작되기 바로 전의 지점을 서두로 잡는다. 그 앞의 내용은 다 버리고 거기서부터 다시 시작한다. 초보 작가 원고의 공통점은 도입부가 너무 길다는 것이다. 내가 냉담한 얼굴로 "1, 2페이지는 버리고 3페이지부터 시작하세요. 여기가 제대로 된 출발점입니다." 하면 그들은 버릴 페이지의 내용이 아까워 어쩔 줄 모른다. 나는 '뭐, 산 자식을 묻는 것도 아닌데.' 하는 표정으로 그들을 대한다. 일단 버리고 나면 얼마나 홀가분해하는지….

아무리 격려가 되는 말을 들어도 서두의 첫 문장을 쓰는 것은 두려움 그 자체이다. 하지만 첫 단어, 첫 문장을 쓰지 않고는 그 두려움에서 빠져나올 수 없다. 일단 한 글자라도 쓰고 나면 그만큼 암흑에서 빠져나온다. 여전히 앞은 어둠에 싸여 있지만 멀리서 작은 불빛이 어른거리는 것을 볼 수는 있다. 불빛이 보이지 않는다면 잘못된 문장을 쓴 것이다. 이럴 때는 다시 쓰면 된다.

## 서두의 다양한 사례

### 사례1. 단도직입적인 출발

학교가 끝나고 집으로 돌아오는 길에 우리나가 나나니에게 귓속말을 합니다.
"비밀인데, 2시까지 바람불어언덕으로 나와. 의자 하나 가지고." / "의자? 왜?" / "버스놀이 하자. 나는 운전수, 너는 조수." / "조수? 조수가 뭐 하는 건데?" / "손님도 맞이하고 길 안내도 하고. 아주 중요한 거야." / "알았어."《악어 우리나의 버스놀이》

스핑키는 씩씩거리면서 집에서 나와 풀밭에 배를 깔고 엎드렸습니다. 스핑키는 코앞에 피어 있는 민들레도 보이지 않았습니다. 그만큼 화가 났거든요. 우리 식구는 모두 머저리야! 말로는 날 사랑한다고 하면서, 순 엉터리야. 비록 엄마는 안 그렇지만. 《《부루퉁한 스핑키》》

《악어 우리나의 버스놀이》는 첫 페이지부터 인물과 배경뿐 아니라 사건이 나온다. 바람불어언덕이 어디인지, 버스놀이가 무슨 놀이인지, 왜 다른 놀이가 아닌 버스놀이를 하는지 등등의 질문은 생략된 채 우리나의 재촉에 버스놀이는 독자와 나나니에게 기정사실이 된다. 독자도 나나니를 재촉한다. 다음 페이지를 여는 그 짧은 순간에 "나나니, 어서 의자 가지러 집으로 가!" 하고 외친다.

《부루퉁한 스핑키》에서도 마찬가지이다. 스핑키는 왜 화가 났는지, 방금 전에 또 무슨 일이 있었는지 등을 말하지 않는다. 코앞의 민들레가 보이지 않을 정도로 화가 났는데 그런 얘기를 하고 싶지도 않고 씩씩거리느라 할 겨를도 없을 것이다. "우리 식구는 모두….."라는 말은 아이들의 속마음을 그대로 표현하고 있다. 더욱이 형제가 있는 집에서는 하루에 적어도 한 번은 이런 말을 되뇌며 씩씩대곤 한다. 마지막 문장 "비록 엄마는 안 그렇지만."은 나중에 가족의 화해를 예고하는, 전략적으로 잘 쓴 문장이다.

단도직입적인 출발은 머뭇대는 독자들까지 한 번에 끌어모아 이야기로 끌고 들어가는 힘이 있다. 첫 페이지에 이렇게 인물과 사건, 배경을 다 보여주면 이야기의 흡인력이 높아진다. 다만 아이들의 기대감을 채울 흥미로운 사건을 잘 준비해 두어야 한다.

## 사례2. 갈등을 던져놓는 서두

어느 날 길을 가던 사자가 빨간 끈을 보았어. // '와, 이렇게 예쁜 끈은 처음 보는걸! 이 끈으로 내 머리를 묶으면 정말 예쁠 거야.' 하고 생각했지. // <u>하지만 끈은 땅 깊숙이 박혀 움직이지 않았어.</u> 《빨간 끈으로 머리를 묶은 사자》

옛날에 아주 커다란 악어가 살았습니다. // 커다란 악어에게는 아주 작은 아들이 있었습니다. // 커다란 악어는 힘이 무척 세고, 사납고, 잔인했습니다. 욕심이 많은 데다가, 고약한 냄새도 났습니다. (…) // 작은 악어한테서는 제비꽃 향기가 났습니다. 새와 나비가 날아와 작은 악어와 함께 놀았습니다. 커다란 악어는 그런 작은 악어가 몹시 못마땅하고 <u>부끄러웠습니다.</u> 《이글라우로 간 악어》

누구나 어떤 갈등을 접하면 그것이 잘 해소되기를 바란다. 모르는 사람의 갈등이라도 그것이 얽히고설켜 더 곤란해지기를 원치 않는다. 그림책을 보는 연령의 아이들은 더욱 그런 마음이다. 주인공의 갈등이 나의 갈등! 주인공과 바로 동일시가 이루어지면서 주인공과 함께 마음 졸이고 불안해하고 슬퍼한다.

위 그림책들처럼 문제 상황이 바로 나오는 경우는 갈등이 심화되다가 마침내 해결되는 과정으로 이야기가 전개된다. 위 인용문의 밑줄 친 부분은 그 갈등을 말해주는, 뺄 수 없는 문장이다. 이 문장에 걸려 아이들은 '그래서 어떻게 되었을까?' 하는 궁금증을 갖고 다음 페이지를 연다.

### 사례3. 완만한 출발

어느 날, 여우는 커다란 나무 아래에서, 커다란 알을 발견했습니다. '정말 맛있게 보이는 알이구나. 얼른 한입에 먹어 버려야지. 아니, 잠깐!' 여우는 생각했습니다. '어차피 먹는다면 이 알을 따뜻하게 품었다가, 알에서 나온 아기새를 한입에 꿀꺽!' <u>여우는 자신도 모르게 입맛을 쩝쩝 다셨습니다.</u> 《알을 품은 여우》

숲 언저리에 연못이 있었습니다. 이 연못에는 작은 물고기와 올챙이가 물풀 사이를 헤엄쳐 다니며 살고 있었지요. <u>둘은 정말 친한 친구였습니다.</u> 《물고기는 물고기야!》

마음을 편안하게 하는 출발점이다. 아직 아무 사건이나 갈등도 보이지 않는다. 아무 일 없을 것 같은, 모든 것이 순조롭게 진행될 것 같은 기분이다. 하지만 이렇게 평온해 보이는 세상의 바다에도 그 평온을 깨뜨리는 무언가가 도사리고 있다. 인용문의 밑줄 친 부분인 "여우는 자신도 모르게 입맛을 쩝쩝 다셨습니다."와 "둘은 정말 친한 친구였습니다."가 그 무언가를 품고 있다. 이야기의 원리에 익숙한 독자라면 "여우가 정말 나중에까지 입맛을 쩝쩝 다실 수 있을까?", "둘은 끝까지 정말 친한 친구로 남을까?" 등의 궁금증을 갖게 될 것이다. 이 궁금증이 다음 페이지를 열게 하는 스모킹 건(이런 용어는 쓰고 싶지 않지만)이다. 완만한 출발은 이야기도 완만하게 진행되지만 갈등이나 문제가 없지는 않다. 그것이 배제된 삶은 없고, 따라서 그렇게 하면 이야기도 되지 않는다. 아이들도 알고 있다. 어떤 사건이 일어날 것 같은 기대감(또는 불안감)에 마음이 부풀어 오른다.

사례4. 예기치 않은 사건

어느 날, 숲 속에서 눈싸움을 하고 있던 들쥐 형제, 구리와 구라는 눈 위에서 이상한 웅덩이를 발견하였습니다. "앗! 함정이다." 구리가 소리쳤습니다. "여기에도. 저기에도." 구라는 눈을 동그랗게 뜨고 놀란 듯 소리쳤습니다. 그 웅덩이는 여러 개가 죽 이어져 있었습니다. 《구리와 구라의 손님》

그레고리 샘슨은 어느 날 아침, 잠에서 깨어나 깜짝 놀랐어요. 자기 몸이 커다란 딱정벌레로 변해 있었으니까요. 그레고리는 방에 걸린 거울을 한참 동안 들여다보았어요. 진한 밤색 몸통의 커다란 딱정벌레가 틀림없었어요. 까맣고 큼직한 딱정벌레 눈이 두 개, 기다란 딱정벌레 더듬이도 두 개 있었어요. 가늘고 긴데다 털까지 숭숭 난 딱정벌레 다리도 여섯 개가 생겼어요. 아무리 생각해 봐도 전에는 이런 일이 없었던 것 같은데 말이에요. 아빠가 아래층에서 부르셨어요. "그레고리, 옷 입고 내려와서 아침 먹어야지." 《변신》

아이들에게는 예기치 않은 사건들이 더 많이 일어난다. 세상 경험이 많지 않은 터라 커다란 발자국만 봐도 '함정'이라고 생각할 수 있다. 《구리와 구라의 손님》에서 그 발자국은 자기네 집으로 이어진다. 엄청난 사건이다!

두 번째 그림책《변신》은 카프카의 소설《변신》에서 모티브를 얻은 작품인데, 정말 일어날 수 없는 사건이 느닷없이, 아무 예고도 없이 터진 셈이다. 밑줄 친 문장을 보면 이런 변화가 주인공 자신에게만 일어난 일이고 아빠는 아직 이 일을 모른다는 것을 알 수 있다. 그렇다면 더 큰일이다! 이 문장은 주인공의 심경에 더 큰 몰입을 요구하는 능청스러운(아침마다 늘 듣는 말이지만 이번만큼은 주인공에게 불안감과 두려움을 배가시키므로) 대사이다.

이런 출발점은 아이들을 얼른 불러 앉힐 수 있다는 게 장점이다. 마음은 모험심과 탐구심으로 두근두근. 하지만 어른 작가가 이런 이야기를 쓸 때는 어디까지나 아이들이 흥미를 느낄 사건이라는 것, 그리고 아이들이 어떻게 반응하는지 잘 살펴야 한다는 까다로움이 있다. 예기치 않은 사건 자체도 그렇지만 그것에 대해서도 아이는 아이식으로 반응한다는 것을 잊지 말자. 키 큰 사람과 키 작은 사람이 함께 걸으면 둘이 보는 게 다르듯이 아이들은 세상을 다른 식으로 보고 다른 식으로 반응한다.

**서두를 어떻게 시작할까?**
서두는 앞으로 일어날 일의 출발점
인물, 사건, 배경을 소개하는 자리
첫 문장부터 독자를 매료시켜라.
그냥 써라, 쓰지 않으면 고칠 수도 없다.

# 셋째 날

셋째 날의 오전 메뉴는 문체와 주인공, 이야기 유형이다. 문체는 설명하기는 곤란해도 실체가 있으므로 뜬구름 잡는 느낌은 덜할 것이다. 주인공은 그림책이나 동화책에서는 특히 중요하다. 새로운 친구를 발견하듯 아이들은 주인공에게 끌린다. 이야기 유형은 초보 작가들에게는 다소 새로운 내용일 텐데, 지금 쓰고 있는 이야기에 특징을 잡아준다는 점에서 훑어볼 만하다. 그리고 오후의 중반 쓰기! 본격적으로 이야기의 쓴맛과 단맛을 보게 될 것이다. 그러나 이 맛 때문에 우리는 글을 쓰고 독자들은 책을 읽는다. 어쨌든 맛이 있어야 한다.

오전

# 문체

### 문체는 작가 자신의 문학적 독창성

말을 할 때 우리는 말의 내용뿐 아니라 순간의 기분 상태를 함께 전한다. 따듯한 말투, 애정 어린 말투, 동정하는 듯한 말투, 후회하는 말투 등 여러 가지 다채로운 말투로 우리는 대화를 나눈다. 소리 내어 말할 때의 말투가 글을 쓸 때는 글투, 즉 문체가 된다. 글투는 글을 쓰는 솜씨와 습관을 다 포함하고 있는데 솜씨는 낱말과 문장을 다루는 재능을 말하고, 습관은 오랫동안 부지불식간에 형성된 고유의 말투와 같다.

요즘에는 작가들이 대부분 컴퓨터로 글을 쓰는데 원고지에 글을 쓰던 시절에는 글씨의 모양, 즉 서체도 문체의 한 부분이었을지 모른다. 나도 초창기에는 원고지에 글을 썼는데 그때는 낱말과 문장, 단락의 고동 소리가 들리는 기분이었다. 컴퓨터를 앞에 두고부터 글은 내게서 좀 떨어져 앉아 나를 빤히 보고만 있다. 구술에서 문자로, 문자에서 컴퓨터 언어로 옮겨 오면서 마음과 정신의 비밀이 필터링되고 있음을 실감하는데 아마도 이 때문에 소설가 김훈은 여전히 원고지에 연필로 한 자 한 자 눌러쓰는 것 아닐까.(이 문제에 관해서는 별도의 책 한 권이 필요하다.)

목소리나 글자의 서체가 그 사람 고유의 것이듯, 문체도 작가 고유의 것이다. 이런 의미에서 문학적 독창성은 문체와 무관하지 않다. 같은 내용의 이야기라 해도 글 쓰는 사람에 따라 다른 느낌을 주는 것은 문체 때문이다. 서점에서 작가 이름을 확인하지 않고 아무 책이나 펼쳐 읽을 때가 있는데 한두 단락만 읽고도 누구의 작품인지 알 수 있다면 그 작가는 자신만의 문체를 소유한 사람이다.

영화 〈더 와이프〉에도 문체가 언급되어 있다. 문학을 전공하고 출판사에서 일하던 와이프는 여성 작가의 작품이 제대로 평가받지 못하고 출판계에 진입하기 힘든 상황에서 본인의 글쓰기를 포기하고 작가 지망생인 남편의 원고를 고쳐주게 된다.("모든 게 훌륭하지만 등장인물이 살아 있는 것 같지 않아."라고 말하며.) 그러다 아예 자신이 다 쓰고 남편 이름으로 내기에 이른다. 영화에서는 노벨 문학상까지 받게 되는데 문체 때문에 남편의 전기를 쓰려는 한 전기 작가에게 의심을 받는다. 정확한 대사는 기억나지 않지만 "문체가 달라졌던데요?"라고 그가 묻는다. 다른 건 다 감출 수 있어도 문체는 감출 수 없다는 것을 간접적으로 말하는 셈이다.

문체는 언어와 문장을 사용하는 방식, 즐겨 쓰는 비유나 풍자, 수사법, 묘사의 방식 등 언어에 관한 모든 것이 그 요소가 된다. 지문이나 홍채만으로 자신을 인증하는 시대가 열렸는데 그렇다면 작가는 자신의 문체로 자신을 인증하는 셈이다.

## 문체는 내용의 바깥 가장자리

문체는 문체 자신만의 목적을 갖고 있지 않다. 문체의 목적은 작가가 말하고자 하는 것을 언어로 가장 완벽하게 구현하는 것, 이야기의 줄거리를 포함해 그것을 둘러싼 감정과 느낌, 분위기와 잠재된 생각을 가장 근접하게 언어화하는 것이다. 내용과 형태에 빗대어 말하면 문체는 말하고자 하는 내용을 바깥으로 감싼 형태이다. 내용의 외피, 내용의 바깥 가장자리이다.

자기만의 문체를 가지려면 자기가 전달하려는 이야기의 내용을 알아야 한다. 당연한 말 같지만 자기가 전달하려는 이야기를 어느 정도까지 아는지는 의심해 볼 일이다. 도수가 낮은 안경을 끼고 사물을 보면 허용된 것밖에 보이지 않아 그것이 다인 줄 안다. 하지만 도수가 높은 안경을 새로 맞추어 끼면 그동안 볼 수 없었던 것들이 보인다. "아, 뭐가 더 있었구나." 하고 회한에 휩싸일 것이다. 자신이 하려는 이야기를 뼛속까지 알지 못할 때 생기는 현상이 오락가락하는 문장들이다. 문장들이 부실하면 문체는 세울 수조차 없다.

여기서 이야기를 뼛속까지 알아야 한다는 것은 주인공에게 일어난 모든 일, 그 주변의 모든 일을 깨알같이 알아야 한다는 건 아니다. 가령,《내 짝꿍 최영대》를 읽은 아이들은 영대의 어머니가 왜 갑자기 돌아가셨는지 종종 묻곤 하는데 나도 모른다고 솔직히 얘기한다. 영대가 나에게 말을 해 주지 않았다고. 그래서 나도 모른다고 대답한다. 작가는 주인공이 말을 해 주어야 알 수 있고 말해주지 않은 사실은 알지 못한다. 그럼 영대는 왜 내 게 말을 안 해주었을까. 영대도 모르기 때문이다. 아무도 영대에게 어머니 의 죽음에 대해 설명해 주지 않았고 바로 그 때문에 영대는 충격에서 벗 어나지 못한 채 일시적 실어증에 걸렸다. 내가 이런 설명을 하면 아이들은 영대 생각에 표정이 깊어진다.

요컨대 작가가 정말 뼛속까지 알아야 하는 건 주인공에게 일어난 일의 전모가 아니라 주인공의 감정이다. 갈등과 염원, 슬픔과 기쁨, 기대와 좌절 등은 정확히 알아야 한다. 사람의 눈도 자기가 보고 싶은 것만 보고, 손전 등도 갖다 대는 곳만 밝게 비추는데 주인공의 마음이 내 마음과 같으려니 생각해서는 안 된다. 이를 조심하려면 내가 주인공이 되는 수밖에 없다. 작가가 먼저 주인공과 동일시되어야 한다.


## 문체는 화자의 목소리

여러 사람의 목소리를 귀신같이 흉내 내는 사람이 있는데 작가는 작품의 주인공이나 화자의 목소리를 귀신같이 내야 한다. 작가들은 글을 쓸 때 자 기 목소리를 죽이는 것이 가장 힘들다는 것을 안다. 자기 목소리를 죽이지 않으면 화자의 목소리를 들을 수 없기 때문에 얼마나 자기 목소리를 죽일 수 있는지에 따라 작품의 진실성이 달리 느껴진다.

아이들은 화자의 목소리 뒤에서 수렴청정하는 것처럼 이래라저래라 하는 작가의 목소리를 듣고 싶어 하지 않는다. 독자를 진지하게 대하는 않는 말투, 혹은 훈교성의 말투, 친절함을 가장한 말투는 아이들을 질리게 한다. 책을 쓰는 건 어른이지만 자기들 책에서 어른의 냄새를 맡게 되면 아이들은 고개를 돌린다. 아이들이 듣고 싶어 하는 것은 오로지 화자나 주인공의 생생한 목소리이다.

말하자면, 글을 물리적으로 써나가는 것은 작가이지만 이야기를 풀어놓는 것은 작가가 아니다. 3인칭 시점일 때는 3인칭 화자가 풀어가고 1인칭 시점일 때는 1인칭 화자가 이야기를 풀어낸다. 3인칭 시점의 화자가 종종 작가의 목소리를 반영하긴 하지만 이때도 작가 본인이 아니라 내포 작가의 목소리이다. 한 사람의 배우가 여러 다른 역을 맡는 것처럼 한 사람의 작가는 여러 명의 내포 작가를 거느리고 있다. 아마도 작품의 수만큼은 될 것이다. 서사의 의사소통은 이렇게 이행된다.

작가-내포 작가-화자(서술자)-피화자-내포 독자-독자

작가는 내포 작가로 하여금 화자에게 말을 걸게 한다. 화자는 이에 응답하면서 얘기를 풀어놓고 그 이야기는 피화자가 듣는다. (누가 듣는다는 생각 없이는 말을 꺼내지 않으므로 눈앞에는 없지만 누군가 내 얘기를 문 뒤에서 엿듣겠지 하며 서술한다.) 피화자 뒤에는 불특정 다수의 내포 독자들이 있고 마침내 한 개별 독자에게 이야기가 전달됨으로써 작가와 독자 간 의사소통의 여정이 완성된다.

이건 어려운 일은 아니다. 사람은 누구나 몇 겹의 자아를 갖고 있으므로 그때그때 하고자 하는 이야기에 따라 자신의 자아 중 하나를 꺼내 들면 된다. 서로 모순적인 자아는 아니다. 엄마이면서 할머니이기도 하고, 옆집 아줌마이면서 친구이기도 하고, 동생이면서 누나일 수도 있고, 작가이면서 농부이다. 동물과 마주할 때는 사람이고 우주인과 얘기할 때는 지구인이고 죽은 사람과 대화할 때는 산 사람이다. 상위 개념과 심층 개념이 따로 있을 뿐 모두 다 같은 존재이다.

이런 까닭에 《내 짝꿍 최영대》의 목소리와 《손 큰 할머니의 만두 만들기》의 목소리가 다르다. 《내 짝꿍 최영대》의 화자가 동정적이고 망설임도 있는 목소리라면, 《손 큰 할머니의 만두 만들기》의 화자는 호탕하고 진취적인 목소리를 갖고 있다. 작가로서 자기 목소리를 앞세우면 안 된다는 것을 명심하자. 자신을 비워야 화자가 말을 하기 시작한다.

## 호흡과 리듬이 문제

작가가 되기 이전에, 아니 동화 원고를 쓰기 전에 나는 출판사에서 편집자로 일했다. 편집자의 일 중 하나가 원고를 다듬는 일인데 원고를 다듬을 때 본능적으로 기대는 것이 호흡과 리듬이다. 퇴근하고 집으로 돌아와 아이들에게 책을 읽어줄 때 왜 그리 호흡과 리듬에 거치적거리는 게 많은지, 문장을 임의적으로 끊어 읽기도 하고 쉬운 말로 순간 바꿔 읽기도 했다. 아이들의 표정을 살피며 의문문을 만들기도 했고 느낌표를 찍기도 했다.

그림책이 없던 시절에 동화책을 읽어주어서 더 고칠 게 많았으리라. 고쳐 읽다가 내가 직접 쓰기에 이르렀는데 나뿐 아니라 이런 경로로 작가가 된 사람들도 꽤 있을 것 같다.

호흡과 리듬이 정돈된 형태로 문자화되어 나타나는 것이 문체가 아닐까 하는데 사실, 호흡과 리듬은 언어보다 역사가 깊다. 그것은 언어 이전의 언어이며 침묵의 말이며 입 속의 노래이다. 입 속의 노래가 밖으로 나올 때 본래 갖고 있던 호흡과 리듬은 변하지 않는다. 내 목소리가 이랬나 하며 좀 생경하게 들릴 뿐이다.

모든 텍스트는 쓰일 때 바로 읽힌다. 쓰는 것과 읽는 것은 동시에 이루어진다는 뜻이다. 작가든 아니든 글을 쓰는 동시에 머릿속으로 그 글을 읽기 때문이다. 보통 사람들은 책을 읽을 때 자신이 갖고 있는 호흡과 리듬에 별 신경을 쓰지 않지만 작가나 편집자는 그것에 예민하다. 자신의 호흡과 리듬에 반하는 문장을 고치고 싶은 욕구가 솟구친다. 독서에 방해가 될 정도로.

어떤 사람은 들숨을 길게 하고 어떤 사람은 날숨을 길게 한다는데 긴 문장과 짧은 문장을 번갈아 쓰면 리듬이 생기고 호흡도 편해진다. 단락을 쓸 때도 펼침면마다 액션과 리액션의 리듬을 주면 안정적이다. 액션은 어떤 사건이나 변화가 가시적으로 나타나고 리액션은 앞선 액션의 결과나 그 여파인데 대화, 생각(되새김), 장소 이동, 배경이나 상황 묘사 등 정적으로 느껴진다.

페이지를 넘기며 글을 계속 읽다 보면 독자는 자기도 모르게 텍스트의 내적 리듬에 젖어든다. 이는 다음에 나올 내용에 대한 기대감, 인내심('지루한 페이지 다음에는 새로운 사건이 나오겠지?' 할 때 필요함), 그리고 자신도 이 이야기에 관해 뭔가 알고 있는 듯한 도취감(리듬을 파악했으므로)을 준다. 리듬에 몸을 맡기면 몸과 마음은 오히려 균형감이 생긴다. 매번 새로운 리듬에 적응할 필요가 없기에 안도감이 들 것이다. 안도감 속에서 새로운 사건이나 새로운 긴장을 받아들이며 이야기에 빠져든다.

서양 그림책에서는 라임이 굉장히 중요하다. 영어권이나 프랑스어권 그림책을 원서로 읽어보면 어설프게나마 라임을 느낄 수 있다. 뉴질랜드 체류 시에 영어로 원고를 써서 그곳 출판사에 보낸 적이 있는데 라임이 불편하다는 평을 받았다. 라임은 그들의 문화와 언어 습관에 내재한 유산이라 비영어권인 사람은 쉽게 체득하기 힘들겠다는 것을 실감했다. 한국어는 서술 종결어미가 '~다' 또는 '~어', '~요'로 끝나 어찌 보면 갑갑할 정도로 단조로운데 한국어로 글을 쓰는 사람들 모두 같은 운명이라 불평할 수는 없다.

아이들은 아이들의 호흡과 리듬이 따로 있다. 뻔히 알고 있는 곡조를 누가 틀리게 부르면 금방 알아차리는 것처럼 그림책의 아이들은 우리 어른들이 잃어버린 언어 이전의 리듬을 알고 있기에 그런 문장이 나오면 고개를 갸우뚱한다. 내가 아는 노래가 아니네 하면서.

어린이책 작가나 번역가, 편집자들은 대개들 원고를 다 쓰고 나면(교열을 다 보고, 번역을 다 하고 나면) 소리 내어 읽는다. 나는 아이들에게도 읽혀 본다. 아이들이 읽을 때 편안하고 듣기에 좋고 목소리에 생기가 돈다면 문장을 잘 쓴 것이다. 그 문장의 호흡과 리듬은 작가의 것이 아니라 아이들의 것이어야 한다. 아이들이 읽을 것이므로.

## 문체는 이야기의 감정

문체를 결정하는 것은 이야기의 감정이다. 따뜻한 이야기, 서정적인 이야기, 솔직한 고백의 이야기 등, 이야기는 감정의 옷을 입고 있는데 그 옷은 문체로 보여진다. 다음은 여러 그림책에서 뽑은 개성적인 문체들인데 별도 표시가 없는 경우에는 중반 첫 페이지에서 뽑은 것이다. 이야기의 분위기와 내용을 전달하는 데 문체가 어떤 효과를 내보이는지 살펴보기 바란다.

처음 소개할 것은 자기 선언적 문체이다.

> 그래서 나는 교통 경찰 아저씨한테 가서 말해. / "아저씨 모자를 당장 나한테 주세요. 자동차들이 모두 나를 따르게. / 내가 교통 정리를 해야 해요!" / 교통 경찰 아저씨는 나를 무서워하는 모양이야. / 내가 엄청 크기 때문이지. 당연해. (《난 커다란 털북숭이 곰이다》)

마술적 사실주의에 속하는 1인칭 시점의 이 이야기는 주인공이 잔소리꾼 엄마와 할머니께 하직 인사를 하고 집을 나가는 게 첫 페이지에 나온다. 인용된 부분은 털북숭이 곰으로 변신해 무서울 것이 없는 주인공이 도로 교통경찰한테 권위의 상징인 모자를 달라고 요구하는 장면이다. 그동안 억눌린 아이로서의 자아가 활짝 기지개를 켜고 있다. 이 같은 위풍당당한 문체는 앞으로 벌어질 일이 (엄마와 이 세계에) 무언가를 선언하는 식의 사건임을 예고한다. 부모와 기존 세계가 정해주는 삶의 울타리 안에서 갑갑함을 느낄 수밖에 없는 아이들로서는 곰이든 공룡이든 엄청 큰 무엇이 되어 호통을 치고 싶지 않을까. "이제 내 말을 들으세요. 모자는 내게 있어요!"라고. 이런 문체는 곧이어 설명할 인물 중심 이야기에 잘 어울린다.

다음은 따뜻한 마음이 담긴 문체이다.

> 한 닢도 더 넣을 수 없을 만큼 병이 가득 차면, 우리는 그 돈을 몽땅 꺼내서 의자를 사러 갈 겁니다. / 그래요, 의자요. 멋있고, 아름답고, 푹신하고, 아늑한 안락 의자 말이에요. 우린 벨벳 바탕에 장미꽃 무늬가 가득한 의자를 사려고 해요. 이 세상에서 가장 좋은 의자를요. 《엄마의 의자》

《엄마의 의자》는 화자인 딸이 유리병에 동전을 모아 식당에서 하루 종일 서서 일하는 엄마를 위해 안락의자를 사기까지의 이야기를 담고 있다. 책 아무 곳이나 펼쳐 읽어도 엄마를 생각하는 딸의 마음이 묻어 있다. 딸이 생각날 때, 엄마가 보고 싶을 때, 모두 한집에 살았던 시간들이 그리울 때 읽어보는 책이다. 따뜻한 이야기는 따뜻한 어조로 전해져야 한다. 만일 따뜻한 이야기를 냉소적인 어조로 전한다면 이야기는 풍자적으로 읽힌다. 진실이 따로 숨겨져 있는 것처럼. 진실은 너무 자주 먹으면 이가 썩는 막대 사탕은 아니므로 숨겨둘 필요는 없다.

아래와 같이 감정을 솔직하게 드러내는 문체도 매력적이다. 아이들은 귀가 솔깃해서 '나도 그런 적 있는데.', '맞아, 나도 동생 때문에 화날 때 많아.' 하며 다가앉는다.

> 저녁을 먹고 나면 나는 다카시와 함께 목욕을 하곤 한다. / "난 이제 이

학년이잖아. 혼자서 목욕하면 안 돼?" / 엄마에게 말했다. / "무슨 소리 하는 거니? 다카시를 봐 줘야지. 넌 형이잖아." / 또 그 소리…. / "나, 먼저 들어가 있을게. 형." / 다카시 녀석, 잽싸게 목욕탕에 들어갔다. // 우리 다카시는 저렇게 착한데 하는 / 얼굴로 엄마가 방긋 웃었다. / 으윽, 왠지 화가 난다. 《난 형이니까》

이런 문체는 아이들의 입말을 그대로 옮긴 듯해 문학성이 떨어진다는 평을 받을 수 있다. 하지만 아무리 문학성이 뛰어나도 아이들에게 '어른이 쓴 거 같은데? 내가 읽는 게 맞나?' 하는 의구심을 들게 한다면 그 문학성은 아무 쓸모도 없는 문학성이다. 독서 치유의 세 가지 기본 원리는 동일시, 카타르시스, 통찰인데 주인공에게 감정이입(=동일시)을 하지 못하면 최종적인 통찰(깨달음)에 이르지 못한다. 따라서 동일시는 독서에서 가장 먼저 요구되는 요건이며 작품에서도 가장 먼저 충족되어야 할 요소이다. 동일시, 공감, 정서적 반응… 다 유사한 의미를 갖고 있는데 작가들도 자신의 책이 어떤 방식으로 독자에게 소화되는지 이해하기 위해 위의 과정을 음미할 필요가 있다. 이야기를 펼치는 것도 중요하지만 읽는 이의 마음에 스며들지 못하면 일기를 쓴 것과 같다. 일기는 남에게 선심 쓰듯 읽으라고 주어서는 안 된다. 특히 가족에게는.

이번에는 추억을 어루만지는 서정적인 문체를 감상해 보자.

어느 날 아침, 눈을 떠 보니 / 마당 가득 눈이 쌓여 있었습니다. / 시우는 강아지처럼 경중경중 뒷산에 올랐습니다. / 혼자서 눈사람을 만들고, /

혼자서 눈 위를 떼굴떼굴 구르고, / 혼자서 눈미끄럼을 탔습니다. / 그런데 이건 무엇일까요? / 바로 산토끼 발자국이었습니다. / 발자국은 비탈진 산허리에 서 있는 / 커다란 소나무 뿌리 밑으로 사라졌습니다. 《잘가, 토끼야》

우리는 시커먼 소나무들이 뾰족뾰족 하늘을 찌를 듯이 서 있는 곳에 다다랐습니다. 아빠가 손을 들었습니다. 나는 그 자리에 멈춰 서서, 가만히 기다렸습니다. 아빠는 하늘을 올려다보았습니다. 별자리를 찾는 것 같았습니다. 하늘의 지도를 읽는 것 같았습니다. 달빛이 아빠 얼굴에 은빛 가면을 씌웠습니다. 아빠는 소리내어 불렀습니다. "부-우-우-우-우-우-엉-부-우-우-우-우-우-엉." 큰뿔부엉이 소리 같았습니다. "부-우-우-우-우-우-엉-부-우-우-우-우-우-엉." 《부엉이와 보름달》

    삶은 일직선으로 나아가는 게 아니라 거실 커튼의 접힌 부분처럼 여러 우회도로를 갖고 있다. 더 길게 보면 순환도로처럼 느껴진다. 산다는 것을 감정적·정서적 경험으로 본다면 어릴 적의 경험들에 의미 부여를 할 수 있는 때는 어른이 되어서가 아닐까. 그러기 위해서는 어릴 적 추억들을 다시 만나야 한다. 아이와 대화를 나눌 때, 그 아이에게 그림책이나 동화책을 읽어줄 때 문득 맞닥뜨리는 감정들이 이것이다. 뭔가를 다시 만나는 느낌. 우리는 우리의 유년을 기억할 수도 없고 되돌릴 수도 없지만 자신이 키우는 아이를 통해 자신의 유년을 다시 만날 수 있다. '나도 이랬겠구나, 나도 저랬겠구나.' 하면서.
    가랑비에 옷 젖는 줄 모른다는 말처럼 마음을 잔잔히 적시는 서정적인 문체는 우리를 무장해제시킨다. 감상이 아닌 본질을 건드리고, 슬픔이 아닌 그리움, 낭만이나 자아도취가 아닌 건강한 서정성을 갖고 있다면 당신은 무엇을 쓰든 작가이다. 작가의 개성이 강하게 드러나는 문체도 있다.

> 살살 앵두나무 밑으로 노마는 갑니다. 노마 담에 똘똘이가 노마처럼 살살 앵두나무 밑으로 갑니다. 똘똘이 담에 영이가 살살 똘똘이처럼 갑니다. // 그리고 노마는 고양이처럼 등을 꼬부리고 살살 발소리 없이 갑니다. 아까 여기 앵두나무 밑으로 고양이 한 마리가 이렇게 살살 가던 것입니다. 검정 도둑 고양입니다. 《고양이》

현덕의 작품 《고양이》의 서두 부분이다. 입에 착착 감기는 그의 문체는 나에게 경이로움 그 자체였다. '아, 아이들 이야기는 이렇게 쓰는 거구나.' 하는 감탄을 몇 번이나 하게 만들었다. 물론 그의 문체와 나의 문체는 같지 않지만, 소설의 문체에 익숙해 있던 내게 아이들 이야기의 문체는 소설과는 달라야 함을 확연히 보여주었다. 주술사가 아이들을 꾀듯 현덕의 문장들은 아이들을 부드럽게 감싸 안아 보이지 않는 사슬로 꽁꽁 동여맨다. 사슬도 종류가 있을 텐데, 현덕의 사슬은 부드러운 권위의 맛이 난다. 어떤 내용의 이야기도 현덕은 현덕답게 바꿔서 전할 수 있을 것 같다. 그는 문체만으로도 우리 문단에서 독보적인 존재이다.

옛날 옛날 어느 작은 나라에 비닐봉지와 종이봉투가 오순도순 모여 살았어요. 둘은 한마음으로 '불'을 조심하고 '가위'라는 짐승을 두려워하며, 차갑고 뾰족하고 날카로운 놈들을 경계했어요. 그런데 서로를 도와가며 잘 지내던 어느 날, 이상한 말들이 나오기 시작했어요. //
"저 종이라는 것들은 반듯한 척만 하지 너무 나약해. 조금만 무거운 걸 담아도 터져 버리잖아!" "비닐봉지, 쟤들은 너무 시끄러워! 혼자서도 바스락, 둘이서도 바스락. 말 진짜 많아." 비닐봉지와 종이봉투는 서로가 점점 싫어졌어요. 꽝! 결국 두 나라로 쪼개지고 말았어요. // 아, 그런데 어쩌죠? 비닐봉지 공주와 종이봉투 왕자는 사랑하는 사이였거든요! 이리하여, 이 이야기의 제목은 '봉지공주와 봉투왕자'가 되겠습니다. 《봉지공주와 봉투왕자》 프롤로그)

벌써 오래전 일이지만 이 책의 저자를 처음 본 순간, 나는 웃음을 참을 수 없었다. 젊은 때를 살짝 지나간 나이였을 텐데, 한창때의 메그 라이언보다 더 귀여운 봉지공주였다. 지금도 그럴 것이다. 한번 공주였던 사람은 영원히 공주니까. 그림 작가들을 보면 종종 느끼는 건데 자신의 캐릭터와 어찌 그리 닮았는지…. 작가들은 거울도 안 보는 여자, 남자들이 많은데 그림 작가들은 거울을 보고 자신의 자화상을 그리면서 사실을 사실대로 보는 훈련을 한다고 한다. 처음에는 다들 자기가 좋아하는 영화배우처럼 그린다고. 그러면 교수가 와서 등짝을 때리며 "제대로 보란 말이야. 제대로!" 하고 소리치겠지.

문체와 그림 스타일은 작가의 문신과도 같다. 자기만의 이야기를 자기만의 방식으로 정직하게 드러내는 이런 그림책들로 서가가 꾸며지면 하나하나 다 먹고 싶은 음식들이 가득 차려진 뷔페식당에 들어선 기분일 것이다. 그날의 날씨와 마음 상태에 따라 요것조것 선택해서 책을 읽는 기분, 멋질 것 같다. 《봉지공주와 봉투왕자》는 '봉봉커플' 이야기이다. 헤어지지 않고 영원히 함께 산다. 이 그림책의 관전 포인트는 이야기꾼으로서의 작가의 매력을 발견하고 즐기는 데 있다. 장터의 마당극처럼 작가는 흥이 나서 이야기를 들려주고 청자는 그 흥에 취해 이야기를 듣고…. 남는 것은 흥이다. 이야기의 주제나 가치를 따질 필요가 없다.

………………………………………………

**문체**

문체는 작가 가신의 문학적 독창성
문체는 내용의 바깥 가장자리
문체는 화자의 목소리
호흡과 리듬이 문체
문체는 이야기의 감정

………………………………………………

## 주인공의 요건

어른에 비해 아이들은 이야기 속 주인공에 깊이 반응한다. 어른들이 주인공이 누구인지를 따지며 영화나 드라마를 보는 것보다 더 간절하게 아이들은 주인공에게 마음을 준다. 그렇다면 주인공은 어때야 할까. 하나하나 살펴보자.

## 주인공은 독자의 대리인 – 욕구를 만족시켜야

큰애가 한번은 내게 "엄마, 나는 왜 태어났을까?"라고 물었다. 나는 아이들이 욕구가 있어서 태어났다고 생각한다. 불교에서는 업이 있어서라고 말하겠고 기독교에서는 '소명(special calling)'이 있어서라고 할 테지만 나는 아직 욕구 때문 같다. 욕구가 없다면 아무 일도 일어나지 않는다. 우주적 균형을 맞추기 위해서 개개인에게 욕구를 준 것이라 생각한다. 우주적 균형이라고 한 것은 우주에 뭔가 일이 계속 일어나고 있기 때문이다. 별이 죽고 태어나고….

어쨌든 아이들은 욕구가 많다. 하고 싶은 것을 기록하게 하면 어느 아이나 공책 한 페이지는 족히 채울 것이다. 못 하는 게 많고 (왜 그런지 이유를 모른 채) 금지된 것도 많다고 느낀다. 어른들은 아이들이 뭘 그리 못 하는 게 많다고 여기는지 의아할 테지만 공룡을 키우고 싶다고 울고불고하는 아이들을 보면 할 말을 잃는다.

이런 아이를 당신은 어떻게 달랠까. 밤에 밖에서 놀고 싶다고 신발을 들고 현관문을 두드린다면 당신은 그 아이를 어떻게 잠자리에 눕게 할까. "어른들은 뭐든지 못 하게 해! 엄마, 아빠는 밤에도 밖에 잘 돌아다니면서…." 아이들은 기본적으로 어른들에게 살짝 골이 나 있다.

"뭐? 공룡을 키우고 싶다고? 그 마음 알겠는데 공룡은 아마 너를 키운다고 할걸?"

"왜?"

"자기가 몸이 더 크니까. 엄마가 몸이 작은 너를 키우듯 공룡도 그래야 겠다고 생각하는 거지. 엄마 대신 공룡 불러올까? 공룡이 청소해, 빨래해, 공부해, 심부름 갔다 와! 하고 계속 명령하면 공룡에 비해 너는 몸이 개미만큼 작으니까 '네, 공룡엄마!' 하면서 하라는 거 다 해야지."
(…)

"밤에 밖에 나가 놀고 싶다고? 그 마음 알겠는데 그러다 나무들한테 발 길질당할걸?"
"왜?"
"밤에는 가로수들이 줄지어 도로를 걷거든. 나무들도 다리 운동을 해야 하잖아. 온종일 서 있는데 다리가 뻣뻣해졌을 거 아냐."
"그럼 아빠들은 왜 괜찮아?"
"아빠들은 몸이 좀 크니까 나무들이 걸을 때 피해 다닐 수 있지. 자전거를 피하는 것처럼. 하지만 넌 쌩쌩 달리는 자전거 잘 못 피하잖아. 그래서 지난번에 넘어졌잖아."

여기까지 얘기를 하면 아직 아물지 않은 무릎 상처에 절로 눈이 간 아이는 하품을 하며 "엄마, 나 잘래." 하곤 방으로 들어간다. 이런 일화들이 나의 육아일기 《아이와 함께 행복해지기》에 잔뜩 들어 있다. 나는 이를 얼렁뚱땅 대화 또는 횡설수설 이야기라고 부른다. 이렇게 묻는 아이들과 대화를 나눌 때는 이성적이고 합리적인 머리로는 문제가 더 복잡해진다. 아이들보다 더 횡설수설 황당무계, 얼렁뚱땅 이야기를 나누자. 그래야 잘 알아듣는다.

　아이들이 기대하는 주인공은 당연히 자기의 욕구를 충족시키고 해소시키는 인물이다. 자신의 대리인으로서 하고 싶은데 해보지 못한 것, 어른이 금지한 것, 감히 꿈도 꾸지 못했던 것을 용기 있게, 과감하게 몸으로 하는 주인공이다. "우물쭈물하다가 내 이럴 줄 알았다."로 끝이 나든지, 어떤 일을 감행하고 "그러지 말았어야 했는데…." 하며 후회하는 주인공, "이러려고 ~가 되었나." 하며 자괴감이나 좌절감에 찌든 주인공은 해곳감이다. 당신이 고용주라면 당연히 그러고 싶지 않을까.

　물론 욕구를 갖고 출발한 주인공이 처음의 욕구를 해결하지 못한 채 끝나는 이야기도 있다.(뒤에 언급할 욕구 좌절 이야기가 바로 이런 유형이다.) 그러나 위에서와 같은 자책과 후회, 욕구불만을 남겨놓지는 않는다. 무엇을 했는지 못 했는지가 중요한 게 아니라 그 욕구가 더 이상 의미가 없어졌을 때 아이들은 욕구에서 자유로울 수 있고 또 다른 욕구, 좀 더 가치 있는 욕구로 나아간다. 여기서는 주인공이 독자 아이들의 대리인이라는 점을 기억하자.


## 동일시 – 나를 닮은 주인공

글을 쓸 때 가끔 내 책상 앞에 아이들 독자가 와 있는 기분을 느낀다. 이들이 내포 독자이다. 내가 쓰려는 이야기를 들으려고 와 있는 어떤 아이들. 그 아이들이 공감하고 그 아이들이 친구로 여길 만한 존재가 주인공의 대체적인 윤곽이 될 것이다. 새 친구를 소개받았는데 얘기를 나누다 보니 '어, 통하는 게 많네?' 그래서 그 친구의 마음이 내 마음이 되고 그 친구의 욕구가 나의 욕구가 되어 둘은 함께 (혼자라면 생각지도 못할) 이야기 속으로 풍덩! 이래야 독서 효과가 일어난다.

이런 면에서 동일시는 가장 기본적인 주인공의 요건이다. 첫째 날에도 언급한 바 있는데, 동일시는 '저 주인공도 나와 똑같은 아이야.'가 아니라 '저 주인공도 나와 똑같은 마음이야.'에서 이루어진다. 동일시는 흔히 말하는 소통이나 공감보다는 좀 더 구체적인 정서적 반응이다. 이야기 속의 주인공이 나와 같은 마음을 갖고 있다면 상대가 동물이든 사물이든 어른이든 상관없다. 아이들은 돌처럼 움직이지 않는 것과도 정서적 교감을 나눌 수 있다.

하지만 아이들도 팔이 안으로 굽는다. 몸이 크고 할 수 있는 게 많은 어른보다는 자기들처럼 작고 힘은 없지만 하고 싶은 게 많은 존재에게 절로 눈이 간다. 《손 큰 할머니의 만두 만들기》에서 아이들은 손 큰 할머니보다는 어린 동물들에게 더 눈이 가고 마음이 갈 것이다. 자신도 그림책 속으로 들어가 동물들 틈에 섞여 만두도 빚고 만두도 먹었으면 좋겠다고 생각한다.

작가들이 자기 마음에 주목해서 이야기를 만들면 《이솝 우화》에 나오는 '여우와 두루미'의 식사처럼 이야기를 전개할 때는 자신의 취향이나 성격 따위는 잊어버리도록. 오로지 내포 작가의 입장이 되어 아이들이(내포 독자가) 작중 인물 중 누구에게 동일시를 할지, 그 작중 인물이 어떻게 하기를 바라는지, 무엇을 원하는지에 집중하라. 아이들은 이야기에서 주인공을 만나고 싶어 하지, 작가를 만나고 싶어 하지는 않는다. 자기 마음을 아는 주인공, 건성으로 알아주는 게 아니라 마음속 깊이, 그림책을 펴볼 때마다 알아주는 친구 같은 주인공, 그리고 그럴 때마다 자기를 조금씩 더 나은 사람이 되게 만드는 것 같은 주인공을 원한다.

어쨌든 훌륭한 행위를 한다면 주인공으로 만점이 아닐까? 아니다. 훌륭한 행위를 한 건 좋지만 동일시가 이루어지지 않는다면 당신은 이야기를 쓴 게 아니라 위인전을 쓴 것이다.

## 행동하는 주인공

내가 아이를 키울 때, 아이들은 도대체 엄마들이 누워 있는 꼴을 못 본다고 옆집 엄마와 한탄을 하곤 했다. 조금 누워 있으려면 급하게 쫓아와서 일어나라고 팔을 잡아끌고 옷자락을 잡아당긴다. 나중에 나는 어느 심리학 책을 읽고 이런 아이들의 행동을 이해하게 되었다. 아이들은 누워 있는 사람을 잠자는 게 아니라 죽어 있다고 여긴다는 것이다. 아직 독립을 할 수는 없는데 나를 보살펴줄 존재가 누워 있다니 이만저만 불안한 게 아닐 것이다. '내 밥은 누가 갖다주지?' 하는 데서 오는 불안이다. 건강한 남편이 누워 빈둥대는 것을 보는 아내들의 심정도 같은 기원을 갖고 있다. 원시 시대, 수렵 채취의 시대에는 남편들이 집 밖에 있어야 정상이었다. 어떤 이유에서건 남편들이 집에 있다면 본능적으로 '저녁거리는 누가 갖고 오지?' 하는 불안증이 생긴다. 농사를 하며 정착한 것은 인류 역사에서 아주 짧은 기간이다. 백 년을 살았다면 정착 생활의 기억은 고작 몇 달 정도이니, 습관과 성향, 버릇은 여전히 원시시대의 우물 속에 있다.

아이들이 부모나 보호자의 보살핌을 받는 것은 당연하고 또 아이들 입장에서는 그럴 수밖에 없다. 하지만 그렇다고 해서 그런 절대적 의존성을 본질적으로 받아들이는 아이는 아무도 없을 것이다. 오히려 그럴 수밖에 없는 상황일수록 아이는 뭐가 한 가지라도 스스로 하려 한다. 내 카톡에는 손자 주호가 엘리베이터 버튼을 자기가 눌러 거대한 엘리베이터를 자신이 작동시켜야 하는데 엄마가 눌렀다며 울부짖는 동영상이 저장되어 있다. 삼십 분 동안 우는 중이라는 말과 함께. 잘생긴 얼굴이 콧물, 눈물, 땀으로 엉망진창인 것은 안타깝지만 우는 건 당연하다. 자기 자신의 전능감 확인은 이 시기 아이들에게 필수적인 욕구이다. "오빠한테 질 수 없어!"를 외치는 온이의 욕구처럼 아이들은 이 세계에 무력하게 물러서 있지 않는다. 자신들의 어쩔 수 없는 의존성을 인지하기에 더욱더 그렇다. 생명이 가장 겁내는 것은 죽음이 아니라 무력감이다.

내 그림책 중에서 내가 가장 사랑하는 주인공은 《토끼와 늑대와 호랑이와 담이와》에 나오는 토끼이다. 토끼의 엄마는 시장에 가면서 밖에는 늑대가 돌아다니니까 절대로 밖에 나가지 말라고 당부하고는 안심이 안 되어 "혹시 내가 시장 간 줄 알고 늑대가 문을 두드릴 수도 있어. 엄마다, 엄마가 왔다. 문 열어라 하고."라고 덧붙인다. 그러자 아기 토끼는 "그러면 절대 문 열어 주지 않을 거예요. 그런 옛날 얘기는 저도 잘 알고 있어요. 그리고 이렇게 말할 거예요. '우리 토끼는 염소처럼 그렇게 바보가 아니야. 아무도 안 속아.'"라고 자신만만하게 대답한다. 엄마가 시장에 가자 토끼는 혹시 늑대가 올지 모른다는 생각에 큰 빗자루를 들고 문 앞에 앉아 있다가 급기야는 "왜 이렇게 안 오는 거야? 내가 기다리고 있는데!" 하고는 집 밖으로 나가 직접 늑대를 찾아간다. 이렇게 해서 아기 토끼는 아기 늑대와 친구가 되고, 두 친구는 호랑이 집을 찾아가 또 친구가 되고, 이 동물 친구들은 숲에서 놀다가 사냥꾼의 아들 담이를 만나 숲에서 같이 논다.

형제자매들이 와글대는 가정이라면 친구를 얻기 위해 위험한 시도(늑대 집을 찾아가는 등)까지 하지는 않겠고, 두려워해야 할 적(늑대)을 친구로 인식할 가능성은 거의 없다. 그러나 형제자매 없이 혼자 크는 아이라면 사정이 다르다. 어쩌면 사람들은 불행보다 심심함, 지루함 혹은 외로움에 더 취약하다. 어른들은 외로워 외로워 하면서도 누가 자기를 불러줄 때까지 가만히 있을지 모르지만 아이들이라면 보란 듯이 타파한다. 아기 토끼가 제 발로 늑대 집을 찾아 나선 것을 보면.

늑대 집을 찾아가는 것은 어른들에게는 다소 우스꽝스러울지 모르나 친구가 그리운 아이들에게는 아무렇지도 않게 읽히는 것을 나는 자주 보았다. 특히 아이들의 마음을 사로잡는 것은 적극성과 진취성이다. 부모의 말을 무시했다고는 전혀 생각지 않는다. 부모의 말을 거역하지 않으면서도 자기의 행복을 스스로 찾아 나서는(친구는 곧 행복) 아기 토끼의 행보가 아이들의 뇌리에 좋은 기억으로 자리할 것이다. 의도적으로 이런 주인공을 내세운 것은 아니다. 실제로 요즘 아이들은 (염소로 대표되는) 예전 아이들보다 영리해졌고 자신의 욕구를 갖고 있으며 실행력이 좋다.

나의 또 다른 그림책에도 행동하는 주인공들이 있다. 《더 놀고 싶은데》의 호랑이는 울타리 밖의 세계로 나아가기 위해 빗장문을 통과한다. 구경만 하던 세계를 경험하게 된 것이다. 《오늘은 우리 집 김장하는 날》의 막내 생쥐, 《아기오리 열두 마리는 너무 많아!》의 아기 오리들도 이 대열에 넣을 만하다.

나에게 있어서 행동하는 주인공의 결정판은 《뛰어라 메뚜기》의 메뚜기이다. 맨 마지막 판권 페이지를 보면 행동하는 주인공 메뚜기가 최종적으로 무엇을 성취했는지를 확인할 수 있다.

그림책이 아이들에게 좋은 이유 중 하나가 주인공이 무엇을 성취했는지 이미지로 각인시킬 수 있다는 점이다. 아이들은 벌벌 떨며 비굴하게 살던 메뚜기가 멋지게 도약하는 장면을 가슴에 새길 것이다. 메뚜기처럼 큰 성취는 하지 못해도 그림책 속의 행동하는 주인공들은 독자들의 한쪽 팔을 잡아끌면서 누군가에게 의존하고픈 마음, 남들 눈에 띄지 않게 기어 다니며 살고 싶은 마음을 일으켜 세운다.

## 성격은 일관성과 보편성을 지녀야

그림책의 주인공은 옛이야기의 주인공처럼 단순화된 일관성을 지니고 있다. 일관성을 유지하기 위해 의도적으로 성격을 단순화했음을 뜻한다. 옛이야기의 주인공보다는 개성적이고 정서적이지만 한 가지 성격밖에 드러나지 않고, 그 성격은 누구나 갖고 있는 보편성에서 발현된다는 점에서 옛이야기의 인물들을 떠올리게 한다.

살다 보면 일관성을 유지하기가 쉽지는 않다. 또한 성격이란 어떤 사람과 같이 있느냐에 따라, 어떤 분위기에 있는지에 따라 상대적으로 나타난다. 어떤 이는 내가 차분한 성격이라고 믿지만 나보다 더 차분한 사람 앞에서는 나도 모르게 나서게 되고 떠들게 된다. 갑작스레 자기도 모르는 성격이 튀어나와 당황할 수도 있다.(아이가 공공장소에서 삼십 분을 울고 있다고 생각해 보라.) 그러나 단편 동화보다 더 짧은 그림책 속 이야기에서 이런저런 성격을 다 보여줄 수는 없다. 이런저런 성격을 보여주면 아이들은 주인공을 잘 알아보지 못한다. 그만큼 이야기 속 주인공에 몰입하기 때문이다.

아이들은 종종 어른들이 변덕쟁이이고 약속을 안 지키고 공평하지 않다고 한다. 변덕쟁이인 게 아니라 상황이 바뀌었고 약속을 안 지킨 게 아니라 지킬 수 없는 천재지변이 생겼고 불공평한 게 아니라 그것이 오히려 합당한 처사임을 아무리 설명해도 아이들은 전적으로 수긍하지 않는다. 그림책 이야기에서도 아이들은 전제 조건이 형성되면 그 틀 안에서 이야기가 진행되고 주인공이 행동하기를 바란다. 〈부부의 세계〉와 같은 복잡 미묘한 상황을 아이들이 어찌 알겠는가. 어른들에게는 "살다 보면 그 정도 일 쯤이야…"하며 이해할 만한 일도 아이들에게는 일관성 없음으로 비칠 수 있음에 주의하자. 일관성의 폭이 아주 좁기 때문에 단순화된 일관성이라고 칭했다.

보편성 역시 중요한데 보편성은 보통의 상식적인 사람이라면, 그런 상황에서 으레 갖게 되는 마음을 뜻한다. 괴물들과 실컷 놀고 났을 때 엄마 생각이 나는 것도 보편적인 마음이다. 저녁밥을 차려주는 것도 보편적인 엄마의 마음이다. 《더 놀고 싶은데》에서 빗장문이 열린 것을 본 주인공 호랑이가 그 문을 통해 밖으로 나가는 건 보편적인 마음이다. 그걸 보고도 안 나간다면? 그렇다면 이야기 안에서 왜 나가지 않는지를 한참 설명해야 한다. 그렇게 해도 아이들은 고개를 갸우뚱할 텐데 보편성에 어긋나기 때문이다.

《손 큰 할머니의 만두 만들기》에도 할머니들의 보편적인 마음이 들어 있다. 손 큰 할머니가 세상에서 제일 큰 만두 하나를 만들자고 한 것에 동물들은 다 환영하는데, 만약 이 할머니가 동물들이 힘들어하는 것도 아랑곳 않고 만두를 계속계속 만들자고 했다면 무엇이든 엄청 크게 엄청 많이 하는 성격의 일관성에는 부합하지만 할머니들의 보편적 마음에는 부합하지 않는다. 어린 손자들이 힘들어하는데도 일을 계속 시키는 할머니는 보편적인 할머니가 아니다.

보편성은 변치 않지만(마음이 변치 않는 것처럼) 보편성에서 나오는 태도와 가치관, 행동은 시대에 따라 다르게 나타나는 게 정상이다. 《할머니는 과연 무얼 뜨고 계실까?》의 주인공을 《손 큰 할머니의 만두 만들기》의 주인공과 비교해 보면 알 수 있다. 손 큰 할머니 세대는 일제강점기와 전쟁으로 대변되는 굶주린 시대를 지나오면서 절대적 허기를 갖고 있다. 언제 한번 자식들한테 맛난 음식을 배불리 먹이고픈 절대적 욕구는 절대적 허기증에 기인한다. 잘 먹지도 않는 떡을 바리바리 싸 와서 기어코 딸네 아들네 냉장고에 넣어주며 흐뭇해하는 그 세대 부모들의 마음을 우리는 알고 있다. 냉장고에 있던 떡은 냉동실로 옮겨 가고 결국에는 버려지는 것을 몇 번이나 경험하면서도 봄에 쑥쑥 자라는 쑥만 보면 마음이 분주해지며 손이 저절로 간다.

요즘 할머니들은 절대적 허기증의 세대는 아니다. 먹든 안 먹든 쑥만 보면 떡을 하지도 않고 무조건 많이 하거나 무조건 크게 하지도 않는다. 그러나 이 세대는 부모(또는 나이 차이가 많이 나는 맏형제)와 함께한 어린 시절의 근검절약이 몸에 배어 치약이 안 나올 때까지 튜브를 눌러 쓴다. 양말 구멍을 꿰매어 신고 바짓단을 줄일 줄 알고 뜨개질도 할 줄 안다. 다락에서 문득 털실 무더기를 발견했다면 바로 버리지 못하고 뜨개바늘은 어디 있나 하고 바쁘게 눈을 움직이는 할머니들이다.

다음 세대 할머니들은 어떤 캐릭터를 갖게 될까? 나도 이제 막 할머니 대열에 합류했다. 만두는 사 먹고 뜨개질은 모자 정도 뜬다. 지금 아이들에게 이런 할머니들은 어떤 모습으로 비칠지, 그림책에 어떻게 담길지 자못 흥미롭다. 개인적으로 나는 내 손주들에게 할머니가 아닌, 그저 좀 색다른(머리칼이 히끗히끗하기 때문) 친구였으면 한다. 나에게는 색다른(머리칼이 검은) 친구가 필요하다.

## 아이가 아닌 주인공으로 대접하라

내 두 아이가 유치원과 초등 저학년 나이일 때 나는 영화관과 인형극으로 아이들을(옆집 아이까지) 몰고 다녔다. 한번은 〈피터 팬〉인지 〈피노키오〉인지를 보러 갔는데 연극 시작 전에 진행자가 과장된 미소를 띠며 코맹맹이 소리로 마이크를 잡았다. 이런 식이다. "어머, 꼬마 손님이 많이 오셨네요. 아침에 맘마는 먹고 왔어요? 배 한번 두들겨보세요. 배가 불룩한가요? 공연 보다가 배고프다고 울면 안 되겠죠? 꿈과 희망을 키워야 할 어린이 여러분은 절대 그러면 안 돼요. 참, 어머니들도 많이 보이네요. 얼마나 자녀들을 사랑하시면 이런 곳에 데리고 오셨을까요? 우리 어린이들, 감사해야겠죠? 어머니, 사랑합니다. 한번 해볼까요?" 내 두 아이는 얼떨떨한 표정으로 나를 보았고 나는 약간 소름이 돋았다. 아이를 코흘리개 철부지 아이로, 부모를 (아직 삼십 대임에도 불구하고) 자식들 효도나 바랄 나이의 어르신으로 치부하는 말이었다.

하지만 다른 분위기의 공연도 있었다. 이 공연에서는 아이 어른 구분 없이, 모두를 교양 있는 손님으로 대우했다. 특별한 말 없이도 존중받고 있는 기분이 들게 해 두 아이는 공연 내내 의젓하게 앉아 있었다. 그 의젓함이 다음 날까지 가지는 않았지만 보편적인 룰(남이 나를 그렇게 대해주었으면 하는 대로 남을 대하라. 누가 나를 그렇게 대하면 나도 그런 사람이 된다.)을 재확인할 수 있었다.

그림책도 공연과 같다. 작가가 주인공과 관객을 어떻게 생각하고 어떻게 대하느냐에 따라 같은 줄거리라 해도 분위기가 달라진다. 가령, 주인공 아이가 "아빠, 미워!" 하고 골을 내거나 "칫, 엄마는 너무해!" 하며 입을 비쭉일 때 난 작가가 주인공 아이를 여전히 아이로만 보고 있다는 생각이 든다. 실제로 이런 말을 허용하는 가정도 있겠지만 이야기의 주인공은 실제의 특정 아이가 아니다. 아이를 어른스럽게 보여주자는 건 아니지만 아이로만 보이게 하는 것도 문제이다. 아이들의 행동과 입말을 그대로 써서 생동감이 있다고 항변할 수도 있지만 날것을 그대로 올리는 게 작가의 일은 아니다. 어느 보통의 아이라도 주인공이 되어 무대 한가운데 선다면 자세를 가다듬고 옷매무새를 정돈하지 않겠는가. 자기 방에서처럼 벌렁 드러누워 코를 파고 발가락을 만지작거리지는 않을 것이다. 주인공으로서의 대접은 이 정도면 된다.

어른의 캐릭터도 마음을 산란하게 할 때가 있다. 28평이나 32평 아파트 거실에서 텔레비전을 마주한 3인용 소파에 누워 뒹굴뒹굴하는 아빠, 식구들이 일어나라고 잡아끌어도 못 들은 척 뒤돌아 눕는…. 아빠들은 옆구리를 긁적이고 보란 듯이 방귀를 뀌며 아이와 놀아준다고 집 안을 마구 어지른다. 엄마는 집안일과 독박 육아 스트레스로 얼굴이 잔뜩 구겨져 있다. 이런 아빠라도 같이 있는 걸 다행이라고 생각해야 할까. 아빠가 아예 없는 가정도 그림책에 종종 등장하니 말이다.

아이를 아이가 아닌 주인공으로 대우해야 하는 것처럼 어른 등장인물도 어른다운 면모를 지녀야 한다. 그림책과 동화책은 자기 부모밖에 경험하지 못하는 아이들에게 인물 탐구의 장이기도 하다. 아이들은 이야기에 제시된 여러 인물을 보며 은연중에 자신이 닮고 싶은 인물, 그렇게 되고 싶은 인물을 찾는다. 골을 잘 내거나 자기만 생각하는 아이의 행태도 바람직하지 않지만 미성숙한 어른, 아이 같기만 한 어른, 자유분방하고 제멋대로인 어른을 그대로 노출시키는 것은 일종의 부주의로 여겨진다. 요즘 그림책에서는 가부장적인 아빠, 순종적이기만 한 엄마들은 거의 사라졌는데 그 빈 자리를 어떤 캐릭터가 채우고 있는지는 흥미로운 연구과젯감이다. 아이들이 이야기에서 자기 부모와 비슷한 아빠, 엄마를 발견하면 반갑기는 하겠지만 진정 찾고 싶은 것은 나중에 자기가 되고 싶은 아빠, 엄마일 것이다.

## 한 가지라도 배울 게 있어야 주인공

예전에 직장 다닐 때 어느 직원이 퇴사를 하겠다며 이렇게 말했다. "여기서는 제가 배울 게 하나도 없어요." 그 말을 들은 부장은 모멸감에 얼굴이 벌게졌는데 짐짓 '한 가지도 잘하는 게 없는 주제에…' 하는 표정을 지으며 수습을 하려고 했다. 모멸감에다 비굴함까지 얹힌 그의 얼굴에 나는 고개를 돌렸다.

한 가지도 잘하는 게 없지는 않다. 그 직원은 용감함과 솔직함이 있었다. 나는 그것을 배우고 싶었을까. 이후 퇴사를 하고 싶을 때마다 나는 그 대사를 외우며 나도 그렇게 말하고 떠나야지 하고 다짐했는데 정작 그 말을 해야 할 시점에는 입을 다물었다. 나는 여전히 그 말을 누구에게도 어디에서도 하지 못했다. 배우자나 지인에게 "당신에게는 배울 게 한 가지도 없어요. 그래서 떠나려는 거예요."라고 말하며 돌아서는 모습, 멋질 것 같다. 이럴 기회가 없다면 임종 순간에 "이 세계에서는 배울 게 하나도 없어. 그래서 난 이제 죽어야겠어."라고 말하며 눈을 감아야지.

주인공에게는 뭐라도 한 가지는 배울 게 있어야 한다. 배우고 가르치는 계급 사회에 오래 몸담고 있었던 우리 세대들에게 이 말이 불편하게 들리는 게 사실이지만 생각해 보면 지극히 당연하다. "주인공은 절대 죽지 않는다."라는 말처럼 내재된 원칙이다. 그렇다고 주인공을 영웅시하라는 건 아니다.

《괴물들이 사는 나라》에서 맥스는 영웅이나 위인이 아니다. 그러나 심한 장난으로 방에 갇히게 된 맥스는 엄마에게 더 이상 대들지 않고 바로 순종한다. 엄마가 넣어준 저녁밥을 발로 걷어차지도 않는다.(이게 한 가지 배울 점이다.) 《부루퉁한 스핑키》에서 스핑키는 근사한 아침 식사로 식구들에게 화해를 청한다.(이것도 배울 점) 《알을 품은 여우》에서 주인공 여우는 숲속을 다니다가 알을 발견하고 혀를 날름거린다. 그러다 알을 바로 먹는 것보다 알이 부화할 때까지 기다렸다가 아기 새가 태어나면 그때 잡아먹기로 마음을 정하고는 알을 품는데, 과연 어떻게 했을까? 여우에게도 배울 점이 있다.

다시 한번 환기할 것이, 그림책 연령의 아이들이 흉내 내기와 따라 하기 단계에 있다는 점이다. 맹자 어머니도 이 때문에 세 번을 이사했다고 하지 않는가. 이런 이유로 어린이책의 주인공은 소설의 주인공에 비해 기대치가 좀 높다. 소설에는 잔인한 폭력을 휘두르는 주인공도 있는데 그의 폭력은 악행이 틀림없지만 "나도 저런 상황에 놓이면 저렇게 할지도 몰라." 등등의 말을 중얼거릴 가능성이 10%만 되어도 독자는 주인공에게 공감과 동정을 보낸다. 하지만 그림책을 포함한 어린이책에서 이런 주인공은 '절대 안 됨!'이다.(물론 나오지도 않지만.)

이보다는 수위가 낮고 질적으로 다르지만 용인하기 힘든 주인공도 보인다. 가령 힘자랑만 하다가 힘이 빠지자 술타령만 하는 가부장적인 아버지는 배울 게 하나도 없다.(《세상에서 가장 힘센 수탉》) 하는 행동마다 다른 가족들의 눈살을 찌푸리게 하는 민폐 가족은(웃고 말면 된다 싶지만) 아이들에게는 "이렇게 해도 됩니다."란 그릇된 메시지를 던질 수 있다.(《행복한 가족》)

얼마 전 몸살로 병원에 갔는데 의사가 나를 쳐다보지도 않고 증상을 물으며 컴퓨터 화면만 들여다보길래 "왜 환자 얼굴을 안 보고 진찰하세요?" 하고 물은 적이 있다. 환자의 고민을 건성으로 듣는, 아니 귀마개를 하고 들어주는 척하는 펭귄 의사는 그때의 불쾌감을 떠올리게 한다.《고민 해결사 펭귄 선생님》 차라리 나처럼 등장인물 중 한 아이가 "왜 고민을 듣지도 않고 듣는 척하세요?"라고 펭귄 의사에게 말했다면 이야기가 정직해질 것 같다. 설정은 좋으나 책을 덮고 남는 것은 남(특히 아이들)의 고민을 진지하게 듣지 않는 보통 어른의 잔상이다.

물론 규범적인 주인공만 있어야 하는 건 아니지만 최소한 개선이 필요한 성격의 주인공은 없어야 한다. 그렇지 않다면 엄마들이 그림책을 사주어야 할 이유 중 하나를 잃게 될 것이다. 옛이야기를 아이들에게 사주는 엄마들의 본마음도 여기에 있다. 권선징악이나 인과응보를 떠올리기에 앞서 옳고 그름에 대한 확실한 구분을 보여주기에. 정직한 가치관이라고나 할까.

> **주인공의 요건**
>
> 주인공은 독자의 대리인, 욕구를 충족시켜야 한다.
> 독자가 동일시할 수 있는 주인공이어야 한다.
> 독자는 행동하는 주인공에게 마음을 뺏긴다.
> 성격은 일관성과 보편성을 지녀야 한다.
> 아이가 아닌 주인공으로 대접하라.
> 한 가지라도 배울 게 있어야 주인공

# 이야기의 유형

세상 이야기가 대개 그렇듯 서사의 한 장르인 그림책 이야기도 문제 해결의 여정을 걷는다. 그림책 이야기에는 샛길이 없어 그 여정이 확연히 잘 드러난다.

바인스톡은 앞의 책에서 주인공들이 갖고 있는 문제를 크게 두 가지로 보았다. 하나는 다른 이의 도움으로 해결할 수 있는 문제이고, 나머지는 주인공 자신의 변화로 해결할 수 있는 문제이다. 전자를 필요(욕구) 충족 이야기로, 후자를 성격 변화 이야기로 지칭하면서 이를 중심으로 이야기의 유형을 세분화했다. 이런 분류가 타당하긴 하지만 지나치게 복잡해 이해하기도 힘들뿐더러 이야기라는 살아 있는 몸에 보정속옷을 입히는 듯한 갑갑증이 느껴진다. 나는 다른 접근법을 시도했다. 문제 해결에 초점을 맞추어 두 가지 관점(문제가 마무리되는 방식과 문제가 드러나는 방식)으로 이야기의 유형을 생각해 보았다.

## 문제가 마무리되는 방식에 따라서

이 유형은 처음 이야기를 시작하게 한 욕구나 갈등이 결말에서 충족되는 경우와 좌절되는 경우, 두 가지가 있다. 문제가 마무리되었다면 욕구가 충족되었는지 좌절되었는지가 크게 중요하진 않지만, 초보 작가들은 대부분

'욕구 충족'의 경로대로 원고를 써야 한다고 생각한다. 편집자들 또한 욕구 충족의 경로가 이야기의 완결성과 독자들의 충족감을 위해서 안전한 방식이라고 보는데, 그렇기는 하다. 하지만 '욕구 좌절'의 이야기도 성공할 수 있음을 당신의 원고로 증명해 준다면 편집자들의 시야도 넓어질 것이다. 아래에서 자세히 살펴보자.

## 욕구 충족 이야기

《빨간 끈으로 머리를 묶은 사자》는 머리를 묶고 싶은 사자의 욕구가 충족되었으므로 욕구 충족 이야기이다. 사자를 돕겠다고 나선 여러 동물들은 조력자이다. 주인공의 욕구가 충족되어 문제가 해결되면 독자들도 만족스럽다. 만약 끈이 여전히 뽑히지 않은 채로 마지막 페이지가 끝난다면 독자들은 주인공보다 더 큰 문제 상황에 놓인다. 독자들은 그 그림책을 볼 때마다 문제 상황 구덩이에 빠지기 때문이다. 어쩌면 아이가 십 분에 한 번씩 "엄마, 이 사자 아직도 끈을 못 뽑았나 봐. 어떻게 해?" 하고 그림책을 들고 달려올 것이다. 최악의 경우!

《손 큰 할머니의 만두 만들기》는 만두를 만들어 다 함께 나눠 먹고 싶은 할머니의 욕구가 충족되었으므로 욕구 충족 이야기이다.《괴물들이 사는 나라》는 더 놀고 싶은 맥스의 욕구가 괴물들이 사는 나라에서 충족되었으니 여기에 속한다.《오빠한테 질 수 없어!》의 온이는 할머니에게 비밀을 전해 듣고 이렇게 소리친다. "아, 그러면 되겠구나! 오빠가 큰 거 한 살 먹을 때 나는 작은 거 여러 살!" 온이는 작은 떡국 여러 그릇으로 여러 살을 먹고 누나가 되어 자신의 욕구를 충족했다.

바인스톡은 욕구 충족 이야기의 전략을 P-D-A-W-S-O로 말한다. 아래의 예를 보자.

| 문제 노출<br>Problem | 전개<br>Development | 행동<br>Action | 악화(좌절)<br>Worse | 해결<br>Solution | 마무리<br>Overcome |
|---|---|---|---|---|---|
| 《손 큰 할머니의 만두 만들기》 | | | | | |
| 만두를 많이 만들어야 함 | 만두 만들 준비 | 만두 만들기 | 만두 만들기에 지친 동물들 | 큰 만두 하나 만들기 | 만두 먹고 나이 먹고 |
| 《빨간 끈으로 머리를 묶은 사자》 | | | | | |
| 빨간 끈으로 머리를 묶고 싶다 | 시도 | 조력자 동물들의 시도 | 모두 실패 | 거미가 끈을 올려줌 | 끈을 묶고 행복해하는 사자 |
| 《더 놀고 싶은데》 | | | | | |
| 놀고 싶은 호랑이 | 우리 밖으로 | 아이들과 놀다 | 동물원 폐장 후 아이들과 이별 | 우리 안으로 | 꿈속에서 놀다 |

## 욕구 좌절 이야기

《알을 품은 여우》에서 여우는 아기 새를 잡아먹지 못했으므로 욕구 좌절 이야기이다. 옳은 선택을 했지만 배는 고플 것이다.《아기오리 열두 마리는 너무 많아!》도 욕구 좌절 이야기이다. 엄마 오리는 열두 마리 아기를 줄 세워 데리고 다니려 했던 욕구를 내려놓았기 때문이다.《아기토끼 버니》에서 버니는 도망치고픈 욕구를 접었으므로 이 이야기도 욕구 좌절 이야기이다.《물고기는 물고기야!》 또한 바깥세상을 구경하고 싶은 물고기의 욕구가 좌절되었으니 이 유형에 속한다.

욕구 좌절 이야기는 생각보다 많다. 좌절 이야기가 '좌절'로만 보이지 않는 까닭은 여기에 숨은 미덕이 있기 때문이다.《알은 품은 여우》에서 여우는 뜻은 못 이루었지만 더 숭고한 것을 얻었다. 자신을 엄마라고 부르는 아기 새의 존재 그 자체이다. 가족이 생긴 것이다. 가족이 처음 생겼을 때의 흥분과 즐거움, 엄마가 되어 느끼는 사랑과 책임감 등은 그야말로 돈으로 살 수 없는 소중한 가치이다. 매슬로의 욕구 피라미드를 생각하면 일차원적인 욕구를 단념함으로써 자아실현의 욕구를 달성한 셈이다.

《아기오리 열두 마리는 너무 많아!》에서도 의미를 찾을 수 있다. 열두 마리는 통솔형 육아 방식에는 부담스러운 숫자이지만 풀밭에 풀어놓고 키우는 관망형 육아 방식에는 감당 못 할 만큼의 많은 수는 아니다. "엄마오리는 아기오리를 더 낳을 거예요."로 끝나는 이 이야기는 엄마 오리의 새로운 각성을 담고 있다.

《아기토끼 버니》는 달아나고픈 아기 토끼를 집요하게 쫓아가는 엄마에게서 집착증을 읽을 수도 있지만 사실 이건 집착증이 아니라 '아직 때가 안 되었음'을 전하는 방식이다. 아기가 "나, 엄마에게서 멀리 달아나 ~가 될 거예요."라고 말할 때마다 엄마가 "안 돼, 절대 안 돼. 아직 때가 되지 않았어."라고 으름장을 놓으면, 모험을 떠나고픈 아기의 설레는 마음은 한순간에 반항심으로 바뀔 것이다. 반항심은 결국 아기를 떠나게 만들고, 아직 때가 안 되었기 때문에 아기의 모험은 성공하기 힘들다. 잘하면 목숨만 겨우 부지하는 정도. 어쨌든 욕구는 꺾였지만 아기 토끼에게 돌아온 보상은 맛있는 당근. '지금은 떠날 때가 아니라 이 당근을 먹고 더 몸을 키울 때'라고 전하는 엄마 토끼의 마음이 엿보인다.

《물고기는 물고기야!》도 마찬가지이다. 물고기는 물속 세상의 아름다움에 눈을 뜨고는 물고기로서의 자신의 삶을 기꺼이 받아들인다. 이제 물속 세상의 아름다움은 물 밖 세상의 아름다움과 비교되지 않는 절대적 가치로 다가온다. 자신의 정체성도 마찬가지이다. 물고기는 개구리를 부러워하는 상대적 존재감이 아니라 개구리와는 상관없는 절대적 존재감을 얻는다. 욕구 좌절 이야기이지만 절대성을 얻었기에 독자들도 주인공의 욕구가 좌절된 것을 두고 안타까워하지 않는다.

이쯤에 우리도 새로운 각성에 이르게 된다. 욕구 좌절 이야기가 욕구 충족 이야기보다 더 깊은 만족감을 준다는 것을 느끼기 때문이다. 욕구 좌절이 아니라 욕구 승화가 아닐까 하고. 하지만 일단은 욕구가 좌절되어야 '승화'에 이를 수 있고, 욕구 충족 이야기와 선명하게 구분하려면 욕구 좌절이라는 용어가 더 적당해 이 명칭을 고수한다. 우리 삶에 있어서도 좌절이 꼭 마이너스가 아님을 되새기기 위해서라도.

그런데 주인공의 욕구는 좌절되고 주인공과 그의 삶은 아무런 변화 없이 다시 똑같은 일상으로 돌아오는 이야기는 영 쓸모가 없을까? 바로 말하면 별로 쓸모가 없다. 주인공의 실패는 피해야 할 주제는 아니지만 그 실패로부터 얻는 것이 있어야 한다. 일상은 되풀이되지만 작품화할 수 있는 일상의 어느 일화는 그 안에 무언가가 있다. 당신은 친구에게 왜 갑자기 전화를 걸어 어떤 일을 얘기하는가? 왜 아이들은 학교에서 있었던 여러 가지 일 중에서 어떤 일을 급하게 먼저 말하는가? 이야기든 무엇이든 함께 공감하고 공유할 수 있는 것, 그것으로부터 채워지는 것이 있을 때 우리는 가치가 있다고 말한다. 추구할 무언가(욕구)에도 가치가 있어야 하고 실패에도 가치가 있어야 한다. 가치가 없는 추구를 하거나 아무것도 배우지 않는 실패를 한다면 그저 에너지 낭비일 뿐이다.

| | 문제 노출<br>Problem | 전개<br>Development | 행동<br>Action | 진전<br>Improved | 좌절<br>Frustrated | 마무리<br>Overcome |
|---|---|---|---|---|---|---|
| 《아기토끼 버니》 | 집을 나가고 싶은 버니 | (상상으로) 나가다 | 또 나가다 | 또 나가다 | 포기하다 | 당근 먹다 |
| 《알을 품은 여우》 | 알 발견 | 먹고 싶지만 참다 | 알을 품다 | 부화, 아기새가 되다 | 아기새를 떠나다 | 돌아오다 |

바인스톡의 욕구 좌절 이야기의 전략은 위와 같이 P-D-A-I-F-O이다. 당신이 가지고 있는 그림책을 운전 연습을 하듯 위와 같이 분석해 보라. 중요한 것은 당신이 쓰는 원고이지만 연습을 충분히 하고 도로에 나가면 훨씬 나을 것이다.

## 문제가 나타나는 방식에 따라서

이야기를 가동시키는 에너지는 문제나 갈등, 욕구이다. 주인공이 문제를 일으키기도 하고 느닷없는 사건 때문에 문제가 생기기도 한다. 아래에서 하나하나 살펴보자.

### 갈등 중심 이야기

많은 이야기들이 첫 페이지부터 갈등(욕구나 문제)이 노출되어 그것이 점점 발전하다가 결말에 해소되는 여정을 갖고 있다. 주인공이 누구든 어떤 성격이든, 갈등의 배경이 어떻든 아무 상관 없다. 도입에 제시된 문제나 갈등이 이야기 전체를 관통하면서 흐름을 좌지우지한다. 문제가 선명하게 드러나고 해소되는 과정을 깔끔하게 보여주기에는 대칭 구조가 적당하나 주제와 소재에 따라 물결 구조에서도 가능하다.

《백만 마리 고양이》는 갈등 중심 이야기이다. 《백만 마리 고양이》는 적적한 생활을 달랠 고양이를 갖고 싶은 노부부의 염원에서 이야기가 시작된다. 중반은 고양이를 얻기 위해 떠나는 여정(중반①), 백만 마리의 고양이들을 만나게 되는 것이 절정, 그 고양이들을 이끌고 집으로 오는 여정(중반②)이 그려져 있고 우여곡절 끝에 작은 새끼 고양이를 품에 안게 되는 것이 결말이다.

《부루퉁한 스핑키》는 가족들의 무시와 무관심에 화가 난 스핑키의 문제 상황이 첫 페이지에 보여지는데 이에 중점을 두면 갈등 중심 이야기가 된다. 또한 골을 잘 내는 스핑키의 성격이 먼저 눈에 띄면 인물 중심 이야기가 될 수도 있다.

- 《아기토끼 버니》
  물결 구조 | 욕구 좌절 이야기 | 갈등 중심 이야기
- 《백만 마리 고양이》
  대칭 구조 | 욕구 충족 이야기 | 갈등 중심 이야기
- 《부루퉁한 스핑키》
  혼합 구조 | 욕구 좌절 이야기 | 갈등 중심 이야기 또는 인물 중심 이야기

## 인물 중심 이야기

인물 중심 이야기는 주인공의 성격 때문에 사건이 벌어진다. 도입부에 인물의 성격을 보여주는 사례가 나오고 본격적으로 그 성격이 야기하는 사건들이 뒤따른다. 갈등 중심 이야기와 비슷하게 전개되지만 인물 중심 이야기는 갈등의 원인이 주인공의 성격에 있고 결말에 이르러 성격과 태도의 변화, 깨달음, 성장 등이 보인다는 것이 특징이다. 갈등 중심 이야기는 주인공의 성격보다 문제와 갈등 자체가 해소된 경우이다.

《괴물들이 사는 나라》는 장난이 심한 맥스의 성격이 첫 페이지에 나와 있다. 작가는 "자, 이 이야기의 주인공은 장난이 좀 심해. 그걸 먼저 알려주는 거야."라고 독자에게 말한다. 둘째 페이지에서는 맥스의 거친 성격이 더 부각되어 문제를 일으킨다. 작가는 "봐, 내가 뭐랬어. 맥스가 진짜 장난꾸러기라고."라고 속삭인다. 결국 맥스는 방에 갇힌다. 그런데 보통 아이보다 더 장난 에너지가 많은 맥스는 자신의 야성을 마음껏 펼치기 위해 괴물들이 사는 나라로 간다. 그곳에서 마음껏 욕구를 발산한 다음, 집으로 돌아온다. 마지막 페이지에서의 "저녁밥은 아직도 따뜻했어."라는 말은 어머니의 사랑을 암시하기도 하지만 맥스가 그것을 감사히 받아들이겠다는 마음도 암시한다. 이는 동시에 자신의 야성과의 화해를 뜻한다. 맥스의 성장, 성숙을 보여주는 종결이다.

《아기오리 열두 마리는 너무 많아!》의 엄마 오리도 성격이 유별나다. 아무리 아기 오리들이 정신없이 돌아다닌다고 "여섯 마리만 낳을걸 그랬어."라며 둘씩 줄 세워 기어이 아기들을 여섯 마리로 보이게 하는 부모는 천 명 중에 한 명도 안 될 것이다. 마지막 페이지를 보면 엄마 오리도 가치관이 변화되었음을 알 수 있다.

《개구쟁이 해리》는 씻기 싫어하는 강아지 해리가 주인공이다. '검은 점이 있는 하얀 강아지 해리'는 목욕을 피해서 비누를 땅에 묻고 도망친다. 유독 씻기 싫어하는 해리의 성격 때문에 사건이 벌어지는 것이다. 해리는 여기저기를 돌아다니며 몸에 검댕을 묻혀 '하얀 점이 있는 검은 강아지'가 되어 집으로 돌아오는데 식구들이 자신을 알아보지 못하자 땅에 묻은 비누를 직접 물고 와서 욕조 안으로 들어가 꼬리를 살랑인다. 식구들은 웬 강아지가 목욕을 하고 싶은가 보다 하고 목욕을 시켰는데 다 시키고 보니 '검은 점이 있는 하얀 강아지' 해리인 것 아닌가. 목욕을 마친 해리는 기분 좋게 방석에 누워 잠을 청한다. 주인공 해리는 목욕을 싫어했지만 결말에 스스로 목욕을 자청해 태도가 확연히 달라졌음을 독자들에게 확인시킨다.

바인스톡은 인물 중심 이야기가 인물의 성격이 변화되었는지, 변화가 아니라 인증(고착, 심화)되었는지에 따라 이야기 전개가 달라진다고 했다. 다음은 각각의 전개 전략인데 참고 삼아 여기 소개하고 예를 들어본다. 성격 변화 이야기는 C-D-A-I(W)-P-T-O로 전개된다.

《아기오리 열두 마리는 너무 많아!》

| 성격 보임 Character trait | 전개 Development | 행동 Action | 진전(악화) Improved(Worse) | 문제 노출 Problem | 변화 Transformation | 결말 Outcome |
|---|---|---|---|---|---|---|
| 열둘은 너무 많다고 생각한 엄마 오리 | 아기들이 부화하고 정신없이 돌아다님 | 열두 마리를 여섯, 넷, 셋, 둘로 줄이는 엄마 오리 | 두 마리로 산책을 나감 | 두 마리인 줄 알고 습격하는 늑대 | 열두 마리로 헤쳐 모여 늑대를 이겨낸 아기들, 대견해하는 엄마 오리 | 알을 더 품고 있는 엄마 오리 |

반면, 성격 인증 이야기는 C-D-A-W-P-V-O로 전개된다.

《이글라우로 간 악어》

| 성격 보임<br>Character trait | 전개<br>Development | 행동<br>Action | 악화(좌절)<br>Worse | 문제 노출<br>Problem | 성격 인증<br>Validation | 결말<br>Outcome |
|---|---|---|---|---|---|---|
| 꽃을 좋아하고 나비를 먹지 않는 성격 | 성격 때문에 아버지와 갈등 | 아버지를 떠나 이글라우에서 일자리를 얻음 | (악어에 대한 편견 때문에) 기분이 상함 | 잡아먹으려고 입을 크게 벌림 | 나비 덕분에 본래의 성격을 되찾음 | 이글라우에서 평화로이 행복하게 살다 |

작은 악어의 처음 성격이 결말에서 더 확고해졌다. 자신의 성격, 가치관을 세계에 더 확실하게 나타내 보임으로써 기존의 권위와 관례(아버지의 왕위를 이어받아야 한다는)에 굴하지 않는 모습을 보여준다. 언급된 그림책들을 분석하면 아래와 같다.

- 《괴물들이 사는 나라》
  대칭 구조 | 욕구 충족 이야기 | 인물 중심 이야기 - 성격 변화 이야기
- 《아기오리 열두 마리는 너무 많아!》
  혼합 구조 | 욕구 좌절 이야기 | 인물 중심 이야기 - 성격 변화 이야기
- 《물고기는 물고기야!》
  혼합 구조 | 욕구 좌절 이야기 | 인물 중심 이야기 - 성격 인증 이야기

## 배경 중심 이야기

서두에 아무런 문제도 제시되지 않고, 주인공 또한 원만한 성격이다. 이야기는 완만하게 시작되어 주인공에게 긍정적인(혹은 부정적인) 방향으로 흘

러가다가 문제 상황이 발생한다. 이것이 배경 중심 이야기이다. 문제나 갈등, 특정한 인물의 성격보다 이야기의 배경이 우선시되는 유형이다. 이런 유형의 이야기들은 어떤 구조를 갖고 있든 시간순으로 이야기가 구불구불 흐른다.(나는 이야기의 여정이 시원스레 보인다고 해서 여정 구조, 또는 여정 이야기라고 칭한다.) 어느 누구의 추억담이나 어느 지역의 미담, 또는 옛이야기를 듣는 기분이 느껴진다. 《강물이 흘러가도록》, 《부엉이와 보름달》, 《당나귀 실베스터와 요술 조약돌》, 《멋진 뼈다귀》 등이 여기에 속한다. 《멋진 뼈다귀》로 이 유형의 특징을 들여다보자. 이야기는 이렇게 시작한다.

> 화창한 봄날이었어요. 펄은 학교가 끝났는데도 집으로 곧장 가지 않고 여기저기 돌아다니면서, 열심히 일하는 어른들을 구경했어요. '언젠가는 나도 저런 일을 하겠지?' 하고 생각하면서요.

펄은 거리를 지나 숲에 앉아 봄바람을 쐬며 "아, 너무 좋아." 하고 혼잣말을 한다. 그다음부터는 직접 읽어보기를. 멋진 뼈다귀와 대화를 나누는 장면, 악당을 만나는 장면, 양복을 입은 여우를 만나 그에 손에 이끌려 납치당하는 장면 등이 줄지어 나온다. 다행히 새로 사귄 친구 뼈다귀의 임기응변으로 무사히 탈출을 한 펄은 집으로 돌아와 부모님과 눈물의 재회를 한다. 이 그림책은 학교에서 집으로 오던 아이가 악당을 만나서 위협을 받고 심지어 납치를 당하는 사건까지 나와 있어서 따지고 보면 무서운 이야기이지만 인물들을 동물로 의인화해서 날카로움을 완화했고, 봄날의 벚꽃 같은 화사함을 지닌 펄의 캐릭터와 어디서 굴러왔는지 모를 엉뚱한 뼈다귀의 출현으로 생기와 유머러스함을 지녔다. 덕분에 책을 덮고 나면 이야기의 배경이 되는 숲이나 동네에 가볍게 놀러 갔다 온 느낌이 들고 어디 뼈다귀 같은 것이 있나 찾아보고픈 마음도 든다.

- 《부엉이와 보름달》
  여정 구조 | 욕구 충족 이야기 | 배경 중심 이야기
- 《멋진 뼈다귀》
  혼합 구조 | 욕구 충족 이야기 | 배경 중심 이야기

## 행위(사건) 중심 이야기

어떤 이야기들은 뚜렷한 갈등이나 인물의 성격 대신에 돌연한 사건이나 행위로 시작한다. 만나자마자 아무 말도 않고 식사부터 하는 경우처럼 행위 중심 이야기는 첫 페이지부터 바로 행위가 나온다. 왜 그런 행위를 하는지, 왜 그런 사건이 벌어졌는지, 그 일이 벌어지기 전에는 어떻게 하루를 보냈는지 등의 단서는 없다. 《짖어 봐 조지야》, 《악어 우리나의 버스놀이》 등이 이 유형에 속한다. 《짖어 봐 조지야》는 느닷없이 이렇게 시작된다.

조지네 엄마가 말했어요.
"조지야, 짖어 봐!"

조지는 누구인지, 왜 짖어보라고 하는지는 제시되어 있지 않다. 엄마 개 그림만 커다랗게 나와 있을 뿐이다. 이러한 '시작'은 독자들에게 굉장한 집중을 요구한다. 그만큼 행동이나 사건이 흥미롭고 매력적이어야 하는 부담이 있으나 몰입도가 높다. 주인공의 성격을 소개하기 위해 페이지를 할애하지도 않고 이야기의 배경을 소개하기 위해 주춤거리지도 않는다. 그림책《변신》은 주인공이 아침에 일어나 보니 자신이 딱정벌레로 바뀌어 있는 사건이 이미 벌어졌고《악어 우리나의 버스놀이》에서도 버스놀이가 이미 예정된 듯이 나와 있다.

이렇게 첫 페이지부터 뭔가 일이 일어나는 것이 행위(사건) 중심 이야기이다. 이 유형은 이야기를 들을까 말까 망설이는 아이들의 마음을 단번에 끌어 잡는 장점이 있다.

- 《짖어 봐 조지야》
  물결 구조 | 욕구 좌절 이야기 | 행위(사건) 중심 이야기
- 《변신》
  대칭 구조 | 욕구 충족 이야기 | 행위(사건) 중심 이야기
- 《악어 우리나의 버스놀이》
  대칭 구조 | 욕구 충족 이야기 | 행위(사건) 중심 이야기

이상으로 문제가 해결되는 방식과 문제 노출 방식에 따라서 이야기 성격을 구분해 보았다. 세상의 모든 그림책 속 이야기들이 위의 분류에 속하는 건 물론 아니다. 위에 예로 든 그림책들은 비교적 큰 고민 없이 유형화할 만큼 각각의 성격을 뚜렷이 갖고 있지만 그렇지 않은 그림책들 중 꾸준히 사랑받는 작품들도 있다.

이와 같은 유형화의 목적은 무엇보다도 원고 각각의 특징이 잘 살아 있는 원고를 쓰기 위함이다. 특징이 잘 살아 있으면 독자들에게 선명한 상을 주고 독자는 그 테두리 안에서 이야기에 깊이 몰입할 수 있다. 거울에 슬쩍 비춰보는 옷이 운동복인지, 외출복인지, 잠옷인지를 알려주는 것과 같다. 후에 당신이 모델이 되거나(아무 옷이나 걸쳐도 멋질 테니까) 대가가 되면(아무렇게나 써도 잘 쓸 테니까) 이런 유형 따위는 던져버리겠지만 지금은 아마도 필요할 것이다. 이야기의 바다에서 방향을 잃고 헤맬 때 다른 배들이 지나간 자리를 비추는 지시등이 있다면 분명히 반가울 테니까.

---

**이야기의 유형**

**문제가 마무리되는 방식에 따라:**
욕구 충족 이야기 / 욕구 좌절 이야기

**문제가 나타나는 방식에 따라:**
갈등 중심 이야기 / 인물 중심 이야기 / 배경 중심 이야기 / 행위(사건) 중심 이야기

---

**오후**

## 중반 고개를 어떻게 넘을까?

서두를 흡족하게 시작했다고 해서 안심하는 작가는 없겠지만 중반부터 고민과 망설임으로 이야기가 갈팡질팡하면 당황하지 않을 수 없다. 이야기는 산으로도 가고 시궁창에 처박히고 찔레꽃 가시덤불을 향해 돌진하기도 하고 진흙탕에 뒹굴기도 한다. 새로 식구가 된 강아지 김주름이 요즘 하는 일이다. 한창 잎이 올라오는 상추밭에 엉덩이를 깔고 누워 자는가 하면, 벌을 잡는다고 비탈에 있는 딸기밭으로 뛰어들어 중심을 못 잡고 빨갛게 익은 딸기를 짓뭉개며 주르르 미끄러져 내려온다. 하여간 요 녀석의 악행은 놀부의 악행만큼 뭉게뭉게 피어나는데 이에 비하면 이야기의 파행(악행은 아님)은 봐줄 만하다. 무엇보다도 통제 가능하다는 점에서. 작가에겐 이런 자신감이 있어야 한다. 통제할 수 없을 것 같다면 김주름을 불러서(휘파람 소리에 바로 온다.) 고삐를 바짝 쥔다. 원고는? 잠시 덮어두면 된다.

중반은 작가들이 가장 머리를 짜내야 하는 부분이고 그만큼 가장 많이 고치는 부분이다.

## 중반은 이야기의 꽃

"이야기해 줄게!", "책 읽어줄게!" 하는 소리에 다가와 앉는 아이들이 가장 기대하는 부분은 중반이다. 중반에는 모험이 벌어지고, 예기치 않은 일로 곤경을 겪고, 그러다 자기도 모르게 용기를 내어 뜻하지 않은 보물을 얻는 기쁨이 숨바꼭질 놀이처럼 준비되어 있다. 가슴을 졸이게 만들고 입이 벙그레 벌어지게 하고 눈은 반짝반짝 빛나게 해야 한다. 아이들은 사이렌 소리에 홀린 어부들처럼 자기도 모르게 몸을 움직여 바싹바싹 다가앉는다.

중반이 멋지게 펼쳐지면 작가들도 이런 증상을 보인다. 열정적으로 건반을 두드리는 피아니스트의 손가락처럼 손이 키보드를 종횡무진 질주하고 입은 벙그레 열리고 눈은 모니터에 고정된다. 중반은 작가에게나 독자에게나 이야기의 꽃이다. 중반이 헐렁한 이야기는 꽃이 시들어 있는 꽃나무와 같다. 꽃을 보러 간 아이들이 실망할 것은 당연하다. 당연히 그 열매도 맛보려고 하지 않을 것이다.

여기서 잠깐, 아이들에게 실망감을 준다는 것이 어떤 건지 말해도 될까. 아이들에게 실망감을 준다고 해서 감옥에 가지는 않는다. 그러나 고의적으로는 차마 하지 못할 짓이다. 이야기가 기대만큼 흥미롭지 않을 때 어른들은 '본전 생각'으로 좀 씁쓸해하지만(자신의 부문별한 소비를 반성하며) 아이들은 농락당한 기분을 느낄 수 있다.

나이를 먹을 만큼 먹어서 아무 회한이 없을 것 같은 사람도 이런 말을 한다. "그때 삼촌이 내게 '넌 골 빈 놈이야.' 하고 말했던 거, 나는 지금도 용서 못 해.", "그때 어머니가 왜 아버지의 죽음을 알리지 않았는지, 왜 미국에 공부하러 갔다고 했는지 난 절대로 이해 못 해. 난 편지 한 장 없고 전화 한 번 없다고 아버지를 얼마나 원망했는데." 무심코 한 말이나 어떤 행동이 한 아이의 일생을 좌지우지할 만큼의 영향력을 갖고 있음에 대해 우리 어른들은 경각심을 가져야 한다.

"흥, 그 얘기 너무 재미없어. 그 책 때문에 다른 책도 하나도 읽지 않게 되었어." 어떤 독자가 이런 말을 내뱉을지 누가 아는가. 그러고 보면 우리 작가들은 서로가 서로에게 책임감을 가져야 할 것 같다. "아, 이 책 너무 재미있다. 책은 원래 재미있는 건가 봐. 여기 있는 다른 책들도 읽어봐야지." 이럴 수도 있으므로. 어쨌든 기대에 차서 다가든 아이들의 얼굴에 실망이 어리는 걸 보면 내가 비도덕적이거나 비양심적인 어떤 일을 감행한 것 같은 죄책감이 든다. 비법률적인 일은 자수해서 대가를 치를 수 있지만 위의 경우는 그렇게도 할 수 없는 터라 평생 짐이 된다.

## 사건에 사건에 사건으로

중반에는 사건이 연이어 일어나야 한다. 하나의 사건이 다음 사건을 물고 오고 그 사건이 또 다른 사건을 물어 오는 식으로 중반 고개를 넘어보자.

그러나 단순한 사건의 나열이거나 사건이 동시다발적으로 벌어지는 것은 의미가 없다. 주제에 부합하지 않는 사건은 무의미하다 못해 최악이다. 모든 사건은 이야기가 한 방향으로 흐르도록 고안되어야 하고, 그렇게 되어야 아이들은 연이어 벌어지는 사건들에서 이야기의 맥락을 잡을 수 있다.

《악어 우리나의 버스놀이》를 살펴보자. 중반은 펼침면 4페이지부터이다.

- 4페이지: 우리나가 버스를 출발시키려는데 기리니가 달려온다. (원인)
- 5페이지: 기리니를 태우고 버스는 출발한다. (결과-원인)
- 6페이지: 우리나는 긴장을 하며 운전을 한다. (결과-원인)
- 7페이지: 정거장에 이르자 승객이 버스에 탄다. (결과-원인)
- 8페이지: 우리나는 승객이 많아져서 운전에 더욱 신경을 쓴다. (결과-원인)
- 9페이지: 우리나는 승객들에게 회오리바람을 타고 목적지로 직행할 거라고 말한다. (결과-원인)
- 10페이지: 회오리바람에 휩쓸려 이리 흔들 저리 흔들 하던 버스는 (결과-원인)
- 11페이지: 마침내 솜사탕 섬에 도착해 솜사탕을 맘껏 먹는데 (결과-원인)
- 12페이지: 다시 회오리바람이 나타나 우리나는 출발 준비를 하고, (결과-원인)
- 13페이지: 버스는 회오리바람에 휩쓸려 요동치지만 우리나는 운전대를 놓치지 않는다. (결과-원인)

4페이지부터 13페이지까지 계속해서 사건이 일어난다. 하지만 그 사건은 앞 페이지에서 일어난 일의 결과이다. 예를 들어 4페이지의 내용은 5페이지 내용의 원인이 되고, 5페이지의 내용은 4페이지 내용의 결과이다.(기리니를 태우고 출발한 것은 기리니가 잠깐, 하며 버스를 멈추게 했기 때문이다.) 또한 6페이지의 내용은 5페이지 내용의 결과이다.(우리나가 긴장을 하며 운전을 한 것은 기리나라는 손님을 태웠기 때문이다.) 이렇게 앞뒤 페이지가 원인과 결과로 묶인다. 사건이 연쇄적으로 나온다고 해도 이렇게 원인과 결과로 묶이면 독자들의 마음은 '궁금증-충족/새로운 궁금증-충족'으로 지루할 틈이 없다.

## 개연성에서 진실성까지

사건을 늘어놓을 때 생각해 볼 문학 용어들이 개연성과 필연성, 신빙성과 구체성, 진실성 등이다. 국어사전에 개연성은 어떤 일이 일어날 수 있는 확실성의 정도라고 나와 있고 필연성이란 어떤 상황이 꼭 그렇게밖에 될 수 없는 것으로 나와 있다. "음, 그런 상황에서는 그런 일이 발생할 수 있지." 하고 읊조릴 때는 개연성, "암, 그렇고말고. 당연히 그렇게 될 수밖에 없지."라고 중얼거릴 때는 필연성에 관한 언급이다.

필연성은 앞의 사건으로 인해 생기는 당연한 결과이고 개연성은 이와는 달리, 필연성의 수면 위에 떠 있는 기대감과 같다. 글은 흐름이 있어서 개연성이 무엇보다도 중요한 잣대인데(개연성이 없으면 바로 탈락!), 지어낸 이야기를 지어낸 것처럼 보이지 않게 하려면 실제 있었던 일보다 더 치밀하게 개연성과 필연성이 필요하다.

재벌 집안의 남자가 영등포 시장에 떡볶이를 먹으러 와서 그 집에서 아르바이트를 하는 여자와 사랑에 빠질 가능성은 제로에 가깝다. 한마디로 개연성 없음! 산으로 둘러싸인 집의 마당에 고라니와 꿩이 참새들처럼 들락거리는 것은 개연성이 높지만 호랑이나 코끼리가 놀러 오는 것은 개연성 제로!

좀 더 살펴보자. 서로 다른 종이 친구가 되는 이야기를 그린다고 하자. 다람쥐와 토끼는 개연성이 있지만(둘 다 초식동물이고 생태적 환경이 겹침), 사자와 호랑이(한 공간에서 살지 않음), 개구리와 학(먹고 먹히는 관계)은 친구가 될 개연성이 낮다. 의인화를 확실하게 한다면? 의인화는 동물의 생태적 습성보다는 의인화되었을 때의 특징이 먼저 눈에 띄어 개연성이 가려질 수 있으나 어쨌든 자연스럽지 못하다. 마술적 사실주의 이야기나 의인화 이야기라 해도 엄격한 비평가라면 "이런 말도 안 되는 설정을!" 하며 쓴소리를 내뱉을 게 분명하다. 동물을 등장시킬 때는 이런 점을 유의해야 한다.

작품 전체에서도 개연성과 필연성은 있어야 하지만 작품 안에서 벌어지는 하나의 사건에도 개연성과 필연성이 요구된다. 그림책 《변신》의 주인공 그레고리 샘슨은 아침에 일어나니 느닷없이 자신이 딱정벌레로 바뀐 것을 알게 된다. 이는 분명 개연성이 떨어지는 사건이다. 하지만 딱정벌레로 바뀐 그레고리 샘슨이 느끼는 감정은 이와 같이 생각지도 못한 상황에 맞닥뜨리면 누구나 갖게 되는 필연적인 감정이다. 이야기는 이 필연적인 감정선을 따라 진행된다. 따라서 독자들은 개연성 떨어지는 사건을 첫 페이지에서 접하고는 깜짝 놀라지만 주인공도 놀라 어쩔 줄 모르기 때문에 바로 동일시가 된다. 어느새 이 사건은 절대 일어날 수 없는 일이 아니라 이미 일어난 일이 되어버렸다!

개연성도 높고 필연성도 높으면 당연히 그 이야기는 신빙성이 높아진다. 신빙성이란 이야기를 믿을 수 있게 하고 주인공을 가공의 인물이 아닌 실제의 인물로 믿게끔 해주는 것이다. 신빙성은 그림으로 (어쩌면 더 많이) 보완할 수 있는데《오빠한테 질 수 없어!》에서 손이네 집 인테리어에서 그 예를 찾아볼 수 있다. 명절에 차례 지내는 가정이 점점 줄고 있는데 손이네는 차례를 지내니 도대체 어떤 집안일까 하고 생각하다가 그림 작가는 고풍스러운 분위기를 연출해 냈다. 독자들은 그림을 훅 훑으며 "암, 집 안 분위기가 이런 집이라면 명절에 차례를 지낼 만하지." 하고 자기도 모르게 수긍하게 된다. 픽션 그림책은 그림으로도 이야기를 전달하기 때문에 개연성이 강력히 요구된다. 이런 노력이 작품 전체의 신빙성을 드높인다는 것은 두말하면 잔소리이다.

구체성은 뭘까? 구체성은 신빙성을 위해 그 안을 채우는 작은 요소들이라고 할 수 있다.《오빠한테 질 수 없어!》에서는 고재가구와 소나무 분재, 원목의 느낌을 그대로 살린 책장 등이 고풍스러운 분위기에 구체성을 주고 있다.《할머니의 여름휴가》에서 할머니의 삶을 구체적으로 보여주는 것은 할머니의 집, 집 안 풍경, 가구나 소품들이다. 이를 통해 할머니가 어떤 동네의 어떤 집에서 어떻게 하루의 일상을 보내는지("좀 심심하겠는데?", "그렇지, 이렇게 집들이 다닥다닥 붙은 동네에 살면 바다가 정말 보고 싶을 거야.")

알 수 있고 이를 통해 바다를 염원하는 마음도 짐작하게 된다. 이와 같은 구체성이 보이지 않는다면 소라 껍데기를 통해 바닷가에 이르는 설정은 그야말로 판타지밖에 되지 않는다. 하지만 섬세하게 선택된 소품들로 할머니의 간절한 마음을 알게 되면 헬기라도 보내서 바닷가에 내려드리고 싶을 것이다.

간절한 마음을 전한답시고 "할머니는 정말정말 바다가 보고 싶었어요."라고 쓴다면 딱 그 문장만 전하는 셈이다. 그 대신 텔레비전에 나오는 바닷가에서 노는 아이들 모습, "바람 한 점 없는 오후입니다."란 문장은 할머니의 마음속에 어떤 절실함이 요동치는지 보여준다. 그 마음을 알기에 독자들은 말도 안 되는 것임에도 불구하고 소라 껍데기로 들어가는 할머니의 등을 밀어주고픈 마음까지 든다.(동일시)

구체성이 특정 사물이나 상황에 있어서의 신빙성이라면, 신빙성은 흐름에 있어서의 구체성이라고도 말할 수 있다. 이 모든 것이 잘 갖추어지면 이야기는 진실성을 얻게 된다. 진실성까지 얻으면 이야기는 진시황도 얻지 못한 불후의 생명을 손에 쥔다.

## 중반은 이야기 속 이야기

전체 이야기의 서두와 중반, 결말은 각각 하나의 작은 이야기의 연결과도 같다. 가령 《더 놀고 싶은데》의 서두는 '호랑이를 구경하고 있던 아이들이 퍼레이드를 따라 가버리자 동물원의 호랑이도 열린 빗장문으로 걸어간다.'

는 이야기를 갖고 있다. 결말은 동물원이 문을 닫자 아이들과 하루를 행복하게 놀았던 호랑이는 관리소장님한테서 건네받은 돈 봉투를 벤치에 그대로 두고 자신의 우리로 돌아간다는(동물원 여기저기서 "더 놀고 싶은데.", "나도 놀고 싶은데." 하는 잠꼬대 소리가 들린다.) 이야기이다. 페이지를 비교적 많이 쓸 수 있는 중반은 도입과 전개, 결말로 제법 모양을 갖춘 이야기가 담겨 있다.

《더 놀고 싶은데》의 중반 이야기를 보자.

- 호랑이가 우리 밖으로 나온다. (도입)
- 호랑이가 꽁지머리 아이가 놓친 풍선을 잡는다. (전개 시작)
- 아이들이 호랑이를 알아본다.
- 아이들이 호랑이를 에워싸고 몸을 만져본다.
- 호랑이는 꽁지머리 아이와 함께 퍼레이드를 따라다니며 동물원 곳곳을 다닌다.
- 호랑이는 아이들과 어울려 노래도 부르고 춤도 추며 신나게 논다. (전개 끝)
- 날이 저물자 호랑이는 아이를 배웅한다. (결말)

《오빠한테 질 수 없어!》도 서두와 중반, 결말에 작은 이야기를 갖고 있다. 서두에는 오빠한테 지지 않기 위해 부지런을 떠는 온이의 여러 모습이 나온다. 결말에 온이는 누나가 되었음을 선언하고 "동생은 누나를 못 이겨!"라고 손이에게 쐐기를 박으며 누나 행세를 한다.

《오빠한테 질 수 없어!》의 중반 이야기는 다음과 같다.

- 설날을 며칠 앞두고 할아버지와 할머니께서 도착했다. (도입)
- 온이는 할머니께 오빠보다 더 나이를 먹어 누나가 될 수 있는 비밀을 듣는다. (전개 시작)
- 설날이 되어 온이는 의젓하게 설빔을 입는다.
- 식구들이 차례를 지낸다.
- 온이는 엄마에게 작은 그릇 여러 개를 들고 와 그릇 하나에 떡을 하나씩 넣어달라고 한다.
- 식구들과 온이가 식사를 한다.
- 온이는 떡국을 여러 그릇 먹고 엄마는 나이를 센다. (전개 끝)
- 나이가 많아지자 온이는 자신이 누나가 되었다며 기뻐한다. (결말)

중반 이야기를 잘 구성하면 전체 이야기도 균형이 잘 맞아서 안정된 느낌을 주고 궁극적으로 완결성이 느껴진다. 중반이 잘 나아가고 있는지 확인하려면 위의 방식대로 화소를 늘어놓아 도입과 전개, 결말을 가늠해 보자. 하나의 이야기로서 시작과 끝이 잘 보이는지, 도입에 나타난 과제가 끝에서 해결 또는 해소되는지 등을 살펴라.

어떤 작가는 중반을 먼저 구상하고 나서 중반 앞에 서두를 붙이고 중반 뒤에 결말을 붙이는 식으로 이야기를 완성한다. 그만큼 중반 이야기가 전체 이야기의 핵심이 된다는 것을 잊지 말자.

## 결말을 준비할 때

중반①에 너무 많은 이야기를 준비하면 중반②에서 조바심이 든다. 풀어 놓은 것들을 다 정리해야 하는데 시간도 없고 에너지도 달린다. 그렇다고 중반②에만 더 많은 짐을 지게 할 수도 없다. 중반①과 중반②는 무게와 비중에 있어서 대등해야 한다.(대칭 구조인 경우)

특히 중반②는 결말을 준비할 때이다. 따라서 이야기가 돌이킬 수 없는 지점까지 와야 한다. 종횡무진 뛰는 선수들을 눈으로 바쁘게 좇다가 정신을 차리고 보니 골대 앞에 와 있는 축구공처럼 말이다. 공은 이제 골문으로 들어갈 테고 다른 변수는 없다. 야단법석을 떨던 청중들은 골문으로 들어가는 순간을 놓치지 않기 위해 숨을 죽인다. 이렇게 결말에 대한 기대감을 중반에서 한껏 주어야 헤어짐("이제 이야기가 끝나는 거겠지?" 하면서)의 아쉬움을 상쇄할 수 있다.

하나의 이야기에는 하나의 결말밖에 없어야 하는데 그렇게 독자들이 다른 결말을 상상하지 못할 만큼 이야기를 몰고 가는 능력이 누구에게나 있는 건 아니다. 나는 중반을 한 번에 다 쓰지 못할 것 같은 예감이 들면, 중반①에서 먼저 쉰다. 중반①의 분위기에 맞추어 나도 그 분위기에 젖는다. 즐거운 분위기였다면 나도 누군가와 기분 좋은 대화를 나누거나 우스운 동영상을 보며 깔깔거린다. 분위기는 유지한 채 글쓰기를 잠깐 멈추는 식이다. 피곤을 느끼며 글을 계속 쓰면 즐거운 분위기에 그늘이 진다. 오랜 경험으로 이런 사실을 알고는 있지만 오기를 부리며 피곤한데도 꾸역꾸역 쓰는 일이 더 많긴 하다. 활력이 넘치는 당신들은 계속 죽 써도 된다. 활력이 과도하게 쓰인 부분은 나중에 빗자루로 살살 쓸어낸다.

중반 고개를 어떻게 넘을까?
중반은 이야기의 꽃이다.
사건이 연이어 일어나게 하라.
개연성에서 진실성까지
중반은 이야기 속 이야기
결말을 준비할 때

## 중반의 지루함을 날리는 장치들

대학 1학년 때 야학 엠티로 한라산을 등반한 적이 있다. 물이 고인 백록담을 뒤로하고 찍은 단체 사진이 없다면 아무에게도 증명할 수 없는 고난의 행군이었다. 바로 전날 밤 목포에서 배를 타고 거친 바다를 뚫고 오느라 다들 제정신이 아니었는데 새벽부터 제대로 먹지도 못하고 오른 산이었다. 조금 더 가면 백록담이라는 고참들의 말에 없는 기운을 짜냈다가 속은 것을 안 피라미(대학 1년생 초짜 교사를 선배들은 이렇게 불렀다.) 몇 명은 이제 도저히 못 가겠다고 주저앉았는데, 그때 평소 실없는 소리를 전혀 안 하는 철학과 선배가 저 위에서 ABC 초콜릿을 흔들며 손짓을 하는 게 아닌가.

그 초콜릿을 보는 순간, 피라미들은 기적처럼 벌떡 일어나 경주를 하듯 산을 기어올랐다.

당분이 떨어질 때를 대비해 초콜릿을 준비해 주던 우리들의 선배는 이제 늙어버렸다. 지금은 각자 나를 위해 초콜릿을 준비하고, 우리의 글을 읽을 독자들을 위해서도 초콜릿을 준비해야 한다. 그렇다면 무엇이 중반 고개를 넘을 때 독자에게 주는 초콜릿이 될까? 어떤 종류의 초콜릿일까? 간단히 대답하면 온갖 것들이 다 필요하다.

## 그림의 마술쇼

그림은 사람을 홀린다. 대표적인 것이 '지원이와 병관이' 시리즈의 그림들이다. 글에서는 펭귄에 대한 언급이 전혀 없는데 장면마다 귀여운 펭귄이 들어 있다. 지원이, 병관이도 찾지 않고 이야기의 흐름에 아무 영향이 없다. 그러므로 펭귄은 순수하게 독자들을 위해 등장하는 캐릭터이다. 펭귄뿐 아니라 다른 동물들도 곳곳에 숨어 있다. 현실 풍경에 오버랩되어 있는 병관이의 내면 풍경(이나 욕구)과 같다. 진지한 어른들에게는 낯선 기법이지만 아이들은 아무도 이의를 제기하지 않는다.

아이들은 이야기를 들으며 (또는 읽으며) 자신만의 놀이에 빠진다. 라디오를 들으며 마늘 껍질을 까거나 뜨개질을 할 때와 비슷하다. 이야기를 듣는 것은 다소 긴장되는 상황인데, 들려주는 사람을 의식해서 귀담아들어야 하기 때문이다. 당연히 딴짓을 하면 예의에 어긋난다. 그런데 사람은 늘

딴짓, 자기만의 짓을 하고 싶다. 자신만의 내적 공간을 갖고 싶은 것이다. 예기치 않은 스트레스가 덮칠 때 자기도 모르게 손동작을 하는 것에는 심리적 동기가 있다. 자신의 몸을 만져봄으로써 자신의 존재가 건재함을 확인하고자 함이다. 딴짓의 욕구는 실로 본능적이다. '나는 외부 세상과도 연결되어 있지만 나 자신을 잃지 않고 있다.'는 것을 내보이는 것이 아닐까. 그림 속 숨은그림찾기는 그림의 재미스러움뿐 아니라 독자들에게 딴짓의 자유를 허락한 지혜로운 전략이다.

글의 손을 놓고 혼자 추는 그림만의 왈츠도 중반 고개를 수월하게 넘게 하는 데 한몫한다. 그림의 독무대는 원고를 쓸 때는 잘 나타나지 않는다. 그러나 스케치가 시작되고 그림책의 모양이 잡히면서 대부분 그림 작가의 제안으로 연출이 된다. 그림 작가가 자발적으로 하는 제안이라 이미 머릿속에 그림이 그려진 상태이다. 그림 작가의 내적 필요성에 따라 밖으로 튀어나올 수밖에 없는 장면이다. 독자들도 글 없이 그림에만 온전히 집중하고 싶은 때가 있다. 이런 장면은 《도서관 아이》, 《더 놀고 싶은데》에 들어 있고 《괴물들이 사는 나라》에는 글 없는 그림 페이지가 무려 펼침면 세 페이지에 이른다.

사실, 그림은 보이지 않는 것을 보이게 한다는 점에서 그려지는 것부터가 마술이다. 그림책이 아이와 어른 모두에게 사랑받는 결정적인 요인은 그림 때문이다. 그림의 마술쇼는 중반의 지루함뿐 아니라 그림책 전체의 지루함을 떨치는 요소이지만 그림의 마술이 눈에 들어오는 때는 중반쯤이다. 서두에는 이야기의 흐름과 주인공을 따라가느라 그림 감상이 여유롭지 않다. 아이들이 중반의 이야기에 더 큰 기대를 하는 것처럼 그림도 중반에서 더 확실하게 독자의 눈을 사로잡는다. 밤늦은 시각, 글자만 가득 적힌 책을 보면 금세 졸리지만 텔레비전을 보면 가물가물한 눈이 다시 떠지는데 이것도 그림의 마술 중 하나인지 모르겠다.

## 동일성과 다양성

유리 슐레비츠는 루스 크라우스의 《모두 행복한 날》에 나오는 "들쥐들이 잠을 자고 있고, 곰들이 잠을 자고 있고, 작은 달팽이들이 둥근 껍질 속에서 잠을 자고 있고, 다람쥐들이 나무 구멍 속에서 잠을 자고 있고…"라는 문장을 인용하면서 동일성과 다양성을 설명했다.(《그림으로 글쓰기》 p.60) 동물이라는 점은 같지만 제각각 다른 동물을 등장시킴으로써 익숙함과 새로움을 선사한다고.

위의 글을 처음 접했을 때 "아, 그렇구나!" 하고 밑줄을 죽 그었는데, 사실 이는 새로운 것이 아니라 아주 많은 그림책에서 흔히 찾을 수 있는 오래된 발견이었다. 심지어 모르고 쓴 나의 그림책에서도. 모름지기 발견이란 새로운 것을 발명해 내는 것이 아니라 원래 있던 것을 눈 밝은 이가 의미를 부여해 드러내는 것이다. 유리 슐레비츠는 그림책 분야에서 눈 밝은 이임이 틀림없다. 그럼, 사례를 들어볼까.

《빨간 줄무늬 바지》는 빨간 줄무늬 바지를 돌려가며 입는 여러 아이들이 나온다. 빨간 줄무늬 바지를 돌려 입는 점은 동일성의 측면이고 여러 다른 아이들이 입는다는 점은 다양성의 측면이다. 바지를 돌려 입는 이야기이니만큼 여러 아이들이 나오는 게 당연한데 여러 아이들의 존재를 하나로 묶는 또 하나의 동일성은 모두 일곱 살이라는 것이다. 이 이야기에 등장하는 아이들뿐 아니라 이야기를 읽은 아이들은 일곱 살이 되기를 얼마나 갈망했던지! 어른들에게는 돌아갈 수 없는 일곱 살을 얼마나 그리워하게 하는지!

아이들은 빨간 줄무늬 바지를 입고 저마다의 일곱 살을 보낸다. 해빈이는 그네를 타고 해수는 생일 파티에 가고 형민이는 축구를 하고 종익이는 자전거를 탄다. 마지막으로 바지를 입은 슬아는 발레를 한다. 바지는 조금씩 모습이 바뀌지만 빨간 줄무늬 바지로서의 정체성은 그대로이다. 동일성과 다양성이 맞물려 이야기 전체에 탄탄한 균형을 주고 있다.

《집 나가자 꿀꿀꿀》,《빨간 끈으로 머리를 묶은 사자》,《아기토끼 버니》 등을 비롯한 아주 많은 그림책에서, 특히 물결 구조와 혼합 구조를 갖고 있는 그림책에서 동일성과 다양성은 흔하게 발견된다. 그러니 주저하지 말고 이 장치를 써보도록!

좀 더 설명을 붙이면, 아이들이 세계를 이해하고 받아들이는 방식은 '익숙함 위의 새로움'이다. 알고 있는 것 위에 새로운 것을 얹는 방식이다. 새로운 것보다 알고 있는 것이 더 많을 때는 새로움을 받아들이기 위해 굳이 '알고 있는 것'을 마중물처럼 필요로 하지는 않겠다. 하지만 아이들은 '알고 있는 것'이 절대적으로 부족하다. 낯선 공간에 들어설 때나 온통 모르는 사람들로 둘러싸일 때 느끼는 어색함, 고립감, '나는 이 세계를 알지 못한다.'는 인식에서 오는 무력감 등이 아이들에게는 더 강하게 엄습한다. 그렇기에 새로운 정보를 아이들에게 줄 때는 아이들이 알고 있는 것,

익숙한 것을 살짝 깔아야 한다. 하긴 어른들도 크게 다르지 않다. 낯선 여행지에서 맥도널드 간판을 보면 반갑고 안심이 되는 까닭이 여기에 있다. 그렇다고 맥도널드에 가는 것은 아니다. 보통은 그 옆에 있는 그 나라 레스토랑으로 들어갈 것이다. 그러기 위해서는 맥도널드 간판이라도 있어야 한다.

## 의외성 혹은 예기치 않은 위기

《더 놀고 싶은데》에는 이야기가 끝났다고 생각하는 지점에 의외의 사건이 끼어 있다. 동물원이 문을 닫고 아이들은 다 돌아갔고 퍼레이드도 끝났고…. 하지만 호랑이는 바로 우리로 돌아가지 않는다. 호랑이는 퍼레이드 단원들이 동물 탈을 벗으며 구시렁거리는 소리("아이고, 더워라. 여름에는 이 짓도 못할 짓이군.")를 들으며 그 곁에 우두커니 앉아 있다. 그중 한 남자는 호랑이에게 왜 탈을 안 벗는지 묻기까지 한다. 단원들에게 수고비를 주러 온 관리소장님이 호랑이를 발견하고는 "오늘 새로 왔다고 말을 해 주어야지. 자, 여기 있네." 하고 돈 봉투를 건넨다.

이 에피소드는 어른들이 호랑이를 진짜가 아닌 가짜로 알고 있다는 것을 재확인시킴으로써 아이들의 세계와 어른의 세계를 대립해 보여주고, 흐름에 있어서는 뻔히 알 만한 귀결(우리에서 밖으로 나왔으니 안으로 다시 들어가야 할 운명)로 독자를 데리고 가지만 그 전에 잠깐 기분 전환을 위해 휴게소에 들르는 것과 같다. 때때로 작가는 중반의 고비를 넘기 위해 이처럼 단체 관광의 능구렁이 가이드도 되어야 한다.

《옛날에 오리 한 마리가 살았는데》에도 이야기가 다 끝난 것 같을 때 의외의 내용이 나온다. 동물들은 게으른 농부를 다시는 돌아오지 못하게 멀리까지 내쫓는 일에 오리를 가담시키지 않았다.(그래도 되는데!) 농부를 쫓아낸 다음에도 바로 그 사실을 오리에게 알리지 않았다.(보통은 당장 알려줄 텐데.) 다음 날 아침 오리는 아무것도 모른 채 농장으로 일을 하러 오는데, 그제야 친구들이 몰려와 그간 있었던 일을 얘기해 준다. 결말은 마지막 페이지에 나와 있다. 마지막 페이지의 그림을 유심히 보다가 나는 예전에 읽은 조지 오웰의 《동물 농장》을 다시 읽었다. 여러분도 한번 읽어보기를.

'도입-발단-전개-위기-결말'이라는 이야기 흐름에서 의외성은 위기나 반전의 임무를 맡기도 한다. 주인공이 위험을 자초하기도 하고《물고기는 물고기야!》, 악당에게 끌려가기도 한다《멋진 뼈다귀》. 가슴을 철렁하게 하는 더 큰 고난을 겪기도 하고《작은 배》, 우주까지 총알처럼 날아가기도 한다《눈 행성》. 이런 의외성과 예기치 않은 위기는 느슨해진 볼트를 다시 조이는 효과가 있다.

이와 같은 의외의 상황을 삽입할 때는 단지 흥미를 돋우기 위해서가 아닌, 주제를 돋보이게 하거나 다른 쪽에서 주제를 조망하게 하는 것이어야 한다. 잘 끌고 온 주제에 균열을 낸다면 얻는 것보다 잃는 게 많다. 혼란스럽게 해서도 안 되고 약화시켜도 안 된다.

## 미완의 문장으로 긴장을 고조시키자

〈복면가왕〉이나 그 비슷한 종류의 텔레비전 프로그램에서 아나운서가 "그거언 바로오 바로오 바로오!" 하며 팔까지 높이 들어 궁금증을 최고조로 증폭시키는 장면, 누구나 보았을 것이다.(다음 장면은 바로 현란한 광고이다.) 그림책에서도 그런 장면이 연출된다.《아기오리 열두 마리는 너무 많아!》에 그 예가 나온다.

조심! 늑대가 움직여요. / 살금살금 / 숨소리도 안 나게 / 발 소리도 없이 / 한 발짝 한 발짝 다가와서는 / 앞발로 아기오리 두 마리를 낚아채려는 순간,

텍스트는 여기에서 끝나고 문장은 미완인 채로 다음 페이지로 넘어간다. 다음 페이지는 앞의 문장을 받아서 이렇게 마침표를 찍는다.

아기오리 열두 마리들이 고개를 획 돌려 늑대를 노려보았어요.

위기가 고조된 순간을 언어로 붙잡아 다음 페이지로 넘긴 것인데, 아이들은 침을 꼴딱 삼키며 다음 페이지를 주목한다.《집 나가자 꿀꿀꿀》에도 이런 대목이 나온다.

그리고, / 뿌가 때렸다는 둥, 톤이 발로 찼다는 둥, / 양이 꼬리를 잡아당

졌다는 둥, / 아주 시끄러웠습니다. / '그만 해!' / 하고 엄마가 혼내도 마찬가지였습니다. / 그래서,

그래서 어떻게 되었는지는 다음 페이지를 열어봐야 알 수 있다. 과연 엄마는 아기 돼지들을 어떻게 했을까? 다음 페이지에는 왼쪽 맨 위에 딱 한 줄, "마침내," 그다음 줄은 "엄마는 몹시 화가 났습니다."로 맨 아래에 있다. 오른쪽 페이지에는 화가 나서 소리치는 엄마의 정면 얼굴이 그림책을 튀어나올 듯이 클로즈업되어 있고 그 밑에 "엄마 말 안 듣는 아이는 우리 집 아이가 아니야! 나가!" 하는 딱 한 문장만 씌어 있다.

아이들에게 엄마의 말, "엄마 말 안 듣는 아이는 우리 집 아이가 아니야."는 적잖게 충격을 주었을 것이다. 집을 나간 꼬마 돼지들은 다른 집을 전전하며 이 말을 다른 엄마들에게 되풀이하면서 충격을 완화한다(모두에게 조금씩 충격을 나눠줌으로써). 곧이어 나오는 꼬마 돼지들의 노래를 보면 꼬마 돼지들이 엄마가 나가라고 해서 듣고 나가는 것(이러면 쫓겨나는 것)이 아니라 비폭력 저항의 한 방식으로서 자발적 가출을 하는 셈인데 이 또한 인상적이다. 엄마의 말을 들으면서도 듣지 않는 행위이기 때문이다.

## 노래 집어넣기

한 시인의 강연회에 간 적이 있다. 시인은 좋은 말, 아름다운 말로 자신의 시 세계를 설명했다. 약간 졸릴 때라 다들 그런 표정이었을 텐데 갑자기

시인이 노래를 시작했다. 그러자 모두들 표정을 달리하며 고개를 끄덕끄덕, 어깨를 들썩들썩… 간간이 따라 부르기까지 한다. 이래서 뮤지컬이나 오페라가 인류 문명에 등장했구나 싶다. 좋은 말에 가락을 얹으면 더 좋다는 사실!

《손 큰 할머니의 만두 만들기》에는 노래가 이야기의 서두, 중반, 결말에 걸쳐 세 차례 등장한다. 노랫말만 보아도 시간이 흐르면서 사건이 어떻게 변하는지를 짐작할 수 있다.

만두 만두 설날 만두 / 아주 아주 맛난 만두 / 숲 속 동물 모두 모두 / 배불리 먹고도 남아 / 한 소쿠리씩 싸 주고도 남아 / 일 년 내내 사시사철 / 냉장고에 꽉꽉 담아 / 배고플 때 손님 올 때 / 심심할 때 눈비 올 때 / 한 개 한 개 꺼내 먹는 / 손 큰 할머니 설날 만두

만두 만두 큰 만두 / 아주 아주 큰 만두 / 앞산만큼 큰 만두 / 뒷산만큼 큰 만두 / 세상에서 제일 큰 만두 / 만두를 만들자. / 손 큰 할머니 설날 만두 / 만두를 만들자.

만두다, 만두. / 만두를 먹자. / 세상에서 제일 큰 만두 / 만두를 먹자. / 설날 아침 모두 모여 / 만두를 먹자.

해마다 설날에 만드는 만두가 중반에서 세상에서 제일 큰 만두로 위상이 높아진다. 결말에서는 그 만두가 설날 만두임을 확인시키면서 설날에

만두를 만들어 나눠 먹는 것의 의미를 되새기도록 했다. 첫 번째 노래는 손 큰 할머니가 만드는 만두에 관한 소개이고, 두 번째 노래는 만두를 만들며 부르는 노래, 마지막은 만두를 먹으며 부르는 노래이다. 만두 만들기의 전 과정 중 주요 대목을 노래로 요약해 전체 이야기의 윤곽을 효과적으로 다잡는다.

《집 나가자 꿀꿀꿀》에서 엄마는 아기 돼지들에게 "나가!" 하고 소리친다. 아기 돼지들은 당황하고 서운한 마음을 달래며 다음 노래를 부른다.

첫째 뿌: 이 집하고는 헤어지는 거야. / 다른 집 아이가 될래. / 집 나가자, 꿀꿀꿀. / 집 나가자, 꿀꿀꿀.
둘째 톤: 찾으러 갈래, 다른 집을. / 다른 집 아이가 될래. / 집 나가자, 꿀꿀꿀. / 집 나가자, 꿀꿀꿀.
셋째 양: 찾으러 갈래, 다른 집을. / 좋은 엄마가 있는 집을. / 집 나가자, 꿀꿀꿀. / 집 나가자, 꿀꿀꿀.

위의 노래들에는 아기 돼지들의 단호한 결의가 담겨 있는데 그 결의가 점점 강해진다. 첫째의 노래는 '이 집하고 헤어지겠다'는 결의를, 둘째의 노래는 '다른 집 아이가 되겠다'는 결의, 셋째의 노래는 '좋은 엄마가 있는 집을 찾겠다'는 결의를 보여준다.

만약에 이 부분을 노래가 아닌 지문으로 썼다면 지루하기도 하겠지만 엄마와 심각한 대치 상황이 벌어진다. "뭐, 정말 집을 나간다고? 나가라고 했다고 진짜 나가겠단 말이지? 이놈들!" 하며 엄마가 우악스러운 손아귀로 몽땅 잡아끌어 엉덩이를 찰싹찰싹… 울음이 터지고 집 안은 난장판이 되겠지. 하지만 아이들이 이런 노래를 부르고 나가는 걸 보면 엄마는 돌아서서 킥킥 웃고 말 것이다. 그러기에 엄마는 저녁에 아이들을 집으로 부르고 아기 돼지들은 당장에 집으로 달려와 "너무나, 너무나 좋은 엄마에게" 안긴다.

놀이의 즐거움이 가득한 《악어 우리나의 버스놀이》에도 노래가 나오는데, 노래로 버스의 종점이 '솜사탕 섬'임을 슬쩍 독자에게 알리고 있다. 솜사탕 섬을 본문에서 밝히면 왜 솜사탕 섬에 가려고 하는지를 말해야 하고 그러자면 버스놀이는 놀이가 아니라 목적이 분명한 여행 또는 일탈로 보인다. 그렇다고 목적지를 전혀 언급하지 않으면 버스놀이는 부질없는 장난처럼 허망해져서 독자들은 그저 구경꾼이 되고 '나도 저 버스를 타고 싶다.'는 욕구가 절실하게 일지 않는다. 놀이가 재미있는 것은 그것이 놀이가 아닌 진짜 현실 같을 때이다. 제대로 쓰자면 길어지거나 군더더기가 될 것 같다면 노래에 얹어보기를.

나의 경우, 노래는 즉흥적으로 나온다. 흥이 절로 나오는 것처럼. 노래는 미리 기획되는 게 아니다. 흥이 나면 노래가 뒤따라 나오고, 그 노래는 모두의 고개를 끄덕끄덕, 어깨를 들썩들썩… 급기야 따라 부르게끔 한다. 입 속에 노래 한 가락이 감지되면 얼른 뽑아내도록. 즉흥적인 것은 일단 적어놓고 보자.

## 의성어로 감추는 어떤 비밀

의성어는 그림책에 자주 등장하는 언어적 장치이다. 의성어나 동물의 소리가 그냥 나오기만 해도 아이들은 귀를 쫑긋하는데,《메리 크리스마스, 늑대 아저씨》나《옛날에 오리 한 마리가 살았는데》에서와 같이 그 소리가 어떤 비밀을 감추고 있다면 이야기에 걸려들지 않을 아이가 없다.

《메리 크리스마스, 늑대 아저씨》에서 늑대는 아기 돼지를 잡아먹으려고 달려가다가 돌부리에 걸려 넘어져 정신을 잃는데 깨어나 보니 침대에 누워 있고 아기 돼지들이 자신을 내려다보고 있다. 늑대는 "너희들을 잡아먹겠다." 하고 소리쳤지만 다친 입에는 붕대가 감겨 있어서 "우우우우 우우웃우우우우우!"로 나올 뿐이다. 아기 돼지들은 늑대가 미안하다고 사과하는 거라며 늑대를 안쓰러워하는데, 늑대는 그게 아니라고, 잡아먹을 거라고 소리쳤지만 역시 나오는 소리는 "우우우…."일 뿐이다. 아기 돼지들은 "조금만 참으세요!" 하고 위로하며 크리스마스 선물까지 옆에 놓는다. 착한 아기 돼지들을 제쳐두고 늑대와 독자들은 비밀을 공유하는데 공범자가 된 기분을 들게 하는 깜찍한 전략이다.

《옛날에 오리 한 마리가 살았는데》는 동물들의 대화가 '꽥', '음매', '꼬꼬댁', '매애애'로 쓰여 있다. 심지어 쿠데타의 전모도 동물들의 의성어로 비밀스럽게 전해진다.《메리 크리스마스, 늑대 아저씨》와는 달리, 이 그림책은 독자들을 배제하고 저희들끼리 비밀을 공유하고 있는데 이 때문에 독자들은 더 동물들의 말에 귀를 기울인다. "뭐라고? 무슨 얘기지? 나도 듣고 싶잖아." 하면서. 동물들은 또다시 '꽥', '음매', '꼬꼬댁', '매애애'로 대답할 것이다. 이런 장치도 남용하면 안 된다. 적재적소에 최소한으로 배치하도록.

**중반의 지루함을 날리는 장치들**
그림의 마술쇼
동일성과 다양성의 장치를 활용하자.
의외의 상황, 예기치 않은 위기를 시도해 본다.
미완의 문장으로 긴장을 고조시키자.
노래 집어넣기
의성어로 감추는 어떤 비밀

# 넷째 날

산을 오른 지는 오래되었지만 하산 때 꼭 문제가 생긴다. 얼른 내려가 쉬고 싶은 생각에 넘어지기도 하고 길을 헷갈려 출발한 곳이 아닌 엉뚱한 곳에 도착하기도 한다. 하지만 소소한 기쁨도 있다. 올라갈 때 보지 못한 꽃과 나무를 발견하기도 하고 내려가는 길에 만나는 사람들에게 "얼마 안 남았어요. 힘내세요." 하는 뿌듯한 인사를 건넬 수도 있다. 중반 이후의 글쓰기에서도 비슷한 일이 벌어진다. 일을 그르치지 않으려면 천천히 걷는 수밖에 없는데 아예 하늘도 올려다보고 꽃과 나무도 보며 쉬엄쉬엄 내려오자. 넷째 날 오전의 과제는 시점, 글과 그림의 상보성이고 오후에는 글쓰기의 실제적 요령 몇 가지와 결말 쓰기이다. 글쓰기 요령은 원고를 다듬고 고칠 때 필요한 내용이다. 결말이 끝이 아니라 원고 검토가 끝임을 잊지 말기를. 기적은 금요일에 기다리고 있다.

오전

# 시점

주인공이 스스로 자기 이야기를 하지 않는다면, 주인공은 자신을 드러내 줄 화자가 필요하다. 따라서 이야기에는 말하는 사람이 주인공보다 더 먼저 존재한다. 사건은 주인공이 일으키지만 그 사건의 전모를 말해줄 화자가 없으면 주인공이고 사건이고 아무 소용이 없다.

누구나 자신만의 입장이 있는데 그건 화자도 마찬가지이다. 똑같은 줄거리라도 화자에 따라 전혀 달리 들리는 것은 바로 이 때문이다. 시점은 바로 누가(누구의 입장에서) 이야기를 말하는가의 문제이다.

그림책의 시점은 비교적 단순하지만 소설의 시점에 대해서는 새로운 이론과 연구가 지금도 진행되고 있다. 다음은 그림책에서 흔히 볼 수 있는 시점들이다.

## 1인칭 시점

1인칭 시점은 화자가 '나'이다. 내가 나의 이야기를 말하는 경우를 1인칭 주인공 시점, 내가 남의 이야기를 전하는 경우를 1인칭 관찰자 시점이라고 한다. 1인칭 주인공 시점으로 쓰인 그림책에는 《난 형이니까》,《난 커다란 털북숭이 곰이다》와 "엄마가 오늘 아침에 죽었다."로 시작하는 《무릎딱지》가 있다. 1인칭 관찰자 시점의 그림책에는 《하늘이네 커다란 식탁》,《내게는 소리를 듣지 못하는 여동생이 있습니다》가 있다.

  1인칭 주인공 시점의 이야기는 마치 식구들이 저녁을 먹으러 둘러앉아 각자 낮에 있었던 일을 얘기하는 것처럼 편안하고 안정된 분위기에서 진행된다. 듣는 사람이 주인공과 화자를 따로 생각할 필요가 없으니 이야기가 전달되는 통로에서 커튼 하나를 걷어낸 셈이다. 반면, 1인칭 관찰자 시점은 '내'가 제삼자를 관찰한 내용을 들려주는 경우이다. 이때 독자는 화자 따로 주인공 따로 두 명의 인물을 알아가야 하기에 이야기가 전달되는 통로에 있는 커튼이 두 장인 셈이다. 주인공에 바로 감정이입이 일어나지 않으면 '모르는 사람 얘기를 내가 왜 들어야 하지?' 하는 의구심이 생긴다. 주인공에 흥미가 생긴다고 해도 전하는 내용이 피화자인 독자에게 친근하지 않거나 아예 관심 밖의 것이라면 당연히 그럴 것이다. 따라서 1인칭 관찰자 시점은 주인공, 소재와 주제를 잘 선택해야 한다.

  그렇다면 주인공 시점과 관찰자 시점은 왜 생겼을까. 주인공이 직접 자신의 이야기를 들려준다면 그보다 더 확실한 건 없지만 주인공이 자기의 마음을 주체적으로 표현하기 힘든 경우도 있다. 질병이나 장애가 있거나,

심리적으로 말하고 싶지 않은 시기일 때, 혹은 너무 어려서 표현에 한계가 있을 때가 그런 경우이다. 또한 세대가 달라 생활 방식이나 사고방식이 어린 독자에게 낯설게 보일 때, 내면을 알 수 없는 외계인이나 사물과 같은 아주 낯선 존재를 주인공으로 내세울 때도 독자 또래의 부인물을 통해 이야기를 들려주는 1인칭 관찰자 시점이 유효하다.("우리 할머니는요….." 하면서 이야기를 시작하겠지.) 이때 독자는 부인물을 통해 주인공의 심정을 알게 되는 제한이 있지만 주인공과 부인물 둘 다에 동일시 감정을 느낄 수 있어서 감상의 폭이 넓어진다.

1인칭 관찰자 시점의 그림책에 그림을 그릴 때 주의할 점이 있다. 이야기의 주인공이 화자는 아니므로 그림을 주인공 위주로 그리다 보면 화자를 생략하기 쉽다는 것이다. 특히 화자가 그림으로 보여질 때 별 특징이 없고 눈, 코, 입(표정)이 없을 때 더욱 그러하다. 하지만 화자를 통해 이야기가 전달되므로 화자는 매 장면 등장해야 한다. 그 좋은 예가 《하늘이네 커다란 식탁》이다.

이 그림책은 어린이집에서 일어난 사고로 스스로 마시지도 못하고 먹지도 못하는 장애를 입게 된 '하늘이'에 관해 식탁이 들려주는 이야기이다. 어린이집에 아이를 보내고 있는 부모들에게는 들여다보기 두려운 그림책이지만 나는 이런 그림책도 우리 곁에 있어야 하고 읽혀야 한다고 생각한다. 사고를 미연에 방지하도록 경계할 수도 있고 만에 하나 어린이집에서 사고를 당한 일이 있다면(경미한 사고이길 바라지만) 하늘이네 가족이(식탁까지도) 서로를 보듬고 잘 극복해 나가는 과정을 보며 위로받을 것이다. 지금 아무 일도 없는 것에 감사할 수도 있으니….

독자들은 하늘이한테 마음이 쓰여 식탁이 그림에 있건 없건 상관치 않을 것 같지만, 식탁이 그림에 없다면 이야기는 금세 공중으로 붕 뜬다. 목소리는 들리는데 정작 누구의 목소리인지 화면에 비치지 않을 때(드라마에서는 이런 기법을 의도적으로 사용하기도 하지만) 농락당하는 기분이 들지 않는가. 보통은 '이런 혼란을 주면서 내게 의도하는 바가 뭘까?'를 3초간 생각하다가 채널을 돌리는 걸로 끝. 그림책도 드라마나 영화처럼 화면을 갖고 있다. 하지만 연출가의 멋진 의도를 파악하려고 애쓰며 3초 이상 기다리는 그림책 독자가 있을지 의문이다.

그림 작가들은 자신이 그리고 있는 이야기가 1인칭 시점임을 꼼꼼히 따지지 않을 수도 있고, 구도가 좋지 않다거나 모양이 안 좋다거나 하며 목소리의 주인을 커튼 뒤에 감출 수도 있다. 만일 그림 작가의 주장에 편집자나 디자이너가 동조하면 호미로 막을 일을 가래로 막을 꼴이 된다. 글과 그림을 함께 앉혀 이야기를 읽으면 누구나 무의식적으로 그림 속에서 화자를 찾게 되는데, 없다면? 급기야는 인쇄 일정과 홍보 일정을 다 취소하고 그림을 다시 그려야 하는 일이 발생한다.

이번에는 텍스트가 조심해야 할 사항이다. 1인칭 시점에서는 화자인 '내'가 보지 못한 것, 듣지 못한 것은 글로 전달할 수 없다. 반면 그림은 모든 것을 다 보여주는, 이를테면 3인칭 시점으로 그려지기에 이에 현혹되어 실수를 할 수 있다. 만일 1인칭 화자가 그네를 타고 있는데 그림에 그네 뒤에서 엄마가 지켜보고 있다면 "내가 그네를 타고 있을 때 엄마는 내 뒤에 없었다."라고 쓸 수 없다. 엄마가 있었는지 없었는지 알 수 없기 때문이다. 이럴 때는 "나는 엄마 생각을 하며 그네를 타고 있었다."라거나 "엄마는 왜 안 오지?"라는 문장만 쓸 수 있다.

바로 이 지점에 그림책만의 독특한 매력이 있다. 주인공이 인지하지 못하는 어떤 사건을 독자들은 그림을 보고 알 수 있다. 이런 그림은 다음 사건의 전조가 되기도 하고 앞에 벌어진 사건의 결과가 될 수도 있다. 독자들이 이를 알아차린다면 흥미를 붙드는 요인이 되겠고, 알아차리지 못한다 해도 이야기 전개에는 아무 영향이 없다.

다행스럽게도 대부분의 아이들은 그림을 그냥 지나치지 않는다. 제3언어권의 나라에서 그림이나 표식을 보고 무언가를 알아내야 하는 여행객들처럼 아이들은 그림을 놀라울 만큼 자세히 본다. 그림으로는 뻔히 보이는데 글에서는 아무 언급이 없으면(1인칭 시점과 뒤에 나올 3인칭 선택적 전지 시점으로 쓰인 경우) 독자들은 엉덩이를 들썩이며 안달한다.

《아기오리 열두 마리는 너무 많아!》에서는 엄마 오리는 나무 뒤에 숨어 있는 늑대를 알아차리지 못하는데, 늑대는 그렇게 숨어서 기회를 노리다가 마침내 이빨을 드러내며 오리 일행을 덮친다. 엄마 오리 입장에서 이야기가 전해지므로(3인칭 선택적 전지 시점) 엄마 오리는 늑대를 보지 못했기 때문에 늑대에 대해 언급할 수 없다. 아기 오리들 역시 엄마 뒤를 졸졸 쫓아다니느라고 늑대의 존재를 알아차리지 못한다. 그러나 독자들은 늑대가 점점 크게 모습을 드러내는 것을 보며 마음이 조마조마하다. "무슨 일이 일어날 것 같아. 어쩌지?", "늑대가 호시탐탐 노리고 있는데 오리들에게 어떻게 알려주지?" 하다가 급기야 늑대가 몸을 날려 오리 일행을 습격하는 장면에서 독자들은 "봐, 맞네. 내가 이럴 줄 알았지!" 하며 으쓱해 한다. 이와 같은 전술은 자기중심적으로(1인칭 시점이나 3인칭 선택적 전지 시점으로)

이야기를 진행하는 데서 오는 단점을 보완할뿐더러 그 단점을 장점화하는 효과도 있다.

## 3인칭 시점

3인칭 시점은 말하는 사람이 '나'도 아니고 '너'도 아닌 '그'인 경우이다. 3인칭 시점은 크게 3인칭 객관적 시점과 3인칭 전지적 시점이 있다. 3인칭 객관적 시점은 화자가 영화를 찍듯이 누구의 마음에도 들어가지 않은 채 벌어지는 사건과 광경을 보여준다. 독자들은 작중 인물들의 감정과 사고를 추측만 할 뿐, 알 수 없다. 작가의 의도도 감추어져 있다. 이와는 달리, 3인칭 전지적 시점은 작중 인물의 마음속을 전지전능한 신처럼 들락거린다. 작중 인물 중 한 사람(주인공)의 마음속에만 있는지, 아니면 여러 사람의 입장을 왔다 갔다 하는지에 따라 3인칭 선택적 전지 시점과 3인칭 절대적 전지 시점으로 나뉜다.

《괴물들이 사는 나라》는 3인칭 맥스의 입장에서 이야기를 풀어나가므로 3인칭 선택적 전지 시점의 예이다. 《아기오리 열두 마리는 너무 많아!》도 늑대가 출연하는 두어 장면을 제외하곤 3인칭 선택적 전지 시점으로 씌었다. 엄마 오리의 입장에서 아기 오리 열두 마리가 많긴 많다느니 하는 푸념이 독자들에게 들릴 정도로 이어진다. 《더 놀고 싶은데》도 3인칭 선택적 전지 시점의 이야기이다. 꽁지머리 아이의 마음에 살짝 들어갔다 나오긴 했지만 주인공 호랑이의 입장을 충실하게 따르고 있다. 《순이와 어린 동생》,《이슬이의 첫 심부름》도 이에 속한다.

   3인칭 절대적 전지 시점은 등장인물들이 여럿 나오는데 인물들의 경중을 따지기 어렵거나(따지는 게 별로 중요치 않거나) 모두의 마음을 살펴야 할 때 적당하다. 주인공은 있지만 그만큼 부인물의 동선과 감정이 중요한 경우이다. 《손 큰 할머니의 만두 만들기》가 그 예이다. 만두를 만들러 오며 어른 동물들이 구시렁대는 장면, 어린 동물들이 수선을 떠는 장면을 보면 시점이 두루두루 옮겨 다닌다는 것을 알 수 있다.

   《이상한 엄마》도 3인칭 절대적 전지 시점으로 일하는 엄마의 고단함(이 이야기에도 아빠는 없다.), 그런 환경을 오롯이 감당해야 하는 아이의 불안정한 일상이 고스란히 담겨 있다. 이야기는 엄마가 학교에서 호호가 조퇴를 했다는 연락을 받는 것부터 시작한다. 엄마는 친정 엄마에게 전화를 걸었는데 친정 엄마의 상위 버전인 선녀님에게 연결이 되고 선녀님은 마음이 쓰여 호호의 집으로 와서 호호를 돌보게 된다. 일을 마치고 허겁지겁 집에 돌아온 엄마는 호호가 구름에 푹 안겨 잠들어 있는 것을 보고 안심하며 자신도 그 곁에 몸을 눕는다.

   이야기의 서두 텍스트에는 두 엄마만 보이고 아이는 중반부터 나온다. 시점이 아이와 엄마, 선녀를 옮겨 다니며 어느 하나에 편중되지 않고 이야기가 전해진다. 주인공은 누구일까. 아이들은 《이상한 엄마》에서 이상한 엄마보다는 열이 나서 조퇴를 하는 아이에게 더 마음이 가겠지만 중반에 등장하는 걸로 보면 아이를 주인공이라고 할 수 없다. 또한 이 그림책은 이상한 엄마(부르면 언제나 오는 절대적 엄마)를 자신의 일상에 들여놓고 싶은 보통 엄마의 마음이 먼저 보인다. 그렇다면 아이 책이라기보다는 엄마

책이라고 해야 할까. 여기서 이 문제를 깊이 파헤치는 건 불필요하다. 다만 3인칭 선택적 전지 시점은 여러 명의 등장인물 중 주인공을 직감적으로 알 수 있는데 3인칭 절대적 전지 시점은 각 등장인물을 골고루 살펴야 하기에 주인공이 누구인지, 누구에게 먼저 동일시를 해야 할지 등의 모호함이 도사리고 있음을 알고 지나가자.

《원숭이 오누이》는 제목대로 손이와 온이 둘이 주인공이다. 위로 언니가 있고 밑으로는 남동생이 있는 나로서는 손위 형제의 마음도 이해하고 동생의 마음도 이해가 되기에 어느 한쪽 편을 들 수 없었는데, 온이가 오빠를 따라다니느라 애를 쓸 때는 온이의 마음에 동조하고, 손이가 껌딱지 같은 온이를 떼어놓고 홀가분하게 친구들과 놀 때와 온이를 울며불며 찾아다닐 때는 손이의 마음을 들어주었다. 보다 더 간절한 마음에 나의 마음이 함께한 경우이다. 손이와 온이 둘 다의 입장을 개별적으로 살폈다는 점에서는 3인칭 절대적 전지 시점이 되겠고, 주인공(=원숭이 오누이)의 마음만 살폈다고 한다면 3인칭 선택적 전지 시점으로 볼 수 있다.

### 전달자 시점(화자 개입 시점)

《이야기 심리학》에서는 이야기의 맥락을 파악하며 듣는 능력이 발달하는 시기가 4세 이후라고 하지만 4세 전 아이들(영아)에게도 부모들은 그림책을 읽어준다. 영아들은 부모 곁에 앉아 손으로 그림을 가리키고 앞 페이지로 돌아가서 다시 읽으라고 하거나 그다음 페이지로 빨리 나아가고 싶어서 조바심을 낸다. 아마도 부분적으로 앞뒤 장면의 맥락은 파악할 수 있고 그림책 전체의 서두-중반-결말의 흐릿한 윤곽을 갖고 있는 듯하다.

나는 영아들에게 그림책을 읽어줄 때는 텍스트를 엄격하게 전달하려고 애쓰지 말라고 부모들에게 조언한다. 영아 대상의 그림책은 수유를 끝내고 본격 음식으로 들어가기 전 이유식과 같다고. 이유식은 소화되기 좋게 만든다. 중요한 것은 소화에 있음을! 이야기를 듣는 아이의 관심과 이해 수준, 분위기에 맞춰서 그때그때 변형과 편집을 해서 읽어주어도 된다고 하면 젊은 엄마들은 한결 온화한 표정을 짓는다. 그렇다고 처음부터 텍스트를 무시하지는 말고, 아이의 표정을 살피며 일종의 '고객 맞춤 서비스'로 생각하고 진도를 나가도록. 책을 읽는 게 아니라 책에 나온 이야기를 들려주는 식, 또는 (읽지 말고) 대화를 나누는 식으로 말하는 게 좋다. 영아 대상의 그림책이 보통 이렇게 서술되어 있다는 것을 눈치챘는지. 권장 사항은 아니지만 용인 사항(작가나 편집자 입장에서)은 되는데, 사실 4세 전 아이들에게는 책과의 친밀감, 읽어주는 이와의 정서적 교감, 고요한 시간, 몰입의 즐거움 등이 그림책 이야기만큼 소중하다.

다음은 내가 예전부터 갖고 있는《내 친구는 어디 있을까?》란 책의 서두 부분이다.

> 고양이는 가끔 물고기 뱃속에 들어가고는 했어요. / 둘이 한 몸으로 합쳐져 '고양이물고기'가 되는 거죠. / 뻐끔 야옹, 뻐끔 뻐끔 야옹 야옹~ / 고양이와 물고기는 함께 있으면 너무 즐거웠어요. // 앗, 갑자기 고양이 물고기가 바닷물을 따라 / 어디론가 쭉쭉 빨려 들어가고 있네요!

위의 글에서 밑줄 친 부분은 그 외 문장의 서술 방식과는 달리, 이야기를 읽어주는 사람이 듣는 사람에게 말을 거는 듯하다. 말하는 이와 듣는 이의 교감을 꾀한다는 면에는 장점이 있는데, 나는 이를 일단 전달자 시점이라고 칭한다. 이야기를 전달하는 사람의 시점이라는 의미이다.

이런 기술 방식은 이야기를 읽어주다 보면 너무 익숙하고 자연스러워 대부분 인지하지 못하고 지나치기도 한다. 그림책 관련자들도 새삼 주목할 필요를 못 느낀다. 오랫동안 그 자리(잘못된 자리)에 놓여 있어서 눈에 익숙해진 것처럼. 우리 집 현관에는 몇 년째 자기 자리가 아닌데 놓여 있는 헝겊 인형이 있다. 원래 헝겊 인형은 거실 안쪽 선반에 조르르 있어야 하는데. 관공서 우편물이 전자레인지 위에 한 달 동안 놓여 있기도 하고….

사실 특별히 고안된 기교나 장치라기보다는 집중 시간이 짧은 어린 청자들이 딴 데로 눈을 돌리지 않도록 눈을 맞추며 말을 거는 분위기를 연출하고, 나아가 어린 청자들에게 고개를 끄덕이는 등의 반응을 끌어내고픈 마음에서 자연스럽게 만들어진 어법이다. 오랜 역사를 갖고 있는 구술 문화의 흔적이 깊게 배어 있어서 읽어주는 어른이나 듣는 아이 모두를 편안하게 한다.

2~3세 아이들에게는 《내 친구는 어디 있을까?》보다 더 어린 책이 필요한데 《병아리》가 그중 하나이다. 한 페이지에 한 문장씩인데 1페이지부터 5페이지까지만 인용한다.

아기 병아리야, 어디 가니?

곧 밤이 올 텐데.

봐, 이렇게 어두워졌잖아.

깜깜해서 걸을 수도 없겠네.

이런 데서 어떻게 하려고?

위의 이야기는 그림 속 병아리에게 계속 말을 걸며 전개된다. 이런 기술 방식은 전달자 시점의 특징인 말 걸기가 더 극대화된 경우이다. 첫 페이지에는 혼자 어디로 바쁘게 가는 노란 병아리가 보인다. 읽어주는 이가 "아기 병아리야, 어디 가니?" 하고 소리 내어 말하면, 아이는 자기가 바로 병아리가 된 듯 움칠한다. 읽어주는 이는 아기 병아리에게도 말을 걸고, 듣는 아이에게도 말을 거는 셈이다. 그 말을 들은 아이는 병아리의 마음이 되었다가 병아리를 안쓰럽게 바라보는 누군가의 마음도 되면서 "아기 병아리야, 어디 가니?"라는 물음을 마음속에 간직한다. 어쩌면 아이는 이후로 세상의 위태롭고 안쓰러운 모든 대상에게 표정으로, 눈길로, 그저 마음으로 안부를 묻듯이 "○○야, 어디 가니?" 하고 묻게 될 것이다. 또한 자신이 가야 할 길이 아닌 다른 곳으로 가고 있을 때 마음속에서 불쑥 튀어나올 물음이다.

나의 손주 주호(이때는 21개월)의 최애 그림책은 나의 책 《아기그림사전》이다. 몇 개월째 이 책에 몰입해 있는데, 그림 속 주인공인 남자아이를 자신이라고 여기기 때문이 아닐까.(이야기 그림책은 아니지만 이야기로 만들어 들려준다.) 주호의 반응을 살피며 가만히 보니 이 시기의 아이들은 아직 자기가 모르는 제삼자를 인식하기 힘든 것 같다. 그림책에 자기 또래의 아이가 그려져 있으면 주호는 그림 속 아이를 두드리고 바로 자기 가슴을 두드리며 눈을 치켜뜨고는 자기임을 밝힌다. 요즘 나는 주호가 관심을 보이는 모든 책을 주호와 연관 지어 들려주는데《배고픈 애벌레》로 예를 들면 "주호가 어제 사과를 먹다가 마당에 던졌잖아. 그 사과 이야기야." 하고 시작한다. 동물이 나오는 이야기는 동물 인형을 갖고 와서 들려주고 자동차가 나오는 이야기는 장난감 자동차를 갖고 와서 들려준다. 갑작스레 하늘에서 뚝 떨어진 것 같은 이야기는 주호와 같은 영아들에게는 관심 밖이다.

본격 그림책에도 전달자 시점이 종종 쓰인다. 그림책을 읽어주다가 작가가 된 나도 이 시점을 애용했다(는 걸 나중에 알게 되었다). 다음은《더 놀고 싶은데》의 한 부분인데 밑줄 친 부분이 전달자 시점의 문장이다.

사육사도 마음이 급했던 걸까요?
들어오려다 말고 황급히 나가는데요?

동물원이 무척 넓은데요? 재미난 일도 많은데요?
한 바퀴 다 돌고 나서 호랑이는 아이들과 어울려 신나게 놀았어요.
노래도 부르고 춤도 추었어요.
호랑이가 춤추는 걸 보고 아이들이 깔깔댔어요.

이런 날이 또 있을까요?
언제 또다시 만나 오늘처럼 놀 수 있을까요?

본격 그림책에서의 전달자 시점은 부분적으로 나타나는데 (내포) 작가의 마음이 들떠 있거나 다급하거나(독자와 주인공에게 위험을 알려주고 싶을 때), 모두에게 깜짝 놀랄 일이 벌어졌을 때 등등 보통과는 다른 기조일 때 외침이나 혼잣말, 탄성처럼 나온다. 《아기오리 열두 마리는 너무 많아!》에서 숨어 있던 늑대가 오리를 습격하는 장면에 전달자 시점이 보인다.

그런데, 누군가 풀섶에 있어요. 풀섶이 흔들려요.
저런, 늑대군요.

조심! 늑대가 움직여요.
살금살금
숨소리도 안 나게
발 소리도 없이
한 발짝 한 발짝 다가와서는
앞발로 아기오리 두 마리를 낚아채려는 순간,

앞 페이지까지는 3인칭 선택적 전지 시점(엄마 오리의 입장에서 기술됨)을 유지하다가 여기서 시점이 흔들린다. 풀섶에 누가 있는지, 풀섶이 흔들리는지를 미리 살피지 못한 엄마 오리는 갑자기 튀어나온 늑대가 앞발로 아기 오리들을 낚아채려는 순간이 되어서야 늑대의 존재를 눈치채게 된다. 만약 3인칭 선택적 전지 시점을 견지한다면 위의 문장은 다음과 같이 씌어야 한다.

그런데, 그때 갑자기 바스락거리는 소리가 들렸어요.
"어머나!"
뒤를 돌아보니 풀섶에서 늑대가 혀를 날름거리는 거예요.
엄마오리는 당장에 아기오리들에게 소리쳤어요.
"늑대야. 늑대가 나타났어. 모두 도망쳐!"
하지만 늑대는 벌써 아기오리들에게 달려들었어요.

위의 두 단락을 비교해서 읽으면 시점의 차이가 느껴질 것이다. 물론 바로 위의 단락처럼 일관된 3인칭 선택적 전지 시점으로 전체 이야기를 기술할 수도 있지만 작가도 알아차리지 못한 채('참, 지금 시점을 바꾸어야지.' 하는 의식 없이) 시점이 이동한 데에는 그만한 이유가 있음을 믿자.

다음 페이지는 다시 원래의 시점을 회복해서 엄마 오리의 입장에서 자신감 있게 기술된다. 그 자신감은 새롭게 벌어진 이 상황을 통제할 수 있다. 엄마 오리가 위의 페이지에 나타난 두려움을 극복하고 자신감을 회복할 수 있었던 것은 열두 마리 아기 오리들의 활약 덕분이다.

본격 그림책에 부분적으로 나타나는 전달자 시점은 영아 그림책의 말 걸기 방식의 유산이나 흔적으로 볼 수 있다. 이는 갓난아이에게 눈을 맞추고 말을 거는 교감 행위, 관계 맺기의 흔적이기도 하다. 지금 막 태어나 아무것도 모르고 아무것도 할 수 없는 갓난아기들은 누군가 자신을 봐주기를, 자신에게 말을 걸어주기를 간절하게 기다린다. 눈을 마주치지 않고 말을 걸어 주지 않으면 이 세계와 연결될 수 없음을 갓난아기들은 알고 있다.

얼마 전 〈나는 나쁜 간호사입니다〉란 제목의 다큐멘터리를 텔레비전에서 보았는데 많은 시사점이 있었다. 프랑스 의사인 이브 지네스트가 노인 치매 환자를 대상으로 주창한 휴머니튜드 케어(humanitude care)에 관한 내용인데 요점은 자기가 돌보는 환자를 환자가 아닌 한 사람으로 보라는 것이다. 휴머니튜드 케어는 네 가지 순차적 과정, 마주 보기(눈 맞추기)-대화(말 걸기)-만지기(스킨십)-일으켜 세우기로 실행된다. 이 치료법으로 하루 종일 침대에 누워 있는 무기력한 환자를 일으켜 세운다. 목욕 시간에 간호사들이 데리러 오면 발버둥을 치고 심지어 간호사 팔을 물기까지 한 노인이 어느덧 자기 발로 걸어 스스로 목욕실로 가는 장면도 나온다. 기적과 같은 성취이다. 이는 비단 환자에게만 적용되는 건 아닐 것이다. 사람과 사람 간의 모든 교류, 관계 맺기뿐 아니라 아이를 키우는 것에서도 위와 같은 과정이 선제적 요건이리라.

전달자 시점은 출판계나 학계에서는 (아마 이 용어도 생소할 테지만) 다소 미숙하고 애매한 절충적 기교로 보일 수 있다. 하지만 이 시점은 이제 막 이야기의 맛을 알게 된 아이들을 본격 문학의 독서로 이끄는 데 좋은 역할을 한다. 그렇다고 남용을 해서는 안 된다. 유치해질 수 있기 때문이다. 아이들은 어른들이 자신들을 유치하게 대하는 것을 싫어한다. 이런 걸 좋아하는 사람은 없겠지만 아이들은 특히 그런 눈길을 받기 쉬운 처지에 있음을 스스로 알기에 더욱 싫어한다. 아이들도 자신이 그저 한 사람으로 보이기를 바란다.

## 어떤 시점을 선택할까?

그림책 이야기는 동화나 소설에 비하면 플롯이 단순해서 1인칭 주인공 시점이나 3인칭 선택적 전지 시점이 우세하다. 후자의 이야기는 전자의 이야기를 읽을 때와 유사한 감정이입을 낳는다. 즉 내가 마치 주인공이 된 듯한 느낌을 주는 것이다. 이야기를 다 읽고 나면 1인칭 시점의 이야기인지 3인칭 시점의 이야기인지 기억나지 않을 정도로 독자들이 받는 정서적 친밀감은 흡사하다.

그렇다면 1인칭 주인공 시점과 3인칭 선택적 전지 시점을 선택하는 기준은 뭘까? 화자가 1인칭('나')과 3인칭이라는 것 말고 또 무엇이 있을까? 이를 탐색하기 위해 나는 3인칭으로 쓴 이야기를 1인칭으로 바꿔보기도 하고, 그 반대의 실험도 해보았다. 나의 경우, 3인칭으로 할지 1인칭으로 할지는 이야기를 처음 쓸 때부터 자동적으로 결정되는데 중간쯤 쓰다 보면(주인공에 대한 충성도가 흔들릴 즈음) 3인칭으로 쓰는 게 더 낫겠다 싶은 때도 있다.

자신이 경험했던 것을 이야기할 경우, 1인칭 주인공 시점으로 쓰면 술술 잘 써진다. 하지만 자신감과 욕망 등으로 절제를 잃기 쉽다. 만약 과도함이 예상된다면(과도함은 예상하기 전에 이미 나타나지만) 재빨리 3인칭 선택적 전지 시점으로 넘어가도록. 이 시점은 작가와 주인공의 거리를 넓혀서 주인공을 객관적으로 바라볼 수 있게 한다. 이때 주인공은 작가를 떠나서 자기 자신의 독립적인 인격체가 되어 의도하지 않은 다른 결말에 도달하기도 한다.

시점 선택은 확실히 작가와 주인공의 거리에 상관이 있다. 거리는 정서적 거리와 물리적 거리 두 가지가 있다. 멀리 있지만 왠지 모를 친밀감이 느껴지는 경우도 있고 늘 보는 사이지만 데면데면한 경우도 있지 않은가. 자신의 마음을 숨김없이 들여다보면 해답처럼 시점이 나온다. 해답이 안 나오면 하는 수 없다. 여러 시점으로 모두 쓰고 나서 남에게 읽힌 다음 그가 선택하도록 한다. 남으로서 그는 더 자연스럽게, 더 이야기답게 느껴지는 것을 골라줄 것이다.

합의된 의견은 아니지만 의인화 이야기는 3인칭 선택적 전지 시점이 더 잘 어울린다. 의인화 그림책은 비의인화 그림책보다 종수가 더 많을 것 같은데 그만큼 아이들의 전폭적인 지지를 얻고 있다. 엄밀하게 따지면 말이 안 되는 엉터리 우스개가 분명하지만 관습적으로 우리 인류는 이런 의인화 이야기를 아이 어른 할 것 없이 너무나 자연스럽게 받아들인다.(몇십만 년 전에 출현한 우리의 조상이 동물들과 함께 살았던 추억 때문 같다.) 하지만 그 의인화된 동식물이나 사물이 "나는⋯." 하고 이야기를 시작한다면 어떨까? 제3의 화자가 동식물을 의인화해서 전하는 이야기는 '원래 이야기란 그런 것이니까⋯.' 하며 빨려 들지만 "나는⋯." 하고 한국말을 할 때는 고개를 갸웃거린다. '이거 너무 지어낸 이야기 티가 나는데?' 하면서. 그림책에서 의인화 이야기가 1인칭 주인공 시점으로 그려진 경우를 나는 아직 보지 못했다.

1인칭 시점과 3인칭 선택적 전지 시점을 택할 때 유의할 것이 있다. 화자의 이해 범위를 넘어가는 내용은 전달할 수 없다. 또한 화자가 쓰는 낱말로만 이야기를 전달해야 한다. 따라서 화자의 캐릭터 분석이 필요하다.

이 이야기에 나오는 '나' 또는 3인칭 화자는 어떤 취향을 갖고 있는지, 어떤 말투를 쓰고 어떤 생활 방식을 갖고 있는지…. 주인공이 아이가 아닌, 세상 온갖 경험을 갖고 있는 노인이라 하더라도 독자들이 이해할 수 있는 낱말과 내용으로 이야기가 전개되어야 한다. 이런 말을 하면 초보 작가들은 약간 기분이 상해서 '당연하죠. 우리도 그쯤은 알고 있어요.'라는 표정을 짓지만 실제 글을 쓸 때는 모두 알고 있는 그쯤이 등잔 밑으로 숨기도 한다. 등잔 밑이 가장 어둡다는 말은 이럴 때 하는 말이다.

시점에 관해서는 전하려는 내용이 먼저이고 시점은 그다음이라는 게 나의 요점이다. 내용에 가장 잘 맞는 시점을 택하는 것이 가장 옳은 선택이다. 무엇보다도 자동적으로 혹은 자연스럽게 나오는 어떤 낯선 방식에 당황하지 말기를. 그렇게 나오는 어떤 방식은 의식의 표면에서 나오는 것이 아니라 내면 깊숙이에서, 필연적으로 나오는 경우가 더 많다.

**시점**
1인칭 주인공 시점은 주인공과 화자가 동일하다.
1인칭 관찰자 시점은 주인공, 소재와 주제를 잘 선택해야 한다.
3인칭 객관적 시점은 화자가 객관적으로 사건을 보여준다.
3인칭 전지적 시점은 인물의 마음속을 신처럼 들락거린다.
(3인칭 선택적 전지 시점, 3인칭 절대적 전지 시점)
전달자 시점은 듣는 사람에게 말을 거는 듯한 방식이다.

# 글과 그림의 상보성

## 글의 소임

한 권의 그림책에서 글과 그림이 서로를 보완하고 지지하며 상생하는 관계라는 것은 새삼 언급할 필요가 없다. 다만 이런 관계를 이루기 위해서는 일차적으로 글은 글의 소임을, 그림은 그림의 소임을 잘 수행해야 한다. 다음은 글의 소임을 정리한 내용들이다. 그림책에서 글이 어떻게 작용하는지 보여줄 것이다.

### **글은 그림책의 기원(origin)을 제공한다**

벌써 오래전 일인데 한 문학 단체에서 동시와 동화 시상식을 할 때 동화를 먼저 시상하는 것을 두고 원로 동시인이 쓴소리를 하며 퇴장한 일이 있었다. 그는 아무리 동시가 동화보다 인기가 없다고 해도 문학의 자리에서 당연히 시가 먼저임을 주장했는데 적지 않은 문인들이 동감했을 것이다. 문학의 시원에서 시가 소설보다 앞자리에 있음은 문학계나 출판계 관련자들이라면 상식 중의 상식이다. 구술 문화에서 이야기가 서사시나 노래의 형태로 먼저 전수되었음을 모르지 않을 텐데…. 동화보다 동시가 먼저이듯 그림책에서도 그림보다 글이 먼저이다. 이는 경중을 따지는 것이 아니라 순서를 따지는 것이고 기원을 따지는 것이다. 닭이 먼저냐 달걀이 먼저냐의 문제가 아니다.

영화나 드라마도 촬영하기 전에 글로 쓰인 대본이나 시나리오가 있어야 한다. 촬영이 끝나면 글로 쓴 원고는 이미지에 스며들어 따로 보이거나 들리지 않지만 글로 된 원고가 없으면 착수를 할 수 없다. 이에 반해 그림책은 완성되었을 때 글 원고가 펼침면 안에 자기 영역을 갖고 보이고 들린다. 이 때문에 글이 그림을 이끌어내고 그림이 그려지는 바탕이 된다는 점이 쉽게 간과되는 건 아닐까. 글과 그림이 동시에 무대에 들어와 있는 듯하기에. 하지만 좀 더 깊이 들여다본다면 그림책은 글이 그림을 초청한 경우임을 알 수 있다. 글은 그림에게 무엇을 그릴지를 알려준다. 그림으로 그려질 맨 바깥 가장자리를 제시하는 셈이다. 이런 점에서 그림책의 기원이 글에 있음을 말하는 것이다.

기원을 뜻하는 origin과 독창성을 뜻하는 originality는 어원이 같은데 이를 바탕으로 생각해 보면 기원이 자기에게 있을 때 독창성을 부여받는다고 할 수 있다. 그런데 독창성은 '무엇을' 그릴 것인지뿐 아니라 '어떻게' 그릴 것인지에서도 나올 수 있다. 따라서 그림책의 기원이 글에 있다고 해서 그림책의 그림이 독창성이 없다는 건 아니다. 그림책의 그림은 글이 먼저 나온 이후에 그려질 뿐, 그림 작가의 독창성은 그대로 발현된다.

그림의 독창성은 옛이야기 그림책을 떠올려 보면 쉽게 이해된다. 같은 텍스트를 기반으로 한 새로운 옛이야기 그림책들이 계속 만들어지고 있는데 그렇다고 그림책 저마다의 독창성이나 존재 이유가 없는 것은 아니다. 《해와 달이 된 오누이》나 《반쪽이》 등은 이미 수십 권 나와 있지만 또 나올 것이다. 같은 텍스트여도 그림 작가는 충분히 자기만의 독창성을 발휘할 수 있고 그런 이유로 그림은 예술이 될 수 있다. 또한 '무엇을 그릴지'

를 글이 결정해 준다고 해도 '어떻게 그릴지' 속에도 결정해야 할 수많은 '무엇들'이 존재한다. 앞 단락에서 그림으로 그려질 맨 바깥 가장자리라고 한 것이 이 때문이다.(글 없는 그림책은 여기서는 논외로 한다.)

한 출판사에서 유독 그림책 표지에 글 작가 이름보다 그림 작가 이름을 먼저 명기한 것에 대해 나는 틈나는 대로 "이건 아닙니다."라고 말해왔다. 원서에 제대로 되어 있는데 그것도 무시하고 꼭 이렇게 하는 이유가 뭔지. 그런데 최근에는 다른 출판사 그림책에서도 표지에 그림 작가 이름이 먼저 나온 것이 종종 눈에 띈다. 하긴 예전에 어느 개인 도서관에 갔더니 "그림책은 그림이다."(젊은 도서관장이 어찌나 자신만만하게 말하던지)라며 그림 작가의 이름순으로 그림책을 꽂고 목록 작업도 그렇게 하고 있었다. 모두 그림책의 기원을 간과함은 물론 기원과 독창성을 착각한 처사이다.

그림책은 그림이 차지하는 면적이 글에 비해 압도적으로 넓기 때문에 그림책은 그림이라는 생각을 갖기 쉽다. (우리 집은 건평이 30평 정도이고 마당의 면적은 1000평 정도인데 그럼 우리 집은 집이 아니라 마당인가. 하긴 1000평의 마당을 관리하느라 남편과 나는 봄부터 가을까지 허리가 휜다.) 한 원로 동화 작가는 그림책의 기원이 글에 있는데 글이 그림과 인세 비율이 같은 건 온당치 않다고 나를 몰아세웠다.(내가 앞장서서 바로잡아야 한다는 뜻이다.) 그림책의 기원이 글에 있는 건 사실이지만 집보다 훨씬 큰 마당을 관리하는 나의 노동량과 글보다 훨씬 많은 면적의 그림을 그려야 하는 그림 작가의 노동량을 고려해 더 요구하지는 않는다. 또한 인세 비율은 그림 작가와 글 작가가 양보와 양해, 경쟁을 하며 조율할 게 아니라 사실은 출판사와의 문제이다. 계약 당사자는 출판사이기 때문이다.

authenticity와 author, authority는 같은 어원을 갖고 있다. 작가로서 자신이 얼마나 진정성(authenticity)을 갖고 있는지는 본인이 가장 잘 아는데 독창성은 작가 입장에서는 진정성이 된다. 당신에게는 진정한 무엇이 있는가? 있다면 권위(authority)는 저절로 갖추어진다. 사실 글이나 그림을 그리지 않아도 우리는 저자(author)가 될 수 있다. 자신의 삶을 만드는 사람이기 때문이다. 그것만큼 의미 있는 최고의 작품은 없을 것이다. 자기 자신에게서 기원하는 삶, 자신의 진정성을 소유하는 삶은 최고의 인생이다. 창작자들이 작품 활동에 매진하는 것은 그것이 자신의 진정성을 확인하는 방법이기 때문이다.

## 글은 서사를 끌고 가고 그림은 묘사를 한다

그림에는 글이 전할 수 없는 것을 보여주는 그림만의 고유한 기능이 있지만 그렇다고 해도 글과 그림의 어울림 방식에는 전략이 필요하다. 최소한 동어반복(글이 전하는 내용을 그림이 그대로 보여주는 것)은 피해야 하고, 글과 그림 둘이 함께 있어서 더 좋은 이유를 갖고 있다면 최상이다.

 그림 작가들에게 서사와 묘사에 대해 말을 꺼내면 혼란스러운 표정을 짓는다. 어떤 것이 서사이고 어떤 것이 묘사인지 헷갈리는 것이다. 간단히 말하면 서사(적 문장이나 표현)는 어떤 사실이나 사건, 행위, 상황 변화, 공간 이동 등을 전하고 묘사(적 문장이나 표현)는 풍경, 겉모습, 표정, 정서 등을 전한다. 말하자면 서사는 '무엇'(무엇인지 또는 무엇이 일어났는지)에 관한 것이고, 묘사는 '어떻게'(어떻게 일어났는지, 그래서 기분이 어땠는지, 어떤 모습인지)에 관한 것이다. 이 정도만 알고 시작하면 된다.

서사와 묘사의 잣대로 글과 그림의 역할 분담을 살펴보면 다음의 다섯 가지 경우의 수가 나온다. 첫째가 글이 서사와 묘사를 다 담당하고 그림은 무대의 배경처럼 드리워지는 경우, 둘째는 글이 서사를 담당하고 그림이 묘사를 담당하는 경우, 셋째는 글이 묘사를 담당하고 그림이 서사를 담당하는 경우, 넷째는 그림이 서사와 묘사 둘을 담당하고 글이 그림의 캡션이거나 뒤따르는 경우(이런 그림책들도 많다.), 마지막으로 다섯째는 글이 서사와 묘사를 담당하고 그림도 글 못지않게 서사와 묘사를 보여주는 경우이다.

첫째와 넷째의 경우는 얼핏 떠올려도 글과 그림의 불균형이 느껴지므로 논외로 한다. 그리고 셋째 경우는 초보자가 시도하기 힘든 경우이다. 이야기 그림책보다는 논픽션 그림책, 좀 특별한 형태와 내용의 그림책에 더 적용 가능하다. 둘째와 다섯째 경우가 성공 확률이 높은데 이 두 가지 경우를 좀 더 탐구해 보자.

글이 서사를 담당하고 그림이 묘사를 담당하는 경우는 본격 그림책에서 가장 안정적이고 성공적이다. 그림은 정보성 그림이 아니라면 속성상 묘사적이다. 이 경우는 묘사를 그림에 맡기고 글은 가벼운 발걸음으로 이야기 진행을 맡는 방식이다.《괴물들이 사는 나라》를 예로 들면 글에는 맥스가 괴물들이 사는 나라로 갔다고만 되어 있다. 그런데 그림에는 그 괴물이 어떤 모습의 괴물인지(괴물답지만 귀여운 모습이라 부모들이 적이 안심을 했을 것이다.) 나와 있다. 글에서는 괴물들과 놀았다는 것만 전달하는데 그림을 보면 어떤 놀이를 했는지 알 수 있다. 글과 그림이 자기 자리에 딱 맞게 들어앉아 합체를 이룬 형국이다.

이런 예는 차고도 넘친다.《옛날에 오리 한 마리가 살았는데》에서 "일은 잘 돼가나?"라고 게으름뱅이 농부가 오리에게 여러 번 묻는 장면이 나온다. 텍스트는 오로지 "일은 잘 돼가나?", "꽥!"이란 문장밖에 없지만 오리가 통나무를 자르고 삽질을 하고 요리에 다림질 등 여러 일을 하고 있다는 것이 그림으로 보인다. 그림에 이런 내용이 나오지 않는다면 독자들은 무슨 일이 잘되어 가는지 궁금할 테고, 궁금증에 발목이 잡혀 그다음 문장 "가엾은 오리는 졸립기도 하고 눈물도 났어요. 그리고 너무너무 피곤했습니다."에 공감하기 힘들 것이다.

그림으로 보여줄 수 있는 것은 그림으로 넘기고 그 대신 핵심 문장("일은 잘 돼가나?")을 반복해 이야기의 집중도를 키운 좋은 예이다. 만일 "오리는 통나무도 잘랐어요. 그런데 농부가 물었어요. '일은 잘 돼가나?' 오리가 대답했어요. '꽥!'"이렇게 썼다면 얼마나 지루했을까. 글이 다 말해버리면 그림은 그릴 것이 없어진다. 글의 묘사에 그림이 갇혀 자기만의 날개를 펼치기 힘들다.

글이 그림의 자리를 비워두고 쓰인 경우와는 달리, 그림을 염두에 두고 쓴 것 같지 않은 본격 이야기들이 있다. 이미 완성된 글 작품으로 그림책을 만드는 경우, 또는 이야기 흐름상 섬세한 묘사가 강점일 때는 그림책을 만든다고 해서 글의 어느 부분을 생략하거나 간략하게 줄이기 힘들다. 그림책을 위해 저자가 다시 간추린다고 해도 묘사문이 적잖이 남아 있다. 이럴 때《부엉이와 보름달》처럼 이야기의 배경을 아름답고 서정적인 풍경으로 보여주거나,《페페 가로등을 켜는 아이》처럼 이야기의 사회적 배경을 영화적 기법으로 재현하는 데 의미를 둘 수 있다. 새로운 방식도 있다.《무룰딱지》처럼 오히려 예측 불가한 추상적·상징적·창의적인 스타일의 그림으로(여기에 디자인까지 합세해서) 놀라운 개성을 창출할 수도 있다.

한국 그림책 초창기에 나온《폭죽소리》는 "와, 왈츠는 이렇게 추는 거구나!" 하고 감탄할 정도로 글과 그림의 어울림이 황홀했다. 당시 초등학교에 다니던 내 두 아이가 흥미 있게 읽을 내용은 아니어서 막 예순을 지나고 있는 친정어머니께 전해드렸는데《폭죽소리》가 아이보다는 어른을 대상으로 한 그림책의 문을 열었다고 개인적으로 생각하고 있다. 사실, 나의 기준에《폭죽소리》는 그림책 형식을 띤 동화책 또는 삽화책으로 분류된다. 그러나 그림책이냐 삽화책이냐를 논하기에 앞서 글 100%, 그림 100%가 합쳐져 200%의 책이라는 건 확실하다.

요즘에 잔잔히 마음에 스며드는 책은《할아버지를 기쁘게 하는 12가지 방법》이다. 글과 그림이 경쟁을 하지 않고 자연스럽게 서로에게 스며든 좋은 예이다. 부모가 있다면 당연히 좋겠지만 그럴 형편이 안 된다고 해도 할아버지와 이렇게 깊은 정을 나눌 수 있다면 아이의 유년은 그리 쓸쓸하지 않을 것이다. 이렇게 글에 조금도 밀리지 않고 그림만의 존재 이유를 살리면서 그림책 전체의 충실성을 높인 탁월한 그림책들이 우리 곁에 줄줄이 있다. 다섯째 경우의 그림책들이다.

그림으로 서사를 나타내면 독자는 그림을 잘 감상할 수 없다. 그림은 무슨 사건이 벌어졌나를 요모조모 살피기에 앞서 냄새를 맡듯 한눈에 직관적으로 감상하는 종목이다. 감상이 끝난 후, 그림을 요모조모 보면서 무슨 일이 일어났는지, 어떤 것을 전달하는지 등을 살필 수는 있지만 이것은 어디까지나 글과 그림을 함께 소화시킨 다음의 일이다.

그림 작가들은 서사를 이미지로 먼저 떠올리기 때문에 이미지로 서사를 전개하기 쉽다. 워크숍에서 여러 차례 다 된 그림을 수정하는 경우를 종종 보았는데, 그림이 서사를 떠맡다 보니 서사에 작은 변화가 생기면 그에 따라 다시 그림을 그릴 수밖에 없기 때문이다. 옆에서 보기에도 고단한 일이다. 한 장면의 그림이 앞뒤의 다른 그림들에 영향을 주게 되니 수정하는 그림들이 자꾸 생길 수밖에. 그림은 그대로 두고 텍스트만 살짝 바꾸면 될 텐데, 텍스트는 그저 그림을 뒤따라오는 수행원처럼 관심을 두지 않는다.

예를 들어 현관에서 아이가 자전거를 만지는 장면의 그림이 있다면 독자들은 지금 자전거를 타려는 건지, 다 타고서 현관에 갖다 놓는 건지 알 수 없다. 그림을 보고 궁금해서 글을 보았는데 글에 그에 대한 언급 없이 "자전거는 무거웠습니다. 나의 마음도 무겁습니다."라고 씌어 있다면 성질 급한 사람은 "그래서 어쩌겠다는 거지? 가져가려다가 무거워서 놓고 가려는 걸까? 아니면…" 하고 중얼댈 것이다. 집을 나가는 것도 마음이 무겁고 들어오는 것도 마음이 무거울 수 있으므로 무슨 상황인지 그림만으로는 알 수 없다. "자전거는 무거웠습니다. 나의 마음도 무겁습니다. '자전거도 가져가야겠다. 엄마가 이것도 동생한테 줄지 몰라. 내 생일 선물로 받은 건데.'" 이렇게 쓴다면 독자들은 주인공이 무엇을 하려는지, 왜 마음이 무거운지도 알게 된다. 독자들에게 답답함을 남기는 건 옳지 않다. 답답함 대신 다음에 무슨 일이 벌어질까 하는 궁금증을 남겨야 한다.

**글은 보편성을 지향하고 그림은 구체성, 개별성을 보여준다**
보편성과 구체성은 이 책 곳곳에 두어 번 언급되었다. 인물의 보편성은 셋째 날 주인공의 성격에서 충분히 얘기했고 구체성은 《오빠한테 질 수 없어!》의 그림 작업에 있어서 그림 작가가 집 안 분위기를 고안할 때 언급했다. 파편적으로 설명된 보편성과 구체성을 한데 모아 글과 그림의 관계라는 틀로 새삼 조명하려는 까닭은 그만큼 중요하기 때문이다.

글이 보편성을 지향하고 그림이 구체성, 개별성을 보여주라는 것은 바로 글과 그림의 역할 배분이다. 둘 중 하나만 자기 역할을 해도 안 된다. 구체성 없이 보편적인 성격을 글로 나타내면 설득력이 없고 자칫 보편성은 전형성으로 전락한다. 글에는 "아주아주 인자하고 동물을 끔찍이 사랑하는 할머니가 있습니다."라고 하고 그림에 어떻게 인자한지, 정말 인자한지에 대한 구체성이 나타나지 않는 경우를 떠올려 보자.

앞에서 글과 그림이 서사와 묘사를 나눠서 담당하는 것이 성공적 배분임을 말했는데 보편성과 구체성의 경우 역시 마찬가지이다. 그림이 보편성을 가진 인물로 그려지고 글이 그 구체적인 개성을 서술하면 글은 글대로 그림은 그림대로 서로 불편해지고 효율성도 떨어진다. 키 큰 사람에게 열매를 주우라고 하고 키 작은 사람에게 높은 나무에 달린 열매를 따라고 하는 것과 같다. 반면, 글이 보편적인 인물로 서술되고("아주아주 손이 큰 할머니가 있습니다. 무엇이든 하기만 하면…") 그림이 구체성을 보여주면 아이들은 (책을 튀어나올 듯 엄청나게 큰 만두소 그림을 보고 그림 속 동물들처럼) 입을 쩌억 벌린다.

사실, 인물 성격의 보편성은 글이 아닌 행동이나 태도로 보여주어야 한다. 《손 큰 할머니의 만두 만들기》에서 손 큰 할머니를 위의 문구처럼 "아주아주 인자하고…"로 설명했다면 다들 책에서 이상한 냄새가 난다며 멀찍이 떨어져 앉을 것이다.(그 이상한 냄새는 각자의 상상에 맡기겠다.)

보편적 성격의 주인공은 그림이 떠받쳐 주는 구체성 덕분에 한 개인이 된다. 그림책 이야기가 옛이야기나 위인전이 아닌 것은 지금 우리 곁의 인물을 주인공으로 삼기 때문이다. 아무리 내용이 좋거나 주인공이 귀감이 될 만한 행동을 한다고 해도 우리를 감화시키는 것은 이야기 속 주인공의 진심 또는 진실이다. 진심과 진실이 오고 나면 그제야 이야기의 주제가 될 보편적 가치가 들어찬다. 따라서 우리는 언제나 옳은 말만 하고 옳은 행동을 하는 주인공을 내보일 게 아니라 한 개인, 나 같은 어떤 사람을 무대로 보내야 하는데 주인공을 한 개인으로 만들어주는 것은 다름 아닌 그림이다.

드라마 극본을 읽으면 누구든 주인공, 가령 '착한 딸'이 될 수 있지만 배역이 정해지면 꼭 그 한 사람만 주인공이 된다. 주인공뿐 아니라 다른 등장인물, 그들의 모든 공간과 소품들이 다 특정한 어떤 것이 되어야 한다. 여기에 매력과 위험이 도사리고 있다. 드라마에서 배우의 연기가 어색하면 그것에 신경이 쓰여 이야기 자체에 몰입이 안 된다. 하지만 주인공이 마치 자기 자신인 듯 연기하면 우리는 그것이 드라마라는 사실을 잊고 한 인간의 '트루 스토리'로 받아들인다. '착한 딸'임은 분명하지만 착함이 그저 착함이 아니라 고뇌와 갈등과 두려움 속에서 착함을 선택한다는 것을 알게 되면서 마침내 '나'의 내면과 만난다. 상투성과 전형성을 극복하는 것은 이렇게 한 개인이 발견되는 때이다.

구체성이 없으면 이야기 속에 감추어둔 보편성은 적나라한 상투성으로 전락하고, 마침내는 의미 없는 장기자랑이나 자아도취밖에 안 된다. 보다 구체적인 현실의 재현을 통해 삶의 보편적 가치를 재발견하게 하는 것이 문학이다.

## 글은 낱장의 그림을 이어주는 역할을 한다

그림책의 그림은 낱장낱장의 그림이 매 페이지에 나온다는 점에서 화첩과 같지만 화첩과 그림책이 다른 점은 앞의 그림과 뒤의 그림 간의 연관성에 있다. 화첩의 그림은 연작이라고 해도 각각 개별적으로 존재하기에 앞에 실린 그림 때문에 뒤의 그림이 영향받지는 않는다. 그러나 그림책의 앞뒤 그림은 발단-전개-결과 등의 연관성의 끈으로 묶여 있다. 한 장면만 누락되어도 (글을 읽지 않는다면) 이야기의 흐름이 끊긴다.

워크숍 때 한번은 컬러 프린트(인쇄 감리 때 한 장씩 빼 온 것)를 한《더 놀고 싶은데》의 낱장 그림을 가져와 참가자들에게 이야기를 추측해 앞뒤 순서대로 찾아 연결해 보도록 했다. 그런 시도는 처음이라 참가자들은 모두 예리한 눈으로 그림을 살폈는데 제 순서대로 그림을 늘어놓는 데 생각보다 오래 걸렸고 지루한 작업이 되었다. 그림 한 장의 전체적인 내용을 살피고 그 그림의 앞뒤 장면을 더듬어 마침내 도달할 목적지를 찾는 과정은 마치 이정표 없이 길을 찾을 때의 답답함과 간절함을 느끼게 했다. 어찌 되었든 그림의 앞뒤 연관성을 탐색하는 데는 괜찮은 시도였고 이정표의 필요성을 참가자들에게 확인시켰다.

《옛날에 오리 한 마리가 살았는데》를 갖고 한 실험은 내 워크숍의 단골 행사였다. 매 페이지의 텍스트를 포스트잇으로 다 가리고 참가자들이 돌아가면서 그림을 보며 어떤 글이 씌어 있을지 추측해서 말하는 방식이다.

참가자들은 당혹스러워하면서도 흥미로워했는데 우리도 한때 이런 적이 있었을 거라 말하니 모두들 웃음! 글자를 아직 깨치지 못한 아이가 혼자 그림책을 본다면 바로 이런 기분일 테고, 그 기분은 우리가 한 번쯤 경험한 것일 테니까. 건국대 강의에서도 팀별로 해보고 발표를 하게 했는데 늘 졸기만 하던 학생을 깨우는 데 성공했으니 효과 만점이다.

이런 시도는 몇 가지 면에서 의미를 건질 수 있다. 첫째는 그림으로만 이야기를 추측해야 하므로 그림을 아주 꼼꼼히 보게 한다. 둘째는 집단 이야기 짓기와도 같은 이런 실험으로 참가자들은 이야기의 맥락과 의미, 가치, 인과성 등을 세심하게 느낄 수 있다. 셋째, 다른 참가자들이 하는 말을 듣고 '아, 이렇게도 그림을 볼 수 있구나.' 하는 소리 없는 외침을 누구나 하게 된다. 다양한 의견, 다양한 시각, 다양한 풀이가 이 실험의 내적 의미를 풍성하게 한다. 마지막으로 텍스트의 중요성을 일깨운다.

《옛날에 오리 한 마리가 살았는데》는 그림을 언뜻(관습적으로) 보면 농부가 농장 주인으로 보여서 참가자들은 거의 태반이 "농장 주인은…", "농장 주인이…"라고 하며 이야기를 끌어낸다. 심지어 이미 이 책을 본 적이 있는 사람들까지도. 하지만 농장 주인이 아니라 그냥 '농부'이다. "침대가 흔들리자 게으름뱅이 농부가…", "그 뒤로 게으름뱅이 농부는…"이라고 씌어 있다. 또한 힘들게 일하는 오리를 위해 농부를 쫓아낸 다른 동물들에 대해서는 '친구'로 씌어 있다. 참가자들은 그저 '동물'이거나 '염소와 닭…'이라고 표현했다. 맨 마지막 페이지에 동물들은 오리를 포함해 모두 '농장 주인'이 되어 일을 함께 하는데 '주인' 역시 대부분의 참가자들 입에서 나오지 않은 낱말이었다. 다들 농부를 농장 주인이라고 여기고 있으니 당연한 결과인데, 정말 농부가 농장 주인이고 동물들이 한낱 일꾼이었던 오리를 농장 주인으로 새로 뽑는다면 이 그림책은 쿠데타 그림책이 된다. 하지만 농장 주인이 아닌 게으른 농부를 쫓아내고 모두 다 농장 주인이 된다면 이들의 모의는 시민혁명이 된다. 가만히 음미하면 실로 놀라운 사실을 담고 있는데 텍스트 없이는 시민혁명도 미완성으로 남을 것이다.

수십 차례 이 같은 실험을 해보았는데 그럴 때마다 텍스트가 얼마나 다르게 나오는지…. 텍스트는 정말 다 다르게 나오지만 글만이 전달할 수 있는 메시지가 있다는 것, 낱장의 그림을 글이 이어준다는 것에 대해서는 이견이 없었다.

## 글은 이야기의 속마음을 보여준다

야노쉬의 그림책은 글과 그림의 멋진 이중주가 만들어내는 풍부한 울림이 매력적이다. 글 따로 그림 따로, 읽을 것과 볼 것도 너무 많다. 여러 번 읽어도 못 읽은 것, 못 본 것이 생긴다. 야노쉬는 글과 그림에서 자기 철학이 담긴 고유의 스타일을 갖고 있다. 일명 야노쉬 스타일!

야노쉬의 그림은 듬성듬성 그린 듯하지만 작고 사소한 것들의 세밀한 묘사로 균형이 잡혀 있다. 비어 있는 듯하지만, 빈틈을 찾으라고 하면 결코 찾을 수 없는 구도이다. 글도 자질구레한 묘사나 넋두리가 중얼중얼 늘어져 있지만 아무것도 생략해서 읽을 수 없는 치밀함이 있다. 야노쉬 책을 읽어줄 때 글밥이 너무 많아 어딘가 생략해서 읽으려고 몇 번 시도했지만 다 실패했다. 야노쉬의 글은 그림이 절대로 표현해 낼 수 없는 이야기의 속마음을 보여준다.

가령 《이글라우로 간 악어》에서 이런 문구, "이리 가까이 오너라. 새 양탄자를 밟지 않게 조심하고. 양탄자를 밟으면 아내가 화를 낼 거야."와 "'악어가 안 물면 다른 동물들도 물지 않을 거야.' 그 말은 사실이었습니다."는 감탄스럽다. 양탄자를 밟으면 아내가 화를 낼 거라는 건 그림이 결코 전할 수 없는 말인데 내 나이대 사람들에게 공감과 미소를 자아낸다. 뒤의 인용문 중 "그 말은 사실이었습니다."도 그림이 전할 수 없는 말이다. 그림책뿐 아니라 소설을 포함해 300권이 넘는 작품을 썼다니….

서양의 그림책은 대개 문장을 고무줄처럼 팽팽하게 당겨 쓰는 편인데 야노쉬는 그런 전통을 보란 듯이 배반하면서 끊임없이 이어질 것 같은 장문의 글로 이야기의 속마음을 풍부하게 보여준다. 반면 그림은 이야기의 겉모습을 풍부하게 묘사한다. 야노쉬의 그림책도 글 100%+그림 100%=200% 그림책이다.

**이야기의 의미와 주제를 드러내는 것은 글이다**

이야기의 주제는 언어를 통해 나타난다. 언어가 없는 그림은 바람 부는 대로 이리저리 부유하는 배와 같다. 떠도는 배를 어느 한 곳(그 배가 있어야 하는 자리), 이 지상에 뿌리를 내려 흔들리지 않게 하는 것은 언제나 글이다. 심지어 글은 그 페이지의 그림이 무엇이 되어야 하는지도 알려준다.

그림책에 글이 있어야 하는 까닭 중 하나가 사람들은 그림을 볼 때 자신의 시선을 끄는 것을 먼저 선택적으로 본다는 것에 있다. 흥미가 없는 것, 나와 별 관련이 없어 보인다면 다 보이기 전에 트리밍을 한다. 볼 필요가 없는 것들을 미리 시야 밖으로 쫓아내거나 단순히 보지 않는다. 이는 원시시대의 DNA가 시키는 일인데, 지금 상황에서 별 상관도 없는 것을 주의 깊게 들여다볼 만큼 우리 선조들은 한가하지 않았다. 우리 인류가 여흥을 즐기게 된 것은(권태라는 말이 생긴 것도) 농경시대부터라고 하니(일부 층들만 그렇겠지…) 우리는 아직도 원시시대의 눈으로 세상을 보는 셈이다.

그림은 아름답긴 하지만 자기 자신을 모른다. 자기 자신을 알 수 있을 때는 글과 함께이다. 자기 자신을 해석해 주는 글이 있어야 자신이 무엇인지 증명할 수 있다. 하나의 그림에 대해 사람들은 각자 다르게 읽을 수 있다는 것은 《어린 왕자》의 보아뱀 그림이 잘 보여준다. 언뜻 모자로 보이지만 그림 밑에 '코끼리를 삼킨 보아뱀'이라고 씌어 있다면 이 그림은 누가 뭐래도 코끼리를 삼킨 보아뱀이 된다.

눈은 감을 수 있지만 귀는 나의 의지로 접을 수 없다. 따라서 눈은 대상을 선택할 수 있지만 듣기는 선택적이 아니라 절대적이다. 이야기의 가치와 의미, 주제 등 지켜야 할 것, 전달해야 할 것들을 소리와 언어로 들을 수 있도록 설계된 것에는 이런 이유가 있지 않을까.

**글의 소임**
글은 그림책의 기원을 제공한다.
글은 서사를 끌고 가고 그림은 묘사를 한다.
글은 보편성을 지향하고 그림은 구체성, 개별성을 보여준다.
글은 낱장의 그림을 이어주는 역할을 한다.
글은 이야기의 속마음을 보여준다.
이야기의 의미와 주제를 드러내는 것은 글이다.

글과 그림의 상보성

## 그림의 역할

그림 역시 한 권의 그림책에서 맡은 역할이 있다. 그림 본래적인 성격도 있지만 특별히 그림책이기에 떠맡게 된 일이기도 하다. 아이들이 (방바닥에 흩어진) 책 중에서 그림책을 덥석 집는 것은 일차적으로 그림 때문이다. 잘하는 사람에게 더 큰 기대를 하는 것처럼 아이들은(어른은 더) 그림책 속 그림에게 기대하는 바가 크다.

**그림은 번역이 필요 없는 태초의 의사소통 수단이다**

그림과 음악이 부러운 것은 번역을 하지 않아도 전 세계 어디서나 향유할 수 있다는 점이다. '번역은 배반'이라는 말이 한때 편집자들 사이에서 번졌는데 배반까지는 아니겠지만 그만큼 달리 읽힐 수 있음은 충분히 짐작 가능하다. 그림책이 아이들의 책이 된 것도 그림 때문이다. 글이 접시에 놓인 딱딱한 음식이라면 그림은 (씹지 않고) 부드럽게 목구멍으로 넘어가는 유동식이다. 이런 까닭으로 노래나 음악만큼 그림책은 국경을 넘고 시대를 넘고 문화권을 넘어서 자유로이 누군가의 마음에 들어갈 수 있다. 그림책은 다른 활자 매체와는 비교도 안 되게 그림 비중이 크다는 것에 그 특징이 있다. 이는 글자를 몰라도 볼 수 있고, 그림으로 내용을 짐작하며 책을 읽을 수 있음을 뜻한다. 글자를 모르는 아이가 혼자서 그림책을 한 장 한 장 넘겨보는 장면은 쉽게 상상이 되는데 이때 무슨 이야기가 담겨 있는지 영 모르는 얼굴이라면 그림이 뭔가 잘못된 것이다. 정확한 내용은 아직 비밀에 부친다 해도 주인공이 누구인지, 무슨 일이 일어났는지, 그래서 어떻게 끝났는지 등은 그림만으로도 충분히 알 수 있어야 한다. 번역이 필요 없다는 건 번역하지 않아도 이야기의 내용을 알 수 있다는 뜻이다. 그림책들이 이 나라 저 나라로 빈번하게 들어오고 나갈 수 있는 이유 중 하나가 번역을 하지 않아도 되는 그림 덕분이 아닐까 한다.

**아이들에게 말을 걸도록 그림을 그려라**

아이들에게 토끼를 사진으로도 보여주고 그림책 속의 그림으로도 보여준다면 아이들은 어떤 것을 더 오래 볼까? 어떤 것을 더 잘 기억할까? 실물을 그대로 보여주는 사진에도 표정이 담기고 상황이 비춰지지만, 그보다는 《잘 자요, 달님》의 토끼, 《슈퍼 토끼》의 토끼를 아이들은 더 사실적으로 느낀다. 이야기를 한번 다 듣고 나면 이야기 속의 토끼는 낯선 토끼가 아니라 '아는 존재'가 된다. 말을 주고받았다고 생각하기 때문이다. 그러나 사진 속의 토끼는 일차적으로 동물원에서 우리 안에 있는 토끼를 물끄러미 구경하는 기분을 들게 한다.

　아이들이 그림책에 나오는 이야기 속 어떤 존재를 마음으로 받아들이게 하려면 그림이 말을 걸도록 그려야 한다. 아이들은 언제든 그림 속 대상(을 비롯해 모든 대상)과 말을 주고받을 준비가 되어 있으므로 그림이 말만 걸어주면 된다. 말을 걸어주는 그림은 어떻게 그릴까? 그런 그림은 그림 작가가 아이들에게 (또는 자기 자신 속의 아이에게) 말을 걸고 싶을 때에나 가능하다. 그림을 그린다는 것은 그림의 대상을 사랑해서 자신이 그와 하나가 되는 일이다. 사랑하는 마음으로 등을 쓰다듬고 얘기를 귀 기울여 듣다 보니 그와 동일시가 되어 그의 마음이 된다. 이 경지에 오르면 독자에게도 반갑게 말을 거는 그림이 탄생할 것이다. 말을 걸고 친구가 되어 오래도록 기억나게 하고 싶다면 캐릭터 만들기에 공을 들여야 한다. 이 이야기에만 나오고 다른 어느 곳에도 존재하지 않는 구체적인 캐릭터.

《손 큰 할머니의 만두 만들기》의 주인공 할머니는 어떤가. 할머니가 나오는 그림책은 한국 그림책만 해도 수백 권은 될 것이다. 만약 거기에 나오는 할머니들이 모두 비슷비슷하다면, 할머니 하면 누구나 떠올리는 할머니로 다 그렇게 그려졌다면 아마도 《손 큰 할머니의 만두 만들기》가 지금껏 팔리지는 않을 것이다. 어른들 눈에는 손 큰 할머니도 그냥 할머니로 보일 수 있지만 아이들 눈에는 아마도 그렇지 않을 것 같다. 할머니들이 잔뜩 모여 있는 마을회관에 '손 큰 할머니'가 함께 있다면 아이들은 금방 찾아낼 것이다. "아, 손 큰 할머니, 저기 계시네!" 하면서.

세상에 똑같은 사람이 없듯이 똑같은 할머니도 없다. 똑같이 살고 있는 할머니도 없고 똑같은 옷을 입은 할머니도 없다. 아이들은 그림으로 보이는 여러 이미지에서 할머니의 일상을 짐작한다. 그림책 속의 손 큰 할머니를 날마다 마주치는 옆집 할머니보다 더 가깝게 느낀다. 그림이 아이들에게 말을 걸도록, 그 소리가 누구에게나 들리도록 그림을 그리자.

**글에 얽매이지도 말고 넘어서지도 말라**

글과 그림의 관계는 불착불리(不着不離), 화이부동(和而不同), 공존의 평화로 표현할 수 있다. 내 책장에 있는 책 중에는 한국에 번역되지 않은 《The Snow Angel》(책을 보여줄 수 없어 안타깝다.)과 오래전에 나온 《내 이름은 윤이에요》가 글과 그림의 절묘한 화합을 보여주고 있다. 워크숍에서는

《The Snow Angel》의 한 장면을 사람들에게 보여주며 글과 그림의 관계를 설명한다. 엘자(주인공)가 눈의 천사와 함께 하늘을 날고 있는 멋진 그림이 그려져 있는데 글은 단 한 문장, "엘자는 날았다."라고밖에 씌어 있지 않다. 글은 조금의 거짓도 말할 수 없기에(글은 사실주의에 기반해 씌었고 그림은 마술적 사실주의로 그려졌다.) 이런 장면이 연출된 것이다. 다른 페이지에도 눈의 천사가 나무 뒤나 멀리 어딘가에 그려져 있지만 글에서는 직접적으로 등장하지 않는다.

《내 이름은 윤이에요》는 이민 가정의 한 아이가 자기의 한국 이름을 학교 아이들에게 떳떳이 밝힐 때까지의 과정을 보여준다. 재미난 것은 글 작가나 그림 작가는 외국인이지만 주인공은 한국 아이라는 점이다.(외국인들의 눈에 한국 아이의 외형적 특징이 어떻게 보이는지도 슬쩍 짐작하게 된다.) 글이 주는 메시지는 강하지만, 그렇다고 특별한 것은 아니다. 낯선 나라, 새로운 환경에 정착하면서 정체성의 혼란을 겪는 아이들이 한둘이 아니기 때문이다. 글에서 떠올려지는 풍경만 그려진다면 이 이야기는 그림책으로 나올 필요가 없다. 글만으로도 충분히 내용이 전달되기 때문이다. 그런데 아이의 심상이 배어 있는 창의적이고 심미적인 그림이 곁들여지면서 이 진부한 이야기는 개성적이고 각별한 이야기로 재탄생했다. 표지만 봐도 "아, 이 사람들은 진정 프로구나!" 하는 감탄이 나온다. 여기에서 이 사람들은 이 책의 글 작가와 그림 작가이다.

《The Snow Angel》과 마찬가지로 프로가 프로를 만나면 이들의 그림책은 글 작가의 것도 아니고 그림 작가의 것도 아닌, 그 책 자체가 된다. 앞서 얘기한 글과 그림의 어울림 방식 중 다섯째 경우(글 100%와 그림 100%

가 만나 200%가 된 그림책)이다.

　이렇게 글과 그림이 각자 최고의 역량을 펼치는데 조금도 불협화음이 느껴지지 않는 것은 둘 사이의 거리가 너무 멀지도 않고 너무 가깝지도 않은 알로에 거리(알로에가 잎을 내뻗을 때 서로 잎이 겹치지 않도록 거리를 둔다고 함. 이를 칭하는 말)를 유지하기 때문이다. 그림이 글을 쫓아다니면 답답하게 보인다. 그렇다고 글을 혼자 내버려 두고 끈이 풀린 풍선처럼 저 혼자 높이 날면 그림은 이야기를 떠나 회화 작품이 되고 만다. 아이가 풍선 끈을 잡고 신나게 달리는 광경을 떠올려 보자. 아이의 발은 땅에 붙어 있고 풍선은 두둥실 하늘을 난다. 이것이 내가 바라마지않는 글과 그림의 알로에 거리이다.

## 예술적 감흥을 일게 하라

그림책의 그림은 아이들이 처음 접하는 회화 작품이다. 어릴 적 한 번 본 어떤 그림 때문에 이후 화가의 길로 접어드는 사람도 있다. 화가의 길을 걷지 않더라도, 그림 한 점 그리지 못해도 회화와 예술에 대한 감수성은 충분히 고양될 수 있다. 감수성은 어릴 적에 발현되지 않으면 그대로 묻히기 쉬운 특별한 능력이란 것을 나이 들고 깨달았다. 이순의 나이가 되면 조마조마한 기분, 두근두근한 기분, 부러워 죽을 것 같은 기분조차 돈 주고 사야 할 만큼 귀하다. 돈을 주고도 살 수 없으니 그런 기분들과는 이제 영영 이별인데, 어릴 적에는 물론 그렇지 않았다.

　감수성은 내면과 외면 사이의 막이다. 어릴 때 누구나 그 막은 해파리처럼 투명하고 얇은 형태였다. 하지만 어른이 되면서 얇디얇은 막이 시멘트 벽, 철조망, 울타리 등 다양한 형태로 변화된다. 동심으로 돌아간다는 것은 해파리와 같은 그때의 감수성을 갖게 됨을 뜻한다. 감수성이 해파리와 같다면 그 막으로 좋은 것들이 다 쏟아져 들어온다. 동화를 마구마구 쓸 수 있고 그림도 마구마구 그릴 수 있고 노래도 춤도 마구마구 할 수 있다. 쓰고 그리기 이전에 우리는 마구마구 느낄 수 있다.

아이들에게 예술의 향취를 훅 들이마시게 해주는 것만큼 멋진 예술 교육은 없다. 예술 교육은 예술을 하는 사람에게만 필요한 교육이 아닐 것이다. 그 사람들은 예술을 하는 사람들일 뿐 예술 교육은 예술을 알게 하고 이해하게 하는, 나아가 일상에서 자신의 독창성을 발현할 수 있도록 한다는 점에서 모두에게 필요하다. 그림책은 가장 가까이 있는 예술 교육 매체이다. 그림책을 보는 아이들에게 예술적 감흥을 일게 하라. 예술의 진실과 아름다움, 무궁무진한 다양성, 창의성을 보여줘라. 글이 하지 못하는 영역이다.

## 스타일보다는 내용에 충실하라

스타일은 내용을 드러내는 기술이다. 스타일에 집착하면 내용을 놓치기 쉽다. 스타일에 관한 논의는 그림 분야에만 필요한 건 아니나 초보 그림 작가는 이야기에 헌신하기보다는 자신의 스타일에 헌신하기 쉽다. '스타일은 곧 나 자신인데, 스타일에 집착하지 말라니, 그렇다면 나 자신의 창의성이자 고유성을 버리라는 뜻인가?'라는 질문이 솟구칠 것이다.

스타일보다는 이야기에 헌신하라는 말을 잘 이해하지 못하는 그림 작가들도 있는데 이건 그들의 잘못이 아니다. 지금까지 그들은 그림책을 보았지, 읽지 않았기 때문이다. 좋아서 산 그림책들은 내용이 좋아서 산 게 아니라 그림을 보고 산 것이다. 구도나 색감, 캐릭터 등 그림 작업에 있어서 무언가 배울 게 있거나 단순히 그림이 예뻐서, 귀여워서 샀다. 그러나 예쁨과 귀여움이 지나가고 나서 그림책을 펼쳐 글과 그림을 (일반 독자들처럼) 읽는데, 뭔가 석연치 않은 느낌이 들 때, 그래서 다시 한번 꼼꼼히 그림책을 들여다볼 때 어쩌면 그때 당신은 이야기에 헌신하라는 말을 이해하게 될지도 모른다.

아이들은 오로지 이야기에만 관심이 있다. 글 작가가 누구든, 그림 작가가 누구든 이름도 기억하지 못한다. 그들은 주인공의 이름만 기억한다. 주인공 새끼 고양이가 얼마나 외로웠을지, 얼마나 슬펐을지, 얼마나 놀랐을지 등등을 기억한다. 고양이의 성격도 알고 있다. 겁도 많고 수줍음도 많지만 자신을 귀찮게, 아주 귀찮게 하는 상대에게 주먹을 날릴 만큼의 정의감은 있다는 것을. 아이들이 동일시하는 대상은 주인공이지 작가들이 아니다.

유리 슐레비츠는 "이는 곧 개성 있는 스타일이 작품에서 나오도록 해야지, 작품이 스타일에 의해 좌지우지되게 해서는 안 된다는 뜻이다. 기술을 완벽하게 익혔다면 기교를 부릴 필요가 없다. 그리고 스타일은 잊어버리자. 어린이책에서는 명확한 전달이 외형이나 스타일보다 더 중요하다."라고 했다."《그림으로 글쓰기》p.208)

너무 복잡하게 생각할 건 없다. 하나의 원고에 작가와 내포 작가가 있듯이 그림 작가도 작가와 내포 작가가 따로 있다. 셋째 날에도 말했듯이 작가는 한 사람이지만 내포 작가는 당신의 옷장에 걸린 옷만큼 많을 수 있다. 사람은 똑같지만 상황에 따라 다른 성격이 밖으로 보이듯 작가도 상황에 따라 다른 내포 작가를 내보낸다. 자신의 스타일을 보지 말고 이야기를 보라는 건, 이야기에 더 집중해서 이야기가 원하는 그림을 그리라는 뜻이다. 어차피 각자 갖고 있는 기본 스타일은 바뀌지 않으므로 집착할 필요도 없다.

**그림의 역할**
그림은 번역이 필요 없는 태초의 의사소통 수단이다.
아이들에게 말을 걸도록 그림을 그려라.
글에 얽매이지도 말고 넘어서지도 말라.
예술적 감흥을 일게 하라.
스타일보다는 내용에 충실하라.

**오후**

# 문장과 단락 쓰기

픽션을 쓰는 작가들이라면 대개 알고 있는 사항들이 있다. 그렇다고 빼놓고 가기는 허전하고… 대개들 알고 있는 것에 그림책만의 외투를 입혀서 여기 정리해 둔다.

## 묘사와 상징, 은유, 아이들의 말

워크숍 때 나는 종종 픽션의 문장은 설명적인 문장이 아니라 묘사적인 문장이어야 한다고 강조한다. 다음의 예를 보자.

<u>민주는 자전거를 끌고 밖으로 나섰다. 골목에는 벌써 해가 넓게 퍼져 있</u>

었다. '하긴, 8시가 넘었잖아.' 민주는 모자챙을 바로 하고 학교로 출발했다. 즐거운 일이 자신을 기다리고 있기라도 한 듯이.

위의 단락에서 밑줄이 없는 부분이 서사를 끌고 가는 문장이고 밑줄 친 부분이 묘사적 표현이다. 묘사적 표현은 삭제해도 이야기 줄거리에 영향을 주지 않는다. 인테리어가 하나도 안 되어 있다 해도 집은 집이니까. 다만 들어가 살고 싶은 마음이 들지 않는 게 문제이다. 위 문장은 아래와 같이 달리 쓸 수 있다.

자전거를 끌고 밖으로 나오니 골목에는 벌써 해가 넓게 퍼져 있었다. '하긴, 8시가 넘었잖아.' 민주는 모자챙을 바로 하고 페달을 힘주어 밟았다. 학교에서 즐거운 일이 자신을 기다리고 있기라도 한 듯이.

사실, 그림책 문장은 이렇게 쓰지 않는다. 《작은 배》가 좋은 예가 된다. 첫 문장, "바다가 땅을 만나는 곳, 물결이 자갈을 적시고…"에서 바닷가를 바다가 땅을 만나는 곳으로 쓴 것이 묘사 문구이다. 바닷가라고 쓰지 않고 바다가 땅을 만나는 곳이라는 시적 표현을 쓴 것이 《작은 배》의 원고를 문학 작품으로 격상시킨다.

《손 큰 할머니의 만두 만들기》에서 내가 좋아하는 문장은 "만두가 익어 갑니다. 장작불 위에서 가마솥 안에서 아주아주 큰 만두가 익어 갑니다. 만두가 익어 갈수록 섣달 그믐날 밤도 푹 익어 갑니다."이다. 여기서 "섣달 그믐날 밤도 푹 익어 갑니다."란 문구 역시 묘사문이다. 아마도 묘사를 하지 않고 설명을 한다면(다른 표현은 생각나지 않지만) "섣달 그믐날 밤이 지나갑니다." 정도로 했을 것이다. '지나간다'와 '푹 익어 간다'는 확실히 정서적 차이가 있다.

이참에 그림책에서의 묘사문을 깊이 흡입하고 싶다면《부엉이와 보름달》을 한번 읽어보도록. 김훈의 에세이집은 모든 문장이 묘사적이다. 정유정의 소설은 묘사와 서사가 한데 얽혀 분리할 수가 없다. 제임스 설터의 소설들도 삶의 외면이 아니라 내면을 읽는 기분이 든다. 페르난두 페소아는 모든 것이 내면화되어 있다. 최근에 읽은《가재가 노래하는 곳》도 묘사가 뛰어난 소설이다. 이 소설은 풍부한 묘사 속에 서사가 감추어져 있는데 마치 야생 늪에 들어가 사람의 발자취를 찾는 것 같다.(나는 이를 늪의 문체라고 명명했다.) 묘사가 강한 소설을 모두가 좋아하는 건 아니다. 작가와 독자가 편안하게 느끼는 경우는 서사와 묘사가 4:6 정도로 배합되어 있을 때가 아닐까. 그저 혼자만의 생각이다.

문제는 그림책이 묘사를 맘껏 허용하지 않는다는 데 있다. 따라서 작가들은 그림책의 언어를 잼을 만드는 것처럼 졸이고 달여서 최대한 농축한다. 이런 압박 상황에서 나온 전략이 상징과 은유이다. 젊은 작가들에게는 상징과 은유가 그저 관습적으로 갖다 쓰는 낡은 장치로 보일 수도 있다. 그러나 상징과 은유는 관습적이기보다는 집단 무의식의 유산이다. 상징과 은유는 안 쓰면 모를까 잘못 쓰면 불길한 느낌마저 든다.

예를 들어 안데르센의 '빨간 구두'를 다른 색의 구두로 바꿀 수 있을까. 빨간색은 강한 욕망이나 욕구를 대변하는 색이다. 이런 이야기에 음울하고 차분한 색인 검은색이나 파란색은 어울리지 않는다. 반면, 과감한 시도를 한 그림책들도 있다. 《무릎딱지》의 빨간색(딱지가 앉기 전 상처에서 빨간 피가 나오는 것을 연상하게 하지만), 《푸른 개》의 푸른색도 그렇다. 이런 책들은 상징과 은유의 보편적인 동의를 얻기 전에 예술성을 먼저 얻은 책들이다.

묘사에 연연하지 않는 그림책들도 있다. 묘사는 어른 작가들이 공들여서 한 티가 좀 나는데 아이들은 어쩌면 이보다는 그저 자기들의 생기발랄한 언어가 그대로 담긴 책들에 더 마음이 갈지도 모른다. 자매 작가들의 그림책인 '구리 구라' 시리즈(《구리와 구라의 손님》 등), 후쿠다 이와오의 유쾌발랄한 그림책들(《난 형이니까》, 《방귀 만세》 등), 《슈퍼 거북》, 《슈퍼 토끼》… 이런 그림책들에는 신발을 벗어 던지고 물웅덩이를 첨벙거리는 자유로움이 있다.

## 문장을 생기 있게 쓰자

옷장 정리를 할 때 마음을 설레게 하지 않는 옷은 과감히 버리라고 어디서 들었는데 문장도 마찬가지이다. 읽을 때 마음을 설레게 하지 않는 문장은 과감히 버린다. 꿔다 놓은 보릿자루 같은 문장은 없어야 한다. 소설가 정유정은 《이야기를 이야기하다》에서 이를 '최소한의 원칙'이라고 명명했다. 장편 소설도 이렇게 쓰는데 원고량이 장편의 한두 페이지 정도밖에 안 되는 그림책에서는 정말 문장을 압축하고 또 압축해서 써야 한다. 조사 하나, 쉼표 하나도 허투루 써서는 안 된다. 그림책 강의를 할 때 나는 이렇게 말한다. "여러분, 헬스를 해서 군살이 없는 몸으로 만드세요." 근육에 자기 자리가 있듯이 낱말도 자기 자리가 있다.

한 가지 더 주문할 것은 펼침면 페이지마다 변화나 변화의 조짐을 담고 있는 요소를 넣으라는 것이다. 특히 첫 페이지는 이야기에 발동을 거는 동력이 필요하다. 그 동력은 감정을 일게 하고 호기심과 궁금증을 던진다. 아래는 《아기오리 열두 마리는 너무 많아!》의 첫 페이지와 셋째 페이지의 텍스트이다.

엄마오리가 알을 낳았어요.
하나, 둘, 셋, 넷, 다섯, 여섯, 일곱, 여덟, 아홉, 열.
또 있어요. 열하나, 열둘!
세상에, 모두 열두 알이에요.
<u>너무 많다고 생각했지만 엄마오리는 정성껏 알을 품었어요.</u>

한 마리, 두 마리, 세 마리, 네 마리, 다섯 마리, 여섯 마리,
일곱 마리, 여덟 마리. 아홉 마리, 열 마리!
또 있어요. 열한 마리, 열두 마리.
열두 마리 모두 예쁘고 똘똘해 보였어요.
<u>그래도 많은 건 많은 거예요.</u>

위의 단락에서 밑줄 친 문장을 눈여겨보자. 만약 밑줄 친 문장이 없었다면 단락은 전체적으로 맹숭맹숭, 긴장미가 없다. 밑줄 친 문장은 엄마오리의 마음을 보여주면서 다음에 나올 어떤 결단을 예고한다. "그래도 많

은 건 많은 거라니, 그러면 어떻게 하겠다는 거지? 입양이라도 보내겠다는 건가?" 궁금증, 호기심, 기대감, 불안감은 독자의 손을 돌돌 감는 거미줄이다. 다음 페이지를 넘기는 데는 손가락 한 번 까딱하면 되지만 마음이 움직이지 않으면 손가락이 백 개여도 아무 소용 없다.

<u>숲은 아주 조용했어요.</u>
<u>동물들이 하나도 보이지 않았어요.</u>
예나는 책의 첫 장을 열었어요.

위 문장은 《숲에서 만난 이야기》의 첫 페이지 텍스트이다. 밑줄 친 문장으로 독자들은 자기도 모르게 앞으로 진행될 이야기에 대해 뭔가 낌새를 챈다. "흠! 숲이 조용하다고? 동물들이 하나도 보이지 않는다고? 정말 그럴까?" 작가와 독자는 게임판을 놓고 마주 앉아 눈치로 밀당을 벌인다. 작가는 미끼를 던지고 독자는 걸려드는 척한다. 만약 숲이 여전히 조용하고 동물들이 하나도 보이지 않는 이야기로 전개된다면(젊은 작가층에서 이런 오기를 부리는 경우도 있다. 곧 항복하지만.) 밀당 게임인 줄 알고 마주 앉은 독자에게 큰 실망을 줄 것이다.

밋밋한 단락, 따분한 문장에는 설렘을 주는 무언가가 필요하다. 뭔가 건질 게 하나도 없는 문장은 건더기가 하나도 없는 국과 같다. 똘똘한 부사나 화려한 형용사, 인상적인 표현, 참신한 비유, 반어법, 대구법(곧이어 나올 '병렬' 참고) 등 단락과 문장에 생기를 줄 수 있다면 마녀의 독약이라도 훔쳐 와야 한다.

## 지문과 대화체를 적절히 배합한다

소설에는 화자의 독백이 몇 페이지 내내 계속되는 경우도 있다. 독자들은 자신들도 침묵을 강요당한 것처럼 입을 꾹 다물고 눈으로 글을 읽는다. 그러다 대화체가 한 문장 나오면 참았던 숨을 내쉬듯 후련한 느낌을 받곤 한다. 동화나 그림책이라면 어떨까? 아이들에게 넘겨지기에 앞서 편집자들이 항의할 것이다. 《이상한 나라의 앨리스》의 서두에서 앨리스는 "그림도 없고 대화도 없으면 그게 무슨 동화야?" 하고 혼잣말하는데, 사실이 그렇다. 아이들 책에는 대화와 그림이 있어야 한다.

그림책은 동화책보다는 사정이 낫다. 인내심은 그림책 연령의 아이들이 더 부족하겠지만 그림책에는 그림이 있어서 침묵을 강요하는 분위기에 매몰되지 않는다. 하지만 그렇다고 해도 그림책 역시 지문과 대화체를 적절히 배합하는 센스가 필요하다.

과묵한 성격의 초보 작가들은 어디에 대화체를 넣어야 할지 몰라 답답해한다. (수다스러운 성격의 사람들은 대화가 너무 많아 또 지적을 받는다.) 대화와 지문이 적절히 배합된 작품을 많이많이 읽으면 저절로 체득이 되지만 몇 가지 전략을 알면 헤매는 시간을 단축할 수 있겠다.

첫째, 어떤 사실적 정보를 독자에게 꼭 알려야 할 때 대화체에 넣어 써 보라. 딱딱한 정보가 말랑말랑해진다. 《손 큰 할머니의 만두 만들기》의 한 문단을 예로 든다.

"뭐니뭐니 해도 김치가 많이 들어가야 맛이 나지!" 하며

김치를 있는 대로 다 꺼내 오고
"김치가 많이 들어가니 숙주나물도 넉넉히 들어가야지!" 하며
숙주나물도 있는 대로 다 삶아 대고

《손 큰 할머니의 만두 만들기》는 타령조의 리듬이 있다. 나는 이를 옛이야기 구술체라고 멋스럽게 말하며 한국 고유의 랩이라고 주장한다(춘향가나 흥부가를 떠올려 보기를). 위 단락을 지문으로만 쓰면 이렇게 된다.

만두에는 뭐니뭐니 해도 김치가 많이 들어가야 해요.
그래서 할머니는 김치를 있는 대로 다 꺼내 왔어요.
김치가 많이 들어가니 숙주나물도 만두에 넉넉히 들어가야 하지요.
그래서 할머니는 숙주나물도 있는 대로 다 삶아 댔어요.

이야기를 진행하다 보면 독자가 궁금하지도 않고 일절 관심도 없는 정보를 전달해야 할 때가 있다. 이때 문체의 리듬에 얹어 대화체에 녹이면 푸딩처럼 부드럽게 소화되지만 지문으로만 정보를 전달하면 아무리 필요한 정보라고 해도 실용서(요리책)처럼 읽힌다. 픽션 이야기에 실용 정보가 보란 듯이 들어와 있으면(이런 부류의 책들이 얼마나 많이 나와 있는지…) 예민한 아이들은 배신감이 들고 보통 아이들은 눈으로는 그림을 보고 있지만 머릿속은 벌써 딴생각이다. "뭐지?", "아, 지루해.", "언제 끝나?", "차라리 그냥 만두를 주지.", "이거 또 사탕발림이잖아." 그림 점수도 깎아버린다. 이른바 동반 하락.

대화체의 가장 큰 효력은 선언적인 말투로 어떤 사건이나 메시지를 힘 있게 밀어붙일 때 발휘된다. 이것이 둘째 전략이다. 대화체는 혼자 읽을 때 라도 다른 어투로 읽게 되는데 성우들처럼 목소리 연기까지 하지는 않지 만 자기도 모르게 감정을 싣거나 목소리를 좀 높이는 등의 변화가 일어난 다. 속으로 혼잣말을 하는 것과 달리, 외부로 목소리를 낸다는 것은 (에너 지를 들인다는 점에서) 주변에 있는 모두에게 자신의 생각을 알리는 격이다. 동시에 그 생각대로 하겠다는 의지의 표명이라 하겠다. 귀는 늘 뚫려 있기 때문에 주변에 있는 모든 존재들은 다 듣게 된다. 모두를 증인으로 만드는 것이 대화체이다.

엄마오리는 말했어요.
"열두 마리는 너무 많아. 여섯 마리만 낳을걸."

엄마오리는 아기오리를 여섯 줄로 세우고는 다시 세어 보았어요.
한 마리, 두 마리, 세 마리, 네 마리, 다섯 마리, 여섯 마리!
이제 되었어요. 여섯 마리뿐이에요.

위는 《아기오리 열두 마리는 너무 많아!》의 한 단락인데 위의 대화체를 지문으로 바꾸면 이렇게 된다.

엄마오리는 열두 마리가 너무 많다고 생각했어요.
여섯 마리만 낳았으면 좋았겠다 싶었어요.

(그래서) 엄마오리는 아기오리를 여섯 줄로 세우고는 다시 세어 보았어요.
한 마리, 두 마리, 세 마리, 네 마리, 다섯 마리, 여섯 마리!
이제 되었어요. 여섯 마리뿐이에요.

안경을 새로 맞출 때 안경 도수의 미세한 차이를 살피는 것처럼 위의 두 단락을 비교해 읽으면 뉘앙스가 보인다.《아기오리 열두 마리는 너무 많아!》의 주인공은 엄마 오리이다. 인물 중심 이야기에서도 언급했듯이 이야기 속의 엄마 오리는 남다른 성격의 소유자이다. 열두 마리나 낳은 것에 의기소침하기는커녕 오히려 소리 내어 말함으로써 아기 오리와 독자들에게 의지 표명을 한다. 엄마의 강력한 의지 표명에 기세가 눌린 아기 오리들은 "네, 엄마. 그렇게 할게요." 하면서 엄마가 줄을 세우는 대로 줄을 선다. 독자들도 크게 놀라지 않으면서 "그래, 이런 말을 하는 엄마라면 그럴 수 있겠다." 하고 수긍하며 이야기를 따라간다.

그러나 "엄마오리는 열두 마리가 너무 많다고 생각했어요. 여섯 마리만 낳았으면 좋았겠다 싶었어요."로 시작하면 "엄마오리는 아기오리를 여섯 줄로 세우고는…."이라는 문장이 바로 나오지는 못했을 것 같다. 아기 오리들에게 "얘들아, 둘씩 둘씩 짝지어 여섯 마리처럼 다니면 어떻겠니?"라고 동의를 구하며 조심스레 물었을 것이다. 아기 오리들이 "네, 엄마. 그렇게 해요." 하고 바로 말을 들었을까? 바로 앞 페이지에서 볼 수 있듯이 정말 정신이 하나도 없이 까불거리며 돌아다니는 아기들인데? "싫어요. 우린 그냥 이렇게 마구 돌아다닐 거예요. 우리를 이렇게 많이 낳은 건 엄마잖아요!" 하고 대답했을 테지. 아니, 놀기에 바빠 엄마가 뭐라고 하는지도 못 들었을 것이다.(아이들이 말을 안 듣는 것은 엄마의 말을 무시하는 게 아니라 진짜로 못 듣는 것임을 나도 나중에야 깨달았다.) 요약하면, 대화체는 상대방뿐 아니라 모두에게 중요한 메시지를 강력한 의지와 함께 전달할 때 쓰면 더욱 효과적이다.

《물고기는 물고기야!》에서도 이런 선언적인 대화체 문장이 나온다. 친구 올챙이가 개구리가 되어 연못 밖에서 세상 구경을 하고 돌아와 물고기에게 신기한 것을 많이 보았다고 하자, 물고기가 그게 뭐냐고 묻는다. 원서를 보면 개구리가 "Bird!"라고 먼저 대답한다. 다음 페이지에서는 "Cow!", 그다음 페이지에서는 "People!"이 해당 페이지의 첫 문장 첫 낱말이다. "Bird!", "Cow!", "People!" 하며 물고기에게(그리고 독자들에게도) 소리쳐 외칠 때 개구리의 표정은 자신감에 차 있다. 이런 선언적인 외침이 물고기에게 '나도 개구리처럼 돌아다니며 새와 소와 사람들을 보고 싶다!'는 갈망을 갖게 했으리라.

이 밖에도 대화체는 국면 전환을 위해 주의를 집중시킬 때 또는 접속사로 시작하는 진부한 문장 서술을 피하고자 할 때 효과적이다. 이는 소설이나 동화의 첫 문장을 대화체로 시작하는 경우에서 그 예를 찾아볼 수 있다. 그림책에서도 심심찮게 보인다. 다짜고짜 "놀자!" 하고 시작하는 이야기, 읽고 싶지 않은가? 혹은 "안 돼!" 하고 시작하는 이야기, 매력적인 첫 문장이 될 수 있다.

다음은 진짜 전략적인 면에서 대화체를 활용하는 방식이다. 서술 시점이 어떤 인물의 속내를 직접적으로 드러내지 못할 때 대화체는 환풍구가 될 수 있다. 1인칭 시점이나 3인칭 선택적 전지 시점의 서술인 경우 제삼자의 마음을 화자가 들여다볼 수 없으니 기술할 수도 없다. 이럴 때 대화체를 써서 상대방의 마음을 독자와 화자에게 속 시원히 드러낸다. 예를 들어 아래 문장이다. 아마도 대화체가 작가들에게 가장 필요할 때가 이런 경우일 것이다.

짝꿍이 내게 불쑥 물었다. "너, 그때 나한테 왜 그랬니? 왜 나를 못 본 척 했냐고?"

끝으로 대화체는 이야기의 핵심 주제와 잇닿아 있는 어떤 낱말을 독자의 귀에 각인시키는 효과가 있다. 뒤에 나올 '중심 문구 혹은 중심 문장을 뽑아보자'에서도 언급할 텐데 중심 문구나 중심 문장이 대화체로 되어 있으면 누가 귀에 대고 크게 소리친 것처럼 강하게 뇌리에 남는다.

자, 이제 당신은 알았겠지. 어떤 것을 소리 내어 말하고 어떤 것을 지문으로 전할지…. 아직 모르겠다면 그림책 텍스트를 계속 읽도록. 사실 새로 접하는 것이 눈에 익으려면 얼마간 시간이 필요하다.

## 반복의 효력

《손 큰 할머니의 만두 만들기》에는 "그런데 (…) 궁리궁리하다가"란 문구가 이야기의 앞과 중반 두 곳에 반복된다. 문제에 봉착하면 할머니가 이렇게 읊조리며 해결책을 찾아내는데, 이 반복 문구는 손 큰 할머니의 진취적이고 적극적인 면모를 보여준다. 고백하자면 "궁리궁리"는 내가 두 아이를 키울 적에 남편 없이 혼자 해결해야 할 문제들 앞에서 엄마로서 당황한 기색을 보이고 싶지 않을 때 쓰던 문구였다. 갑자기 밤에 전기가 나갔을 때 "아, 어떻게 해!" 하고 소리치지 않고 아이들에게 눈을 휘둥그레 뜨면서 "궁리궁리하다가 궁리궁리하다가…" 하며 주문처럼 이 말을 되풀이하며 초를 찾고 라이터를 찾아 불을 켰다. 아이가 넘어져 무릎에 피가 날 때 두렵고 놀란 마음을 누르며 "궁리궁리하다가…" 거즈를 찾아 지혈을 하는 식이다.

"사각 서걱!" 하는 발자국 소리로 이야기가 시작되는 《곰 사냥을 떠나자》는 곰을 잡으러 가는 동안 "덤벙 텀벙!", "처벅 철벅!", "바스락 부시럭!", "횡 휘잉!" 등의 의성어들이 연이어 나오는데 이 의성어들은 곰의 추격을 받고 쫓길 때 역순으로 다시 등장한다. "강물을 헤엄쳐 건넜어요."란 설명조의 문장 대신 "덤벙 텀벙!", "진흙탕을 밟고 지나갔어요."란 문장 대신 "처벅 철벅!"으로 표현되어 있다. 물론 그림에서 강물을 건너고 진흙탕을 밟고 지나가는 것이 보이므로 이런 압축이 필요하지만, 초보 작가들이 원고를 쓸 때는 이런 '필요'가 눈에 보이지 않는다. 물론 나중에 그림을 앉혔을 때 불현듯 '필요'가 눈에 보여 고치면 다행이지만 그럴 눈이 갖추어질지는 장담할 수 없다. 누구에게나 맹점이 있고 자기 원고에는 더 장님이 되므로.

노래에는 단순한 낱말이나 구 또는 문장, 짧은 단락도 반복이 되는데 그림책에도 이러한 반복이 쉽게 보이는 것은 그림책 원고의 경쾌함, 쉽게 외울 수 있는 짧은 문장, 리듬감 등이 노래와 닮아서일 것 같다. 실제로 시나 노래가 그림책이 되는 경우도 종종 있다.《곰 사냥을 떠나자》역시 영국 아이들에게 예로부터 전해 내려오는 노래를 그림책으로 만든 듯 보인다. 그렇다면 위의 의성어들은 노래의 후렴구일 것이다.

《유럽의 민담》에서 막스 뤼티는 "모든 구전문학은 반복되기를 좋아한다. 반복은 듣는 사람에게도 말하는 사람에게도 멈추는 지점을 준다."(p.83~84)라고 했다. 그림책 속의 반복 전략은 지루함을 달래고 흥미를 지속시키기 위한 의도적인 장치이기에 앞서, 구전문학의 유산이 흐른다는 점에서 심오한 의미가 있다. 모든 이야기를 외워서 전해야 하는 구전문학의 시대에는 반복이 자칫 놓치기 쉬운 이야기의 흐름을 기억하게 해주는 키워드였으리라. 듣는 이에게도 마찬가지 효과가 있다. 자기도 모르게 딴생각에 빠져들 때 혹은 너무 사건이 많아 새로운 정보를 일일이 기억하느라 피곤할 때 '반복'(앞서 들었던 내용이 다시 등장함으로써) 장치를 쓰면 독자들은 '내가 이야기를 잘 따라가고 있구나.' 하고 안심을 하는 동시에, (무심하게 들으면서) 이야기의 내용을 익히 알고 있다는 안정감을 느낀다. 다음은《집 나가자 꿀꿀꿀》의 한 부분이다. 똑같은 문장의 단락이 본문에서 세 번(토끼네 집, 악어네 집, 까마귀네 집) 반복된다.

아기돼지들이 걸어가는데, 집이 나왔습니다.
토끼 아줌마와 아기토끼들이 문 밖으로 나왔습니다.
톤이 말했습니다.
"혹시, 우리가 찾고 있는 집일지도 몰라."
그러자 뿌가 "내가 물어 볼게."라고 말했습니다.

"안녕하세요, 아줌마.

우리, 이 집 아이가 되어도 돼요?"

토끼 아줌마는 깜짝 놀라서 말했습니다.

"아니, 무슨 일이니? 너희들은 돼지네 집 아이들 아니니?"

"하지만 엄마가 말 안 듣는 아이는 우리 집 아이가 아니라고 했어요."

하고 양이 말했습니다.

토끼 아줌마는 웃으면서 말했습니다.

"으응 그래. 그럼, 우리 집에 잠깐 있어 볼래?"

반복은 의도적인 장치이다. 의도적이지 않다면 반복은 똑같은 낱말이나 관용구, 묘사 구문(예를 들면 '헐레벌떡', '엎친 데 덮친 격'…)을 극도로 조심하는 그림책 서술의 원칙에 저촉된다. 반복은 괜찮지만 중복은 곤란하다. 둘의 차이를 대라면 얼버무릴 수밖에 없는데 내게는 반복은 강조의 의미를 갖고 있지만 중복은 부주의함이나 방심, 무신경으로 보인다. 서양 그림책에서는 같은 상황을 전달할 때 같은 낱말을 쓰지 않고 유사한 다른 낱말로 바꿔 쓰는 경향이 있다. 똑같이 쓰면 '이 책의 저자는 아는 낱말이 이것밖에 없구나.' 하며 따분해하고 실망스러워한다. 이야기는 언어의 예술이므로 작가들이 예술의 도구를 풍부하고 참신하게 보여주어야 할 의무도 있다. 잘 고안된 문장을 읽으면 독자들은 작가들에게 정중히 초청을 받아 잘 대접받는 기분이 든다.

## 전략적인 장치, 병렬

병렬은 같은 낱말·문구·문장 등을 반복해 조응시키는 방식인데 이를 통해 강조하고 싶은 것을 강조할 수 있고 문장이나 문맥의 유기적 통일성, 전반적으로는 이야기 전체의 통일성까지 꾀할 수 있다. 병렬은 짧은 거리에서 (앞뒤 문장이나 앞뒤 페이지에서) 소규모적으로 일어나기도 하고 전체 이야기 곳곳에서 또는 먼 거리에서 메아리처럼 공명되기도 한다. 다음 예를 보자.

> 옛날 옛날에 오리 한 마리가 살았습니다.
> 그런데 불행하게도 게으름뱅이
> 늙은 농부와 살았어요.
> 오리는 온갖 농장 일을 해야 했고,
> <u>게으름뱅이 농부는 하루 종일</u>
> 침대에서 뒹굴기만 했습니다.
>
> <u>게으름뱅이 농부는 하루 종일 침대에서 뒹굴기만</u> 하니까,
> 뒤룩뒤룩 살만 쪘어요. <u>가엾은 오리는 하루 종일 일만 하느라</u>
> 점점 점점 지쳐 갔지요.

위의 인용문은 《옛날에 오리 한 마리가 살았는데》의 1페이지와 4페이지 전문이다. 1페이지의 마지막 문장을 넘겨받아 시작되는 4페이지는 이야기의 끈을 다시 한번 조이면서 독자에게 주제를 간접적으로 인식시킨

다. (작가가 독자들에게 "봐. 내가 게으름뱅이 농부라고 한 거 기억해? 정말 하루 종일 침대에서 뒹굴뒹굴하는 것밖에 아무 일도 안 한다고." 하며 말을 거는 듯하다.) 4페이지 역시 '하루 종일'이라는 부사어를 공통분모 삼아 앞 문장과 뒤 문장이 조응한다. 이는 농부의 상황과 오리의 상황을 더욱 또렷하게 대비시켜 ("이건 불공평해!"라고 독자들을 소리치게 함으로써) 긴장을 고조시킨다. 나중에 게으름뱅이 농부를 쫓아내는 명분을 내세우기 위해 독자들을 세뇌하는 의도라고 하면 지나치게 계산적일지는 모르지만, 적어도 저자가 생각 없이 이런 문장을 쓰지는 않았을 것이다.

할머니는 뜨개질을 계속했어요.
동물들은 그 곁에서
먹다가 놀다가 잠자다가
잠자다가 먹다가 놀았어요.

뜨개질을 계속하는 동안
밤은 다시 낮이 되고
낮은 다시 밤이 되었어요.
그렇게 몇 날 며칠이 지나갔어요. (7페이지)

할머니는 밤과 낮을 잇고
낮과 밤을 이어
실이 다 없어질 때까지

계속계속 짰어요. (13페이지)

《할머니는 과연 무얼 뜨고 계실까?》의 테마 중 하나는 '계속성'이다. 위의 문구들도 '계속성'을 지지하고 있다. 먹다가 놀다가 잠자며 계속 이어지는 밤과 낮, 그리고 그것을 이어서 짜는 할머니…. 위의 단락은 전체 이야기에서 두 차례 같은 듯 다른 듯 반복되는데 낮에 타고 있던 배를 꿈에서 다시 타고 노는 듯 독자들은 이 문구를 읽으며 자신도 모르게 계속성에 몸을 맡긴다.

다음은 《작은 배》이다. 이야기의 도입과 마무리가 아름답고 의미 있게 조응하고 있다. 첫 번째 텍스트는 맨 앞 페이지에서, 다음 텍스트는 맨 마지막 페이지에서 발췌했다.

바다가 땅을 만나는 곳,
물결이 자갈을 적시고
모래를 쓸어 가는 바닷가에서

바다가 땅에게 인사하는 곳,
물결이 자갈을 적시고
모래를 쓸어 가는 바닷가에

위의 인용문은 처음에 이야기가 시작할 때는 바다가 땅을 만나는 곳이었는데 결말에는 바다가 땅에게 인사하는 곳이 되었음을 보여준다. 단순한 만남이 온갖 고생을 한 후에 인사하는 곳이 된 셈이다. 사실, 관계를 형성하기 위해서는 만나는 것 자체로는 불충분하다. 눈을 마주 보고 인사까지 나누어야 비로소 둘 사이에 무언가가 작용하겠지. 그런데 인사를 나누고 싶은 마음이 되려면 온갖 고난을 겪으면서 타자의 존재를 간절히 느낄 수 있을 때나 가능하다는 것일까. 이렇게 저렇게 비춰볼 수 있는 거울과 같은 문장들이다. 작은 배가 겪은 고난 중 가장 큰 위기는 커다란 물고기에게 낚아채여 바다 밑으로 끌려 내려간 일이다. 앞뒤 페이지의 표현 문구가 더할 나위 없이 조응하고 있어 이 대목을 읽을 때마다 새로이 감탄을 한다.

물고기는 작은 배를
입에 물고
아래로
아래로
아래로
내려갔어요.

다음 페이지에서 물고기는 작은 배가 먹을 수 없는 스티로폼이라는 걸 알고는 뱉어버린다. 그래서…

작은 배는 다시
위로

위로

위로

위로

올라갔어요.

(번역본에서는 '위로'가 한 행에 연이어 있는데 여기에서는 가시적 효과를 위해 임의로 행갈이를 해서 인용했다.)

《괴물들이 사는 나라》에도 이런 병렬이 쓰였는데 좀 더 확연히 살피기 위해 영문판《Where the Wild Things Are》로 예를 든다.

his mother called him "WILD THING!"
and Max said "I'LL EAT YOU UP!"
so he was sent to bed without eating anything. (3페이지)

"Now stop!" Max said and sent the wild things off to bed

without their supper. (15페이지)

But the wild things cried, "Oh please don't go-

we'll eat you up-we love you so!" (16페이지)

자신을 "괴물딱지!"라고 말한 엄마에게 맥스는 "엄마를 잡아먹을 거야."

라고 응수한다. 그 대가로 먹을 것도 없이 방으로 보내졌는데(3페이지), 15페이지에서 맥스는 괴물딱지들에게 똑같이 행한다. 저녁밥도 안 주고 그냥 잠들라고 한 것이다. 서양 문화에서 저녁밥 없이 방에 갇히는 것은 아이들에게는 최고의 형벌이다. 아이들은 나오라고 할 때까지 나오지 못한다. 방에 갇힌 아이는 차분하게 마음을 가라앉히고 왜 자신이 이런 처우를 받는지 곰곰 생각하는데, 곧 배가 고프다. 그때 문밖에서 맛있는 음식 냄새가 풍겨온다.("Then all around from far away across the world / he smelled good things to eat"-15페이지) 잠시 후 발자국 소리와 똑똑 노크 소리. 곧이어 "충분히 반성했니?" 하는 말. 엄마는 문을 열고 들어와 "이거 먹고 조금 더 반성하렴!" 하며 저녁밥을 탁자에 내려놓고 나간다. (나와서 함께 밥 먹자고 할 줄 알았는데 그게 아니다. 룸서비스 받는다고 생각하면 되지만.) 이게 바로《괴물들이 사는 나라》의 '보이지는 않으나 짐작 가능한' 배후의 풍경이다. 동양 문화권의 우리들에게는 보이지 않아도 서양 문화권에서는 다 보일 것이다. 이 책에는 낱말이 단순 반복된 것도 찾아볼 수 있다. 낱말과 함께 문장도 반복된다.

> (…) they roared their terrible roars and gnashed their terrible teeth and rolled their terrible eyes and showed their terrible claws (9페이지)

> The wild things roared their terrible roars and gnashed their terrible teeth and rolled their terrible eyes and showed their

terrible claws but Max stepped into his private boat and waved good-bye (16페이지)

아래는 《빨간 줄무늬 바지》의 서두 부분이다. 《빨간 줄무늬 바지》는 빨간 줄무늬 바지를 입고 싶은 "아주아주 많은 아이들"이 자기 "차례"를 기다렸다가 행복하게 바지를 입는 내용이다. 서두와 결말에 간단한 문구를 반복하여 사용함으로써 중심 내용을 요약해 보여준다.

바지를 입어 보며 해빈이가 물었어요.
"엄마, 이 바지 작아지면 다음에 누가 입을 거예요?"
엄마가 대답했어요.
"아주아주 많은 아이들이 빨간 줄무늬 바지를
기다리고 있지."

이 페이지는 결말에서 이렇게 조응하고 있다.

"할머니! 이 바지, 누가 입던 거예요?"
할머니가 대답했어요.
"아주아주 많은 아이들이 이 바지를 입었지.
하지만 맨 처음 입은 사람은 네 엄마야."
"그럼 할머니, 이제 누구 차례예요?"
"글쎄…."

사노 요코의 《100만 번 산 고양이》도 서두와 결말에 "백만 번"이라는 문구로 중심 내용을 강조한다. 백만 번이나 살면서 단 한 번도 울지 않았던 고양이는 하얀 고양이가 죽자 백만 번이나 울고는 죽음을 맞이하는데 이후 두 번 다시 되살아나지 않는다. 충만한 삶을 살았으니 다시 태어날 필요가 없는 것이다. 《100만 번 산 고양이》는 아마도 전 세계에서 주인공이 죽는 몇 안 되는 그림책 중 하나일 것이다. 그런데 그 죽음은 슬프지 않다. 《어린 왕자》 중 어린 왕자가 막 자기 별로 돌아간 그림처럼 쓸쓸하지만 충만한, 그래서 완벽한 결말이다.

다음은 형식이 병렬된 경우이다. 표14, 표15에서 알파벳으로 표시된 부분이 반복된 페이지이다. 《토끼와 늑대와 호랑이와 담이와》(표14)에서는 문 앞에서 누구를 기다리는 장면(A)이 3페이지, 7페이지에 나오고, 집으로 달려가는 장면(B)이 4페이지, 8페이지에 나온다. 그의 집에 도착해서 문을 두드리는 장면(C)은 5페이지, 9페이지에 반복적으로 나온다.

《할머니는 과연 무얼 뜨고 계실까?》(표15)에서는 고속도로 휴게소와 같은 중간점 앞뒤로 같은 구조의 이야기가 A, B, C 순서로 반복·병렬된다. 그 뒤를 따르는 D(실이 다 떨어져 뜨개질이 끝난 상태)도 8페이지와 14페이지에 두 번 나온다.

병렬은 대칭 구조나 혼합 구조에 보이지 않게 숨어 있을 때 효과가 배가된다. 잘 만들어진 옷에 바늘땀이 보이지 않는 것처럼 자칫 산만해질 수 있는 각각의 이야기 요소들을 묶어 흩어지지 않게 지탱시킨다.

당신의 책장에서 오래도록 소장하고 있는 그림책을 꺼내 한번 살펴보기를. 원칙은 예외 사항을 포함한 채 언제나 명작 안에 숨 쉬고 있다. 그림

**표14_《토끼와 늑대와 호랑이와 담이와》**

| | 서두 | | | 중반① | | | 중반② | | | | 결말 | | |
|---|---|---|---|---|---|---|---|---|---|---|---|---|---|
| 1 | 2 | 3 | 4 | 5 | 6 | 7 | 8 | 9 | 10 | 11 | 12 | 13 |
| 아기 토끼 | 엄마, 주의를 줌 | 기다림 | 늑대 집으로 | 늑대 집 도착 | 대면 | 늑대 기다림 | 호랑이 집으로 | 호랑이 집 | 대면 | 담이 만나다 | 대면 | 친구 되다 |
| | | A | B | C | D | A | B | C | D | C | D | |

← 전환점①      ← 전환점②

**표15_《할머니는 과연 무엘 뜨고 계실까?》**

| | 서두 | | | 중반① | | | | 중간점 | | | 중반② | | | | 결말 | |
|---|---|---|---|---|---|---|---|---|---|---|---|---|---|---|---|---|
| | 바구니 발견 | | | 뜨개질1 | | | | | | | 뜨개질2 | | | | | |
| 1 | 2 | 3 | 4 | 5 | 6 | 7 | 8 | 9 | 10 | 11 | 12 | 13 | 14 | 15 | 16 |
| 담을 것 찾아 다락 으로 | 바구니 발견 | 바구니 쏟아짐 | 실뭉치 생각 1–0 | 뜨개질 시작 1–1 | 뜨개질 1–2 | 뜨개질 1–3 | 뜨개질 완료, 동물들 깨어남 | 실 구하러 다님 | 실뭉치 생각 2–0 | 뜨개질 시작 2–1 | 뜨개질 2–2 | 뜨개질 2–3 | 뜨개질 완료, 동물들 깨어남 | 더워서 밖으로 | 스웨터 집 |
| | | | | A | B | C | D | | | A | B | C | D | | |

← 전환점①      ← 전환점②

책은 언어적으로는 시와 닮았고, 이야기 면에서는 옛이야기와 닮아 있는데(다섯째 날 '그림책 쓰기의 최종 기술' 참조) 두 장르와의 색다른 유사성은 이렇게 병렬 장치를 구사함에 있을지도 모른다.

## 중심 문구 혹은 중심 문장을 뽑아보자

《친절한 친구들》은 눈이 내려 들도 산도 온통 하얗게 덮인 날, 먹을 것을 찾아 돌아다니는 동물들의 이야기이다. 이 책을 다 읽고 나면 "이것이 어디서 온 것일까?" 하는 문장이 귓가에 맴돈다. 먹을 것을 구하러 나갔다 온 당나귀가 집에 돌아와 순무를 발견하고는 "이것이 어디서 온 것일까?" 하고 말한다. 염소도 똑같이 묻는다. "이것이 어디서 온 것일까?"란 단순하면서도 의미심장한 문장은 이야기를 전개시키는 중요한 역할을 한다.

그런데 등장인물은 어디서 온 것인지 모르지만 독자는 알고 있다. 등장인물들이 모르는 비밀을 독자들이 간직하게 된 것이다. 토끼의 말 "어머나, 순무가 돌아와 있네!"란 문장은 "이것이 어디서 온 것일까?"로 시작된 이야기를 훌륭하게 마무리한다. 우리는 모두 우리가 어디서 왔는지 모르지만 지금 어떤 이 앞에 현존하고 있음은 틀림없는 사실이고 그것이 우리 인생에서 무엇보다도 소중하고 의미 있는 답이 아닐까. 어디서 왔는지 모른다는 것은 불확실성인데 어떤 이 앞에 돌아와 있음은 확실성이다. 불확실성에 사로잡혀 확실한 인생을 허비하지 말라는 충고를 이 책을 접할 때마다 나는 듣고 있다.

《개구쟁이 해리》는 '검은 점이 있는 하얀 강아지'인 해리가 밖에서 검댕을 잔뜩 묻히며 신나게 놀다가 '하얀 점이 있는 검은 강아지'가 되어 집으로 오는 이야기이다. 집으로 돌아오지만 가족이 전혀 자신을 알아보지 못하자 자발적으로 목욕을 해서 '검은 점이 있는 하얀 강아지'임을 밝힌다. 위의 문구는 순서대로 이야기의 서두와 중반, 결말 부분에 장치되어 있다. 해리의 이야기가 어떻게 시작해서 어떻게 전개되고 어떻게 끝이 나는지 위의 문구가 잘 보여준다.

《엄마 잃은 아기참새》는 내 두 아이와 옆집 두 아이에게 한동안 즐거운 놀이를 이끌어냈다. 나는 연습을 하다가 엄마 참새를 잃어버리고 자기 둥지를 못 찾아 이 둥지 저 둥지를 돌아다니는 아기 참새의 이야기인데 다음 페이지를 눈여겨보자.

이때, 느릅나무 꼭대기에 있는 새둥지를 발견했습니다.
아기참새는 새둥지 끝에 앉았습니다.
새둥지는 자잘한 나뭇가지로 만들어 엉성해 보였습니다.
그 둥지에는 몸집이 크고 검은 까마귀가 앉아 있었습니다.
"저, 들어가서 좀 쉬어도 될까요?"
아기참새가 말했습니다.
"너는 까욱까욱 울 수 있니?"
크고 검은 까마귀는 뒤를 돌아다보며 물었습니다.
"아니요, 나는 쨱쨱쨱 울어요."
"그럼 안 되겠는걸. 너는 내 친구가 아니니까 말이야."

네 명의 아이들은 문을 사이에 두고는 "저, 들어가서 좀…?" / "너는 까욱…?" / "아니요, 나는 짹짹짹…." / "그럼 안 되겠는걸. 너는…."으로 이어지는 문답식 놀이를 한동안 무한 반복했다. 이 질문은 정체성에 대한 인간의 근원적 불안감을 슬쩍 건드린다. '나는 어떻게 우는 동물일까? 나는 어떤 존재일까?' 인간이라면 일생을 통해 묻는 질문이다. '작디작은 참새도 자신의 근원을 찾으러 이곳저곳 돌아다니는데 우리는 왜 그저 주저앉아 있지?' 등의 질문을 불러낸다.

사실, 위의 놀이는 공항의 세관 검사 풍경과 매우 흡사하다. 이주민과 난민, 외국인의 유입에 대해 우리는 무척이나 배타적인데, 이런 면에서 본다면 이 책이 다르게 읽힐 것이다. 하지만 위의 이야기는 자신이 누구인지를 찾는 온 생의 과정 중 걸음마를 하는 영유아들에게 적당하다. 영유아들이 이 이야기를 듣고 타지인에 대한 배타성이 굳어질 가능성이 전혀 없는 건 아니지만 그보다는 정체성 찾기의 여정에 더 마음이 끌릴 것이다. 타지인에 대한 배타성은 원시시대 때부터 전수된 안전에 관한 본능적 욕구의 하나이다. 하지만 이런 욕구는 자신의 공동체에서 느끼는 소속감과 개인의 정체성이 어느 정도 들어찬 다음에나 일어나지 않을까. 혹시라도 아이가 그림책을 읽고 '배타성'의 언행을 보인다면 즉시 개입해서 바로잡아 주길. 지금은 원시시대가 아닌 문명시대이다. 합당한 이유가 없는데도 거부감이 든다면 무의식이 시킨 일이다. 그렇다면 의식적으로 바로잡아야 한다.

이와 같이 이야기 속의 중심 문구 또는 중심 문장은 줄거리에 대한 이해를 높이는 동시에, 주제를 암시하고 강조하는 훌륭한 장치이다. 아이들은 따라 하는 데 명수이고 그것을 즐긴다. 존재론적인 어떤 질문이 그 안에 있음을 감지하면서.

> **문장과 단락 쓰기**
> 묘사와 상징, 은유, 아이들의 말
> 문장을 생기 있게 쓰자.
> 지문과 대화체를 적절히 배합한다.
> 반복과 병렬 장치를 활용한다.
> 중심 문구 혹은 중심 문장을 뽑아보자.

## 결말을 어떻게 맺을까?

### 결말은 얽힌 것을 푸는 것

얽힘과 풀림으로 이야기 전개를 살피면 두 가지 경우가 나온다. 얽힘에서 출발해 풀림으로 전개되는 경우, 풀림에서 출발해 얽힘으로 전개되는 경우이다. 그런데 후자의 경우에도 결말은 다시 풀림으로 맺어진다. 결말을 뜻하는 희곡 용어 'denouement'도 '얽힌 것을 푸는 것'이라는 의미이다. 따라서 결말에는 더 이상의 갈등이나 앙금 등이 남아 있으면 안 되고 수행하지 못한 임무가 있어서도 안 된다.

《김밥은 왜 김밥이 되었을까?》(얽힘-풀림)의 마지막 장면에는 한 가지만 먹는 아기 돼지들 때문에 악몽을 꾸던 돼지 부인이 행복한 미소를 지으며 차를 마시고 있다. 아기들은 야채가 골고루 들어간 김밥으로 맛나게 아침 식사를 했고, 항해를 마치고 돌아온 아빠가 설거지를 하고 있으니 이보다 더한 행복은 없을 듯하다. 《엄마의 의자》(풀림-얽힘-풀림)는 엄마의 의자를 사기 위해 동전을 모으던 중 큰일을 겪지만 결국 뜻을 이룬다. 《괴물들이 사는 나라》(얽힘-풀림)의 맥스도 결말에서는 괴물들과 실컷 놀아서 더 놀고 싶은 마음, 엄마에게 화가 났던 마음이 풀렸다.

당신이 아는 그림책의 결말을 조용히 떠올려 보라. 이런저런 일로 마음이 복잡할 때나 곧 벌어질 일로 스트레스가 밀려올 때, 푹신한 의자에 앉아 한두 번 심호흡을 하고 좋아하는 그림책을 꺼내 결말만 읽어보라. 마지막 한두 페이지를 읽으면 조금은 마음이 가벼워지지 않을까.

물론 상황은 바뀌지 않겠지만 그림책 속 이야기처럼 비는 언젠가 그치고 얽힌 일은 언젠가 풀리고 우리는 돼지 부인처럼 아침 차를 마시며 행복한 미소를 지을 수 있다.

## 시작점을 기억하라

이야기가 중반을 넘어서면 약간 긴장이 된다. 초보 때는 더 그렇다. 어디에서 멈추어야 할지가 명확하게 보이지 않기 때문이다. 많이 쓰다 보면 이야기의 길이가 가늠이 되면서 언제 마지막 마침표를 찍을지가 눈에 들어오지만 초보 때는 멈추어야 할 곳을 지나치기도 하고, 조바심을 낸 나머지 도착점에 이르기에 앞서 멈추기도 한다.

도착점을 잘 못 찾는 경우는 둘 중 하나이다. 여전히 중반에 무얼 더 집어넣고 싶을 때 또는 너무 많은 사건을 벌여 정리가 잘 안될 때이다. 전자의 경우는 "뭔가 허전한데?" 하며 새로운 사건을 만들어 요모조모 대보느라 정신없이 분주하고, 후자는 "아이고, 나도 모르겠다." 하며 대강 마무리해서 이야기를 끝맺고 싶은 유혹이 든다.

뭔가를 새로 만드는 것보다는 비우는 게 더 힘들다. 새로 사건을 만들어 가방을 좀 채우면 어쨌든 가방을 들고 공항으로 출발할 수는 있다. 하지만 짐을 잔뜩 쑤셔 넣고 지퍼를 올리다가 중간쯤에 지퍼의 이가 나가면 가방은 배가 열리고 짐은 바닥에 널브러진다. 매표소 앞에는 줄이 길게 늘어서 있고 출발 시간은 다가오고, 버릴 짐은 하나도 없고. 그러나 가방을 닫으려면 무언가 꺼내야 한다. 이때 흐트러진 방향감을 찾아주고 이야기에 꼭 필요한 짐이 무엇인지를 알려주는 것이 서두이다. 서두에서는 왜 내가 이 이야기를 시작했는지가 보이기 때문이다. 서두로 돌아가 한 번 주욱 읽기를! 중반으로 넘어가 계속 읽지 말고 서두만 읽어보라. 멈추어야 할 때를 아는 건 얼마나 아름다운 일인지.

맘에 쏙 드는 결말을 썼다고 자부할 때("최고의 결말이야! 이보다 더 잘할 순 없어!")도 맹점이 있다. 어쩌다 보니 다른 곳에 도착했는데 그 다른 곳이 너무 매력적이라 그곳을 도착점으로 착각하는 경우이다. "여기가 아니야!" 하고 누가 팔을 잡아끌지만 마음은 요지부동이다. 당신은 "난 여기가 좋은데. 안 갈 거야!" 하고 소리치겠지만, 그러기 전에 서두를 읽어보라. 서두를 고치기는 불가능하다. 자기 부정을 해야 하고, 모든 여정을 다 취소해야 하므로. 그러니 할 수 없이 돌아가야 한다. 가슴이 찢어지더라도 이별을 해야 한다. 당신이 도착해야 할 곳은 서두에 예약을 해둔 바로 '그곳'이다.

## 시작과 달라진 것이 끝이다

뉴질랜드에 체류할 때 쉽사리 정착하지 못하고 바람에 나부끼는 깃발처럼 마음이 오락가락하는 사람들을 더러 보았다. 대부분 떠날 이유만 갖고 떠난 사람들이다. 특정 지역에 도착해 정착할 때는 정착의 이유가 따로 필요한데, 미처 그것을 생각지 못했을 때 우리는 떠나긴 했지만 도착은 하지 않은 유예 상태에 머물게 된다. 결혼이나 이직 등 사람살이의 중요한 변환점에서도 그렇고 이야기에서도 그렇다. 이야기를 끝맺기 위해서는 이야기를 시작한 이유 외에 끝맺음의 이유가 별도로 필요하다.

실제로 결말 쓰기에 함몰되어 매듭짓는 일에 급급하다 보면 그저 시작 때 벌어진 일이 마무리되기만 하면 끝이라고 여길 수 있다. 시작과 끝은 하나로 맞물려야 하지만 끝에는 시작과는 다른 그 무엇이 눈에 보일 정도로 확연하게 있어야 한다. '얽힘-풀림-각성' 이런 셈이다. 주제나 이야기의 가치, 철학 등의 거창한 낱말에 앞서 뭐라도 달라진 것이 있지 않으면 결말에 이르는 중에 그것을 흘렸을지 모른다. 일상생활에서도 이런 때가 있다. 생일상을 차린다고 이것저것 목록에 있는 대로 다 샀는데 뭔가 빠트린 기분, 할 일을 다 했는데 뭔가 개운치 않은 감정… 그럴 때 잠시 앉아서 주변의 소란을 잠재운 다음 돌이켜 보면 무릎을 탁 치게 만드는 무언가가 있다. "아, 그렇지. 생일 케이크를 안 샀잖아!", "어머, 나 좀 봐. 여권을 안 들고 왔네. 이런!"

생일 케이크나 여권은 눈에 보이는 것이니 바로 챙기면 되지만 눈에 보이지 않는 것이라면 정신이 혼미해지면서 아무리 원고를 들여다봐도 그 실마리를 찾을 수 없다. 당연하다. 스트레스를 받아 피곤해진 나의 뇌가 이미 눈에게 명령해 허술해 보이는 빈틈을 메우라고 명했기에 눈은 아무것도 새로 찾지 못한다. 이럴 때는 뇌를 쉬게 하는 수밖에 없다. 뇌에게 휴가를 주고 용돈도 주고 뭐든 기분을 풀 수 있게 마음을 달래야 한다. 뇌의 마음을.

마음의 변화가 없다면 똑같은 일상이 반복된다. 일상은 우리의 삶을 지탱해 주지만 똑같은 일상을 그저 견뎌내다가 닳고 닳아서 죽는 게 우리들의 운명이라면, 누구든 저항하고 싶지 않은가? 적어도 갓 태어난 아기에게 그렇게 말해줄 수는 없을 것 같다. 게다가 이 생에서 아무것도 얻지 못하면 다음 생에도 그 밥에 그 나물일 텐데, 그러면 뭐 하러? 그 밥에 그 나물이 아닐지도 모른다. 어쩌면 나물의 개수가 하나 줄거나 아주 맛없는 나물로 교체될 수도 있다.

우리의 뇌와 마음은 혼자서는 좀처럼 작동하지 않는다. 누군가 응시를 해주고 누군가 말을 건네주고 감정을 일으키고 생각할 거리를 던져주어야 일을 한다. 아이들에게 이런 경험들이 더욱 필요하다는 것은 두말할 나위가 없다. 자, 당신의 원고를 놓고 살피도록. 무엇이 달라졌지? 시작과 달라진 것이 무엇이지? 작가가 달라진 것이 없으면 주인공도 달라질 수 없고 독자도 달라질 수 없다. 이 모든 '달라짐'이 이야기 속에서 느껴져야 한다.

## 결말에는 독자들까지 데려와야 한다

길을 나설 때는 독자와 함께였지만 중간 어디쯤에서 독자를 흘리고 그냥 결말까지 오는 원고도 있다. 작가가 너무 앞서가는 바람에 독자들이 미처 못 쫓아온 경우도 있고, 갈림길에서 작가가 독자들이 기대한 길과 다른 길로 가버릴 때 (몸은 쫓아가면서도) 마음이 쫓아가지 않는 경우도 있다. "다 왔다!" 하고 만세를 부르고 나서 돌아보니 독자가 보이지 않는다. 어디에 흘리고 왔을까.

도착점을 잘 알고 있는 사람은 어쩌면 작가가 아니라 독자들이다. 작가는 착각할 수 있지만 이야기를 잘 따라온 독자라면 착각은 하지 않는다. 독자들은 창작의 고통에서도 면제되고 작가들처럼 중간을 달리다가 서둘러 이야기를 끝낼 정도로 에너지가 고갈되는 일도 없다. 이야기를 듣는 것도 고통이긴 하지만 이야기가 가는 길을 잘 찾아내는 쪽은 독자들이다. 작가들이 원고를 다 쓰고 나서 누군가에게 읽히며 그의 반응을 살피는 것은 이런 이유 때문이다. 억지로 끌고 올 수도 있다. 사탕이나 초콜릿으로 유인할 수도 있다. 함께 온 그곳이 진짜 이야기의 도착점이라면 다행스러운 일이지만 도착점인지 아닌지 확신이 잘 서지 않으면 작가들은 자신의 마음이 아닌 독자의 마음을 더 신뢰해야 한다.

사실 결말에서 독자를 불만족스럽게 하면 평생 만회할 기회가 없다. 기절초풍할 이야기나 배꼽을 잡고 웃을 사건, 가슴을 졸아들게 할 만한 일들을 다 풀어놓고 마지막에 "뻥이야!" 하는 식이라면 독자는 기분이 상할 것이다. "이건 그냥 내 이야기야. 독자 마음에 안 들면 할 수 없지." 하는 식의 결말도 옳지 않다. 채워져야 할 것이 채워지지 않은 결말, 다른 길에 가 있는 결말은 작품 전체를 공허하게 한다. 작품뿐 아니라 어린 독자들의 삶에 구멍을 낸다. 아이들이 이야기를 원하는 것은 사실 결말 때문이다. 아이들은 불확실성의 시대에 뭔가 확실한 맺음을 보고 싶어 한다. 결말에 대한 갈망과 만족감은 다음 책으로 아이들을 안내하지만 허술하게 마무리된 이야기는 선택 장애가 있는 사람을 교차로에 홀로 두고 가버리는 꼴이다. 오히려 책을 읽기 전보다 더 삶과 세계에 대해 불확실하고 불명확한 상을 갖게 한다. 기대를 했기 때문이다.

## 결말의 다양한 사례

### 사례1. 문제가 해결되는 결말

밤이 되면 작은 악어는 수천 송이의 꽃에 둘러싸여 잠이 들었습니다. 나비들은 악어를 감싸 주었고 털실로 짠 잠옷은 아주 따뜻했습니다. 나이팅게일은 노래를 불렀고, 밤 하늘에는 달이 밝게 빛났습니다. 작은 악어는 왕이 되는 것보다 훨씬 행복했답니다. 《이글라우로 간 악어》

작은 악어의 문제는 아버지가 자신에게 잔인한 왕으로 살기를 강요하는 것이다. 결국 작은 악어는 아버지와 고향을 떠나 낯선 곳에서 꽃과 나비에 둘러싸인 삶을 살게 된다. 작은 악어는 우리가 왜 더 나은 삶을 위해,

때로는 생존을 위해 이주와 유랑을 하는지 살짝 환기시키면서 자신의 바람을 성취한다.

　문제가 해결되는 결말은 독자에게 가장 확실한 만족감을 준다. 빨간 끈으로 머리를 묶고 싶었던 사자의 바람도 해결되었고(《빨간 끈으로 머리를 묶은 사자》), 농부가 시키는 대로 온갖 일을 혼자 다 해야 했던 오리의 문제도 해결되었다(《옛날에 오리 한 마리가 살았는데》). 동물들이 추울까 봐 다락으로 올라간 할머니도 걱정을 덜었다(《할머니는 과연 무얼 뜨고 계실까?》).

　<u>사례2. 떠났던 곳으로 돌아오는 결말</u>

아기돼지들은 벌떡 일어나서,
달리고 달리고 달리고 달려서
엄마가 기다리고 있는 집으로 돌아왔습니다.

"엄마, 엄마, 배고파요."
뿌와 톤과 양은 엄마 품에 달려가 안겼습니다.
너무나, 너무나 좋은 엄마에게 안겼습니다. 《집 나가자 꿀꿀꿀》

　떠났던 곳으로 귀향하려는 욕구는 이주와 유랑의 욕구만큼이나 오래된 인류의 DNA임이 그림책에서도 알 수 있다. 이러한 결말이 유독 눈에 많이 띄기 때문이다. 《집 나가자 꿀꿀꿀》에서 보란 듯이 집을 나간 아기 돼지들은 엄마가 "뿌, 톤, 양, 어디에 있니? 밥 먹자."라고 부르자 한달음에 집으로 달려온다.(다음 날 또 나가겠지만….)《괴물들이 사는 나라》의 맥스 역시 괴물들과 신나게 놀고 난 다음, 집이 그립고 엄마가 보고 싶어서 돌아온다.《아기토끼 버니》의 버니도 돌아왔고《피터의 의자》의 피터도 돌아왔다. 피터는 집으로 돌아와 아빠를 도와서 동생에게 줄 자신의 의자에 예쁘게 페인트를 칠한다.

돌아오기 유형은 자기 혼자 새로운 세계로 나아갈 수 없는, 그리고 우연히(길을 잃어버렸을 경우처럼) 집을 떠났다 하더라도 혼자 집을 찾아오기 힘든 연령의 아이들에게는 매우 안심이 되는 이야기이다. 그 여행은 진짜 여행일 수도 있고《괴물들이 사는 나라》와《아기토끼 버니》의 경우처럼 욕구와 상상력의 여행일 수도 있다. 재미난 것은《피터의 의자》의 피터와《부루퉁한 스핑키》의 스핑키는 진짜 집을 나가지만 그곳은 겨우 자기 집 앞마당이다. 멀리 가지 않는다.

주인공을 동물이든 뭐든 의인화했을 때는 혼자 멀리 여행을 보낼 수 있다. 하지만 주인공이 사람 아이라면 멀리 여행을 떠나보내는 것은 다소 비현실적이다. 그래서 작가는 멀리 가고 싶은 아이들의 마음을 의인화된 주인공이 대신 가게 하거나, 상상으로 가게 하는 것으로 달래준다.

사례3. 원래대로 돌아오는 결말

그레고리 샘슨은 다음 날 아침, 잠에서 깨어나 다시 한번 놀랐어요. 모든 것이 원래대로 돌아와 있었으니까요. 그레고리는 두 팔과 두 다리로 기지개를 쭉 켜고 자리에서 일어났어요. 옷을 입고 방에 걸린 거울 앞에

섰어요. "히, 이젠 벌레가 아냐." 그레고리는 씩 웃었어요. 다시 사람이 되었으니, 식구들이 얼마나 기뻐할까요? (…) 그레고리는 식구들에게 빨리 자기의 모습을 보여 주려고 계단을 뛰어 내려갔어요. 그레고리 샘슨이 딱정벌레로 지낸 하루는 그렇게 끝이 났답니다. 《변신》

《변신》에서 어느 날 딱정벌레로 변한 그레고리 샘슨은 다음 날 이렇게 다시 사람으로 돌아온다.《난 곰인 채로 있고 싶은데…》의 주인공 곰도 공장장에게 붙들려 봄, 여름, 가을 내내 공장에서 일을 하다가 겨울이 될 무렵 무언가에 이끌리듯 굴속으로 들어가 잠을 청한다. 원래의 곰으로 돌아온 것이다.《줄무늬가 생겼어요》의 카밀라는 듣도 보도 못한 줄무늬 병에 걸리지만 원래대로 돌아오며 결말을 맺는다.《난 커다란 털북숭이 곰이다》의 주인공은 엄마가 잔소리를 하자 곰으로 변해 집을 떠났다가 여자 친구에게 돌아온다. 마지막 문장은 "하지만 난 한스이기도 해."이다. 자기 정체성을 잃지 않고 인간으로의 복귀를 알리는 멋진 한 문장이다.

### 사례4. 변화와 의식의 확장

설날 아침 할머니와 동물들은
만두를 먹고 모두 한 살을 더 먹었습니다. 《손 큰 할머니의 만두 만들기》

설날에 만두를 만들어 먹는 것은 북한의 설 문화인데 어릴 적에는 만두를 먹지 않으면 설날이 와도 나이를 한 살 더 먹을 수 없다고 생각했던 것 같다. 나이보다 만두를 먹는 게 더 중요했던 때였을까.《손 큰 할머니의 만두 만들기》의 마지막 문장은 이런 배경에서 나왔다. 그때의 어린 나나 이야기 속의 동물들은 나이보다 만두에 집착했겠지만 어른들이 진짜 먹고 싶었던 건 만두를 넘어선 나이가 아닐까. 나이를 먹고 얼른 철든 어른이 되기를 소망했겠지. 만두를 해 먹는 문제는 멋지게 해결되었는데 거기서 끝맺지 않고 한 발 더 앞으로 독자를 이끄는 결말을 위의 마지막 문장이 보여주고 있다. 나이 먹음의 의미를 생각할 만한 독자라면 위의 문장이 자신의 성장을 독려하고 있음을 깨달을 것이다.

《작은 배》는 '바다가 땅을 만나는 곳'에서 시작해서 '바다가 땅에게 인사하는 곳'으로 끝맺는다. 앞서도 말했듯이 만나는 곳이 인사하는 곳이 된 것은 더 높은 차원의 변화이다.《뛰어라 메뚜기》의 주인공처럼 땅에 발을 딛고 걷다가 뛰게 된 것이 아니라 날개를 펼치고 드넓은 창공을 날아가는 정도의 변화이다. 결말은 이렇게 독자에게 다른 차원의 성장과 변화를 꾀하도록 힘껏 등을 밀어준다.

................................
**결말을 어떻게 맺을까?**
결말은 얽힌 것을 푸는 것
시작점을 기억하라.
시작과 달라진 것이 끝이다.
결말에는 독자들까지 데려와야 한다.
................................

# 다섯째 날

이제 마지막 날이다. 이 여정을 잘 따라왔다면 당신은 완성된 그림책 원고 한 편을 마주하고 있을 것이다. 하지만 아직 원고는 당신 손에 있다. 출판사에 보내기 전에 한 번 훑어볼 일이 남아 있다. 기분 전환을 하고 다시 책상 앞에 앉기를. 원고를 검토하다가 거의 새로 쓰는 일도 생기니 고생이 다 끝난 것은 아니다. 원고 검토를 하고 출판사와 계약을 하면 또 하나의 산이 보인다. 책이 나오고 나면 또 다음 산이 보인다. 그야말로 산 너머 산! 우리들의 수고는 계속 이어지고 우리들의 삶도 계속 이어진다. 새로이 태어나는 독자들이 있을 테고 우리의 삶이 그 독자들의 삶에 스며들 것이니….

| 오전 |

# 그림책 쓰기의 최종 기술

## 옛이야기에서 배우자

노발리스는 모든 문학은 민담 같아야 한다고 말했다. 모든 문학에 민담의 어떤 것이 내재한다는 뜻이다. 그렇다면 그림책 이야기에는 민담, 즉 옛이야기의 어떤 요소가 담겨 있을까.

민담에 관한 나의 이해는 블라디미르 프로프의《민담 형태론》과 마리-루이제 폰 프란츠의《민담의 심리학적 해석》, 막스 뤼티의《유럽의 민담》에 바탕을 두고 있다. 첫 번째 책은 절판된 것 같은데 일독을 권할 수 없어서 아쉽다.《유럽의 민담》은 나에게 앞의 두 책으로 유발된 심오한 흥미를 체계적으로 정리해 주었을 뿐만 아니라 옛이야기의 내적 질서가 그림책 이야기에서 어떻게 변용되었는지에 대한 호기심을 불러일으켰다. 그림책 이야기에서 찾아볼 수 있는 옛이야기의 법칙과 전통은 뭘까.

결과적으로 내가 발견한 유사성은 다음과 같다. 물리적인 제한, 주인공의 단성적인 성격, 반복성, 문장과 문구의 명징함, 사건 위주의 전개 방식, 곁가지 없는 단순한 구조, 상징적인 화소들과 잘 선택된 소품들, 이야기가 추구하는 가치 등. 이뿐 아니라 이야기를 귀로 듣는다는 것도 그림책과 닮은 점이다.

다른 매체에 비해 유사성이 많은 까닭을 나는 그 안에 내재한 마음이 같다는 점에서 찾고 있다. 이야기를 듣기 바라는 마음과 이야기를 해주고 싶은 마음이 그것이다. 옛이야기를 들을 때와 그림책 이야기를 들을 때 우리는 똑같은 마음을 갖게 된다. 바로 원시인의 마음이다. 부모 대상 강연에서 아이들이 책을 왜 읽어야 하는지, 이야기가 아이들에게 어떤 효력이 있는지를 말할 때 나는 종종 아이들은 원시인의 마음을 갖고 있다고 하는데 그러면 부모들이 자세를 고쳐 앉는다.

"개체 발생은 계통 발생을 되풀이한다."라는 에른스트 헤켈의 말을 잠시 떠올려 보자. 배 속의 아기(개체)가 생명체의 계통 발생 과정을 다 보여주면서 성장한다는 것이 그 증거이다. '동물에게 배워요' 시리즈를 위해 동물에 관한 책을 죽 읽어가면서 나는 우리 인류가 동물에게 생활의 기술뿐 아니라 무의식의 바다와 같은 마음도 물려받았음을 감지했다. 인류의 마음의 기원 역시 동물, 좀 더 구체적으로는 초기 인류인 원시인의 마음에 있다. 이는 《다문화 백과사전》을 쓰면서 타자에 대한 본능적인 두려움과 반감이 어디에서 기원하는지를 탐구하면서도 느끼게 된 바이다.

말이 나온 김에, 여기서 잠깐 우리의 먼먼 조상을 떠올려 보자. 초기 인류에게 이 세계가 얼마나 아름답고 신비롭고 동시에 낯설고 위태롭고 예측할 수 없는 것투성이였을지 짐작 가능하다. 꽃들은 왜 피어나는지, 새들은 왜 왔다가 사라지는지, 동굴은 왜 생기는지, 벼락이 왜 치는지, 화산이 왜 터지는지, 왜 비가 오지 않는지, 죽음은 언제 찾아오는지…. 자연에 대한 경이로움과 찬탄 못지않게 불안과 두려움, 불확실성이 원시인의 뼛속 깊이 배어들었을 테고, 그것은 우리에게까지 유전되어 마음 가장 깊숙한 곳에 웅크리고 있다.

다시 말하면, 지구에서 막 살기 시작한 초기 인류가 이 세계를 받아들였을 때의 그 불안감을 지금 막 지구에서 살기 시작한 아이들이 갖고 태어나 그 눈으로 이 세계를 본다. 놀랍고 신기한 것도 많지만, 이해할 수 없고 파악할 수 없는 것 천지이다. 그렇지만 어떻게든 나는 이 세계에서 살아나가야 하기에 물러설 수 없다. 아이들이 엘리베이터 버튼을 남이 눌렀을 때 악을 쓰며 우는 것은 이런 자각과 각오 때문이 아닐까. "내가 눌렀어야 하는데! 내가 이 세계를 열고 닫아야 하는데! 나의 세계이니까." 아이들이 가장 싫어하는 것은 자신이 남에게 길러진다는 것, 자신의 세계를 자신에게 물어보지도 않고 남이 열고 닫아주는 것이다. 누구든 거부하고 저항해야 마땅하지만 몸이 성장할수록 우리는 이에 대해 무감각해진다. 이른바 '학습된 무기력.'

무기력이 달라붙기 전, 구멍이 숭숭 난 이 세계에서 아이들을 구해낼 묘약이 있다. 구멍을 메워주고 이해할 수 없는 것을 이해할 수 있게 해주고 불안감을 잠재우고 희망을 갖게 하고 내일을 기대하며 편안하게 오늘의 안식을 취할 수 있게 해주는… 그것이 바로 이야기이다. 하루의 일과를 마치고 불가에 둘러앉아 누군가 이야기를 들려주는 풍경("건너편 섬에 화산이 터진 것은 지하의 신이 화가 나서 불을 내뿜은 거야. 지하의 신은 아이들이 서로 싸우는 걸 몹시 싫어하거든. 왜냐하면 싸움은….")은 부모들이 아이들에게 하루의 일과를 마치고 잠자리에서 그림책을 읽어주는 풍경과 정서적인 면에서는 크게 다르지 않다. 아이들은 이야기를 들으며, 그림책을 보면서 차츰 이 세계를 알아간다. 그것도 모든 것을 알고 있는 듯한, 자신의 최고 보호자인 부모의 음성으로 듣는다면 얼마나 위안이 되겠는가. 이 과정에서 모르는 세계는 내가 아는 세계가 되고, 이 세계에 뿌리를 내리고 살아갈 힘을 얻는다. 먼 미래를 위한 것이 아니라 오늘의 평안, 오늘 편히 잠들 수 있기 위함이다. 유발 하라리는 《사피엔스》에서 호모 사피엔스가 지금까지 생존할 수 있었던 것은 이야기를 지어내는 능력(다름 아닌 상상력) 덕분이라고 했다. 동감이다.

이제 좀 더 구체적으로 옛이야기와 그림책 사이의 공통점을 살펴보자. 먼저, 물리적 제한에 관하여. 옛이야기의 물리적 제한은 일정한 시간 안에 이야기를 마쳐야 함을 의미한다. 시간이 정해져 있지는 않지만 이야기의 길이가 말하고 듣기에 적당한 정도를 알려준다. 그림책의 물리적 제한은 첫째 날에 말한 대로 펼침면 16페이지 내외에서 이야기를 마무리해야 한다는 것에 있다. 그림책도 옛이야기와 마찬가지의 물리적 제한이 있음을 상기하자.

실제 사람들이 여러 겹의 성격을 갖고 있음을 생각해 보면 주인공의 단성적인 성격 또한 옛이야기와 그림책의 특징적인 공통점이다. 다만, 옛이야기의 주인공의 단성적 성격은 단일함으로 비치고, 그림책에서는 일관성으로 비친다. 옛이야기의 주인공들이 너무 빤하게 행동하기 때문이다. 보편적인 성격이 아닌 전형적인 인물이다. 전형적이기 때문에 굳이 인물의 성격에 시간을 들이지 않아도 되는데 살아 있는 한 개인이 아닌 누군가의 조종에 의해 움직이는 종이 인형처럼 아예 성격이 없어 보인다. 옛이야기의 주인공들이 종이 인형이라면 그림책 주인공들은 입체 인형이다. 종이 인형에 비해 진짜 옷을 입고 있지만 다른 옷으로 갈아입지는 못한다. 사실, 사람의 성격은 상대적이라 내면의 다양한 성격이 발현되려면 다양한 사람과 다양한 경험이 주어져야 하는데 옛이야기나 그림책 이야기나 직진만 해서 차선 변경을 할 기회가 없다. (처음 운전을 배울 때 옆집의 맘씨 좋은 남자가 연습을 시켜주었는데 옆에 앉아서는 나에게 계속 직진만 하게 했다. "그냥 가세요.", "계속 죽 가세요." 한 삼십 분인가 그렇게 가다 보니 제발 차선 변경을 좀 하고 싶었다. "좌회전해 볼까요?" "아니, 계속 가세요." 그의 교습법이 훌륭한 건지 무심한 건지 지금도 알 수 없다. 마지막에 차에서 내리며 그는 이렇게 말했다. "이제 운전 눈 감고도 하겠죠?") 이야기 전개가 일직선이니 좌회전이나 우회전을 할 때의 감정을 그림책은 알지 못한다. 물론 누구나 운전대를 잡으면 자기도 모르게 튀어나오는 사소한 욕지거리도 알지 못한다. 주인공의 억눌린 성격이 갑작스레 드러나거나 새로운 성격이 발현되는 경우는 중편 동화쯤에서 기대해야 한다.

옛이야기와 그림책에서의 '직진'은 지름길로 간다는 뜻이기도 하다. 단일한 플롯, 단순한 구조를 갖고 있는 가장 빠른 길, 가장 중심되는 길이다. 직진을 하기 위해서 옛이야기와 그림책은 주제와 이야기 전개에 꼭 필요하지 않은 화소나 사물은 선택하지 않는다. 드라마나 영화를 떠올리면 잘 이해할 수 있다. 드라마에서 어떤 인물이나 모티브가 새로 등장하면 반드시 그 인물과 모티브는 쓰임이 있다. 우리 집에서는 드라마를 보면서 경쟁적으로 이렇게 중얼거린다. "저 사람 왜 갑자기 등장시켰지? 혹시 출생의 비밀 카드를 쓰려나?", "저 인물이 자꾸 뭔가를 깜빡깜빡하는데 나중에 치매로 설정하려나?" 이런 중얼거림은 드라마에 그저 끌려가는 무기력한 기분을 완화하는 것은 물론, "맞잖아. 내가 뭐랬어!"라고 먼저 소리칠 때의 승자의 기쁨 또한 선사한다.

그림책은 드라마의 한 회보다 훨씬 분량이 짧으므로 더욱더 준비한 소품을 다 써야 한다. 글보다 더 많은 것을 보여주는 그림에도 이런 최소한의 원칙이 요구되는데 이는 양적인 면이 아니라 질적인 면에 있다. 즉, 이야기가 가는 길만 보여주라는 것이다. 이야기가 가는 길에 있다면 풍성하게 보여주어도 된다. 이를 다르게 읽지 않기 바란다. 예를 들어 주인공의 표정이 잘 보여야 하는데 주인공의 옷(의 현란한 무늬)이나 벽지, 다른 소품들이 더 눈에 띄게 그리면 곤란하다. 그림책을 처음 시작하는 그림 작가들은 이 늪(이것저것 다 보여주고 싶은 마음)에서 헤어나는 데 시간이 걸린다. 그 마음은 충분히 짐작이 되나, 아무리 배가 고프다고 해도 이것저것 다 많이 맛있게 먹을 수는 없다. 위도 한정되어 있고, 이것저것 다 차리다 보면 정작 밥을 빠트릴 수 있다.("어머, 나 좀 봐. 전기밥솥 취사 버튼을 안 눌렀네.")

반복성 역시 옛이야기와 그림책 이야기의 닮은 점이다. 옛이야기와 그림책에 있어서 반복성은 들려주기와 듣기, 기억하기에 도움을 준다. 또한 느슨하게 둘러쳐진 이야기의 바깥 울타리처럼 이야기의 윤곽을 그릴 수 있게 하며 궁극적으로는 이야기의 일관성과 통일성에 적잖이 기여한다.

옛이야기와 그림책의 문장은 단순명료하며 지시하는 바가 명확하다. 다른 뜻으로 해석될 만한 낱말은 거의 보이지 않는다. 정제된 문장들이라고나 할까. 어떤 사건이 일어났는지, 누가 주인공인지가 확실하게 문장으로 드러난다. 또한 필요하지 않은 문장은 과감히 누락해야 하는데 최소한의 원칙이 가장 요구되는 게 이 부분이다. 드라마에서 불필요한 대사가 짜증을 유발하듯이 글로 쓰인 것은 다 그렇다. 드라마나 영화의 대사는 소리이므로 곧 사라지지만 글로 쓰인 것은 눈이 거기에 머문다. 비판적으로 그림책을 보는 사람이라면, 아마 다음 문장으로 넘어가지 못할 것이다.

앞서도 말했듯이 사건 위주의 전개 방식도 옛이야기와 그림책 속 이야기의 특징이다. 아이들은 늘 들고 뛰는 존재들이기에 그림책 이야기에서 사건이 희미하게 기술되거나 주인공이 사건에 별로 반응하지 않는다면 곧 흥미를 잃는다. 또한 별 사건이 없으면 독자들은 기억해야 할 것들을 주워 담지 못한다. 이야기를 듣고서 '뭐지? 무슨 일이 일어났지? 뭐에 관한 이야기이지?' 하는 표정이라면 사건을 보강해야 한다.

이와 같은 요소 덕분에 옛이야기와 그림책 이야기는 은유로서의 문학의 소임을 성실히 수행한다. 한 개인의 이야기이지만 그 개인은 모두를 반영하고, 하나의 사건이지만 그 사건은 삶 전체를 비춘다. 아마도 옛이야기와 그림책의 곁가지 없는 단순한 구조가 이런 효능을 강화했을 것이다. 악마는 디테일에 숨어 있다는 말이 있는데 이런 효능은 작은 것들, 지나치기 쉬운 것들의 선택으로 강화된다. 대표적인 예가 앤서니 브라운의 《터널》이다.

앤서니 브라운의 그림책들은 제각각 극도의 형식미를 갖추고 있는데 그중《터널》은 그림 속 모든 요소들이 치밀한 계산으로 선택되었음을 알게 한다. 오누이가 입고 있는 옷의 색깔, 두 아이가 선호하는 물건인 책과 공, 두 아이가 통과하는 터널(광장이나 숲 또는 다리가 아닌) 등이 그 예이다. 터널을 통과한 여동생이 돌로 굳어진 오빠를 껴안고 눈물을 흘리는 장면, 나무뿌리와 줄기의 기괴한 괴물 형상 등,《터널》은 보기 부담스러울 정도로 너무나 많은 상징과 은유를 담고 있다. 그의 그림책 속의 상징과 은유는 서양 문화에 기원을 두고 있는데 그는 그것을 답습하기도 하고 과감히 깨트리기도 한다. 답습과 깨트림 사이의 긴장은 그의 책을 더욱 독보적인 존재로 만든다.

## 이야기 전개는 영화나 연극처럼

그림책은 이야기의 본질적인 면에서는 옛이야기의 직계 후손이라고 할 수 있지만, 기술 방식은 영화나 연극과 유사점이 있다. 동화와 소설과는 달리 그림책은 그림이라는 비주얼 이미지를 갖고 있고, 영화나 연극처럼 비주얼 이미지와 텍스트가 한 몸이 되어 이야기를 전개한다. 또한 이들은 하나의 두루마리처럼 이야기가 연이어 흐르지 않는다. 영화는 장면(scene)으로 나뉘어 촬영된 동영상으로, 연극에서는 막으로 나뉘어 연출된 무대로, 그림책은 펼침면 16페이지의 낱장으로 보여진다. 이런 유사점 덕분에 영화나 연극의 주요 장면을 캡처해서 낱장으로 늘어놓은 다음 한데 묶으면 그림책이 될 수 있다. 그렇게 나온 사진 그림책도 있고 반대로 그림책이 먼저 나오고 나서 나중에 영화로 제작된 책들도 있다.《빨간 풍선의 모험》,《강낭콩》,《눈사람 아저씨》,《북극으로 가는 기차》가 그 예이다. 김진만 피디의 다큐멘터리를 그림책으로 만든 나의 책《엄마 곰이 아기 곰을 불러요》도 유사한 경우이다.

영화나 연극의 텍스트는 시나리오이다. 시나리오는 소설처럼 죽 이어 쓰지 않고 처음부터 지문과 대사로 나누어 쓴다. 그렇다면 그림책은 어떻게 써야 할까. 시나리오가 처음부터 장면을 나누고 그에 맞춰 쓰는 것처럼 그림책도 그렇게 써야 할까? 나는 원고를 시작할 때 이것이 그림책 원고라는 걸 인지한 경우에는 그렇게 한다. 여러분은 꼭 그렇게 써야 하는 건 아니다. 하지만 펼침면으로 분할해서 쓰면 각각의 분할된 장면이 더 잘 보이고(각 장면 속 그림이 더 잘 보이고), 더 잘 보이기 때문에 어디에서 잘라야 하는지를 조금 더 구체적으로 따져볼 수 있다.

각 장면 속 그림은 내가 그릴 그림도 아니고 누가 그리기로 결정된 것도 아니지만 간밤의 꿈처럼 동영상으로, 마치 도수 높은 안경을 벗고 맨눈으로 주위 사물을 볼 때의 느낌처럼 분명치 않은 실루엣으로 허공에 일렁인다. 이런 면에서 그림도 자기가 본 것을 기억해 그리는 것 아닐까. 실제 보았든 머릿속으로 보았든, 또는 본 것 같든 간에 기억해 내는 것! 중요한 것은 글 작가가 그림책 원고를 쓰면서 그림을 그리지 못하면 편집자도 못 그리고 그림 작가도 못 그린다. 독자는 아예 그림책을 보지 못하겠지. 나오지 못할 테니까.

연극은 무대 전체를 다 보여주지 않는다. 집중해서 보여주어야 할 것에만 조명이 드리운다. 그 외의 것들은 철저히 무시된다. 침대와 변기 외에는.

젊을 적에 산울림 소극장에서 박정자의 〈엄마는 오십에 바다를 발견했다〉를 보았는데 무대에는 침대와 변기만이 놓여 있었다.(침대는 딸의 삶을, 변기는 엄마의 삶을 상징한다고 나는 보았다.) 그런데 관객은 "무슨 방이 저래?" 하고 묻지 않는다. 처음부터 무시되면 질문과 의혹을 낳지 않고 그 자체를 그대로 받아들인다. 연극적 관습에 관객들이 익숙해서이기도 하지만 이 관습 역시 '살릴 건 살리고 죽일 건 죽이고'에서 나온 것이리라. 그림책 이야기에도 펼침면마다 어둠의 심연이 있다. 이야기에도 그렇고 그림에도 그렇다. 연속성은 있으나 연속이 되는 방식은 생략을 명분으로 한 단절이다.

그림책을 쓰는 작가들은 연속성과 단절을 잘 이해하고 있을까. 이야기를 주욱 써 내려가는 작가들에게 단절이라곤 없다. 단락과 단락 사이의 심리적 거리는 눈에 띌 만한 정도는 아니다. 그야말로 주욱 쓴다. 하지만 나중에 그림이 앉혀진 가제본에서는 칼로 뚝뚝 잘린 오이처럼 단절이 선명하게 눈에 보인다. 그러므로 단절은 작가도 피할 수 없다.

피할 수 없으므로 즐겨야 한다. 작가도 즐기고 독자도 즐기고. 독자가 즐기려면 작가가 먼저 즐겨야 하는데 이야기를 쓸 때 어쩔 수 없이 생기는 단절을 효과적으로 활용하면 다른 글쓰기에서와는 다른 생동감이나 현장성(연극에서와 같이)을 덤으로 얻는다.

단절을 어떻게 활용할까. 단절을 활용하려면 글을 시작할 때부터 단절을 삽입해야 한다. 펼침면 페이지를 아라비아 숫자로 달아놓고 그 밑에 그림책 한 페이지에서 허용하는 분량으로 나누어 쓴다. 1연, 2연 … 하며 시를 연이어 쓰듯이 펼침면 1페이지, 2페이지 … 펼침면 15, 16으로 페이지를 매기며 연이어 쓴다. 연속적인 것을 나누지 말고, 나누어진 것을 연속성의 고리로 꿰는 것을 상상해 보라. 그림책 이야기는 나눌 수 없는 강물이 아니라 객차들이 연결되어 길게 이어진 기차이다. 펼침면 페이지 사이사이에는 조명이 들어오지 않는 누락된 세계가 있다. 작가는 건너뛰지만 독자들은 그 사이를 이어서 이야기를 이해한다. 동화가 누락되지 않은 온전한 이야기라면 그림책은 누락된 세계를 갖고 있는 단절성의 이야기이다.

동화와 그림책 이야기의 특성적 차이를 살필 수 있는 실험이 있다. 건국대에서 그림책 강의를 할 때이다. 학생들에게 단편 동화를 제시하고 이 원고를 16페이지의 그림책 원고로 편집하라는 과제를 낸 것이다. 그런데 놀랍게도 그때까지 건성건성 수업을 듣는 것 같던 학생들이 훌륭하게 과제를 수행하면서 그림책 원고의 특성을 잘 이해하게 되었다는 후기를 남겼다. 백문이 불여일견이라고 직접 손으로 주물주물하고 입으로 우물우물하다 보면 왜 이건 그림책 원고이고 저건 단편 원고인지 깨닫는다.

자신이 쓴 단편 동화를 연습 삼아 그림책 원고로 바꾸어보기를! 원고를 잘못 자르면 이어 붙여서 다시 자르면 된다. 잘못 잘랐다 싶으면 다시 이어 붙이면 되고. 오이를 자르는 것에 비하면 위험 부담이 전혀 없다. 자르고 이어 붙이는 기준은 뭘까? 하다 보면 터득하겠지만 시간을 줄이기 위해 먼저 말하면 펼침면 한 페이지에는 하나의 행위나 동일한 사건(또는 그 여파), 하나의 단일한 배경(과 연장 배경), 하나의 테마를! 일단 15페이지나 16페이지로 자르고 나서 그림책 언어로 다시 써보라. 놀라운 발견을 할 것이다.

단편 동화를 그림책 원고로 바꾸는 과정에서 의혹이 생긴다. 단락의 첫 문장 첫 낱말에 등장하는 접속사를 그대로 살려야 할까? 깔끔하게 없애버리고 싶은데 확신이 들지 않는다. 접속사 없이도 이야기가 잘 이어질지…. 접속사는 정말 필요한 것 아니면 생략하는 게 좋다. 이미 단절에 익숙해진 독자들은 페이지를 넘기면서 시간 경과와 국면 전환이 있겠구나 하고 고개를 끄덕인다. 더구나 그림이 바뀌지 않았는가. 앞 페이지와는 다른 장면의 그림을 보는 순간 '그러나', '그래서', '하지만', '그럼에도 불구하고' 등의 접속사들이 나타났다가 바로 사라진다. 마음속으로 읊조린 똑같은 접속사를 다시 첫 문장의 첫 낱말로 읽게 된다면, 이건 고문이다! 한 번 읽으면 그냥 넘어가지만 그림책은 여러 번 읽는 책이므로 읽을 때마다 목에 걸린 가시처럼 접속사들이 거치적거치적…. 잘 쓴 문장에는 접속사가 거의 없다는 공식을 아는지. 매듭을 짓지 않고 계속 이어서 바느질하는 것처럼 접속사를 쓰지 않고 앞 문장과 다음 문장을 이을 수 있다면 굉장한 작가이다! 날마다 새로운 태양을 받는다 생각하고 펼침면마다 새로운 장면을 떠올리며 새롭게 글을 쓰자. 페이지를 넘기는 순간 그 페이지는 이미 과거가 된다.

'단절'을 익히기 위해 좀 더 효과적인 방법이 있다. A4용지 8장(이나 9장)을 반으로 접어 가운데를 고정해서 책처럼 만든다. 나는 이것을 텍스트 가제본(내가 만든 용어)이라 하는데, 여기에 페이지를 달고 각 페이지에 해당하는 텍스트를 옮겨 적는다.(작은 글씨로 프린트를 해서 딱풀로 붙여도 된다.) 어디에 붙이냐고요? 텅 빈 공간의 아래나 위, 가운데 어디든 상관없지만 그림을 방해하지 않는 곳에 붙여야 하는데 이때 당신은 자신의 원고에 들어갈 그림을 미리 떠올려 보게 될 것이다. 이런 과정을 페이지마다 해보면 원고를 어디서 잘라야 할지가 분명하게 보인다.

텍스트 가제본을 만들지 않으면 원고의 전체 모습이 잘 보이지 않고 아예 볼 생각도 안 한다. 접고 찍고 오리고 붙이는 작업을 직접 하면서 머리도 식히고, 텍스트 가제본을 들고 고요한 시간에 밖으로 나와 한 장 한 장 넘기면 살랑이는 바람처럼 그림이 들어왔다 나갔다 한다. 그러다 문득 "아이고, 비슷한 그림이 두 페이지나 얹히겠네. 안 되겠다. 장면을 바꾸자!" 하거나 "이쯤에서 반전이 있어야겠군. 여기를 전환점으로 해야 할까?" 등등의 말을 혼자 읊조린다.

워크숍 때 텍스트 가제본으로 원고를 읽으면 (그림책을 읽어주듯이) 책장이 넘어가는 행위나 소리와 함께 정말 그럴듯한 분위기가 연출된다. 벌써 한 권의 그림책이 탄생한 느낌. 텍스트를 책상 위에 올려놓고 평면적으로 감상할 때와는 차원이 다르다. 그만큼 얻는 것도 많다.

나는 사실 이때가 작가로서 가장 행복하다. 책이 진짜 나온 것 못지않게. 이때까지는 원고가 온전히 나만의 것이므로. 곧 떠나보내야 할 자식을 눈으로 어루만지듯 눈시울이 붉어지고 마음이 설렌다.

## 시처럼 써라

1연, 2연 등 몇 개의 단락으로 나뉘는 시는 위에 언급한 '단절'에 있어서도 그림책과 유사성이 있다. 각 연은 전체의 한 부분으로 연속성을 갖고 있지만 개별적으로는 단절되어 있어서 그림책 원고를 쓸 때 장시(와 서사시)를 쓰는 기분으로 임한다면 도움이 될 것이다. 그러나 시와 그림책의 가장 특징적인 유사점은 이미지나 사념의 순간 포착, 그리고 언어에 있다.

중고등학교 때 시화전에 참가한 기억이 있는데 문외한이 보기에도 시는 그림과 아주 잘 어울리는 예술 매체이다. 전문적인 화가가 아닌 문인들이 순간 포착된 이미지를 순간 포착된 언어로 한 면에 담은 문인화의 전통을 떠올리면 시와 그림의 어울림이 즉흥적이거나 실험적이 아님을 느낄 수 있다. 시가 순간의 사념을 포착하는 문학이라면 그림책은 순간의 이야기를 포착한다.

그림책의 아이디어는 정말 순간에 온다. 그렇게 포착된 화소를 "이 안에 무슨 비밀이, 무슨 이야기가 담겨 있지?" 하고 자꾸 들여다보며 비밀스러운 이야기가 내게 온전히, 전부 들어올 때까지 기다린다. 모든 씨앗이 발아되는 건 아닌 것처럼 그냥 그러다가 사라지기도 한다. 그렇더라도 '순간 포착'은 넘치는 행운이 아닐 수 없다.

시인들은 어떻게 시를 쓰는지, 어떻게 시가 오는지 정말 궁금한데 아마도 그림책 원고처럼 오는 게 아닐까 혼자 상상해 본다. 순간 포착이 소중한 것은 그 순간만큼은 유체 이탈, 즉 자기 자신을 벗어날 수 있기 때문이다. 자기 자신에게 구속되어 있는 마음이 자기가 보는 대상으로 옮겨 간다는 것은 그 순간이 0.1초라고 해도 일생에 몇 번 안 되는 황홀한 경험이다. 나에게 그림책 원고는 이렇게 찰나적 순간에 포착된 이미지 또는 명징한 낱말로 온다.

예를 들어볼까.《더 놀고 싶은데》는 어느 그림 작가가 그린 양산 쓴 호랑이 그림을 보고 그 자리에서 바로 쓴 원고이고《오빠한테 질 수 없어!》는 갑자기 떠오른 "큰 거 한 개보다는 작은 거 여러 개"라는 문구에서 이야기가 만들어졌다. 도서관도 대형 도서관 한 개보다는 작은 도서관 여러 개, 시장도 대형 시장 한 개보다는 작은 시장 여러 개…. 큰 거 한 개보다 작은 거 여러 개가 더 좋은 경우는 정말 너무나 많은데, 쇼핑몰도 공공기관도 공룡처럼 거대하게 몸집을 불리는 요즘 세태를 보면 어디 남산 꼭대기에서 "큰 거 한 개보다는 작은 거 여러 개!"라고 외치고 싶다. 큰 거 하나가 되기보다는 다양성을 지닌 작은 거 여러 개의 합체가 생존 가능성이 더 크다. 레오 리오니의 《헤엄이》에서도 큰 물고기를 이기는 것은 작은 물고기 여러 마리의 합체이다.

이미지나 사념이 순간 포착되기에 그것이 발현되는 언어도 선언적이고 직관적이다. 시와 그림책은 리듬과 호흡에 있어서도 그렇지만, 함축적이고 상징적인 문구, 살아 있는 표현들, 언어의 아름다움을 엿볼 수 있게 하는 표현들이 닮아 있다. 언어는 시처럼! 리듬은 노래처럼! 이것이 그림책 언어의 핵심이다. 칭얼거림이나 넋두리, 감상 어린 문장, 한탄조의 중얼거림이 아닌, 듣는 순간 마음을 파고들고 뇌리에 기억되는 언어! 아이들에게 그림책을 많이 읽어주면 아이들은 글자를 몰라도 내용을 외운다. 그런 과정으로 한글을 떼고 영어까지 떼기도 한다. 자신의 문장을 누가 외워서 말한다면 작가로서 그보다 더 큰 영광이 어디 있을까. 그럴 수 있을 만큼 문장은 정련되어야 한다.

2000년 전후로 한국 그림책 출판계에서 시 그림책이 크게 인기를 끌던 때가 있었다. 대표적인 것이 창비의 '우리시 그림책' 시리즈이다. 그림 작가들이 자기 스스로 선택한 시 텍스트에 예술성 높은 그림이 얹어진 창비의 시 그림책이 성공을 거두자 역시 다른 출판사에서도 유사한 시리즈를 출판하거나 단품으로 내기도 했다. 그때 나온 시 그림책 중에는 시 그림책이라는 제한성을 뛰어넘은 작품들이 꽤 있지만, 당시에도 지금도 나는 시 그림책이 아이들이 갖고 있는 이야기 허기증을 달래줄 수는 없다는 데 생각이 머물러 있다. 이야기는 흘러야 하는데 시는 순간에 멈추어 있거나 맴돌고 있다. 한마디로 시간이 흐르지 않는다. 서사시 성격을 갖고 있는 경우도 있지만 그 역시 사건이 부족하고 결말이 미약하다. 아이들의 일상을 담고 있다기보다는 어른 시인의 순간 포착된 사념을 다루고 있기에 아이들보다는 어른들에게 더 호소력이 있다.

내 그림책 소장본에는 시 그림책도 꽤 있다. 시베리아 원주민들이 사슴 사냥을 나가면서 부르는 비장한 노래의 시어에 처연한 아름다움을 입힌 《사슴아 내 형제야》, 바람 불고 천둥 치고 비 오는 날을 '늑대가 날고 고릴라가 가슴을 치는' 등으로 묘사한 《늑대가 나는 날》, 로버트 프로스트의 서정적인 시에 눈 덮인 고요한 농가와 숲의 풍경 그림을 입힌 《눈 내리는 저녁 숲가에 멈춰 서서》는 시와 그림이 서로에게 스며들어 한 몸이 된 그림책들이다. 그 옆에 함께 놓인 그림책은 볼프 에를브루흐의 《내가 함께 있을게》이다. 이 그림책은 언제나 릴케의 〈종곡(마지막 노래)〉이라는 시를 떠올리게 한다.

죽음은 참으로 위대하다.
우리들은
웃고 있는 그의 입
우리들이 삶의 한가운데 있다고 자부할 때
그는 갑자기
우리들 안에서 울기 시작한다.

이십 대에 이 시를 만난 나는 한창 삶의 한가운데에 있다고 자부했을 것이다. 그런데 죽음이 내 안에서 갑자기 울기 시작하다니… 무슨 뜻일까? 알 듯 모를 듯 한 삶과 죽음의 관계에 관해 좀 더 구체적인 이해를 하게 된 것은 《내가 함께 있을게》를 읽으면서이다. 그때 내 나이는 어느덧 삶의 한가운데를 지나 오후 세 시쯤. 이해는 암기가 아니라 서사적으로 온다는 것도 함께 이해했다. 다음은 《내가 함께 있을게》의 마지막 텍스트이다.

죽음은 오랫동안 떠내려가는 오리를 바라보았습니다.
마침내 오리가 보이지 않게 되자 죽음은 조금 슬펐습니다.
하지만 그것이 삶이었습니다.

모든 그림책이 다 이 정도의 시적 언어를 갖출 수는 없지만 이런 그림책들은 우리가 어디까지 우리의 언어를 밀고 가야 할지를 생각하게 한다. 문학성에는 적어도 줄거리의 흥미성, 이야기의 가치, 그리고 그것을 드러내는 언어, 이렇게 세 개의 지지대가 필요하다. 결국 독자에게 무언가를 전달하는 도구는 언어이다.

**그림책 쓰기의 최종 기술**
옛이야기에서 배우자.
이야기 전개는 영화나 연극처럼
언어는 시처럼 써라.

# 원고 제출과 계약

## 원고 제출

출판사마다 성향이 다른 것에 유의해야 한다. 우선 투고할 출판사에서 나온 책들을 살펴서 그 출판사가 어떤 성향을 갖고 있는지 파악하자. 최근 주력하는 시리즈나 관심 이슈도 살펴보는 게 좋다. 관심이 없거나 달가워하지 않을 내용의 원고를 투고하면 모두에게 시간 낭비일 뿐이다. 한 예로 어느 출판사는 사회적 이슈를 담고 있는(혹은 불러일으킬 만한) 원고를 선호한다. 반면 어느 출판사는 자연 생태를 보여주는 논픽션 원고를 바라고 있다. 성향을 파악하려면 신간 중심으로 검토하는 게 좋다.

외국의 몇몇 출판사 홈페이지에는 자사에 원고를 투고하고자 하는 이들을 위한 코너가 따로 있다. 거기에는 자사가 선호하는 원고의 성격이나 금기시하는 내용들을 포함해 원고 제출 양식이 상세히 적혀 있는데 예를 들면 이런 식이다. 환경적인 소재들을 선호하며 마약, 동성애 등의 내용은 환영하지 않는다. 원고 서식은 좌우 여백 얼마, 12포인트, 잉글리시타임체, 줄 간격 얼마, 총 원고 매수(또는 낱말 수)는 A4 용지로 3장. 겉봉에는 원고 접수 담당자 명기 등등. 나도 한 번 원고를 보냈더니 일주일 후에 회사 엽서로 회신이 왔다. 당신의 원고는 어디에 접수되었으며 원고 검토는 최대한 6개월이 소요될 예정이고 원고는 반환하지 않으며 인내심을 보여주어서 감사하다 등의 내용으로.

한국은 이에 비하면 문턱이 아주 낮다. 원고만 좋으면 바로 연락이 올 수도 있다. 우리 사회에서 인맥, 학연, 지연 등의 영향력이 가장 덜 미치는 곳이 어린이책 출판계가 아닐까 한다. 그러므로 용기를 내어 한 장의 소개 편지와 함께 원고 접수 담당자 앞으로 원고를 보내도록. 보내기에 앞서 누구 앞으로, 어떤 방식으로(우편이나 이메일?) 보내면 좋을지를 출판사에 문의하면 좀 더 부드러운 접근이 되겠지만 의무 사항은 아니다.

당신의 원고가 모두에게 환영받을 거란 생각은 설마 안 하겠지만 현실은 그보다 더 불확실한 운에 좌우되며 대부분의 경우, 비우호적이다. 아무 응답이 없는 경우가 90%라고 생각하자. 90%의 원고는 일주일을 못 넘기고 쓰레기통으로 던져진다.(일주일 동안 고민을 하는 건 아니다. 다만 미안한 감정 때문에 그냥 시간을 보낸다.) 10%에는 조금 두고 보는 원고, 수정과 보완을 요구할지 고민하게 하는 원고, 누군가에게 자문을 구할까 생각해 보게 하는 원고, 마지막으로 편집자의 동공을 순식간에 확장시키는 최고의 원고가 다 포함되어 있다. 여기에 누군가의 부주의로 그저 휩쓸려 쓰레기통으로 들어가는 훌륭한 원고도 있다.

이런 실수를 피하기 위해, 또한 담당자의 판단과 책임과 업무량을 줄이기 위해 전문 자문단을 두기도 하고(편집위원들), 무슨무슨 상을 만들어 그 기간에만 원고를 받고 그때 몰아서 원고를 살피는 경우도 있다. 외국은 에이전트들이 많이 활동하고 있다. 에이전트에게 원고를 보내면 그가 적당한 출판사를 찾아주는 식인데, 수정이나 보완을 제안하기도 한다.

전 세계적으로 유명세를 날리는 작가들 중에는 출판사들을 상대로 입찰 공고를 하듯이 공개적으로 원고를 보내 가장 좋은 조건을 내거는 출판사와 계약을 맺는 작가도 있다. 아니, 원고를 보내지도 않고 차기작을 이런 방식으로 계약한다고 들었다. 최근에는 국내 작가들도 연예인처럼 어떤 에이전시와 전속 계약을 맺고 그 에이전시의 매니저들과 함께 활동하기도 한다. 매니저는 홍보와 강연 계획을 조율하고 다음 작품을 계약하고 인세를 관리하는 등등의 업무를 수행한다.

## 계약

원고가 채택되면 저작권 양도 계약서, 출판권 설정 계약서, 출판권 및 설정권 전송 계약서, 배타적 발행권 설정 계약서 등의 여러 이름으로 불리는 계약서를 받게 된다. 적어도 한 번은 찬찬히 그 내용을 살필 필요는 있는데 대동소이하다. 여기서 발행권이란 출판권과 공중송신권을 포괄하는 용어이다. 이 중 꼼꼼하게 살필 것은 원고 인도 기일, 출판 완료 기일(원고 인수 후 보통 6개월 이내), 인세(사용료) 비율과 지불 방식, 2차적 사용권, 계약 종료 후 원고 처리에 관한 사항, 계약 존속 기간 및 연장과 해지에 관한 사항이다. 2차적 사용권 조항은 저작물이 2차적으로 사용될 경우(영화, 연극…)에 관한 사항들과 제삼자에 의해 재사용되는 경우, 예를 들면 교과서나 자습서 등에 수록될 경우의 사용료 배분 방식 등을 다룬다.

    계약은 서두를 필요는 없다. 자신의 저작물에 대한 출판권을 일정 기간 동안 제삼자에게 양도하는 것이니만큼 마음의 준비가 되었을 때 도장을 찍는 게 좋다. 특히나 그림책은 만드는 과정에서 변수가 많다. 그림 작가를 못 구해서 애를 먹기도 하고, 계약서에 도장을 찍은 그림 작가가 그림을 제때 못 그려서 2년, 3년, 4년까지 기다리는 상황도 벌어진다. 시의성 있는 원고는 때를 놓치지 말고 얼른 내야 하는데 그림 작가는 원고를 가지고 잠수를 탄다. 잠수는 탄다는 것은 원고를 가지고 물속 깊숙이 잠수하는 것, 즉 연락을 끊는 것이다. 그렇게 잠수를 타다가 불현듯 못 그리겠다며 원고를 내뱉기도 하고, 그래서 다른 그림 작가와 계약을 새로 했는데 그도 역시 감감무소식. 이 글을 쓰다 보니 나의 인내심의 바닥을 보게 해준 몇 가지 사례들이 주마등처럼 지나간다. 그림 작가들도 나름대로 고충이 있겠지만 글 작가를 2년, 3년, 4년 기다려본 경험은 별로 없으리라.

기다림 자체는 별 상관이 없지만 문제는 그렇게 기다렸다가 책으로 나오면 거의 안 팔린다는 것이다. 다 식은 요리, 거품이 다 사라진 맥주가 맛있을 리가 없다. 그림책은 원고를 완성하면서 갖게 되는 설렘, 기대, 생기발랄함, 간절함 등이 다 가시기 전에 책으로 나오는 게 중요하다. 독촉에 시달려 가까스로 완성한 그림들은 생기가 빠져 있는 봉제 인형처럼 자신감 없이 축 늘어져 있다.

어른들은 잘 알아보지 못하는데 아이들은 이런 그림책들을 본능적으로 감지한다. 강아지들이 자신을 반기는 사람을 알아보는 것처럼 아이들도 자신을 향한 마음이 식지 않고 담겨 있는 책들 앞에서는 눈빛이 반짝인다. 마감 날짜에 쫓겨 할 수 없이 겨우겨우 그림을 끝내는 그림 작가라면 아이들 독자를 생각할 마음의 여유는 없을 것 같다. 어쨌거나 아이들 책에 있어서 가장 중요한 것이 생기이다. 생기가 달아나거나 억눌린 것 같을 때 아이들은 그 책 앞에 머물지 않는다. 못 그린 그림보다 더 안 좋은 건 우울증에 걸린 그림이다.

　계약을 먼저 하면 계약금이 들어와 좋긴 하지만 출판사에서 출판 시기가 안 좋다는 둥, 시장이 좀 풀릴 때까지 기다렸다가 시작하자는 둥, 아니면 급한 책들을 내고 나서 하자는 둥 이런저런 이유로 착수를 못 하는 경우에는 대책이 없다. 계약을 하지 않았으면(계약금을 받지 않았다면) 일이 간단히 정리되는데, 계약을 한 경우에는 출판사 사정을 안 들어줄 수도 없어서 가끔 안부 전화를 걸어보며 기다리는 수밖에 별도리가 없다. 그렇게 1년, 2년, 3년… 그러다 보면 담당 편집자도 바뀌고, 원고 파일도 없어지고, 계약을 했나 안 했나 헷갈리는 때가 오기도 한다. 어느덧 유행이 바뀌면(출판계에도 유행이 있다.) 그 원고는 거품처럼 사라진다.

　계약을 늦추면 원고를 붙잡고 싶은 출판사 쪽에서 진행에 좀 적극적으로 나서지 않을까 하는 기대감도 있지만 결과는 알 수 없다. 요즘 사회는 어느 분야나 일이 최말단으로 쏠려서 편집자 한 사람이 원고 검토, 그림 작가 섭외, 편집, 교정, 제작, 홍보, 이벤트 등 여러 분야의 일을 맡고 그중 특히 홍보는 뿌연 안개 속에서 바늘귀를 찾는 것처럼 요행을 바라는 일이 되어버렸다. 기존의 홍보 전략은 (종이) 신문이 잘 팔리던 시절에나 쓰이던 것들이기 때문이다.

　이런저런 것을 고려하면 그림 작가들이 작업 일정을 짜고 스케치를 시작하는 시점에 계약을 하는 게 무난하다. 출판사에서 느긋하게 기다려준다면 디자이너가 스케치 그림으로 판면 작업을 해서 첫 교정지가 나올 때가 가장 좋을 것 같다. 판면 작업을 시작했어도 깨지는 경우가 있지만 출판사와 그림 작가의 진행 의지를 믿어보고 언제 책이 나오겠거니 하며 조금은 안심하고 기대해 볼 수 있을 때, 계약서를 보내라고 하면 좋겠다.

## 그림책이 완성되는 과정

'파리의 택시 운전사'였던 홍세화는 첫 운전 때 얼마나 긴장을 했던지 파리 구석구석의 작은 길까지 죄다 외웠지만 손님이 가자고 하는 곳을 헷갈려 진땀을 흘렸다고 어느 강연 자리에서 들었다. 그때 뒷좌석에 탄 생애 첫 손님이 "누구에게나 처음은 있죠."라고 말해주었다고.

지금 말하려는 건 두 번째, 세 번째 책을 낸 사람들을 위한 건 아니다. 아직 책을 내지 않은, 처음을 기다리고 있는 사람들을 위해서 다 아는 얘기지만 여기에 적어본다. 음… 실제 상황이 꼭 이와 같지 않다는 것을 미리 밝힌다. 법 규정에 명시되어 있지도 않고 그렇더라도 안 지키는 경우가 있지 않은가. 그저 참고용으로, 준비용으로 보면 된다.

### 1. 예비 모임 – 그림 작가 추천

그림책 원고를 출판사가 받아들이면 글 작가와 편집자, 디자이너(3자)가 모여 의견을 나눈다. 원고의 성격, 유사 책과의 차별점, 책의 전체적인 형태, 출간 시기 등이 주 내용인데 가장 중요한 안건은 그림 작가 추천이다. 각자 마음에 두고 있는 그림 작가를 추천하는데 디자이너의 입김이 가장 세다. 서너 명의 이름이 거론되고 차례차례 연락을 취한다.

좀 더 확실하게 그림 작가를 고를 의지가 있으면 디자이너는 거론된 그림 작가의 그림(이미 나와 있는 책 속의 그림) 중 원고에 어울릴 만한 그림을 스캔해서 판면 구성을 해 시안을 만든다. 이렇게 하면 결정이 빠르다. 몇 해 전까지만 해도 대부분의 디자이너나 출판사는 '의지'가 있어서 이러한 시안 작업을 하는 것이 보통이었다. 한 번도 아니고 여러 차례. 그러나 지금은 이렇게 꼼꼼히 과정을 다 밟아가는 진행을 기대하기 힘들다. 출판계도 많이 각박해졌다.

## 2. 기획 회의 – 그림책 출발을 알리는 회동

그림 작가가 결정되면 글 작가, 편집자, 디자이너, 그림 작가(4자)가 한자리에 모여 인사를 하고 비슷한 종류의 그림책들을 한 번 훑은 다음, 지금 원고에 맞는 그림 스타일이나 책 크기 등에 관해 의견을 나누며 작업 일정을 짠다. 이때 영업 담당자가 동석해서 이 책을 홍보함에 있어서의 콘셉트, 독자 타깃, 적당한 출간 시점 등을 함께 얘기하기도 한다. 글 작가, 그림 작가는 자기 작업을 하기에도 마음이 분주해서 출판 이후의 여정에 관해서는 막연한 기대를 품고 있는데(잘 만들면 잘 팔리겠지….) 그런 시대는 2000년대 이전에 완전히 끝나버렸다. 잘 만드는 건 당연하고, 잘 팔리도록 하는 건 노력이고, 마침내 잘 팔리는 건 행운이다. 어쨌든 영업 담당자에게 홍보와 마케팅 전략, 계획, 목표 판매 부수 등에 관해 설명을 들으면 독자의 손에 자기 책이 닿는 길이 고속도로처럼 훤히 뚫리는 기분이 든다. 나중에는 그 길이 고속도로가 아니라 숲의 오솔길이나 미로란 걸 알게 되지만.

그림 작가는 원고를 보는 순간부터 머릿속으로 그림을 그리는데, 그 그림을 모두가 볼 수 있게 종이 위에 옮겨 놓기 위해서는 주인공의 성격, 연령대, 취향, 주변 환경, 집 구조 등 기억해 내야 할 것이 많다. 기억해 내야 한다고 한 것은 그림 작가에게는(글 작가도 마찬가지지만) 주인공이 '없는 사람'이긴 하지만 '있는 사람', '존재하는 사람' 같기 때문이다. 존재하고 있는데 그동안 잊고 있었던 것 같은 기분이다. 이런 기분이 되어야 하나하나 기억을 해내듯 무언가를 형상화할 수 있다.

글 작가의 머릿속 그림과 그림 작가의 머릿속 그림은 다른 게 당연한데, 글 작가나 그림 작가나 모두 자기 그림과 똑같은 것을 상상한다고 생각한다. 그나마 같은 모국어를 쓰고 있어서 얼마나 다행인지. 하긴 서로 말을 하다 보면 우리가 같은 언어를 쓰고 있는지 의심스러울 때도 있다. 그만큼 머릿속의 이미지를 언어로 번역해 누군가와 맞춰본다는 것은 벽에 머리 찧기처럼 답답하고 고통스럽다. 서로 의아한 표정을 지으며 '왜 내 말을 이해 못 하지?', '왜 내 말을 못 알아듣는 척하지?' 하는 물음을 참고 있다.

또 하나 당연한 것이 있다. 각자의 머릿속은 각자의 것이므로, 왜 자기와 다른 그림을 그리고 있느냐고 묻는 것은 실례이다. 모국어로 이야기를 나누는 것은 그것을 언어로 확인하는 과정, 그리고 그것을 최대한 맞추어

보는 과정이다. 물론 칼자루를 쥐고 있는 사람은 그림 작가이다. 다른 사람들은 모두 그림 작가에게 복종한다. 오직 그만이 칼자루에서 칼을 뽑듯 붓을 뽑아 그림을 그리기 때문에. 다음은《할머니는 과연 무얼 뜨고 계실까?》의 할머니 프로필이다.

연령: 70대 후반
형편: 같이 사는 가족은 없다. 강아지와 고양이, 토끼와 함께 산다.
성격: 부지런하고 끈기 있고 무엇이든 허투루 쓰지 않고, 정이 많고 손재주가 있다.
사는 곳: 변두리 산동네. 혼자 좀 떨어진 곳에 산다.
집 구조: 일체형. 마당이 있다.

다음 일정은 '탐방 여행'(필요할 경우)과 '캐릭터 잡기'인데 둘 중 먼저 하면 좋을 것을 한다. 가령 이야기 성격상 캐릭터를 먼저 잡아야 그 밖의 요소들을 구상할 수 있다면 다음 회동은 '캐릭터 회의'이다. 그림 작가가 캐릭터를 그려 오는 때 모인다. 반대로 캐릭터보다는 공간 배경을 먼저 구상하는 게 필요하다면 이야기의 공간을 찾아 탐방 여행을 계획한다.

### 3. 탐방 여행

자료 조사는 보통 그림 작가의 요구로 나서게 된다. 학교, 주택가, 골목, 도심 공원, 바닷가, 동물원 등 이야기의 배경이 구체적으로 설정되어 있다면 다녀오는 것이 좋다. 학교나 주택가 등의 장소들은 어디나 다 흔히 있지만 특정 이야기의 배경으로서 찾으면 생각보다 까다롭다. 그렇다고 머릿속에 떠오르는 대로 그리면 뭔가 어색하거나 부자연스럽고 허술하다. 사람들이 늘 보고 다녀서 조금만 잘못 그려도 티가 난다. 아마도 그 때문에 특정 지역을 배경으로 삼고 탐방 여행을 가는지도 모른다.

그림책은 아니지만 《삼촌과 함께 자전거 여행》을 진행할 때 4자가 함께 이야기의 실제 배경인 안양 비산동을 다녀왔고, 《원숭이 오누이》를 진행할 때도 4자 함께 동해안의 어느 해수욕장으로 탐방을 다녀왔다. 들은 이야기지만 《장수탕 선녀님》을 작업할 때 백희나는 적당한 대중목욕탕을 찾기 위해 집 근처의 목욕탕이란 목욕탕은 다 돌아다니다 일본의 목욕탕까지 가봤다고 한다. 《내 짝꿍 최영대》를 그린 정순희도 자기 동네에 있는 가까운 학교들을 수차례 찾아다녔다. 정순희는 어디를 가나 어마어마한 양의 사진을 찍어 자료로 삼는데 당시에는 인터넷에 사진들이 돌아다니지 않을 때여서 아는 인맥을 총동원하고 일일이 찾아가 양해를 구하며 조심스럽게 사진을 찍어서 다 현상해야 했다(사진 현상비도 만만치 않았겠고). 《딸은 좋다》에도 사진들이 많이 필요했는데 특히 전반부가 회상조여서 예전 사진들을 수소문했다. 여기저기서 구해 온 사진들을 방바닥 가득 깔아 놓고 그중에 적당한 사진을 골라내고 다시 골라내고….

사진을 그대로 그리는 것이 아니므로, 편집까지 직접 하는 사진작가 에릭 요한슨의 작업처럼 가공의 일이 남아 있다. 이런 자료 준비 과정은 준비 과정이라고 하기에는 시간과 에너지가 많이 드는데 전체 작업 중 삼분의 일 정도는 될 것 같다. 설레는 작업이기도 하지만 혼돈과 망설임과 주저와 판단 장애 등 어두운 터널의 시간들이다. 아무도 도와줄 수 없다. 죽든 살든 혼자 해결해야 한다. 창작하는 사람들의 얼굴을 보면 터널을 통과한 이들만이 가질 수 있는 심오함과 천진함이 배어 있는데, 심오함은 혼자서 터널을 통과한 데에서 얻어진 것이고 천진함은 터널을 지나고 나서 다시 또 터널로 들어가는 천진함이다. 바로 이 심오함과 천진함 때문에 창작자들은 일반인들에게 잠깐씩 존경의 대상이 된다. 보통 때는 괴짜, 환자(사회 부적응자), 이기주의자, 몽상가… 비난할 수는 없지만 동조하고 싶지 않은 그런 삶의 방식을 갖게 되는데, 일종의 직업병이다.

탐방 여행을 할 때는 그림 작가가 적당한 곳을 찾아낼 수 있도록 다른 이들은 조용히 움직여야 한다. 아무리 즐거운 화제가 있어도 '수다'는 조심! 사무실에서 풀려난 편집자의 홀가분함, 의무에서는 해방되고 권리에서는 누릴 게 있는 글 작가의 권위 등이 버무려지면 이들의 수다가 어디까지 갈지 모른다. 그림 작가도 수다의 해방 공간에 같이 끼어들지 않는다면 최대한 뒤에서 배경으로 있도록. 피곤하지 않도록 교통편을 챙기고, 짐 들어주고, 가끔 말 건네고, 근처 맛집 알아보고….

그래도 부산스러움과 번거로움, 방해꾼(처럼 여겨지는 작가와 편집자)들 때문에 아예 혼자 다니는 그림 작가들도 있고, 일행들과 다녀오고 나서 혼자 따로 다시 가는 경우도 있고, 그림이 안 풀릴 때마다 다시 다녀오기도 한다. 나는 '동물에게 배워요' 시리즈를 진행할 때 혼자 동물원에 여러 번 갔다. 글자로 보여지는 동물과 실제 눈으로 보는 동물, 손으로 쓰다듬을 수 있는 동물은 아주 다르다. 동물에 관한 관습적인 태도를 벗어놓고 가만히 지켜보다가 말을 건네기까지 여러 차례의 방문이 필요했다.

## 4. 캐릭터 회의

탐방 여행을 다녀오면 공간 배경에 대한 감이 잡히면서 그림 작가는 어느 정도 자신감을 갖게 된다. 그 자신감은 터널을 성공적으로 통과한 것에 대한 뿌듯함에서 오는데 이에 대해 편집자, 글 작가, 디자이너는 격려와 찬사를 마땅히 보내야 한다. 이를 소홀히 하고 그 대신 냉소적이고 뭔가 트집을 잡으려는 태도를 보인다면 그 태도의 정체는 텃세나 기선 잡기, 또는 '질투심'으로 보일 수도 있다. 괜한 오해를 받지 않으려면 그림 작가가 아주 사소한 것이라도 그려서 오면 ("많이 못 그렸어요. 이것밖에 없어요." 하고 말하면서 내놓는 주인공 캐릭터 그림 몇 장이라도) "어머, 멋져요. 그동안 수고하셨어요. 이 캐릭터 맘에 들어요. 제가 딱 생각하던 그림들이에요…." 등등의 찬사를 내놓도록.

일부러 아첨하는 게 아니라 마음속에서 감탄사가 절로 나올 만큼 그림 작가들의 그림은 대부분 눈과 마음을 새롭게 한다. 그런 그림을 만날 때마다 나는 '이 맛에 그림책을 하지.'라고 속으로 읊조리며 웃음 짓는다. 이런 일도 있었다. 회의 때 먼저 가서 편집자와 이야기를 나누다가 머릿속의 캐릭터가 서로 다르다는 것에 심히 당황하던 차에 그림 작가가 나타나 "이 애가 주인공 ○○○이에요." 하고 그림을 내놓았다. 편집자와 나는 "아, 내가 상상한 캐릭터와 똑같아요!" 하며 감탄했는데 신기하기도 하고 우습기도 하고 어찌 보면 당연하기도 하다.

　다른 방식도 있는데,《할머니는 과연 무얼 뜨고 계실까?》를 진행할 때 그림 작가 황보순희는 그동안 그린 캐릭터 그림들을 다 보여주며 의견을 물었다. 작은 스케치북 한 권이 다 할머니들이다. 할머니마다 사연이 배어 나오는 얼굴을 하고 있어서 제각각 눈길을 머물게 했는데, 할머니들을 다 살펴보고서 감독이 캐스팅을 하듯 각자의 머릿속에 있는 할머니와 가장 닮은, 또는 다른 이유에서 마음이 끌리는 그림을 골라냈다. 그러곤 이렇게 말한다. "이 할머니가 가장 정감이 있네요. 여기에 살짝 흰머리만 넣으면 될 것 같아요.", "저도요. 할머니의 보조개가 진짜 우리 할머니를 닮았어요.", "귀엽기도 하고 개구쟁이 같기도 하고….''

　이때 주의할 것은 왜 이 캐릭터가 적당한지를 좀 구체적으로 말하라는 것. 먹방 프로그램 중 이영자가 나오는 건 불만한데 내가 보는 관점은 음식의 맛과 풍미를 표현해 내는 그의 모국어 사용 능력이다. 한마디로 탁월하다! "좋아요. 맘에 들어요.''(모국어 사용 1단계, 바닥 수준)라고 하지 않고 "다 식은 아메리카노에 실망했을 때 이걸 한 입 베어 물면 아메리카노까지 맛있어지는 마술 마카롱"(모국어 사용 최고 단계)이라고 한다. 그림을 들고 온 그림 작가에게 이렇게 비유적으로, 유쾌하게, 진정으로 공감되면서 시의성도 있는 표현을 던질 수 있으면 좋으련만, 나 역시 모국어 사용 레벨이 그리 높지 않다.

　모두 합의를 하고 그림 작가가 이를 바탕으로 좀 더 세밀하게 다듬기로 하면 화기애애한 분위기에서 회의는 끝난다. 그다음에는 그림 작가의 노고를 치하하는 즐거운 식사나 다과 시간. 이때는 맘껏 수다를 떨어서 스트레스는 날리고 에너지는 보충해 주는 게 그림을 못 그리는 사람들의 임무이다.

## 5. 스케치 회의

그림 작가가 스케치를 완성해 디자이너에게 보내면 디자이너는 글과 그림을 판면에 앉히는 판면 작업을 시작한다. 디자이너는 일단 그림 작가의 그림을 해당 페이지에 그대로 앉혀보고 그림의 크기를 조정(축소나 확대)하거나 일부 삭제, 또는 아직 그리지 않은 새로운 그림을 위한 자리 등을 만들어 보여준다.

그림 작가들은 도대체 디자이너들은 그림을 그대로 넣지 않는다고, 뭔가 꼭 건드린다고 불평하지만 원래 그림을 그대로 앉힌 것과 디자이너가 조정한 것을 함께 보여주면 그대로 앉혔을 때의 문제점들을 알 수 있고 조정했을 때 달라진 점이 바로 보인다. 운이 좋으면(서로 말이 잘 통하고 의견이 잘 맞으면) 이런 과정이 대폭 줄지만 보통은 중요시하거나 민감하게 생각하는 부분이 달라서 한 번에 끝나지 않는다.

스케치 회의 때는 이미 정한 책의 크기대로 가제본을 해서 회의 책상에 올려놓는다. 이를 4자가 함께 보면서 글과 그림의 어울림, 그림 내용의 적절성, 구도, 미적 구성 등을 얘기하고 수정(보완과 삭제)할 사항을 점검한다. 그림 작가가 수정된 스케치 그림을 보내면 디자이너는 새 그림으로 다시 가제본을 만들어 또 회의를 한다. 스케치가 완성될 때까지 여러 차례 회의를 하고 그에 따라 가제본이 수도 없이 쌓인다.

## 6. 채색 샘플 회의

스케치가 확정되면 큰 문턱은 넘은 셈이다. 이제는 캐릭터를 확정 짓고 채색 샘플을 볼 때이다. 그림 작가는 스케치가 확정된 장면을 채색해서 가져온다. 모두들 "아, 이제 곧 책이 나오겠구나." 하며 마음이 설레는데 회의가 아니라 무언가 선물을 받는 기분이다. 그래도 얘기할 것이 있어서 그림 작가와 디자이너는 그림 채색 기법에 관해 세부적인 얘기를 주고받고 영업자는 다시 나타나 출간 시점을 환기시키고 편집자는 제목과 그 밖의 부수적인 것들을 확정 짓는다.

편집자와 글 작가는 최종 가제본으로 원고 교정을 시작한다. 이때 살필 것이 글과 그림이 (내용상) 너무 붙어 있지 않는지, 반대로 너무 멀리 떨어져 있지 않는지, 그림의 내용과 글의 내용이 서로 다른지(예를 들면 글에서는 긴 양말로 되어 있는데 그림은 짧은 양말로 그려져 있을 때, 또는 글에서는 주인공이 자신만만해하는데 그림에서는 약간 겁먹은 표정인 경우…) 등이다. 글 작가에게는 원고 수정이 지금이 처음이다. 그 전까지는 원고를 살필 여유도 없고 스케치가 계속 바뀌기 때문에 원고 수정이 의미가 없다.

글과 그림이 일치하지 않는 것이 발견되면 방법은 둘 중 하나이다. 그림을 바꾸든가, 글을 바꾸든가. 이야기의 주제나 흐름에 상관이 없으면(위의 예에서 '양말'의 경우) 글을 바꾸고, 상관이 있으면(위의 예에서 '자신만만해하는 표정과 겁먹은 표정'의 경우) 편집자에게 그 내용을 전한다. 간단하게 수정이 될 수도 있고 옥신각신하며 조정이 되기도 한다. 이런 과정은 몇 차례 계속된다. 지금 보이지 않은 것이 나중에 보이기도 하고, 내가 못 본 것을 편집자가 보기도 한다. 한 권의 그림책이 만들어지기까지는 이런 소소한 일들이 많다.

채색이 시작되면 출판 시기를 점칠 수 있다. 보통은 3개월에서 6개월까지 걸리는데 물론 사람에 따라, 이야기에 따라 다르기 때문에 마지막 그림이 다 들어올 때까지 마음을 놓을 수 없다. 하지만 이제는 중단하거나 보류할 수 없는 단계까지 나아간 셈이다.

## 7. 표지와 기타 부속물 회의

채색 그림이 다 들어오면 디자이너의 일이 본격적으로 시작된다. 본문에 글과 그림을 앉히고 본문 글자의 타이포를 정리하고 자잘한 그림 수정도 있으며 색도 맞추어야 하고… 이게 다 그림책의 디자인 작업이다. 어느 정도 정리되면 최종 가제본을 만들어 4자 회의를 한다. 이때 논의할 것은 표지(표1) 그림과 뒤표지(표4)의 구성, 기타 부속물(본문에 넣을 부록 페이지, 책등에 두를 띠지나 홍보물 등) 등에 관해서이다. 텍스트와 그림이 새로 필요할 수 있어서 4자가 모여 각자 일을 분담한다.

이와 별도로 글 작가와 편집자는 가제본을 가지고 최종 원고 교정에 나선다. 완성된 그림이 앉혀진 가제본을 처음 보는 거라 긴장도 된다. 본문에는 파란 가방이라고 했는데 그림에는 노란 가방으로 되어 있지 않는지, 달력이나 시계의 숫자가 이야기와 맞는지… 점검할 게 한두 가지가 아니고 아찔한 순간들이 가슴을 쓸고 지나간다. 오케이 사인을 하고 집으로 가는 길에 문득 불안해 다시 살펴보니, 그림을 반전했는데 반전한 그림에 글자가 있어서 글자가 뒤집어진 채 최종 교정지에 그대로 있는 것이다! 대형 사곳감이다. 어떨 땐 이런 대형 사곳감을 영업자가 발견하기도 한다. 채색 가제본을 들고 홍보에 나서다가, 문득…. 영업자가 일을 시작할 때이고 편집자는 보도 자료나 기타 홍보물을 작성할 때이고 디자이너는 최종 마무리를 하느라 "저, 마감요!" 하고 소리치며 다른 일을 진행하지 못함을 동료들에게 알린다.

### 8. 컬러 프린트

모든 작업이 종료되면 이미 골라둔 본문지에 한 부만 먼저 프린트를 해서 그야말로 최종 점검을 한다. 이때 잡아내지 못하면 할 수 없다. 디자이너가 데이터를 인쇄소에 넘기면 끝이다. 출판사에서는 제작에 필요한 업무를 하고 글 작가와 그림 작가는 책이 나오기를 기다리며 편안히 쉰다.

위의 과정은 글 작가와 그림 작가를 출판사 회의실 책상에 함께 앉히는 경우의 예이다. 나는 대개 이렇게 진행하는데, 어떤 출판사에서는 글 작가와 그림 작가를 가벼운 인사나 나누는 사돈 사이처럼 웬만해서는 함께 붙여놓지 않는다. 첫 만남과 마지막 책이 나왔을 때 차나 마시는 정도. 외국 출판사들은 어떻게 하는지 모르겠는데 영국의 그림책 작가인 마틴 워델은 회의에 참석하기는커녕 자기 집에서 원고를 출판사에 던지는 걸로 끝! 원고를 우체통에 넣으면 한참 있다가 출판사에서 완성된 그림책이 도착한다는데, 그렇게 해서 만들어진 그림책이《옛날에 오리 한 마리가 살았는데》,《엄마를 기다리는 아기올빼미》,《The Big Big Sea》등이다.

사실 작가가 회의에 참석하는 건 작가로서는 비효율이다. 나도 마틴 선배님처럼 충주 내 책상에서 바로 출판사에 원고를 날려버리는 걸로 "끝!" 하고 싶은데 그러기 위해서는 한국 그림책 출판계가 좀 더 탄탄해져야 한다. 탄탄해져야 관련 인구가 많아지고 그 토양 위에서 안전하고 순조로운 출판이 이루어진다. 지금은 전체 인구도 적고 책 읽는 사람의 인구도 매우 적고 태어나는 아이들 수도 믿을 수 없을 정도로 적다. 아마 가장 인구가 적은 분야는 그림책 글 작가와 비평가가 아닐까 하는데… 아직 먼 길이다.

**오후**

## 원고 제출 전, 점검 사항

그림책 한 권을 낼 때 드는 비용을 생각해 보았는가. 보통 800만 원에서 1000만 원이 든다. 그리고 나무 한 그루가 없어진다. 이런 생각을 하면 방금 멋지게 완성한 원고를 책상 서랍에 도로 집어넣고 싶을 수도 있지만 자비 출판이 아니라면 그 돈은 출판사에서 부담한다. 따라서 출판사 편집자는 800만 원, 아니 1000만 원 이상의 효과를 거둘 원고를 골라내야 한다.

### 편집자가 할 일을 내가 먼저!

당신이 그 편집자라면? 남의 입장이 되어보는 것은 자신의 작품에 대해 객관적인 시각을 갖게 한다. 그림책 편집자들은(잠시 돈 걱정은 제쳐두고) 대부분 이런 잣대를 가지고 있다. 1. 대상이 분명한가?(어떤 취향의 독자들을 만족시켜 주는지. 정확하게 내포 독자의 상―연령, 성별, 취향, 생활환경 정도―을 떠올릴 수 있어야 한다.) 2. 시의성이 있나? 3. 홍보 콘셉트를 어떻게 잡을까? 4. 기존에 나온 유사한 소재의 책들과 차별점이 있나?(구매력) 5. 오피니언 리더를 움직일 만한 요소는? 6. 우리 출판사의 향후 지향점과 맞나? 7. 판매 규모를 어떻게 잡을까?(그 규모에 따라 홍보 계획을 잡기에)

작가는 편집자를 유혹해야 하고, 편집자는 영업부장을 유혹해야 한다. 영업부장은 서점의 판매원과 사서, 오피니언 리더를 유혹해야 하고 최종적으로는 독자와 비평가를 유혹해야 한다. 이 연쇄적인 유혹의 사슬을 무장해제 시키는 것은 모든 비판을 다 덮어버리는 명작 혹은 바보 같은 원고이다.

유혹을 하려면 내용이 우선 충실해야겠지. 충실한 내용을 보여주며 이성적으로 설득을 한 다음, 향수를 살짝 뿌려서 그 향수에 이성을 가두어 두는 것이 유혹이다. 설득만으로는 부족하다. 사람들마다 가치관이 다르고 이념이 다르기 때문에 요즘 시대에 설득은 정말 날이 잘 들지 않는 칼이다. 어쨌든 설득은 오래가지 않는다. 고개를 돌리는 순간, 사람들은 다른 것에 바로 설득당한다. 마음이 약하거나 분란을 싫어하는 사람들은 설득당한 것처럼 하고는 다른 선택을 하고, 보통의 사람들은 설득에 완강하게 저항한다. 멀리서 찾을 것도 없이 우리의 일상을 보면 알 수 있다.

내용을 충실하게 하려면 작가는 편집자가 할 일을 먼저 하고, 편집자는 영업자가 할 일을 먼저 하고, 영업자는 서점의 판매원이나 사서, 오피니언 리더, 독자들이 할 일을 먼저 하면 된다. 그들의 입장에서 일을 다 해놓고 그들을 맞이하자. 여러 해 전에 작가와 편집자, 영업자, 사서가 모두 모인 자리에서 사람들이 책을 안 읽는 이유(안 팔리는 핑곗거리)를 서로에게서 찾다가 타령조로 외친 일이 있다. "작가는 그냥 썼을 뿐이고, 편집자는 그냥 만들었을 뿐이고, 영업자는 그냥 책을 서점에 깔았을 뿐이고, 사서는 그냥 책을 꽂아두었을 뿐이고 독자는 모르고 지나쳤을 뿐이고…". 한바탕 웃고 말았는데 독자의 손에 나의 책이 들리려면 '다음 사람이 할 일을 내가 먼저!' 실천하는 것도 한 방법이다.

## 구조를 살피자

앞에서 구조는 원고를 쓰기 전에는 옷본과 같고 쓰고 난 다음에는 옷걸이와 같다고 했다. 구조는 원고의 전체적인 균형과 플롯 등을 잘 살필 수 있는 틀이다. 일단 다음의 순서로 검산을 하자.

  1. 원고의 내용을 한 줄로 요약한다. 누가 무슨 이야기냐고 물으면 바로 대답한다는 마음으로.

  2. 그다음에는 서두와 중반, 결말이 다 들어가게 한 문장으로 정리한다. 정리가 잘 안되면 구조를 들여다보자. 전환점이 어디인지를 먼저 살피고 서두와 중반, 결말을 다시 따져본다.

  3. 구조를 다룰 때 소개한 흐름표를 작성한다. 펼침면마다 매달려 있는 화소를 보면 이야기가 어떻게 시작되어 어떻게 흘러가는지를 쉽게 알 수 있다. 서두, 중반, 결말의 균형감도 중요하다. 완벽하게 비율이 맞지 않아도

되지만 자신의 원고가 어떤 모양인지(허리가 긴지, 머리가 큰지…)는 파악해야 한다. 외형적인 미의 기준에서 가장 중요한 요소는 균형감이다. 모든 잎사귀가 제각각의 아름다움을 갖고 있는 것은 바로 좌우대칭과 균형 때문이다. 평범한 이야기여도 균형이 맞으면 들어줄 만하지만 그 반대는 아니다. 그러니 웬만하면 고치도록!

## 교정과 교열도 작가의 몫!

원고가 흡족하게 완성된 느낌이 들면, 편집자에게 바로 던져버리고 싶은 유혹에 휘말린다. 마지막으로 프린트해서 한 번 읽고 보내는 게 도리이지만 프린트조차 하고 싶지 않다. 얼마 안 되는 원고를 너무 여러 차례 프린트했다는 느낌, 복사지를 낭비하는 느낌, 겨우 한두 글자의 수정을 위해 프린트를 꼭 해야겠냐는 회의감…. 그래서 이메일로 후딱 던지고 손을 터는데 그러고 나면 모니터에서 오자, 오문, 틀린 문장부호, 잘못된 페이지 번호 등이 눈에 띈다. "이런 제기(랄이라고 말하려다가 갑자기 말을 돌려서)를 차려다가 돌을 찬 멍청한 내 발!"

    교정과 교열은 편집자의 일이긴 하지만 원고를 넘기기 전에는 저자의 몫이다. 교정은 틀린 글자나 틀린 문장, 띄어쓰기, 맞춤법에 관한 일이고 교열은 뻑뻑한 문장을 부드럽게 다듬는 일인데 틀린 것을 고치는 것 외의 모든 언어적 체크가 교열이라고 할 수 있다. 번역 원고나 논픽션, 인문서 등의 원고는 편집자가 교열에 개입하기도 하지만 픽션 원고는 뻑뻑한 문장이든 빡빡한 문장이든 저자가 책임져야 할 부분이므로 편집자가 다듬지 않는다. 조사 하나, 문장부호 하나 모두 저자의 선택이고 책임이다.

맞춤법, 띄어쓰기는 여기서 언급할 수 없다. 내용이 방대하고 그때그때 바뀌는 것이 많아 이제는 사전 편집자 출신인 나도 헷갈리는 경우가 많다. 사전 편집자 출신이 아닌 저자들은 아마 나보다 더 헷갈리는 게 많을 텐데, 전문적인 책자를 보고 공부하는 수밖에. 책을 구입해 한 번 죽 읽고 숙지하는 것이 원고를 쓸 때마다 헷갈리고 고민하고 잘못 쓰는 것보다 효율적이다. 낱말의 정확한 뜻은 수시로 찾아본다. 아는 낱말도 다시 찾아본다. 낱말을 관습적으로(상투적으로, 피상적으로, 별생각 없이, 들은 대로 내뱉듯이) 사용하진 않았나 살핀다.

최근에 내가 주의하는 것은 관용적 표현이다. 요즘 아이들은 '신줏단지 모시듯'이나 '귀신 씻나락 까먹는 소리'가 무슨 뜻인지 모른다. '쥐 죽은 듯 고요한'이란 말도 얼마나 고요한지 실감을 못 한다. 쥐가 천장에서 달그락거리는 소리를 한 번도 듣지 못했기 때문이다. 생활환경 자체가 달라진 것뿐 아니라 도시에서 생활하는 아이들이 많다 보니 관습적으로 쓰던 낱말이나 관용구들이 고어나 사어가 되고 있다. 급격한 환경 변화가 동식물의 대규모 멸종뿐 아니라 낱말과 관용구의 대규모 멸종 또한 몰고 오는 것 같다.

글을 무심코 쓰지 않도록. 똑같은 문장이라도 조사를 달리 쓰면 전혀 다르게 읽힌다. 시선의 주체가 달라지고 세계관이 달라진다. 형용사나 부사를 어디에 배치하느냐에 따라서 미묘한 파장이 생긴다. 대개의 작가들은 언어만큼 펄떡펄떡 살아 있는 도구도 없다고 생각한다.

결론적으로 말하면 그림책 원고는 글자 수가 적어 교정, 교열의 수고로움을 덜 수는 있지만 한 글자만 잘못 써도 치명적이다. 너무 잘 보이기 때문이다. 숨을 데가 없다. 그러므로 더욱 꼼꼼히 다 쓴 문장을 탈탈 털어서 속까지 다 살펴야 한다.

## 그림책 원고로서의 관점에서

《손 큰 할머니의 만두 만들기》는 보통의 그림책보다 분량이 서너 페이지 더 있다. 원고를 길게 쓴 셈이다. 게다가 그림책으로 만들어지는 과정에서 누락된 부분도 있는데 가마솥에서 만두가 탈출한 일화이다. 출판사에서 이 내용까지 넣으면 페이지가 너무 많아지고 이야기가 늘어진다며 싹둑 잘라냈다. 시점의 혼란도 있어서 좀 찜찜하던 참이라 선뜻 동의를 하고 순조롭게 그림책으로 나왔다.

이런 일화를 털어놓는 까닭은 원고를 쓸 때 자신이 쓰는 원고가 그림책 원고인지 알고 쓰면 좋다는 것. 지금은 오랜 작업으로 첫 낱말부터, 아니 구상부터 그림책에 적당한지, 단편 동화나 중편 동화에 적당한지 감지하지만 초창기에는 잘 보이지 않았다. 남이 잘라주면 아무리 옳은 일이라도 아쉬움이 남는다. 하지만 내가 판단해서 자른다면 머리든 치맛자락이든 아쉬움이 없다. 판단과 실행일 뿐.

그림책 원고는 원고 매수에서 일차적으로 다른 서사 매체와 변별성이 있다. 나는 10포인트로 맞춰놓고 작업을 하는데 A4 용지로 3~4장. 페이지마다 한 행씩 띄고, 한 페이지에는 보통 5행, 길어야 8행 정도로 쓴다. 윌리엄 스타이그는 글밥이 많은 그림책으로 그림책 읽어주는 엄마들에게 악명이 높은데, 읽는 재미가 있어서 읽을 때나 들을 때 지루할 틈이 없다. 이런 재능은 흔한 것이 아니므로 당신과 나는 읽어주는 이나 듣는 이나 지루함을 느끼기 전에 다음 페이지로 넘길 수 있는 분량이 안전하다. 그러나 너무 엄격하게 글자 수를 절약하면 깡마른 모델이나 보디빌더를 보았을 때처럼 감탄은 나오지만 같이 얘기를 나누고 싶은 마음은 들지 않는다. 이야기를 들으며 이야기의 윤곽을 육감적으로 감지할 수 있을 정도의 글밥으로! 학부모들은 글밥이 적은 그림책에 그리 호의적이지 않다.

한 페이지의 텍스트 분량은 다른 방식으로 가늠되기도 한다. 아이들은 텍스트를 들으며 해당 페이지의 그림을 눈으로 훑는데, 텍스트가 짧으면 미처 다 그림을 파악하지 못하고 다음 페이지 그림을 봐야 하는 운명에 처한다. 텍스트가 긴데 파악해야 할 그림의 내용이 간단하면 바로 지루해진다. 그림의 크기보다는 그림의 내용에 좌우된다. 좀 생소한 장면이거나 그림으로도 뭔가 파악해야 할 것이 있을 때 눈은 그림을 바로 떠나지 못한다. 그런데 텍스트는 먼저 끝나서 기다리는 눈치가 들면… 다 씹지 못하고 꿀꺽 삼키는 모양이 된다. 이건 나의 그림책 쓰기에나 적용해 보는 가설이다. 그저 참고하도록.

그림책은 스스로 책을 읽을 수 있는 아이들도 보고, 또한 어른들도 보지만 그건 다른 책들도 마찬가지이다. 다른 책들과는 달리 그림책에 각별한 주목이 필요한 까닭은 혼자 책을 읽을 수 없는 아이들도 이야기를 접할 수 있도록 만든 책이라는 것이다. 이건 다른 책들이 갖고 있지 않는 점이다. 이런 점에서 그림책은 낭독용 책이다. 읽고 듣기에 적당한지가 그림책 원고의 또 하나의 요건이 아닐 수 없다. 또한 듣는 것만으로도 전체 이야기가 파악되어야 한다. 책을 읽어줄 때 아이들이 꼭 그림을 함께 보고 있다고 생각할 수는 없다. 그림에 눈이 가 있지만 머리는 딴 데를 보고 있을 수도 있고, 잠자리에서 반쯤 눈이 감겨서 들을 수도 있고 아예 그림을 볼 수 없는 아이들도 있다. 하지만 유리 슐레비츠가 곁에 있다면 "노노." 하고 고개를 저을 것이다. 그는 그림책이란 모름지기, 그림이 없으면 이야기가 제대로 진행되지 않는 것이라고 했다. "글만으로도 이야기가 진행된다? 그건 그림책이 아니라 이야기책이야."라고 덧붙일 것이다. 당신이 판단할 일이다.

**원고 제출 전, 점검 사항**
편집자가 할 일을 내가 먼저 하자.
구조를 살피자.
교정과 교열도 작가의 몫!
그림책 원고로 적당한지 살핀다.

**에필로그**

이 책을 쓰게 된 것은 단 하나, 기울어진 시소에 제법 무게가 나가는 글 원고를 앉히고 싶은 욕심 때문이다. 시소는 둘이 무게가 맞아야 오래 즐길 수 있다. 한쪽에 부피가 많이 나가는 그림이 앉고 남은 한쪽에는 몸은 작지만 무게가 많이 나가는 글이 앉는다면 좋지 않을까? 한쪽이 올라갈 때 다른 한쪽은 땅에 내려앉아 무게를 받쳐주는…. 환상적이다!

글, 그림을 함께 하는 사람들이라면 자신의 왼손과 오른손을 시소 양 끝에 앉혀라. 그림책은 양손잡이 작가들의 것이다. 지금까지 오른손만 써 왔다면 이제는 왼손을 집중적으로 쓰기를. 당신의 목표점은 윌리엄 스타이그나 야노쉬이다.

그렇다면 그림을 안 그려본 글 작가라면… 지금 그림을 그려서 숙달되기에는 좀 늦은 감이 있지만 못 할 건 없다. 내가 그러지 않는 이유는 굳이 그럴 필요가 없기 때문이다. 그림 잘 그리는 사람들이 얼마나 많은가. 그들의 그림을 시소 한쪽에 앉히고 나의 원고를 다른 한쪽에 앉혀 시소 놀이를 즐기는 거다. 글, 그림을 다 하고 싶은 그림 작가들이 글을 연마하는 동안, 함께 그림책 작업을 하면 된다.

제법 무게가 나가는 원고를 쓰기 위한 가이드라인이 이 책에서 다룬 내용들이다. 모르고도 쓸 수 있지만 알고 쓰면 더 잘 쓸 수 있는 사항들이다. 자신의 타고난 재능을 믿어 의심치 않는 부류의 사람들은 이렇게 말할 수 있다. "난 그냥 모르고 쓸게요. 그게 더 편해요." 이런 사람에게 들려주고픈 우화가 있다. 《시나리오 어떻게 쓸 것인가》 말미에 소개된 이야기인데 짧게 간추렸다.

노래기 한 마리가 산책을 나갔다가 참견쟁이 박새를 만난다. 박새는 수십 개의 다리로 발발 걸어 다니는 노래기를 보고 어떻게 그렇게 잘 걸을 수 있냐고 묻는데, 그 순간 멈춰 선 노래기는 자신이 어떻게 걸었는지를 생각해 내려다가 다리가 엉킨다. 힘겹게 집으로 돌아온 노래기는 다리를 하나하나 풀고는 자신이 어떻게 걸었는지를 알아내기 위해 실험에 실험을 거듭한다. 그러다 마침내 노래기는 놀라운 발견을 하게 되는데 그것은 다리가 작동되는 원리가 따로 있다는 것이다. 원리를 알게 된 노래기는 다른 삶을 산다. 걷기만 하는 게 아니라 원리를 적용해 달릴 수도 있고 회전할 수도 있고 뛰어오를 수도 있다. 노래기는 멋진 춤을 추어 다른 동물들에게 기립 박수를 받는다.

나는 이 우화에 살을 덧붙여 《노래기야, 춤춰라!》란 책을 냈는데, 이 우화가 시사하는 바를 당신은 알 것이다. 창작에는 어느 정도의 재능도 필요하지만, 재능은 늘 뿜어져 나오는 샘물이 아니다. 재능만으로는 그저 몇 번 몸짓을 뿜내어 그렇게 하지 못하는 박새들에게 감탄을 받을 수는 있겠지만 그때뿐이다. 노래기가 모두에게 갈채를 받는 멋진 춤을 오늘도 내일도 언제든 출 수 있게 하는 것은 '공부', '끈기', '원리에 대한 갈망'이다. 수영법을 몰라도 물에서 어느 정도는 헤엄을 칠 수 있지만 수영법을 안다면 바다를 얼마나 잘 즐길 수 있을까?

이런 비유의 예는 너무나 많다. 뜨개질하는 법을 몰라도 (어깨너머로 배운 게 다인 경우) 목도리는 뜰 수 있지만 정통으로 배운다면 자신의 독창성과 예술성을 내보일 수 있는 예술품을 뜰 수 있다. 사진은 어느 정도 다 찍을 수는 있지만 사진의 원리와 사진기 작동법을 익힌다면 보는 이의 가슴을 벅차게 하는 작품을 만들 수 있을 것 아닌가? 당신의 인생 목적은 그저 쓰는 것이 아니다. 아이들의 마음을 날마다 설레게 할 불후의 작품을 만들어내는 것이다. 따라서 이 책에 적힌 내용들을 모조리 집어 들어 꼭꼭 씹어 먹기를.

그런 다음에는 잊어야 한다. 이런 말을 들으면 바로 '잊어야 할 것을 뭐하러 공부할까.'라는 의문이 들 것이다. 그 대답은 이렇게 할 수 있다. 호랑이가 토끼를 잡아먹으면 그 토끼는 무엇인가. 토끼인가, 호랑이인가. 우리는 답을 알고 있다. 호랑이 배 속에서 다 소화가 되었다면 토끼는 이미 호랑이의 피와 살이 되었다는 것을. 그림으로 그린다면 토끼는 보이지 않고 호랑이만 있을 뿐이다. 그런데 호랑이가 토끼를 잡아먹지 않았다면, 그래서 허기를 채우지 못하고 어제처럼 오늘도 굶주렸다면 그 호랑이는 글을 잘 쓸 수 있을까? 당신이 이 책에서 마주했던 것들은 앞으로 당신의 먹잇

감이다. 당신이 소화시켜서 피와 살을 만들고 나면 형체도 없이 사라져야 할 것들이다. 다만 당신이 허기에 가득 차 있기를 바랄 뿐이다.

이제 이 책의 마지막 단락을 쓴다. 마지막 단락은 결말 중의 결말이고 요약 중의 요약이다. 여러분의 '금요일의 기적'이 평생의 기적이 되도록 편집자들이 어떤 원고를 기다리고 있는지 알려줄 생각이다. 아무리 기적 같은 원고를 썼다고 자부해도 편집자의 눈에 차지 않는다면 소용없다. 금요일의 기적은 편집자의 손에서 선포되어야 한다.

편집자의 눈을 번쩍 뜨이게 할 첫 번째 요소는 발상의 참신함이다. 발상이란 첫 아이디어를 말하는데 아이디어만으로는 이야기가 될 수는 없으나 첫 아이디어 자체가 진부해서는 눈에 띄기 쉽지 않다. 너무나 많은 이야기들이 이미 나와 있지 않은가. 원고 심사를 하다 보면 참신한 발상만큼 점수를 많이 받는 것도 없다.

둘째는 그림의 가능성을 열어주는 원고이다. 아무리 발상이 참신하다고 해도 원고를 읽을 때 그림으로 잘 그려지지 않으면 편집자들은 한숨이 나온다. 글과 그림, 둘이어서 더 좋은 이유가 있어야 그림책이기 때문이다. 원고를 읽으며 머릿속에서 자연스럽게 그림이 떠올려지고 한번 떠올려진 그림이 자동적으로 살아 움직인다면 편집자들은 얼른 그림책을 만들고 싶어서 조바심이 들 것이다.

다음은 자연스러운 상상이다. 발상이 참신하고 그림이 잘 그려져도 뭔가 과도함이 느껴지는 경우가 있다. 픽션은 허구의 상상으로 지어진 집이지만 그렇다고 집이 아닌 것은 아니다. 그림책 작가가 되는 데 가장 중요한

게 뭘까 하고 예비 작가들에게 물으면 가장 많이 나오는 대답이 상상력인데, 어디까지가 상상이고 어디서부터가 공상, 망상, 허상, 환상일까 물으면 잠시 침묵. 상상과 다른 상들의 경계는 '그런 일이 있음직함'에 있다. 그 경계 안에 있으면 상상, 경계 밖에 있으면 딴 상이 된다. 나는 좀 더 확실한 구분을 위해 '자연스러운 상상'이라는 말을 쓰고 있다.

마지막으로는 암시된 철학(핵심 가치)이다. 아이들은 낙천적인 꼬마 철학자들이라는 점을 명심하도록. 그들은 때 묻지 않은 이성을 갖고 있다. 그림책 원고에 철학이 암시되지 않으면 때 묻지 않은 이성을 갖고 있는 꼬마 철학자들은 배만 부른 느낌이 든다. 우리 몸은 자신에게 필요한 영양소를 정확히 알고 있어서 그것이 필요할 때 찾듯이("엄마, 나 우유 주세요!") 아이들 역시 자신의 성장에 필요한 것을 알아서 취한다는 게 나의 지론이다. 두 번 세 번 찾는 책을 보면 알 수 있다.("엄마, 나 이 책 또 읽어주세요!")

학부모 강연 때 이런 얘기가 나오면 나는 아이들을 데리고 서점 나들이를 해야 할 까닭이 여기에 있다고 말한다. 서점에 가서 아이들이 직접 책을 고르도록 하라는 것이다. 물론 잘못 고르기도 한다. 하지만 몇 번의 과정을 거치면 아이들은 지금 이때에 꼭 필요한 정신적 영양소를 잘 찾는다. "도서관에서 빌려 갈 책을 고르라고 하면 어떨까요?"라고 묻는 질문에는 이렇게 답한다. 영양제는 한 번 먹으면 효과가 없다. 여러 번 일정 기간 계속해서 먹어야 한다. 그런데 도서관에서 빌린 책은 일주일만 먹을 수 있다. 일주일로 될까? 영양제도 한 번 먹고 괜찮은 거 같으면 약국에서 사지 않는가. 도서관에서 빌려 온 책이 괜찮다 싶으면 서점에 가서 사도록. 특히 아이들은 책을 친구로 여긴다. 책 속의 이야기는 친구의 이야기이다. 친구가 내 맘을 알아준다면 그 친구와 늘 함께 있고 싶다. 도서관에서 빌려 온 책은 곧 전학 갈 친구와 같다. 아무래도 전학 갈 친구에게 깊이 마음을 주기는 힘들다. 그러므로 아이들이 두 번 세 번 그 책을 찾는다면 자기들 용돈으로 사게 하도록. 부모들이 책을 사주는 것보다는 책을 스스로 골라 살 수 있게 용돈을 주는 게 좋다. 용돈을 주고 서점에 데려가라! 작가들은 책을 쓰는 사람이고 책은 판매되어야 할 상품이다.

이 책의 마지막 문장을 이렇게 쓰게 될 줄은 몰랐는데 고치고 싶지는 않다. 여러분의 건필을 빈다.

**자주 받는 질문들**

그림책 관련 강의나 어른 대상의 작가와의 만남에서 비교적 많이 나오는 질문들을 모아보았다. 질문을 들어보면 내가 별로 신경 쓰지 않았던 것을 궁금해하는 경우도 있고, 나도 고민이 되는 부분을 남들도 고민하는구나 싶은 것들도 있다. 질문을 받는 입장에서는 좀 더 짜릿한 질문을 받으면 좋겠는데…. 질문이 있어야 새로운 이야기를 나눌 수 있기 때문이다. 이 세상에 질문이 없다면 나의 심장이나 너의 심장이나 모두 스르르 졸음에 떨어진다. 언제부터 졸고 있었는지도 모르는 채.

Q. 01

**어디서 소재를 얻나요?**

작가들이 이야기를 어디서 시작하는지, 어떻게 쓰게 되었는지는 독자들에게 늘 듣는 질문이다. 대부분은 일상의 경험이나 누군가의 입으로 듣게 되는 실제 벌어진 일들에서 발아하기도 하지만 경험이나 들은 이야기가 작품의 소재로 옮겨 오려면 그만큼의 에너지가 응집된 무언가가 있어야 한다. 보통은 문득 떠오른 하나의 이미지나 하나의 질문, 또는 하나의 문구나 문장이 그 무언가이다. 영상을 좋아하고 그림을 머릿속으로 잘 떠올리는 사람은 이미지로 많이 올 것이다. 사색적이고 논리적인 사람들은 질문으로 오고, 이도 저도 아닌 사람들은 문구나 문장으로 온다.

《손 큰 할머니의 만두 만들기》는 아파트에서 아이들 키우며 살 때 옆집에 놀러 갔다가 옆집 엄마에게 들은 이야기에서 발아했다. 손 큰 할머니는 옆집 엄마의 큰언니이고 옆집 엄마는 막냇동생이다. 그 사이에 있는 형제들이 여덟인가 아홉인가…. 손이 큰 첫째 언니가 만두소를 엄청 많이 만들어놓는 바람에 동생들이 만두를 빚다 지쳐서 벌인 일이 책 속으로 고스란히 들어가 있다. 이런 이야기를 주워듣다니, 옆집 엄마를 잘 두는 것도 복 중의 복이다. 이야기를 듣다가 내 머릿속에 떠오른 문구는 '세상에서 제일 큰 만두'였다. 만두 만들기가 지겨워 남은 재료로 만두 하나를 후딱 만들고 나 몰라라 한 동생들의 짓궂은 행동은 '세상에서 제일 큰 만두'라는 문구와 함께 힘들고 지겨운 일에서 새로운 미션으로 탈바꿈한다. 뭐, 이런 식이다. 《빨간 줄무늬 바지》는 늘 큰애에게 옷을 물려받는 작은애가 또 언니 옷을 사 왔다며 골을 내기에 얼렁뚱땅 만들어준 이야기이다. 그 당시에 나는 《아름다운 가치 사전》의 원고가 될 항목 중 하나인 '공평'에 관해 알려주면서 "일곱 살 바지니까 일곱 살 아이가 입는 게 공평한 거야. 네가 일곱 살이 되면 이 바지는 네 거야." 하고 말해주었는데 둘째 아이는 허리를 쥐고 깔깔 웃으며 "아이고, 빨간 줄무늬 바지가 꼬부랑 할머니가 되겠네."라고 외쳤다. 그 순간 꼬부랑 할머니가 된 일곱 살 바지의 이미지가 《빨간 줄무늬 바지》의 표지에서 보듯, 내 앞에 걸렸다. 그것이 《빨간 줄무늬 바지》의 시작점이 되었다. 나의 그림책들은 거의 모두 이런 배경을 갖고 있다.

씨앗에 관해 말한다면, 꽃이 피고 나서 영그는 것이 씨앗이므로, 씨앗을 얻으려면 우리는 우리의 삶에 먼저 꽃을 피워야 한다. 꽃이 있다는 것은 뿌리와 줄기와 잎, 모두 갖추고 있다는 말이다. 일상을 뿌리와 줄기, 잎과 꽃으로 어우러지도록 충만하게, 알차게, 진심으로 산다면 소재는 걱정하지 않아도 된다. 어떤 작가도 소재가 없어서 글을 못 쓰는 건 아니다. 일상이 두텁지 않아서 못 쓴다.

### Q. 02
**종결어미가 고민이에요.**

문장의 종결어미를 '~습니다'로 해야 할지, '~어요'로 해야 할지, 아니면 '~다/~어'로 해야 할지…. 종결어미는 사소하지만 고민되는 부분이다. 무엇이 옳은지 알 수 없기 때문이다. 나는 무조건 '~습니다'로 할 필요는 없다는 가이드라인을 갖고 있다. 다른 언어권과 비교하면 한국어는 종결어미 때문에 낭독을 할 때 리듬감이 덜하고 사실 단조롭다. 한마디로 딱딱하다. 딱딱한 느낌을 조금이라도 덜기 위해 '~습니다'를 기본으로 하고 '~해요'를 섞어 쓴 그림책들이 많다. '~다'로 끝나는 형태는 1인칭 서술 시점일 때, 이야기를 주인공의 의도에 따라 힘 있게 전개시킬 때 적합하다. 독백형의 서술 방식, 친구나 동생에게 말하듯 하는 방식에도 '~다'의 형태가 좀 더 적합하다. 정말 적합한지는 여러 차례 읽어보는 수밖에 없다. 읽다 보면 답이 나온다. 정답은 없으므로 마음의 직관을 따르도록.

## Q.03
### 그림 작가의 그림이 생각과 다를 땐 어떻게 해요?

이 질문은 의외로 글에 관련된 사람들보다는 그림에 관련된 사람들 쪽에서 더 많이 나온다. 그들의 심리를 알 것 같기도 한데, 나에 관한 무슨 소리를 들어서이기도 하겠고, 자신의 그림이 혹시 글 작가에게 부정당할 때 어떤 상황인가를 이해하고 싶어서일지도 모른다. 그 외 그들만의 다른 이유들이 있을 것이다. 이 질문은 두 가지 경우로 답을 해야 하는데 첫 번째는 그림이 내가 생각한 것과는 달라 당황스럽지만 그래도 썩 괜찮을 때이다. 한겨레 문화센터의 어떤 강좌에서 그림 작가에게 처음 이 질문을 들었을 때 나는 '배반의 장미'라고 답했다. 〈배반의 장미〉는 정애리가 주인공인 인기 드라마였다. 드라마의 내용이 어떻든 배반의 장미라는 낱말을 차용하면서 나는 이런 내용을 말하고 싶었을 것 같다.

"그림은 늘 배반적입니다. 누구도 내가 머릿속으로 떠올린 그림을 그려주지 않죠. 내가 그림을 그리더라도 그럴 것입니다. 그러나 배반으로 나온 그림이 '장미'라는 거예요. 실제가 어떻든 간에 장미는 완벽한 아름다움의 상징이잖아요. 배반의 망초(이것도 나름 이쁘지만)나 배반의 한삼덩굴(이건 순식간에 퍼지고 가시가 있다.)이라면 배반의 아픔이 고통스럽게 남지만 장미를 보는 순간, 배반감은 사라지고 오로지 장미, 장미만이…."

두 번째 경우는 '나 홀로 장미'이다. 글과 어울리지 않거나 너무 압도적이거나 반대로 너무 시들어 있거나. 글과 어울리지 않는 경우는 이야기의 주제나 흐름을 그림 작가가 글 원고와는 달리 해석했을 때이다. 창문 밖의 똑같은 풍경을 앞에 두고도 서로 다른 요소를 뚫어지게 보는 것처럼 우리는 제각각 다른 것을 본다. 큰 것(이야기의 주 테마나 효능, 가치 등)은 같이 보고 세부적인 것은 달리 보는 방식이 가장 효과적인데 많은 대화를 나누었음에도 가끔 불일치가 일어날 수 있고 채색이 다 되었을 때에야 그 불일치를 확인하게 되는 경우도 있다. 흠! 아주 곤란한 상황이다. 이때는 판단을 해야 한다. 죽을 각오를 하고 나서든지(원고를 영영 버리거나 이 업계에서 매장을 당하거나), 아니면 내 생각이 잘못되었을지 몰라 하면서 적당히 넘어가든지. 결정은 에너지가 한다. 에너지가 철철 넘치면 죽을 각오를 하고 나서고 에너지가 바닥이면 이미 죽은 듯 또는 너그러운 듯 그냥 넘긴다. 또 하나, 내가 미처 알아차리지 못하는 경우도 있다. 한참 지난 후에 그림책을 보는데 뭔지 모르게 싸한 느낌이 밀려온다. 이런 느낌은 그림뿐만 아니라 편집, 표지, 기타 등등에서 오기도 하는데 그림에서 올 때 가장 심란하다. 고칠 방법이 없기 때문이다. 다 그린 그림을 고치자고 그림 작가를 설득하는 것은 6개월짜리 헬스장 쿠폰으로 헬스장을 꾸준히 다니는 것만큼 어렵다.

그림이 너무 압도적이거나 시들어 있을 때는 어떻게 하나. 압도적일 때는 그냥 원고를 그림 작가에게 양도했다 생각하며 마음 정리를 하면 간단한데, 시들어 있을 때는 그냥 넘길 수 없다. 아이들은 아무리 장미라고 해도 시든 것에는 눈길을 주지 않는다. 이럴 때는 교체 요구를 한다. 교체 요구가 꼭 받아들여지는 건 아니다. 출판사의 만류와 설득과 결정 장애로 그냥 진행되기도 한다. 이때가 가장 괴롭다. 원고를 길바닥에 내다 버리는 심정이 든다. 나와봤자 주목을 못 받을 게 뻔하기에. 멀리 여행을 다녀오거나 며칠 집에 틀어박혀 집안일이든 밭일이든 해서 에너지를 고갈시킨다. 글 작가의 요구 외에도 이런저런 이유로 계약이 파기되기도 하는데 이런 일을 대비해 출판사에서는 그림 작가에게 주는 배상액을 정해두기도 한다. 배상 액수는 그림이 얼마나 진행되었는지에 따라 다르다.

## Q. 04
**아이가 없어도 그림책 작가가 될 수 있을까요?**

이런 질문도 많이 받는다. 이 질문은 당신이 어떤 그림책을 내고 싶은지에 따라 달리 생각할 수 있다. 아이가 없어도 당신 스스로가 아이가 되면 되고, 아이들의 생활이 나오는 원고가 아니라면 크게 상관은 없다. 아이들의 생활을 소재로 한 그림책이라면(아이가 없는데 이런 종류의 이야기를 쓰지는 않을 것 같지만) 요즘 아이들의 일상 속으로 들어가야 한다. 그림책 원고뿐 아니라 동화를 쓰는 작가들이 애를 먹는 게 바로 이 부분이다. 자기 자녀들이 다 크고 나면 생생한 정보와 아이디어를 공짜로 제공받기 힘들기 때문이다. 나 역시 그렇고, 대부분 그렇다. 아이를 곁에서 관찰 아닌 관찰을 하고(육아인지 소재 발굴인지) 소재를 얻을 수 있는 기간은 고작 5년에서 10년 안팎이다. 이를 생각해 보면 소설가들은 동화 작가에 비해 신세가 편하다. 소재를 자신에게서나 주변 지인들에게서 얻을 수 있는 기간이 죽기 전까지 무한정이니까.

자기 자신이 아이가 되는 것은 눈을 한 번 깜박거리는 것처럼 쉬울 수도 있지만 의식을 하면 낙타가 바늘귀로 들어가는 것만큼 어렵다. 아예 포기를 하고 유치원에 봉사를 나가거나 아이 돌봐주는 아르바이트를 하는 게 나을지도 모른다.

이런 고민을 하는 사람들에게 내가 건네는 개념은 '영원의 아이'이다. 괴테의 《파우스트》는 "영원한 여성이 세상을 구원하리라."로 끝나는데 나는 자기 안에 영원의 아이가 구축되어 있으면 영원히 그림책을 쓸 수 있다고 말하고 싶다. 영원의 아이는 아이였던 나(어릴 적 나)에다가, 내가 키운 아이에게서 얻은 실체감과 구체감에, 내가 다시 아이가 된다면 어떤 아이가 되고 싶은지, 다시 아이를 키운다면 어떤 아이로 키우고 싶은지의 염원이 얹혀 만들어진 아이이다. 자기의 삶을 기억하고 살고 경험하면서 자신 안에 자리 잡게 되는 어떤 아이의 상이다. 피와 살과 영혼으로 만들어진 자신만의 아이이고 곧 자기 자신이고, 키우고 안아주고 싶은 자기의 모습이다.

당신 안에는 이 아이가 있는가? 당신은 당신의 어린 시절과 충분히 화해를 했는가? 당신의 부모, 형제, 가족을 그들의 모습 그 자체로 바라볼 수 있는가? 다시 아이가 되어 누군가에게 키워진다면 어떻게 키워지고 싶은가? 아무 회환과 원망이 없는가? 그리고 가장 어려운 질문, 당신 자신의 아이를 온전히 사랑하고 이별할 수 있는가? 사랑하는 것만으로는 충분치 않다. 사랑은 누구나 하지만 사랑하는 존재를 떠나보내며 그의 행복을 빌어주는 건 아무나 못 한다. 헬스장 12개월을 꾸준히 다니는 것만큼 힘들다. 어쩌면 아이가 없는 사람은 피와 살과 영혼 중에서 살이 없는 경우일지 모른다. 이가 없으면 잇몸으로 산다는 말이 있는데, 살이 없으면 피와 영혼을 보충하면 된다. 하지만 자신의 영원의 아이에게 살이 없다는 것을 가끔은 생각하는 게 좋다. 보충을 해야 하기에.

## Q. 05
**슬프고 끔찍한 이야기는 안 되나요?**

옛이야기에는 잔혹하고 끔찍한 장면들이 많다. 우리의 옛이야기 〈해와 달이 된 오누이〉도 그렇고 〈콩쥐팥쥐〉도 그렇다. 앞에서도 말했듯이 옛이야기는 죄가 없다. 다만 누구에게 전달하느냐, 어떻게 전달하느냐가 문제이다. 옛이야기의 잔혹성(또는 적나라함)은 어린이책에 담길 때 내용이 많이 순화되어 지금은 그리 도드라지진 않는다. 그런 내용이 다소 있더라도 워낙 많이 읽히고 너도나도 알고 있는 얘기라서, 그리고 하도 오랜 옛날에 벌어진 이야기라 들려주는 이나 듣는 이나 그저 그런가 보다 하고 넘어간다.

    일본의 원로 그림책 편집자인 마츠이 다다시가 한국에 와서 간담회를 할 때 이런 질문이 나왔다. 마츠이 다다시는 슬프고 끔찍한 이야기도 괜찮다고 하면서 다만 아이들에게 읽어줄 때 주의가 필요하다고 했다. 아이들을 한데 모아 함께 들려주는 게 좋다는 것이다. 이러면 아이는 '아, 이런 일은 나에게만 생기는 건 아닐 거야. 만약 그렇더라도 내 옆에 앉은 아이가 나를 도와줄 거야.' 하고 안도감을 느끼게 된다. 슬픔과 고통을 나눠 가지는 셈이다. 혼자 있는 아이라면 어떻게 할까. 집에 혼자 있는 아이에게는 팔로 감싸거나 무릎에 올려놓고(체온을 느끼게 하면서) 읽어주라고 했다. 아이가 '내가 혼자 있을 때 이런 일이 생기면 지금 책을 읽어주는 엄마(나 아빠)가 나를 보살펴줄 거야.'라고 생각할 수 있게.

이런 부류의 그림책을 이렇게 건넨다면 큰 문제가 없다고 하니, 그러면 이런 이야기를 써도 되겠다. 가족의 죽음이나 이혼, 끔찍한 불행을 담고 있는 그림책들이 시중에 더러 나와 있다. 의인화된 이야기들은 고통의 강도가 좀 순화되어 전달된다. 그러나 섬세하게 전달해야 한다. 상처를 위로하는 눈길로 부드럽게, 그리고 따뜻하게. 보통 아이들에 비해 심약한 아이도 있고, 어른이 알지 못하는 어떤 나쁜 기억을 갖고 있는 아이들도 있으므로. 자기 몸을 스스로 지킬 수 없는 아이들을 짐승들이 으르렁거리는 어두운 숲에 혼자 두지는 말아야 한다.

## Q.06

**그림책 원고는 어떻게 하면 잘 쓸 수 있을까요?** (그림 작가의 질문)

이건 답이 간단하다. 어느 자리에서든, 나 아닌 다른 작가들도 이렇게 말할 것이다. 그림책을 읽으라고. 쓰기는 읽기의 연속 행위, 후발 행위이다.

넘치도록 읽으면 어느 정도는 다 쓰게 된다. 가장 훌륭한 작품은 남에게 쓰기를 감행하게 하는 작품이다. 세상의 모든 작가들은 노래를 하다가, 아니면 운동을 하다가 불현듯 '쓰고 싶다.'는 생각을 하지 않았다. 읽고 읽고 또 읽다가 어느 날 무언가를 읽고 있는데 "아, 나도 이런 작품 하나 쓰고 죽고 싶다."라는 소리 없는 외침을 내지른다. 나에게는 하인리히 뵐의 《그리고 아무 말도 하지 않았다》와 한스 에리히 노사크의 《늦어도 11월에는》, 카슨 매컬러스의 《마음은 외로운 사냥꾼》이 그런 책이었다. 전부 다 음울하고 외롭고 스산하고 마음을 산란하게 한다.

그다음 훌륭한 작품은 '이런 작품을 쓴 작가, 참 대단하다!'란 생각을 들게 하는 작품들이고, 그 아래 단계는 저자에 대한 관심 없이 작품 감상에서 끝나는 경우이다. 그보다 더 아래 단계는 여기서 논의할 필요도 없는, 시간 때우기 작품들이다. 이런 작품들은 읽을 때는 읽을 만했지만 책을 덮고 나면 기억나는 게 별로 없다.

읽고 또 읽고 읽을 뿐이지만 글을 쓰겠다는 결심을 한 후 또는 이미 쓰고 있는 경우, 읽기는 좀 다르다. 비판적 읽기라고 해야 할까. 1, 2순위의 작품에는 감히 아무런 비판도 일지 않지만 그 아래 단계 작품은 자기도 모르게 자꾸 비판적으로 읽게 된다. 고개를 갸웃거리며 "나라면 결말을 이렇게 했을 텐데…", "다 좋은데 이런 거짓말은 개연성이 좀 떨어지네.", "자전 소설인가?" 등의 군말을 낳게 한다. 순수 독자로서의 책 읽기를 방해하는 작품은 대개 이런 넋두리를 나오게 한다. 이런 작품들은 이렇게 비판적으로 읽으며 배우고 1, 2순위의 작품들은 경애의 마음으로 읽으며 배우도록.

그림 작가들은 이런 대답에 좀 시큰둥할 것이다. 예상하던 대답이기 때문이다. 그러니 좀 더 실감 나는 방책을 알려준다. 이렇게.

"당신의 문제는 그림을 너무 잘 그린다는 것이다. 왼손도 있는데 오른손만 너무나 능숙하게 써서 왼손을 무기력하게 만들었다. 이제 오른손을 묶어두고 왼손을 써보라. 지금부터 도서관에 가서 3개월 동안 책만 읽어라. 그림은 하나도 그리지 말고. 일절 끄적거리지도 말아야 한다. 이야기에 흠뻑 빠지고 글이란 도구를 매만지도록. 도서관에 오는 아이들을 관찰하고 수줍음이 가시면 어느 아이든 붙들고 말을 걸고 그림책도 읽어주도록. 아이를 데리고 온 엄마들 수고도 좀 덜어줄 겸. 그림책 작가가 되려면 일러스트레이터나 화가가 아닌 스토리텔러가 되어야 한다. 스토리텔러가 진정한 그림책 작가이다. 픽션 그림책을 하겠다면."

## Q.07
### 원고를 읽고 충고를 해줄 사람이 있나요?

현실은 냉엄하고 가혹해서 아무리 작가와 친분이 있거나 이해관계로 얽혀 있다 해도(배우자나 자식들조차도) 자신이 쓸데없는 일에 시간과 에너지를 낭비했다는 것을 깨달으면 그냥 넘어가지 못한다. 그들은 가차 없이 이렇게 되물을 것이다. "도대체 왜 이런 원고를 썼지?", "이걸 내가 왜 읽어야 하지?" 이런 말을 들으면 기분이 상하지만 그들이 아첨꾼이 아니라는 것에 감사해야 한다. 아첨꾼을 곁에 두는 것은 망하는 지름길이다. 술상무도 아니고.

아첨은 중독이다. 더욱더 센 아첨을 원하게 된다. 어떤 사람이 나에게 연거푸 아첨을 한다 싶으면 그를 가급적 멀리하도록. 나의 신상에 도움이 안 된다. 칭찬은 고래도 춤추게 한다는 말이 있는데 이건 작가들에게는 맞지 않는다. 죽음으로 몰지 않을 만큼의 비판, 아홉 번에 칭찬 한 번! 아니, 그저 작품을 보고 진실을 말해달라고 하라.

내게는 아첨꾼이 하나 있다. 나는 그가 아첨꾼이라는 것을 아는데 만일을 대비해서 떨치지 않는다. 진통제가 필요할 때가 있듯이 아첨을 받는 것도 필요할 때가 있다. 그를 제외한 나의 지인들은 성에 차지 않는 작품에는 입을 다문다. 보기는 했지만 아무 응답을 안 함으로써 원고가 흡족하지 않음을 말한다. 내 두 딸은 완전 날것 그대로의 평을 한다. 내가 받을 수 있는 가장 나쁜 평이 이런 것이려니 생각하고 듣는다. 합리적 이성을 강조하면서도 냉소주의자인 남편은 표정으로 말한다. '뭔지 잘 모르겠는데?' 하며 석연치 않아 한다면 다시 고쳐야 한다. 가족들이 아첨을 안 해서 다행이다. 아첨보다는 무심한 게 낫다.

Q.08
**한 편을 쓸 때 시간이 얼마나 걸리나요?**

이런 질문을 왜 하는지 모르겠지만 그 이유 중 하나는 그림책 원고가 다른 원고에 비해 쓰는 데 시간이 얼마 걸리지 않을 거라는 생각에서인 것 같다. 앞에서 얘기했는지 모르겠는데 그림책 원고 한 편을 쓰는 데 걸리는 시간을 따지는 것은 의미가 없다. 그림책 원고를 완성했다고 해서 일정한 시일이 지나면 순차적으로 책으로 나오는 것도 아니고 책으로 나왔더라도 순차적으로 팔리는 것도 아니고. 뭔가 끝냈다는 자기 만족감을 얻을 수 있는 것 말고는 딱히 없다.

초기에는 자기 만족감에 들떠 식구들을 앉혀놓고 읽어주고 주변 사람들에게도 읽어주었다. 돌이켜보면 부끄러운 일도 더러 떠오르는데 그때 내 원고를 엉겁결에 강압적으로 들을 수밖에 없었던, 거기에다 표정 관리까지 해야 했던 사람들에게 커피 쿠폰이라도 날리고 싶다. 지금은 그러지 않는다. 지금은 심지어 다 쓰고 나서 약간의 만족감을 나 홀로 나만의 방식으로 즐기고는 아무에게도, 어떤 출판사에도 보내지 않는다.

화가들에게도 이런 경우가 있다. 너무나 만족스러운 그림, 자신의 수줍은 청춘이 담긴(예를 들면) 각별한 그림은 전시회에 내놓기만 하고 팔지 않는다. 그림 밑에 '예약'이라고 써놓으면 간단하다. 아예 내놓지 않는 작품도 있을 것이다. 화가들은 좀 딱하다. 자신의 그림을 소유할 수 없으니까. 높은 값에 팔리더라도 지구인 70억 명 중에서 오직 한 사람만의 그림이 된다. 요즘에는 기업이나 공공단체에서 구입하는 경우도 있지만 예전에는 대부분 오직 한 사람만의 소유였다.

같은 질문을 하는 그림 작가들은 "그림 작업에 비해 글 쓰는 일은 훨씬 수월합니다."라는 대답을 기대할 것이다. 그런가? 그럴지도 모른다. 나는 그림책 원고를 일단 시작했다면 단번에 쓴다. 적어도 일주일 안에. 일주일을 넘어서면 착착 접어서 마음속에 다시 집어넣는다.

씨앗마다 자기만의 봄이 있다. 간혹 때가 안 되었는데 날이 갑작스레 기

온이 올라 "아, 벌써 봄이 되었나?" 하고 싹을 내밀고 며칠 나와 있었는데 봄이 아니라 가을인 경우, 봄이어도 너무 이른 봄인 경우… 싹은 시들고 얼어붙고 그러면 싹을 틔우는 데 에너지를 몽땅 쏟은 씨앗의 가느다란 뿌리는 더 이상 생장 활동을 못 한다. 죽은 것도 살아 있는 것도 아닌 상태. 운이 안 따르면 그렇게 서서히 죽어간다. 원고의 씨앗도 마찬가지이다. 시작한 원고를 일주일 동안 붙잡고 있는데 이야기 전개가 안 된다? 그러면 제때 나오지 않았다는 말이다. 이를 받아들이지 않고 계속 붙들고 있다면… 씨앗은 서서히 사망. 그림책은 다른 원고에 비해 유통기한이 짧다.

일주일마다 새로운 원고를 쓰면 되겠네 하는 말이 어디선가 들리는 듯하다. 일주일마다 새 원고를 써서 완성하면 한 작가에게서 그림책이 수백 권 나오겠지만 누구에게나 가능한 일은 아니다. 시간은 죄가 없다. 걸리는 시간에 연연하지 말고, 많은 권수의 책을 내려고도 생각지 말고 그저 살아서 깨어 있기를. 풍성한 결실을 얻으려면 먼저 씨앗이 내 마음으로 날아와야 하므로. 씨앗은 잠자고 있는 마음에는 날아오지 않는다.

Q.09
**가족들, 특히 아이들은 글 쓰는 엄마를 어떻게 생각하나요?**

이런 질문은 동화 작가에게 유독 쏠리는 질문 같다. 만약 내가 소설을 쓴다면 아이들이 글 쓰는 엄마를 어찌 생각하는지 묻지 않을 것이다. 아이가 있는지조차도, 또는 결혼을 했는지조차도 묻지 않을 것이다. 모르는 게

약이기 때문이다. 결혼도 하고 (게다가) 아이가 있다면, 그게 뭔지 알기 때문에 작품을 읽는 데 마음이 쓰인다. 이 작가가 이 작품을 쓰는 데 얼마나 많은 것들을 밀어내고 대항하고 견디어내야 했을까. 가족들은 또 얼마나….

위의 질문을 던진 사람들이 기대하는 대답은 "아이들이 무척 자랑스러워했죠. 저도 흐뭇했답니다."일 것이다. 가볍게 던진 질문을 너무 진지하게 받아들이는 것은 실례이지만, 거짓보다는 실례를 범하는 게 낫지 않을까.

처음 책이 나왔을 때 식구들은 축하 잔치를 해주었다.(집 근처에서 외식을 했겠지.) 두 번째 책이 나왔을 때는 집에서 식사를 하며(식사 준비는 내가…) 축하의 말을 건네는 정도였고, 세 번째 책이 나왔을 때는 (밖에서는 사람들 앞에서 "우리 엄마는…" 하며 으쓱해 했을지 몰라도) 집에서는 "음, 엄마가 일을 하는구나." 했다.

글 쓰고 책 내는 일이 일상으로 안착하자 아이들은 제발 작품에 자기 이름을 쓰지 말라고 했다. 그다음에는 자기 친구 이름도 쓰지 말라고 약간은 불퉁스럽게 요구했다. 그다음 단계는 주인공 이름이 촌스럽다거나 기이하다고 놀리며(엄마의 안목이 뭐 그렇지.) 낄낄대기. 급기야 사춘기에 다다른 두 아이는 수첩에 '채인선 작가 아줌마의 비리 목록'을 작성해서 침대 밑에 숨겨두었다. 밖에서는 고상한 척하고 집 안에서는 소리를 꽥꽥 지르는…. 아마 이때까지는 두 아이가 내 작품을 읽었던 거 같은데 십 대 후반을 넘어서면서부터 비리 목록 작성이고 뭐고 다 치워버리고, 엄마의 글 쓰는 일은 다른 부서의 업무처럼 일절 관여를 안 한다.

엄마 독자들은 《아름다운 가치 사전》을 언급하면서 "이렇게 좋은 책을 쓰셨으니 아이들을 얼마나 잘 키우셨을지 알 만해요." 하고 질문 겸 말한다. 나는 한숨을 지으며 "오죽하면 이런 책을 썼겠어요?" 하고 대답하는데 그러면 모두에게서 안도의 웃음이 번진다.

동화 작가라고 아이들을 잘 키우는 것도 아니고 평소에 아름다운 가치로 무장하고 있지도 않다. 다만 의식하고 있을 뿐. 마음 편한 출판사에 책상 하나를 얻어 아이들과 시어머님과 집안일을 밀쳐두기도 했고 아예 작업실을 따로 얻기도 했다. 직장을 그만두고도 밖으로 나도는 것이 죄송스러워 강연을 다녀올 때면 시어머님께 십만 원짜리 수표 한 장(강연료)을 드렸다. (어머님은 그걸 작은 지갑에 꼬깃꼬깃 접어두곤 하셨다. 어디에 잘 쓰셨겠다 싶지만 간직만 하고 쓰지는 못하지 않았을까 하는 생각도 아주 가끔 한다.) 글을 쓰고 책을 내는 것을 돈 버는 일로 이해하면서 시어머님은 나의 일을 적당히 두둔했고 남편은 초기에는 내가 쓴 동화가 가장 재미있고 잘 썼다고 하더니(그는 다른 동화는 전혀 읽어보지 않았다.) 이제는 무반응이다. 읽고 어떠냐고 (옆구리 찔러 절 받는 격으로) 물으면 충청도 스타일로 반응한다.

진실을 말하자면 글 쓰는 일은 식구들을 소외시키기 딱 좋은 일이다. 글 쓰는 것뿐 아니라 창작의 제일선에 선 사람들의 일은 죄다 그렇다. 식구들은 그저 견디어낸다. 소설가 박완서는 자신이 가장 잘한 일 중 하나가 남편을 잘 만난 일이라고 했는데, 선생이 신경이 날카로워지면 엄마가 거짓말 지어내는 게 잘 안되는 모양이라고 말하며 남편이 아이들을 밖으로 데리고 나갔다고 한다. 글 쓰는 사람만 신경이 날카로운 것도 아니지만 글을 쓴다고 해서 늘 모두에게(특히 식구들에게) 고상한 모습을 보이는 것도 아니다. 채인선 작가 아줌마의 비리 목록은 어느샌가 사라졌다. 아마도 자신들의 비리 목록이 더 많아지면서부터가 아닐까 한다. 그들은 견디어냈다.

## Q. 10
**그림을 직접 그릴 마음은 없으신가요?**

그림 작가들과 그림책 진행을 하다 보니 그림 작가들이 글 작가와 상당히 다른 정신 구조를 갖고 있음을 알게 되었다. 얼마나 놀라운지…. 더 놀라운 것은 그림 작가들도 글 작가에 대해 그렇게 생각한다는 것이다. 한번은 어느 사무실에서 한 그림 작가와 앉아 누군가를 기다리고 있었는데 문제는 그 누군가에게 (전화상으로) 사무실 위치를 알려주면서 우리가 전혀 다르게 설명했다는 것이다. 나는 상점의 간판(행복 슈퍼에서 왼쪽으로 꺾으면 우리 세탁소가 있는데 우리 세탁소 옆에 있는 GS편의점에서….)을 표식 삼아 찾아오라고 하고, 그림 작가는 간판의 글씨는 아예 무시하고 "그 옆에 빨간색 건물 있죠? 그 빨간색 건물 옆에 있는 창문이 기다란 파란색 대문집이에요." 하고 말했다. 언뜻 들어서는 전혀 다른 데를 찾아오라고 한 것처럼 일치하는 표식이 거의 없었다. 둘 다 어이가 없어 웃고 말았지만 글 쓰는 사람과 그림 그리는 사람이 아주 다른 세계에서 살고 있음을 깨달았다.

　이렇게 이질적인 두 세계의 사람이 한 권의 그림책을 만들어야 하니 얼마나 기적 같은 일인가. 그런데 기적은 기적적으로 오지 않는다. 아주 일상적으로 온다. 일상의 기 싸움, 오해, 갈등, 배려, 양보, 인정, 찬사로 오다가 마침내 출판된 책을 마주하는 순간, 기적이 된다.

그림 작가들은 그림을 그릴 때 어떤 마음일까? 그림에 관한 욕구는 어떻게 일어날까? 무엇을 그리고 싶을 때와 그리고 싶지 않을 때, 또한 보이지 않는 것을 그릴 때 그림 작가들은 어떻게 구도를 잡을까? 원고를 읽고 그림을 그릴 때 그들의 마음에는 어떤 기류가 흐르는가? 그림책은 그림 작가들과의 동업이다. 불필요한 오해를 줄이고 원활하게, 기분 좋게 그림책을 진행하려면 그들의 눈으로 세계를 들여다보는 게 좋겠다 싶어서 사십대에 난생처음 미술 학원에 등록해 그림을 시작했다.

이 대목을 읽는 사람들은 그래서 어떻게 되었는지 무척이나 궁금할 것 같다. 그림을 싫어하게 되었을지, 더 애호하게 되었을지…. 그림을 시작할 때의 설렘과 흥분이 한차례 지나가고 나니, 관념적인 깨달음이 몇 가지 왔다. 한차례 위태로운 지점도 있었다.(글쓰기를 내팽개치고 그림을 계속 그릴까 하는….) 마침내 이른 나의 결론은 더 이상 그림을 그릴 필요가 없다는 것이었다.

한 가지 이유는 글이나 그림이나 다른 세계이긴 하지만 과정에서 얻는 몰입의 행복감은 거의 같았기 때문이다. 말하자면 영화 〈벤허〉의 감독이 완성된 〈벤허〉를 보고 나서 한 말, "신이여, 이걸 내가 만들었단 말인가요?"처럼 "세상에, 이걸 내가 그렸단 말인가?" 하는 식이다.

그림은 확실히 마음을 들뜨게 하는 육감적인 황홀경을 경험하게 한다. 반면에 글은 그림과 대비해서 말하면 몸이 아닌 정신을 고양하는 몰입의 황홀경을 준다. 그림이 몸이라면 글은 관념이라고 할까? 만약 나의 앞으로의 시간들을 오로지 그림에 투입한다면 나는 얼마나 더 이런 말을 내뱉으면서 신을 조롱할까? "신이시여, 내가 만든 이 아름답고 온전한 세계를 보시오. 당신이 만든 것보다 훨씬 낫지 않소!"

어쨌든 정신을 차리고 보니 그림에 에너지를 더 쏟을 일이 아니었다. 그 에너지를 글에 쏟는다면 (지금 상황에서는) 글쓰기에 있어서 못 얻을 것이 무엇일까 하는 각성이 왔다. 어느 분야든 최고의 고수들은 자신들이 이룰 수 있는 최대치의 황홀감을 알고 있다. 마라톤의 길이는 서울에서 출발하든 부산에서 출발하든 결승점까지의 거리는 똑같은데 결승점에 도달하기 위해 자신이 할 수 있는 최대치의 노력을 이미 글쓰기로 시작해 중반에 이른 상태! 그림은 일주일에 미술 학원 한 번 나가는 것으로 시작이라고 할 수도 없고, 그저 기분만 낸 정도. 아마도 갈 길이 멀고 멀겠지 하는 계산이었다. 익숙한 도구를 버리고 새롭고 낯선 도구를 새로 손에 쥐는 것은 내 나이에는 모험이다. 모험은 그 자체로 훌륭하지만 글쓰기라는 모험도 아직 진행 중인데 새로운 모험을 또 시작할 수는 없지.

이런 계산을 하게 된 배경은 그림을 그리지 않아도 글을 쓸 때 충분히 그림을 그리고 있는 듯한 기분이 들어서이다. 이것이 그림을 멈추게 된 두 번째 이유이다. 그림을 시작하면서 나는 이 느낌의 실체를 알게 되었다. 형용사를 고르고 부사를 이리저리 옮기고 색깔과 모양, 형태를 나타내는 낱말을 선택한다. 특히나 자연이나 시공간 묘사를 할 때 그림을 그릴 때의 육감적인 황홀감에 살짝 빠져든다. 낱말을 배치하면서 대상의 윤곽을 잡고 세부 묘사를 하고(이 작업을 그림 작가들은 '판다'고 한다.) 색을 넣는다. 요컨대, 문체로도 그림을 그릴 수 있다는 것이다.

이야기가 윤곽이 잡히기 전에 갑작스레(지나가다가 텔레비전 리모컨을 발로 눌러서 텔레비전이 켜진 것처럼) 주요 장면이 이미지로 보일 때도 있다. 어떤 이미지는 너무 선명해서(가령 "오빠한테 질 수 없어!" 하며 배를 내밀고 소리치는 온이의 영상) 이미 그림이 그려진 줄 착각이 들 정도. 찰스 디킨스는 자신의 소설이 머릿속으로 '보았던' 것을 글로 '적은' 것에 불과하다고 했는데(《생각의 탄생》p.89) 정말 그렇다. 보지 않으면, 보이지 않으면 그림으로든 글로든 밖으로 끄집어 낼 수 없다.

《생각의 탄생》에는 그림과 관련된 놀랄 만한 내용들이 많은데 그중 인상 깊은 것은 인턴이나 레지던트에게 사람의 장기를 그려보게 한다는 것이다. 자신들은 늘 만지는 장기를 이미 알고 있다고 생각하지만 그것을 보지 않고 머릿속으로 떠올리면서 입체적으로(앞과 뒤, 옆 모두) 그려낼 수 없으면 진짜 알고 있다고 말할 수 없다는 것! 글에 있어서도 똑같다. 어떤 것을 알고 있다면 그것을 모르는 사람에게 그 사람이 알아듣도록 언어로 정확히 설명할 수 있어야 한다. 그러지 못한다면 그건 정말 알고 있지 않은 것이다. 바로 이런 질문이 이어진다. 나는 의자를 알고 있을까? 나는 나무를 정말 알고 있을까? 이미지로 대상을 마주하고 언어로 말을 걸어서 그 대상을 알아가는 것(일단 내가 먼저 알도록 하고, 독자에게 그것을 알도록 하는) 이 창작의 과정 아닐까. 존 모펏의 〈어떤 것을 알고 싶다면(To look at anything)〉이라는 시로 부연 설명을 대신한다.

어떤 것을 알고 싶다면
정말 그것에 대해 알고 싶다면
오래 바라보아야 한다.
초록을 보면서

"숲에서 봄을 보았다."라고 말하는 것은
충분치 않다.
네가 바라보는 그것이 되어야 한다.
양치식물의 고불고불한 검은 줄기와
이파리의 보송한 솜털이 되어야 하고,
잎들 사이의 고요함 속으로
들어가야 한다.
시간을 들여 천천히
그 잎들이 만들어내는
평화로움을 만질 수 있어야 한다.

그림은 대상을 사랑하지 않으면 그릴 수 없다. 대상을 사랑하지 않는데 어떻게 어루만지고 쓰다듬을 수 있을까. 눈으로 하는 사랑은 거짓을 모른다. 대상에 대한 지독한 사랑이 그림을 그리게 한다는 것까지 얻고 나는 그림을 그만두었다. 나는 지독한 것이 좀 무섭다.

Q. 11 ───────────────

**다락방도서관은 한국 작가의 책들로만 꾸며져 있다는데
특별한 이유가 있나요?**

이 이야기는 좀 길다. 양해를 구하고 시작한다. 뭘 모르던 시절, 아직 사십

은 안 되었을 때, 한국 철학을 연구하는 교수에게 "아, 그럼 한국 철학이 따로 있어요?" 하고 물은 적이 있다. 그의 얼굴에 비친 당혹감은 내가 대학 1학년 때 경제학과의 어떤 선배가 《어린 왕자》를 가리키며 "이 책이 무슨 책인데 이렇게 날마다 들고 다녀?" 하고 물었을 때 내 얼굴에 비친 표정과 유사했다. 무식하면 용감하다고 했나. 그때의 기억은 서양 문화와 지식에 물든 나 자신을 부끄럽게 반성하도록 했다. 한국 철학을 모른다는 것에 대한 부채감으로 찾아 읽은 책이 《오주석의 한국의 미 특강》과 김교빈의 《한국 철학 에세이》였는데 그야말로 나에게는 개안 그 자체였다. 이때 일으켜진 나의 한국성은 자연스레 한국 어린이책, 특히 한국 그림책으로 쏠렸는데 그럴 만도 한 것이 (지금도 크게 개선되지는 않았지만) 홍수처럼 쏟아지는 외국 번역 그림책에 비해 한국 그림책(국내 작가 그림책)은 수적으로 빈약했다.

남의 나라 식민지에 살고 있는 것도 아닌데 자국의 책이 50%도 넘지 않는다니… 하는 탄식에 이르렀을 때 나는 '우리책 사랑모임'을 조직했다. 당시 뉴질랜드에서 아이들을 데리고 있었던 터라 덥석 만들게 된 우리책 사랑모임은 나에게 한국으로의 조기 귀환을 의미했다. 나의 탄식을 듣다 못한 편집자, 그림 작가, 선배 작가 등이 함께 시작했지만 최초의 탄식은 나에게서 나왔으므로 나 몰라라 할 수도 없었고 그 탄식은 뉴질랜드의 식탁에서도 이어져서 아이들은 "엄마, 우리는 우리가 알아서 살 테니까 엄마 하고 싶은 일 해."라고 쿨하게 내 등을 떠밀었다. 당시, 큰애는 열여섯 살이었고 작은애는 열네 살이었는데 열여섯 살부터는 독립 세대를 구성할 수 있고 미성년 동생의 후견인 역할을 할 수 있었다. 보호자가 없어도 법적으로 무리가 없는 상황이어서 그럴까 하다가 아이들만 두고 한국으로 오게 되었다. 그로 인해 아이들은 자유롭지만 외롭고 힘든 시기를 지나게 되었고 나는 한국에서 우리책 사랑모임 활동을 하면서 끊어진 작품 활동을 시작할 수 있었다. 그렇게 나온 책이 《아름다운 가치 사전》이다.

우리책 사랑모임을 만들게 된 동기가 또 하나 있다. 뉴질랜드에 체류하는 동안, 뉴질랜드 어린이 문학의 어머니라고 칭송받는 조이 카울리(Joy Cowley)와 잠깐 교분을 나누게 되었는데 그에게 나의 고민(한국에는 외국 번역본들이 너무 많아서 아이들의 정체성이 걱정된다…)과 탄식을 털어놓자 그는 자신도 사십 대에 똑같은 고민이 있었다며 나의 이야기를 진지하게 들어주었다. 그때의 대화를 재구성하면 이럴 것이다.

조이: 당시 뉴질랜드는 부모와 조부모들이 영국인이나 북아일랜드인이 대부분이어서 영국 책들을 아이들에게 읽히는 게 자연스러웠어요. 누구도 문제 제기를 하지 않았어요. 그런데 여기는 영국이 아니라 뉴질랜드잖아요. 이곳 아이들은 뉴질랜드인이고요. 그렇다면 뉴질랜드인으로 커야죠. 뉴질랜드의 지형, 문화, 풍습, 음식, 사람들. 그래서 제가 운동을 시작했답니다. '뉴질랜드 아이는 뉴질랜드 책으로 키우자.'
나: 어떻게 활동했는지….
조이: 도서관 사서들과 엄마들, 일부 작가들을 중심으로 뉴질랜드 책을 읽히자는 운동을 했지요. 서점과 도서관에 분리 진열도 요구했어요. 겉으로 봐서는 구분이 안 가잖아요. 죄다 영어본이니… 이름도 똑같고 심지어 지명도 영국에서 온 게 많아요. 좀 더 확실한 구분이 필요했어요.

어떤 책이 뉴질랜드 책이고 어떤 책이 다른 영미권 책인지….

(나는 남의 말을 끊는 나쁜 습관이 있다. 궁금증 때문에.)

나: 그래서 어떻게 하셨어요?

조이: 책 표지 위에 노란색 삼각형 띠지로 마크를 하게 했어요. 노란색 바탕에 검은 글씨로 'New Zealand Author'라고 씌어 있지요. 덕분에 지금은 마크를 안 해도 될 만큼 서점과 도서관에서 뉴질랜드 작가 책을 별도로 전면에 배치합니다.

나: 아, 그렇군요.

조이: 뉴질랜드는 영어와 마오리어, 두 가지를 공용어로 쓰고 있어요. 지금은 마오리 출신의 작가들이 마오리어로 글을 쓰면서 비슷한 맥락의 정체성 운동을 펼치고 있어요.

오클랜드 시내의 대형 서점 어린이책 섹션에서 나는 뉴질랜드 작가들의 책을 별도로 전시해 놓은 것을 보고 감탄(뉴질랜드, 대단하다.)과 탄식(우리는?)을 했고 으리으리한 오클랜드 대학 도서관 1층 전체가 뉴질랜드관으로 꾸며진 것을 보고 또 감탄과 탄식을 했다. 아무 일정이 없는 날에는 아이들을 학교에 보내고 오클랜드 대학 도서관에 가서 1층 뉴질랜드관에 눌러앉아 이 조용한 나라의 역사, 문학, 지형, 문화 등등을 탐색하며 "아, 내가 머물고 있는 나라가 이런 나라구나." 하고 중얼거렸다. 마오리 원주민들과의 타협으로 만들어진 나라, 캐서린 맨스필드, 신이 내린 듯한 황홀한 풍광의 나라, 다양성은 환영하지만 '폭력에 관용은 없다'는 문화 인식….

잠시 머물더라도 우리는 장소성을 떠날 수 없다. 자기가 머무는 장소에서 생각보다 아주 많은 것을 흡수한다. 공기와 같이. 자기가 머무는 장소를 이해한다는 것은 자신의 현재성에 의미 부여를 하는 것과 마찬가지이다. 그런데 조이는 이런 말도 했다.

조이: 그림책에 글을 쓰는 작가들이 그리 많지 않아요. 그림책은 아이들이 처음 보는 책인데…. 조이 카울리 상에 관해 들어보았나요?
나: 아뇨.
조이: 스콜라스틱 출판사에서 조이 카울리 상을 만들어 그림책 원고 공모를 하고 있어요. 당신도 거기 응모할 수 있답니다. 그 상은 원고만 받아요. 바로 그림책으로 내기에 좀 부족하지만 제가 디렉팅을 해서 그림책으로 만듭니다. 그들의 아이디어는 아주 놀랍죠. 솔직히 심사를 보면서 "아, 이거 내가 생각해 냈어야 하는데!" 하고 무릎을 치곤 합니다.
나: 그런 원고를 뽑아서 선생님이 디렉팅을 하고 잘 다듬어서 그림책으로 낸다는 거죠? 원고 쓴 사람들이 저항을 하지 않나요?
조이: 그게 조건이에요. 그건 따라야 합니다. 그러고 싶지 않으면 직접 출판사에 보내면 되죠. 어쨌든 그렇게 해서 그림책에 관심을 갖게 하고, 작가들을 길러내고 그림책이 나오게 합니다.

조이는 100여 권의 책을 냈는데 그중에는 미취학 아이들을 위한 교육 교재 시리즈도 있다. 차림은 수수하고 목소리는 부드럽고 눈은 상대방을 그윽하게 끌어당긴다. 내 원고를 읽고 나를 천부적인 이야기꾼이라고 추켜세웠다.

뉴질랜드에 체류하는 동안 있었던 또 하나의 기념비적 사건은 어린이 소설과 청소년, 성인 소설을 두루 집필하는 테사 듀더(Tessa Duder)와의 만남이었다. 오클랜드 대학에서는 방학 때마다 글쓰기 워크숍을 여는데 (여행기, 소설, 수필 등 다양하게) 어느 날 우연히 보니 그림책 글쓰기 워크숍이 소개되어 있다. 월요일에서 금요일까지, 일주일 동안(내가 진행하는 워크숍의 모델이 되었음), 아침 9시에서 낮 12시까지.

마지막 날은 포도주와 함께 간단한 다과회를 했다. 다과회는 좀 넓은 장소로 옮겨 다른 장르의 글쓰기 워크숍 사람들과 함께 해서 예비 작가들의 교류의 장이 되었는데, 그때 나에게 일본말로 말을 걸어온 한 여성과 이후 친구가 되었다.(내 나이 육십 세 생일에 파리 노트르담 대성당 앞에서 만나기로 했다.) 그때의 기분 좋은 광경이 여전히 눈에 선한데, 수업 때는 말을 잘 알아듣지 못했고 긴장을 한 탓에 더 더듬적댔는데 그러려니 하고 기다려준 사람들이 지금도 고맙다. 마지막 금요일 오전에 내가 한국에서 출간한 그림책을 가져와 영어로 읽어주었는데, 그들은 왠지 그리 놀라워하지 않았다.

테사는 그림책에 글을 쓰는 작가들이 많이 나와야 한다며, 자신은 그림책을 출판한 적은 없지만 이야기가 중요하다는 점은 어느 장르나 마찬가지이고, 그림책 작가들은 오클랜드에서 멀리 떨어진 곳에 거주하고 있어서 시내에 살고 있는 자신이 맡게 되었다고 했다. 나는 그의 책 중 가장 인기 있는 작품을 읽어보았는데 감정선이 섬세한 남자아이의 성장 소설로 기억한다.

두 작가와의 사적, 공적 만남은 한국으로의 귀환 후에 무얼 하게 될지에 관해 방향을 제시해 주었다. '한국 아이에게 한국 책을 먼저! 한국 아이는 한국 책으로 키운다!' 이것이 하나의 지표였고 또 하나는 '그림책에 글을 쓰는 작가를 양성하자!'였다. 우리책 사랑모임을 만들고 개인적으로 그림책 글쓰기 워크숍을 열게 된 것, 다락방도서관(우리 집 다락방에 만든 개인 도서관이다.)을 한국 작가 책들로만 채운 것에는 이런 배경이 있다. 여기 오는 아이들만이라도 자신이 살고 있는 한국을 오롯이 느끼고 갔으면 하고.

다락방도서관의 한국 그림책들은 우리책 사랑모임을 하면서 모은 그림책들이 터줏대감들이다. 십시일반으로 돈을 모아 그림책들을 샀고 작가들에게 기증도 받아 전시회마다 승용차 뒷좌석과 트렁크에 가득 싣고 다녔다. 활동이 잠정 보류되면서 파란색 책 전용 상자들이 용인집 거실 한쪽에 놓이게 되었고, 이후 이리저리…. 충주에 집을 짓고 행운처럼 얻은 다락을 둘러보며 나는 파란 상자 안 그림책들이 이곳의 주인이 될 것임을 직감했다. 아직 마감도 안 한 천장 어디엔가 '한국 그림책 다락방도서관'이란 글귀가 번쩍번쩍 솟아났다. 그때 활동을 같이 한 지인들에게 이 책들을 내가 다 지니고 있는 것에 대해 조금은 미안한 심정이다. 온전히 나의 소유물은 아니므로. 지금도 꼭 있어야 할 한국 그림책이 없으면 (도서관 원장으로서) 돈을 들여 구비하고 있다. 그런데 돈보다 더 무서운 것이 책 상자이다. 허리 수술 한 남편까지 고생을 시켰다. 이제 다락방에 올려놓았으니 누가 데려가기 전에는 내 손과 남편 손으로는 절대 못 옮긴다! 어둔 밤에 다락방도서관을 둘러볼 때가 있다. 좁은 창문으로 스며든 달빛을 이불처럼 가벼이 덮고 낡은 책, 새 책들이 한데 섞여 포근한 잠을 자고 있다. 그동안의 방랑을 끝내고.

그동안 책들도 너무 고생했다. 아직은, 아니 길게 잡아 십 년 정도는 안착의 평화로움을 즐겨야겠지만 모든 일에는 출구 전략이 있어야 하는 법! 꼬부랑 할머니가 되어서도 이 책을 움켜잡고 있거나 무덤까지 이 책들을 끌고 가고 싶지는 않다. 지금이라도 누가 찾아와 "제가 번듯한 한국 그림책, 나아가 한국 어린이책 도서관을 만들겠습니다. 이 책들을 제게 맡겨주십시오." 하면 다 내어줄 생각이다. 십 년 안에는 꼭 누군가 오기를! 요즘 책 좋아하는 사람을 만나면 속으로 자세히 그 성정을 살피는데, 자발적으로 오지 않으면 슬쩍 소맷부리를 붙잡아서 타의 반 자의 반으로 책을 넘길 생각이다. "한 상자는 옮겨드리겠습니다." 하면서. 이 글을 통해 공개 구인을 하는 셈이다. 오라, 누군가여!

Q.12

**한국 그림책이란 어떤 것을 말하나요?**

예전에 우리책 사랑모임 활동을 할 때 부모 강연("한국 책을 많이 읽혀야 합니다!"를 주제로)에서 한 엄마가 한국 그림책은 죄다 옛이야기 그림책이라며 어떻게 아이에게 옛이야기만 읽히느냐고 반문했다. 그때는 출판사마다 전집처럼 옛이야기 시리즈를 쏟아놓아 여기에도《반쪽이》저기에도《반쪽이》였고 우리 문화를 담은 그림책들까지 경쟁적으로 나올 때였다. 그런 질문이 나온 배경을 살피면 한국 그림책은 옛이야기에 비해 일상을 담거나 현재의 삶을 담은 그림책들이 별로 눈에 띄지 않아서가 아닐까. 옛이야기를 폄하하려는 건 아니지만 옛이야기나 고전 명작이 주류로 보인다는 건 확실히 문제이다. 독자들은 '지금 이곳'에서 매 순간을 살아내야 하기에 지금 이곳의 이야기가 필요하다. 냉동실에도 쟁여둔 것이 많다고 해도 냉장고에 바로 꺼내 먹을 것이 없다면 생각만 해도 허전하다.

그때 나는 우리나라 역사는 오래되었지만 아이들을 위한 그림책을 만들기 시작한 건 최근의 일이라 냉장고에 바로 꺼내 먹을 이야기가 부족한 건 사실이라고, 하지만 작가들이 열심히 만들고 있다고 대답했다. 약간 당황했고 그래서 더 침착했다. 지금 우리 모임에서 이런 자리를 만들고 한국 그림책을 연도별로 전시하는 것도 바로 이야기 그림책의 존재를 알리는 일이라고. 그러나 일본 도서관에서 한국 그림책을 전시하는 것도 아니고 한국 도서관에서 일본 그림책을 전시하는 것도 아닌, 한국 도서관에서 한국 그림책을 전시한다는 것이 부끄럽다고 했다. 끝으로 나는 그 부끄러움을 여러분과 나눠 갖고 싶다고 말했던 것 같다.

나의 한국성은 우리책 사랑모임을 하면서 이렇게 기지개를 켰는데 여러분의 한국성은 안녕하신지. 그림책 글쓰기 워크숍 때 만난 원고들에 정체불명의 주인공(어느 지역 사람인지)과 정체불명의 배경들(여기가 어디인지 도무지 알 수 없는)이 등장하고 급기야는 신춘문예 원고에도 외국 이름과 지명이 버젓이 들어와 있는 것을 보며 처음에는 화가 났다가 나중에는 한숨이 나왔다가 근래에는 체념하게 되었는데 충주에 안착한 이후로 그런 원고들을 보지 않으니 세상이 그지없이 평화롭다.

그런데, 한국성이란 뭘까. 국어사전에 나와 있지도 않은 이 낱말을 임의로 정의할 수는 없고, 나의 영역도 아니다. 다만, 한국 그림책이 어떤 성격을 가져야 할지에 관해서는 고민이 되었는데 문득 다시 꺼내 든《한국 철학 에세이》제1장에 한국 철학의 성격이 기술된 것을 보고는 탄성을 질렀다. 요약을 하자면, 이렇다.

한국 철학이란,
첫째, 한국적 특징을 지니고 있어야 한다.
둘째, 한국인의 구체적인 삶에 기초해야 한다.
셋째, 한국인의 앞으로의 삶에 발전적으로 작용해야 한다.

나는 이 문구를 외우고 다녔는데 외우지 않으면 보이는 것들, 들리는 것들 대부분이 한국성을 잃게 만들거나 잊게 만들거나 무시하게 만들기 때문이었다. 지금도 마찬가지, 오히려 상황은 더 나빠졌다. 위의 기술에 기대어 나는 한국 그림책을 이렇게 정의해 보았다. "무엇이 한국 그림책인가?" 하고 누가 물으면 이렇게 대답하면 될 것이다.

첫째, 다루는 내용이나 그림에 있어서 한국적 특징을 지니고 있어야 한다.
둘째, 일상을 담고 있는 이야기라면 그것은 한국 아이의 구체적인 삶에 기초해야 한다.
셋째, 한국 아이의 앞으로의 삶에 발전적으로 작용해야 한다.

건국대에서 강의를 할 때 나는 위 문장을 완전히 외우도록 하고 시험에 냈다. 각인을 시키기 위해 위의 문장을 토씨 하나 틀리지 않고 암기해 쓰도록 했는데 지금 그들의 가슴에는 한국성이 얼마나 자리 잡고 있을지. 한국성이 깨어나는 시기는 각기 다를 텐데 과욕을 부린 것 같다.

우리책 사랑모임과 이후에 활동한 한국 그림책 연구회에서도 무엇을 한국 그림책으로 볼지에 대해 논의가 좀 있었다. 한국 그림책 목록 작업을 하고 데이터를 만드는 일을 했으니 당연한 일이다. 우선은 글 작가나 그림 작가 중 한 사람이 한국 국적을 가진 사람이라면 한국 그림책으로 보기로 했는데, 이런 형태적인 규범 속에 위의 내용을 채우면 한국 그림책의 정의를 상정할 수 있으리라. 해마다 위의 문구를 써서 책상에 붙여놓았는데 언제인가 슬그머니 사라진 뒤로 나는 좀 편해졌다. 사실, 원고를 쓸 때마다 위의 문구에 대입을 해보며 마음이 힘들었다. 요즘에는 나의 지역성, 장소성이 지구성으로 확대되었다. 한국의 국내 문제도 한국 혼자만으로는 풀기 어렵다는 걸 절감했고 지구가 망가지면 한국 혼자서 살아남기 힘들 테니까.

Q. 13

**어른 대상의 그림책들에 대해 어떻게 생각하시나요?**

아이들을 대상으로 한 그림책 시장이 위축되면서 그 대안으로 출판사에서 생각해 낸 것이 어른 대상 그림책인데, 여기에는 물론 그림 작가들의 인적 재원이 넘치도록 풍부해진 요인도 있다. 처음에는 어른도 보는 그림책의 개념이었다면 지금 이 글을 쓰고 있는 2019년에는 아예 이런 종류의 그림책을 아동 코너가 아닌 성인 코너의 에세이 코너에 꽂히도록 보도 자료를 내기도 한다. 그쪽이 훨씬 독자층도 넓고 구매력이 있다고 본 것이다.

2010년에 선보인 이보나 흐미엘레프스카의 《마음의 집》이 그 시작이 아니었을까. 사람들은 이 그림책을 접하면서 "아, 이건 아이들보다는 어른들이 읽는 책이야."라고 느꼈을 것이다. 《마음의 집》을 처음 보았을 때 사랑하는 사람이 마음의 집의 주인이 될 수도 있다는 텍스트에 침대 그림이 그려진 것을 보고 나는 "아!" 하고 외마디 비명을 질렀다. 문화 차이일 수도 있지만 침대와 사랑은 확실히 성인 코드이다. 이 그림책은 그다음 해 볼로냐 그림책 북페어에서 논픽션상을 받았는데 덕분에 사람들을 약간은 어리둥절하게 했던("어른이 보는 건지, 아이들을 위한 건지….") 불편함이 가라앉으면서("아, 외국에서는 그런 게 별문제가 안 되는구나.") 책 자체의 매력으로 인기를 누리게 되었다.

그림책은 아이나 어른이나 다 같이 볼 수 있다는 점에서 특히 환영을 받는다. 그러나 그래도 자기가 만드는 그림책이 어느 연령층에게 더 맞는지(호소력이 있는지, 더 효과적인지)를 살필 눈은 있어야 한다. 가장 좋은 그림책은 아이에게는 아이의 각성을, 어른에게는 어른의 각성을 주는 책일 것 같다. 이런 책이 나오기 힘들다면 그저 대상을 정확히 하고 쓰는 게 백번 천번 좋다. 두루두루 읽힐 수 있어서 더 성공적이라는 말은 발설하지 말기를. 발설하는 순간 아마추어가 된다.

결론적으로 말하면 나는 어른을 위한 그림책이 나오는 것에 큰 반감은 없지만 출판계 사람들(작가와 편집자들)이 어린이들을 위한 그림책에 더 헌신했으면 한다. 어른들에게는 다양한 종류의 책이 있지만 아이들에게는 그림책밖에 없다. 어른들에게 덤으로 하나 더 있어도 좋을 책을 만드느라 아이들 책을 만들 에너지가 소진되지 않기를. 최근에 나오는 한국 그림책들에서 이런 경향이 두드러져 보이는 건 내가 민감해서일까. 그러면 좋으련만.

얼마 전 어느 그림책 워크숍에서 스케치까지 완성된 그림책 원고를 리뷰할 일이 있었다. 해마다 조금씩 느끼고 있었지만 이번만큼은 유달리 어른 취향의 작품들이 많았다. 아이보다는 고양이나 동물이 나오고, 아이가 나온다고 해도 그 아이는 외따로 떨어진 비현실적인 공간에서 혼자 논다. 아이가 사라지고 있고 그와 함께 일상도 사라지고 있다. 이야기는 더욱 빈약해지고 축 늘어진 고무줄처럼 후줄근하고(페이지 수는 왜 그리 많은지), 도무지 맵시가 안 난다.

한국 그림책은 출발할 때부터 아이들의 일상을 오롯이 담지 못했다. 먼저 도착한 외국 번역 그림책들이 아이들의 마음을 재빠르게 사로잡아 아이들이 볼 한국 그림책은 정말이지 한국 옛이야기밖에 없었다. 처음 출발할 때 뚫린 구멍이 조금씩 메워지기를 바랐건만 메워지기는커녕 이제는 출판되는 한국 그림책 중에서도 어른 취향의 그림책들이 점점 더 많이 눈에 띈다. 메워지기는 영 글렀을까. 이런 그림책들은 대개 쓸쓸하다. 가족도 없고, 있어도 할머니 정도. 혼자 사는 어른이 주인공인 경우도 있다. 병원이나 빵집을 경영하는 자영업자들이 선보이더니 요즘에는 식당이나 카페를 차린 주인공들도 늘고 있다. 일본 만화《심야식당》의 그림자가 원고에 자꾸 밟힌다. 흠!

　아이들에게 이런 그림책을 어떻게 읽어주어야 할지 난감하다. 새로 나오는 그림책이 대부분 이렇다면 아이들은 그림책을 떠나게 될 테고 다신 돌아오지 않을지 모른다. 유년기의 사진이 한 장도 없는 어른이 되려나.

### 이 책에 나오는 책들

**그림책과 동화책**

《강낭콩》 에드몽드 세샹 글, 분도출판사
《강물이 흘러가도록》 제인 욜런 글, 바버러 쿠니 그림, 시공주니어
《강아지똥》 권정생 글, 정승각 그림, 길벗어린이
《개구리와 두꺼비는 친구》 아놀드 로벨 글 그림, 비룡소
《개구쟁이 해리》 G. 자이언 글, M. 그래엄 그림, 사파리
《겁쟁이 윌리》 앤서니 브라운 글 그림, 웅진주니어
《고래들의 노래》 D. 셸든 글, G. 블라이드 그림, 비룡소
《고민 해결사 펭귄 선생님》 강경수 글 그림, 시공주니어
《고양이》 현덕 글, 이형진 그림, 길벗어린이
《곰 사냥을 떠나자》 마이클 로젠 글, 헬린 옥슨버리 그림, 시공주니어
《괴물들이 사는 나라》 모리스 샌닥 글 그림, 시공주니어
《구름빵》 백희나 지음, 한솔수북
《구리와 구라의 손님》 나카가와 리에코 글, 야마와키 유리코 그림, 한림출판사

《나는 괴물이다!》 최덕규 글 그림, 국민서관

《난 곰인 채로 있고 싶은데》 요르크 슈타이너 글, 요르크 뮐러 그림, 비룡소

《난 커다란 털북숭이 곰이다》 야노쉬 글 그림, 시공주니어

《난 형이니까》 후쿠다 이와오 글 그림, 미래엔아이세움

《내 동생 싸게 팔아요》 임정자 글, 김영수 그림, 미래엔아이세움

《내 사랑 뿌뿌》 케빈 헹크스 글 그림, 비룡소

《내 세상》 마거릿 와이즈 브라운 글, 클레먼트 허드 그림, 문진미디어

《내 이름은 윤이에요》 헬렌 레코비츠 글, 가비 스위앗코스카 그림, 배동바지

《내 친구는 어디 있을까?》 와타나베 유이치 글 그림, 푸름이닷컴

《내가 함께 있을게》 볼프 에를브루흐 글 그림, 웅진주니어

《내게는 소리를 듣지 못하는 여동생이 있습니다》 진 화이트하우스 피터슨 글, 데보라 코간 레이 그림, 웅진주니어

《눈 내리는 저녁 숲가에 멈춰 서서》 로버트 프로스트 글, 수잔 제퍼스 그림, 살림어린이

《눈 행성》 김고은 글 그림, 책읽는곰

《눈사람 아저씨》 레이먼드 브릭스 그림, 마루벌

《늑대가 나는 날》 미로코 마치코 글 그림, 한림출판사

《당나귀 실베스터와 요술 조약돌》 윌리엄 스타이그 글 그림, 비룡소

《뛰어라 메뚜기》 다시마 세이조 글 그림, 보림

《마니 마니 마니》 조은희 글 그림, 보림

《마음의 집》 김희경 글, 이보나 흐미엘레프스카 그림, 창비

《멋진 뼈다귀》 윌리엄 스타이그 글 그림, 비룡소

《메리 크리스마스, 늑대 아저씨!》 미야니시 타츠야 글 그림, 시공주니어

《모두 행복한 날》 루스 크라우스 글, 마르크 시몽 그림, 시공주니어

《무릎딱지》 샤를로트 문드리크 글, 올리비에 탈레크 그림, 한울림어린이

《물고기는 물고기야!》 레오 리오니 글 그림, 시공주니어

이 책에 나오는 책들

《방귀 만세》후쿠다 이와오 글 그림, 미래엔아이세움
《배고픈 애벌레》에릭 칼 글 그림, 더큰
《백만 마리 고양이》완다 가그 글 그림, 시공주니어
《변신》로렌스 데이비드 글, 델핀 뒤랑 그림, 보림
《병아리》소야 키요시 글, 하야시 아키코 그림, 한림출판사
《봉지공주와 봉투왕자》이영경 글 그림, 사계절
《부루퉁한 스핑키》윌리엄 스타이그 글 그림, 비룡소
《부엉이와 보름달》제인 욜런 글, 존 쇤헤르 그림, 시공주니어
《북극으로 가는 기차》크리스 반 알스버그 글 그림, 한국프뢰벨주식회사
《빨간 끈으로 머리를 묶은 사자》남주현 글 그림, 길벗어린이
《빨강 풍선》알베르 라모리스 글 사진, 분도출판사
《뽀끼뽀끼 숲의 도깨비》이호백 글, 임선영 그림, 재미마주
《사슴아 내 형제야》간자와 도시코 글, G. D. 파블리신 그림, 보림
《샬롯의 거미줄》엘윈 브룩스 화이트 지음, 가스 윌리엄즈 그림, 시공주니어
《세상에서 제일 힘센 수탉》이호백 글, 이억배 그림, 재미마주
《수호의 하얀말》오츠카 유우조 글, 아카바 수에키치 그림, 한림출판사
《순이와 어린 동생》쓰쓰이 요리코 글, 하야시 아키코 그림, 한림출판사
《슈퍼 거북》유설화 글 그림, 책읽는곰
《슈퍼 토끼》유설화 글 그림, 책읽는곰
《아기토끼 버니》마거릿 와이즈 브라운 글, 클레먼트 허드 그림, 문진미디어
*이 책은《엄마, 난 도망갈 거야》라는 제목으로 보물창고에서 다시 출간되었다가 지금은 절판되었다.
《아빠! 머리 묶어 주세요》유진희 글 그림, 한울림어린이
《알을 품은 여우》이사미 이쿠요 글 그림, 한림출판사
《엄마 잃은 아기참새》루스 에인워스 글, 호리우치 세이이치 그림, 한림출판사
《엄마를 기다리는 아기 올빼미》마틴 워델 글, 패트릭 벤슨 그림, 한국프뢰벨주식회사

《엄마의 의자》베라 윌리엄스 글 그림, 시공주니어
《옛날에 오리 한 마리가 살았는데》마틴 워델 글, 헬린 옥슨버리 그림, 시공주니어
《오소리의 이별 선물》수잔 발리 글 그림, 보물창고
《울보 나무》카토 요코 글, 미야니시 타츠야 그림, 한림출판사
《이글라우로 간 악어》야노쉬 글 그림, 시공주니어
《이모의 결혼식》선현경 글 그림, 비룡소
《이상한 엄마》백희나 지음, 책읽는곰
《이슬이의 첫 심부름》쓰쓰이 요리코 글, 하야시 아키코 그림, 한림출판사
《작은 배》캐시 핸더슨 글, 패트릭 벤슨 그림, 보림
《잘 가, 토끼야》이상권 글, 이태수 그림, 창비
《잘 자요, 달님》마거릿 와이즈 브라운 글, 클레먼트 허드 그림, 시공주니어
《장수탕 선녀님》백희나 지음, 책읽는곰
《조금만》타키무라 유우코 글, 스즈키 나가코 그림, 한림출판사
《줄무늬가 생겼어요》데이빗 섀논 글 그림, 비룡소
《지각대장 존》존 버닝햄 글 그림, 비룡소
《지하철을 타고서》고대영 글, 김영진 그림, 길벗어린이
《집 나가자 꿀꿀꿀》야규 마치코 글 그림, 웅진주니어
《짖어 봐 조지야》줄스 파이퍼 글 그림, 보림
《춤추는 고양이 차짱》호사카 가즈시 글, 오자와 사카에 그림, 한림출판사
《치과 의사 드소토 선생님》윌리엄 스타이그 글 그림, 비룡소
《친절한 친구들》후안 이춘 글, 무라야마 토모요시 그림, 한림출판사
《터널》앤서니 브라운 글 그림, 논장
《페페 가로등을 켜는 아이》일라이자 바톤 글, 테드 르윈 그림, 열린어린이
《폭죽소리》리혜선 글, 김근희 그림, 길벗어린이
《푸른 개》나자 글 그림, 파랑새어린이
《피터의 의자》에즈러 잭 키츠 글 그림, 시공주니어

《하늘이네 커다란 식탁》니시하라 게이지 글, 후쿠다 이와오 그림, 한울림어린이
《할머니, 천사들이 왔나요?》데니즈 베가 글, 에린 아이터 코노 그림, 봄봄출판사
《할머니가 남긴 선물》마거릿 와일드 지음, 론 브룩스 그림, 시공주니어
《할머니의 여름휴가》안녕달 글 그림, 창비
《할아버지를 기쁘게 하는 12가지 방법》김인자 글, 윤문영 그림, 파랑새어린이
《할아버지의 긴 여행》앨런 세이 글 그림, 마루벌
《행복한 우리 가족》한성옥 글 그림, 문학동네
《헤엄이》레오 리오니 글 그림, 시공주니어
《혼자 가야 해》조원희 글 그림, 느림보
《100만 번 산 고양이》사노 요코 글 그림, 비룡소
《The Big Big Sea》Martin Waddell 글, Jennifer Eachus 그림, Candlewick
《The Snow Angel》Christine Leeson 글, Jane Chapman 그림, Tiger Tales

### 채인선의 책

'아름다운 가치 사전' 시리즈 채인선 글, 김은정 그림, 한울림어린이
'아름다운 감정 학교' 시리즈, 채인선 글, 정은희 외 그림, 한권의 책
《그 도마뱀 친구가 뜨개질을 하게 된 사연》채인선 글, 강을순 그림, 창비
《김밥은 왜 김밥이 되었을까?》채인선 글, 최은주 그림, 한림출판사
《내 차를 운전하기 위해서는》채인선 글, 논장
《내 짝꿍 최영대》채인선 글, 정순희 그림, 재미마주
《노래기야, 춤춰라!》채인선 글, 김은정 그림, 논장
《다문화 백과사전》채인선 글, 한권의책
《더 놀고 싶은데》채인선 글, 황보순희 그림, 한울림어린이

《도서관 아이》 채인선 글, 배현주 그림, 한울림어린이
《딸은 좋다》 채인선 글, 김은정 그림, 한울림어린이
《배운다는 건 뭘까?》 채인선 글, 윤봉선 그림, 미세기
《빨간 줄무늬 바지》 채인선 글, 이진아 그림, 보림
《빨리 놀자 삼총사》 채인선 글, 한지선 그림, 논장
《산타 할아버지가 우리 집에 못 오신 일곱 가지 이유》 채인선 글, 논장
《삼촌과 함께 자전거 여행》 채인선 글, 김동성 그림, 재미마주
《손 큰 할머니의 만두 만들기》 채인선 글, 이억배 그림, 재미마주
《숲에서 만난 이야기》 채인선 글, 배현주 그림, 책읽는곰
《신 나게 노는 것도 중요해요》 채인선 글, 황보순희 그림, 한울림어린이
《아기 그림 사전》 채인선 글, 유진희 그림, 초록아이
《아기오리 열두 마리는 너무 많아!》 채인선 글, 유승하 그림, 길벗어린이
《아이와 함께 행복해지기》 채인선 글, 보리(절판)
《악어 우리나의 버스놀이》 채인선 글, 최은주 그림, 한림출판사
《엄마 곰이 아기 곰을 불러요》 채인선/김진만 지음, 위즈덤하우스
《오늘은 우리 집 김장하는 날》 채인선 글, 방정화 그림, 보림
《오빠한테 질 수 없어!》 채인선 글, 배현주 그림, 한림출판사
《원숭이 오누이》 채인선 글, 배현주 그림, 한림출판사
《토끼와 늑대와 호랑이와 담이와》 채인선 글, 한병호 그림, 시공주니어(절판)
《할머니는 과연 무얼 뜨고 계실까?》 채인선 글, 황보순희 그림, 한울림어린이

## 참고 서적

《EQ 감성지능》 대니얼 골먼, 웅진지식하우스

《How to Write a Children's Picture Book》Bine-Stock, Eve Heidi, E&E Publishing

《그림으로 글쓰기》유리 슐레비츠, 다산기획

《그림책의 심리학》사사키 히로코, 우리교육

《다시, 책으로》매리언 울프, 어크로스

《문학비평용어사전》이상섭, 민음사

《민담 형태론》블라디미르 프로프, 지식을만드는지식

《민담의 심리학적 해석》마리-루이제 폰 프란츠, 한국융연구원

《삶으로 다시 떠오르기》에크하르트 톨레, 연금술사

《시나리오 어떻게 쓸 것인가》로버트 맥키, 민음인

《아동의 탄생》필립 아리에스, 새물결

《아이들은 놀기 위해 세상에 온다》편해문, 소나무

《오주석의 한국의 미 특강》오주석, 푸른역사

《우리는 모두 이야기에서 태어났다》조 살라스, 글항아리

《유럽의 민담》막스 뤼티, 보림

《이야기 심리학》댄 매캐덤스, 학지사

《이야기해줄까요》호르헤 부카이, 천문장

《정유정, 이야기를 이야기하다》정유정/지승호, 은행나무

《치유동화》수잔 페로우, 푸른씨앗

《플레이, 즐거움의 발견》스튜어트 브라운/크리스토퍼 본, 흐름출판

《한국 철학 에세이》김교빈, 동녘

원고 한 편이 완성되는 금요일의 기적
## 일주일 그림책 수업

**초판 1쇄 인쇄** 2021년 5월 17일 **초판 1쇄 발행** 2021년 6월 1일

**지은이** 채인선
**펴낸이** 이승현

**편집3 본부장** 최순영
**교양 학습 팀장** 김문주
**편집** 출판기획 이즈
**표지 디자인** 오세라
**본문 디자인** 명희경

**펴낸곳** (주)위즈덤하우스 **출판등록** 2000년 5월 23일 제13-1071호
**주소** 경기도 고양시 일산동구 정발산로 43-20 센트럴프라자 6층
**전화** 031)936-4000 **팩스** 031)903-3893 **홈페이지** www.wisdomhouse.co.kr

ⓒ 채인선, 2021

ISBN 979-11-91583-28-1   03800

＊이 책의 전부 또는 일부 내용을 재사용하려면 반드시 사전에 저작권자와
  (주)위즈덤하우스의 동의를 받아야 합니다.
＊인쇄·제작 및 유통상의 파본 도서는 구입하신 서점에서 바꿔드립니다.
＊책값은 뒤표지에 있습니다.